不动产税法实务

何启超　著

中国政法大学出版社

2024·北京

图书在版编目（ＣＩＰ）数据

不动产税法实务/何启超著. —北京：中国政法大学出版社，2024.7
ISBN 978-7-5764-1483-7

Ⅰ. ①不… Ⅱ. ①何… Ⅲ. ①不动产－税法－研究－中国 Ⅳ. ①D922.229.4

中国国家版本馆 CIP 数据核字(2024)第 108036 号

出 版 者	中国政法大学出版社
地　　址	北京市海淀区西土城路 25 号
邮寄地址	北京 100088 信箱 8034 分箱　邮编 100088
网　　址	http://www.cuplpress.com (网络实名：中国政法大学出版社)
电　　话	010-58908586(编辑部) 58908334(邮购部)
编辑邮箱	zhengfadch@126.com
承　　印	固安华明印业有限公司
开　　本	720mm×960mm　1/16
印　　张	28.25
字　　数	500 千字
版　　次	2024 年 7 月第 1 版
印　　次	2024 年 7 月第 1 次印刷
定　　价	129.00 元

序　言

　　本书对各类不动产的取得环节、保有环节和交易环节进行税法分析。之所以选择不动产，概因不动产涉及的税种，相较其他交易对象涉及的税种更多，税额巨大且复杂。以不动产为研究对象，并不是说相应的税法规则仅适用于不动产，很多规则也适用于其他交易对象，比如考察不动产阴阳合同的规则，同样适用于股权转让阴阳合同的规则，再比如对税款承担条款的分析，不仅适用于不动产交易，所有交易均可适用。本书只是以不动产为切入点，更为广泛地对实务中的税法问题进行阐释。本书是基于法律的角度，结合实务中税法审判案例，对税法原理进行分析，重点在于纳税争议的解决和税务筹划，基于该主旨并限于篇幅，忽略了具体税法问题和会计问题的计算过程，更多的是对法律问题进行阐释。

　　而在分析的过程中，又结合民法、行政法、破产法等部门法，对本书中提到的问题进行分析，偏向税法的争议解决比较多一些。对商事律师来说，容易忽略资产的计税基础，所以将计税基础作为第一章进行说明，计税基础在各种交易中无处不在。律师与合同打交道是家常便饭，所以第二章分析不动产转让合同过程中的问题，合同的起草和条款拟定能够产生税法上的税收事实，税款承担条款、政府税收优惠以及合同解除等的税法后果在实务中大量发生。后续章节对各类型的不动产典型税法实务进行了介绍，不再一一介绍。限于篇幅，本书仅对书中提到的问题进行探讨，所发表的观点仅供读友们参考和交流，不构成对任何主体和任何案件的具体法律意见。

　　法律技术层面的东西并不是学问，其意义仅限于具体的案件和法律业务，如果不跳出现有世界对法律进行观察，律师就意识不到自己的角色。这让我想起电影《肖申克的救赎》，观众看完电影觉得酣畅淋漓，以为肖生克越狱成功且获得了自由。其实肖申克压根就没越狱，或者说肖申克从头至尾都没有越狱的意识。电影里面有两条线，包含两个"狱"，一条明线，就是有型的实体监狱。一条暗线，电影里藏着一个关键元素，肖申克是个银行家，替监狱长报税，银行和报税意味着现代世界是个大监狱，肖申克没有意识到这个监狱，恰恰相反，肖申克离不开这个狱，就像鱼离不开水。电影的最后，肖申克来到一个偏远的海滩，貌似过上了世外桃源的生活，可肖申克依然要使用偷到的监狱长的美金，美金出现的地方，就是权力所到之处，权力无处不在，肖申克无处可逃。电影揭示了一下权力范围之广泛，嘲笑了每一个人。律师何尝不是肖申克呢？律师是弱化版的肖申克。

目　录

第一章

不动产交易合同对计税基础的关注

　　本书所提到的计税基础，是一个更为宽泛的概念，大致相当于取得不动产的历史成本基础上形成的扣税成本。对于增值税，指的是不动产原值或不动产作价，加上相关税费等；对于土地增值税，指的是可扣除项目金额，如取得土地使用权所支付的金额、房地产开发成本和费用、与转让房地产有关的税金，或旧房或建筑物的评估价格；对于所得税而言，则指的是在历史成本的基础上经过税法上调整折旧、摊销后的净值。

　　法律文本中的计税基础的概念，主要出现于所得税，所得税中的计税基础是狭义的计税基础概念。根据《企业会计准则第 18 号——所得税》第 4 条的规定：企业在取得资产、负债时，应当确定其计税基础。第 5 条第 1 款规定：资产的计税基础，是指企业收回资产账面价值过程中，计算应纳税所得额时按照税法规定可以自应税经济利益中抵扣的金额。企业会计准则提出计税基础的概念，基于税法上的规定与会计上的概念的差异，创造了一个计税基础的概念，具有自身属性。根据税法，税法上的税前扣除或抵扣，很多时候并不是按照会计上的账面价值进行的，比如房产的减值损失，会计上计算净利润时可以扣除，但在税法上计算所得则不能提前扣除，不能税前扣除则意味着要多缴税。学界和实务界对计税基础的概念存在争议，即便是在所得税的范畴，计税基础概念的应用亦存在不能适用的情形。但就不动产而言，对计税基础的概念界定并不存在问题，计税基础的概念解释完全可以涵盖无形资产、房屋等具体情形。简言之，计税基础就是可以在税前从收入中扣除或不用纳税的成本，只不过因具体税种的不同，可以扣除的项目亦会不同。不同的税种有不同的扣除项目，所得税中的计税基础会根据时间发生变化，而其他税种的计税基础一般不会发生变化。就不动产交易而言，计税基础或扣税成本越大，最终税额相对就越小，反之亦然；但在不动产保有阶段，比如要缴纳房产税时，则房屋原值越大，房产税额越大。另外，不光对企业的资产要考虑计税基础，对个人而言同样适用，不动产的计税基础实际上就是不动产的取得原价和相关税费，计税基础同样适用于个人。因此，本书提到的计税基础，是更为广义的一个概念。本章根据计税基础，来探讨不动产交易过程中，由买方潜在承担的税负转嫁问题，以便买方作为购置不动产的一个参考。

税负转嫁，通常是指法律上的纳税人将本应由其承担的税款，以各种方式和途径转由他人承担的过程。我们经常所说的税负转嫁，大多发生在流转税领域，比如增值税和消费税。增值税和消费税由于间接税的性质，最终的税负由消费者承担。但仅从消费者承担最终的税负来判定的税负转嫁，本质上并非真正意义上的税负转嫁，消费者原本就是该等税种的真实纳税人。人们通常说的税负转嫁，跟经营者的价格设定相联系。商品流转领域的税负转嫁，主要是就单一纳税环节而言，因经营者对其销售的增值额承担纳税义务，所以该环节的经营者可以通过抬高价格等方法，涵盖原本低价情况下自身需要承担的税款，转由下家承担，最终加重了消费者应承担的税负，这是我们通常所说的税负转嫁。

另外，直接税亦可转嫁，主要情形比如出租房屋或设备、转移资产等抬高价格以实现税负转嫁的目的。但是，这种以通过价格的形式转移税负，一方面会受到市场的制约；另一方面，将税款内含在价格中，购买方对价格也会足够敏感。但从另一个角度看，这种税负转嫁，也是双方意思自治的结果，合同方往往都会预先形成认识。而对于实践中经常发生的，利用计税基础进行有意或无意的税负转嫁，往往会被买方所忽视，不易察觉。尤其是不动产交易，忽略计税基础达成的交易，往往会对买方造成重大损失。作为买方，对价格正常与否一般足够敏感，但因专业知识的缺乏，因计税基础导致的税负转嫁，非专业人士极难察觉。

第一节　以股权转让替代不动产交易的税负归宿

国有土地使用权和房屋的直接买卖，将面临高额的税负，其中土地增值税、增值税、所得税及契税是主要税种。交易双方选择直接交易方式，且承担税负后，税后利润会大幅缩水，购买方要是提前知道，可能就不会签合同。基于此，实践中产生了一种普遍的做法，即放弃不动产的直接买卖，采取股权转让的方式；或将待出售的不动产剥离到新设公司，然后再转让该新设公司股权。这样做会被认为是，虽然转让的是股权，但实际上还是在转让不动产。

一、关于以股权转让名义转让不动产行为是否构成偷税的论争

股东转让公司股权是为了规避缴纳不动产过户环节的各项税负？看似简单的问题，在早期各界对此却纠缠不清。

（一）国税总局的批复和实务判例的冲突

税法上的"实质重于形式"原则，被税务机关在税收活动中广泛使用，转让股权要缴纳土地增值税，就是其体现。但在法律层面，公司法人是实质而不是形式。

1. 国税总局的批复主张征收土地增值税

对以股权名义转让不动产行为，国家税务总局认为应当征收土地增值税。国家税务总局于2000年9月5日发布的《关于以转让股权名义转让房地产行为征收土地增值税问题的批复》（国税函〔2000〕687号，以下简称"687号函"），认为："鉴于深圳市能源集团有限公司和深圳能源投资股份有限公司一次性共同转让深圳能源（钦州）实业有限公司100%的股权，且这些以股权形式表现的资产主要是土地使用权、地上建筑物及附着物，经研究，对此应按土地增值税的规定征税。"还有《关于天津泰达恒生转让土地使用权土地增值税征缴问题的批复》（国税函〔2011〕415号）规定："经研究，同意你局关于'北京国泰恒生投资有限公司利用股权转让方式让渡土地使用权，实质是房地产交易行为'的认定，应依照《土地增值税暂行条例》的规定，征收土地增值税。"

而对先剥离资产后转让股权的行为，国税总局于2009年7月17日《关于土地增值税相关政策问题的批复》（国税函〔2009〕387号）批复："你局《关于土地增值税相关政策问题的请示》（桂地税报〔2009〕13号）收悉。鉴于广西玉柴营销有限公司在2007年10月30日将房地产作价入股后，于2007年12月6日、18日办理了房地产过户手续，同月25日即将股权进行了转让，

且股权转让金额等同于房地产的评估值。因此，我局认为这一行为实质上是房地产交易行为，应按规定征收土地增值税。"同样采取了征税的态度，将股权转让视同土地使用权转让，没有处理土地使用权投资入股的征税问题，按照该批复，实际上否定了土地使用权投资入股的应税性，这样做破坏了整个法律体系，也违反了公司法律制度。

国税总局的上述函件，是对实务中的个案提出的具体看法，虽不具有普遍适用性，亦不具有强制性，但具有示范效应。税务机关对此只关注土地增值税，而未关注增值税、企业所得税和契税。按照税法的规定，如果要缴纳土地增值税，一般亦应按照不动产转让缴纳增值税（营改增之前征收营业税）、契税以及企业所得税等，不仅仅是土地增值税的问题。

2. 审判实务中截然相反的法律逻辑

正因为 687 号等函的示范效应，导致司法实践中有些税务机关甚至法院，将股权转让视为避税措施看待。但是不同的案件，就该问题亦出现了结果迥异的判决。

税务行政诉讼案件中，法官很容易依据 687 号函件认定审判案件。法院判决可能会认为股权转让应当视为房地产转让缴纳土地增值税，如在绵阳市万家乐房地产公司、绵阳华美置业公司股权转让纠纷二审案（［2016］川民终 1286 号），法院就认为："万家乐房地产公司转让中力公司 100% 股权，中力公司的资产只有土地使用权和地上建筑物，按照国家税务总局《关于以转让股权名义转让房地产行为征收土地增值税问题的批复》（国税函［2000］687 号）的规定，在转让公司 100% 的股权时，'这些以股权形式表现的资产主要是土地使用权、地上建筑物及附着物，经研究，对此应按土地增值税的规定征税'，万家乐房地产公司将中力公司 100% 股权转让给华美置业公司时，中力公司应缴而欠缴土地增值税 13 628 069.46 元。"

再比如在苏州翡翠公司与国家税务总局苏州工业园区税务局、苏州工业园区管理委员会再审行政案（［2018］苏行申 626 号）中，法院认为："翡翠公司与星狮集团五公司签订《合作协议书》，约定共同设立星隆公司并由该公司取得 73046 号地块使用权，且保证该公司为此地块的唯一权属人。在星隆公司取得 73046 号地块使用证后，翡翠公司将其持有的星隆公司 20% 股权转让，获得'股权溢价款'133 033 923 元，计算方式为 314 501 平方米（73046 号地块面积）×1.8（容积率）×235 元/平方米。以上过程表明，翡翠公司虽未办理 73046 号土地使用证，但因其实际占有并处分了该土地，且获得了相应经济利益，应属土地转让行为，即翡翠公司以投资设立星隆公司并转让该公司股权的名义，实际将 73046 号地块转让于该公司的事实成立。"

除了判定股权转让协议的效力，实践中转让股权甚至还被纳入刑事案件进行打击。如在深圳市百协公司、鲍某强非法转让、倒卖土地使用权一审刑事案（［2017］皖 1824 刑初 126 号）中，就认定转让股权构成犯罪。法院认定："被告人鲍某强明知深圳百协公司资金有限，无法同时开发两地块，也在明知土地不允许私自买卖的情况下，通过与别的公司以合作开发的名义成立一个由深圳百协公司控股的合肥大唐置业公司。在望江路地块的住宅小区项目变更至该公司名下后，再通过股权转让逐步退出该公司的方式，达到转让土地使用权的目的并获取利益。采取该种方式，将望江路 311 亩土地的使用权分别转让给上海一方公司和安徽信旺公司，非法获利 5896 万元。被告人鲍某强作为该单位直接负责的主管人员，对上述行为起决策作用，应当承担相应的刑事责任；被告人周某平当时作为深圳百协公司在合肥成立的，办理其在合肥相关事务的合肥百协公司的副总经理，明知深圳百协公司、鲍某强无资金实力开发望江路地块的房地产开发，意欲通过股权转让的方式转让土地使用权的情况下，积极为深圳百协公司出谋划策、帮助其找到合作伙伴上海一方公司、安徽信旺公司，为望江路 311 亩土地的使用权转让创造条件，并因此从被告单位上海一方公司获得好处费 195 万元；被告单位上海一方公司与深圳百协公司合作开发成立由深圳百协公司控股的合肥大唐置业公司，其作为股东实际控制了望江路地块 180 余亩土地使用权，因与安徽信旺公司在建设小区规划上存在分歧，后将该 180 余亩土地使用权亦采用通过股权转让的方式转让予安徽信旺公司，非法获利 6294.12 万元。被告人唐某录作为该单位直接负责的主管人员，应当承担相应的刑事责任。"

由于 687 号函的存在，实践中有人主张股权转让属于以合法形式掩盖非法目的，认为合同无效，但很多都被法院驳回了。如在成都市红卫汽配厂与安徽恒尚置业公司、成都市东锦置业公司股东资格确认纠纷二审案（［2016］川 01 民终 1960 号）中，上诉人成都市红卫汽配厂根据《合同法》（当时有效）及 687 号函的规定，认为案涉《委托持股协议》因以合法形式掩盖非法目的而应被认定为无效，根据前述批复的规定，如果恒尚置业公司一次性取得东锦置业公司 100% 的股权，将支付高额增值税，故其采取委托持股的方式，以达到逃税的目的，也违反了法律的强制性规定，应认定为无效。法院认为："针对金泰和公司关于恒尚置业公司采取委托持股的方式，以达到逃税的目的，其签订案涉协议属'以合法形式掩盖非法目的'应为无效的意见，本院认为，商事行为特征之一系以营利性为目的，恒尚置业公司成为东锦置业公司唯一股东的实现形式可以多样化，案涉《委托持股协议》主要约定的是双方之间的权利义务，是双方真实意思表示，亦未违反法律、行政法规的强制性规定，且金泰和公司并无证据证明该协议的签订存在非法目的。"同样，在翁某华、杨某环股权转让纠纷二审案（[2019]浙03民终7264号）中，法院认为："涉案《公司股权转让合同》未违反法律、行政法规的强制性规定，合同合法有效，应受法律保护。翁某华辩称本案名为股权转让实为非法买卖土地，且房地产转让没有达到开发建设25%以上，属于以合法方式掩盖非法目的。但《公司股权转让合同》的内容不能反映非法买卖土地的事实。同时，根据《城市房地产管理法》第39条的规定，完成开发投资总额的25%以上，是转让房地产时应当符合的条件。而本案并非转让房地产，而是转让公司股权。"法院并不认为转让公司股权只是个形式。

最高人民法院在简阳三岔湖公司、刘某良与成都山鼎公司股权转让纠纷案（[2012]民二终字第22号）中，认为："依据《目标公司股权转让协议》约定，三岔湖公司和刘某良与山鼎公司之间转让的仅是三岔湖公司和刘某良持有的四家目标公司的股权而非土地使用权，即使三岔湖公司、刘某良转让的是其持有的四家目标公司的全部股权，协议履行后也仅发生四家目标公司股东的变更而不是土地使用权主体的变更。因此，双方所签订的《目标公司股权转让协议》属于股东转让股权的范畴，从法律形式看，其性质仍属于对四家目标公司股权的转让而不是对四家目标公司所取得的土地使用权的转让。因此，三岔湖公司、刘某良根据《公司法》（2005年）第72条第1款'有限责任公司的股东之间可以相互转让其全部或者部分股权'的规定，将其持有的四家目标公司的全部股权转让给山鼎公司并不违背法律、行政法规等强制性规定。所以，原审判决认定《目标公司股权转让协议》为股权转让协议而非土地转让协议并认定该协议合法有效正确。山鼎公司关于《目标公司股权转让协议》是以股权转让的形式而达到非法转让土地的目的，并以此主张协议无效以及认为原审认定协议有效错误的请求不能成立。"

再如在马某泉、马某坚与湖北瑞尚置业公司股权转让纠纷二审民事案

（［2014］民二终字第 264 号）中，最高人民法院对法律逻辑进行了详细的论述，认为："股权转让与土地使用权转让是完全不同的法律制度。股权是股东享有的，并由公司法或公司章程所确定的多项具体权利的综合体。股权转让后，股东对公司的权利义务全部同时移转于受让人，受让人因此成为公司股东，取得股权。依据《物权法》（当时有效，下同）第 135 条之规定，建设土地使用权，是权利人依法对国家所有的土地享有占有、使用和收益的权利，以及利用该土地建造建筑物、构筑物及其附属设施的权利。股权与建设用地使用权是完全不同的权利，股权转让与建设用地使用权转让的法律依据不同，两者不可混淆。当公司股权发生转让时，该公司的资产收益、参与重大决策和选择管理者等权利由转让方转移到受让方，而作为公司资产的建设用地使用权仍登记在该公司名下，土地使用权的公司法人财产性质未发生改变。乘风公司所拥有资产包括建设用地使用权（工业用途）、房屋所有权（厂房）、机械设备以及绿化林木等，股权转让后，乘风公司的资产收益、参与重大决策和选择管理者等权利，或者说公司的控制权已由马某泉、马某坚变为瑞尚置业公司，但乘风公司包括建设用地使用权在内的各项有形或无形、动产或不动产等资产，并未发生权属改变。当然，公司在转让股权时，该公司的资产状况，包括建设用地使用权的价值，是决定股权转让价格的重要因素。但不等于说，公司在股权转让时只要有土地使用权，该公司股权转让的性质就变成了土地使用权转让，进而认为其行为是名为股权转让实为土地使用权转让而无效。股权转让的目标公司乘风公司为有限责任公司，依据我国公司法的规定，依法独立享有民事权利及承担民事责任，公司股东的变更不对公司的权利能力和行为能力构成影响，不论瑞尚置业公司购买乘风公司全部股权是为将乘风公司名下的工业用地土地使用权性质变性后进行房地产开发或是其他经营目的，均不因此而影响股权转让合同的效力。""由于转让股权和转让土地使用权是完全不同的行为，当股权发生转让时，目标公司并未发生国有土地使用权转让的纳税行为，目标公司并不需要缴纳营业税和土地增值税。如双方在履行合同中有规避纳税的行为，应向税务部门反映，由相关部门进行查处。"

值得注意的是，法院判决中多数仅从合同法、公司法层面进行判定，鲜有从税法层面进行判定。在江苏高成房地产开发有限公司与福中集团有限公司股权转让纠纷再审民事案（［2014］苏商再终字第 0006 号）中，法院从税法的角度，分析了股权转让的税负问题。法院认为："土地使用权作价入股并未逃避土地增值税和契税。股权转让的纳税种类只涉及印花税、所得税，根据财政部的规定，对股权转让不征收营业税。同样也就无需缴纳城市建设维护税和教育费附加。由于股权转让并不导致土地使用权的转让，因而不需缴纳土地增值税和契税。这就是主张无效观点的人认为以股权转让形式控制公司名下的土地使用权逃避了土地增值税和契税的原因。但是，现行税法没有对涉及土地使用权的项目公司的股权转让作出是否征收土地增值税和契税的规定。根据税收法定主义原则，税法未规定需要纳税的，当事人即可不交税。且在股权转让时，土地增值税最终并未流失，因为股权转让也只是股东的变换，土地使用权权属没有变化，股权无论经过多少次转让，土地无论如何增值，公司初始受让土地支付对价的成本不变。但是，只要房地产发生了权属流转，公司就需要按最终的实际房地产销售价与最初的房地产成本价之间的增值部分缴纳土地增值税。因此，涉案股权转让实际上并未逃避土地增值税的征收。"该案裁判理由非常专业，是鲜有的能从税法角度判定的案例。

（二）对股权转让穿透定性的非理性

实务中，有的做法是根据股权比例的多寡来决定合同的效力，如江苏省高级人民法院认为："如果股权全部转让或转让后达到绝对控股比例，则应认定为土地使用权转让，明确该行为系以合法形式掩盖非法目的，在合同效力上应无效。未达到上述比例的，则认定为股权转让，该行为有效。"[1]这与上述687号函背后的思维逻辑高度一致，要么认定属于无效民事行为，要么就依据法律的强制力对交易重新定性，或称之为"穿透定性"。

对交易重新定性的观点很有市场，主张转让股权就是转让土地使用权者的典型逻辑，如"股权转让虽然没有导致公司拥有的土地使用权发生权属变更，但转让股权的股东已经实质上从土地使用权的增值中获得了收益，其具有与公司直接转让土地使用权相似甚至相同的经济利益；另一方面，取得该股权的股东也获得了对土地使用权进行实质的控制、支配并获利的权利，该种权利的实现，以股权转让为形式，但其根基仍然在于土地使用权本身特有

---

[1] 江苏省高级人民法院民一庭：《国有土地使用权合同案件审判疑难问题研究——〈最高人民法院关于审理涉及国有土地使用权合同纠纷案件适用法律问题的解释〉施行十二周年回顾与展望》，载《法律适用》2017年第21期。

的资源属性和财产权属性，股权转让事实上可以达到土地使用权转让的效果"〔1〕不可否认，该观点在实务中具有相当的代表性。有人进一步将该种行为称之为"股权式资产转让"，"税法对两种转让行为的征税政策是完全不同的，总体来说股权转让税收优惠待遇更多，资产转让税收负担更重，这就使得有些经济理性人选择将资产转让包装成股权转让形式，以达到规避缴纳税款的目的，本文称之为股权式资产转让"。〔2〕总的说来，都是要对该行为进行重新定性，将名为股权转让合同行为，视为不动产转让行为。

总结判例和实务中的观点，股权转让是否构成转让土地使用权，主要着眼于两个方面：一是民事法律行为的效力；二是对该行为重新定性或穿透定性。如果该行为被认为违反了687号函的规定，认定是无效民事行为，则相关纳税义务未发生，如果纳税义务都未发生，又怎么能违反687号函的规定呢？

如果股权转让行为有效，则只按股权转让行为缴纳税款；若该行为被重新定性，不是股权转让是转让房屋、土地使用权，则需要按照转让不动产承担税负。可问题是，税务机关无权对行为的性质重新定性，无权干预当事人的意思自治，对当事人的交易穿透定性，不光从民法上站不住脚，税法上也不存在这样做的规范依据，属于一种非理性行为。

总之，诸如此类的各种提法，实务中不一而足。实际上，很多说法与其说是观点之争，不如说是对法律的理解能力导致的理解程度的差异。实务中，经常遇到因时代烙印和受法学教育程度的差异导致的理解的不同，观点之争，没有对错之分。但理解的不同，则有对错之分。

二、关于以股权名义转让不动产行为性质的法律认定

部门法之间应相互协调，保持一定的统一，不存在税法规定与民法不一致的情况，民法的规定，将在税法后果上得到反映，二者关注的角度不同。

（一）转让股权是否产生了不动产转让的物权法效果？

如上所述，各级法院大多认定股权转让与不动产转让属于不同的法律行

---

〔1〕 夏克勤、郭嘉：《供给侧改革背景下以股权转让方式实现土地使用权流转行为之法律规制》，载《法律适用》2017年第9期。

〔2〕 赵磊：《股权式资产转让税收规避行为的法律评价与立法选择》，载《法学杂志》2016年第2期。

为，股权转让不代表转让了不动产。很多人认为以股权转让方式转让不动产行为，属于以合法形式掩盖非法目的，股权转让跟不动产转让实质上看没有不同。关键就在于将股权转让看作是一个形式。所谓形式，当然是不具有任何意义的。可是，股权转让是形式吗？股权作为法律上的财产，虽然不是物权法上的物权，但属于公司法上的财产。关键的一点是，合同法上规定的以合法形式掩盖非法目的，这里的合法形式，合同双方并不实际履行该形式项下的权利义务，而是按照背后的约定进行实际履行。与此不同，这里被称为"以股权转让名义转让不动产"，股权转让实际上是要实际履行的，而被认为实质上转让的不动产，双方并不需要履行。股权和不动产作为两个不同的标的物，我们无法将持有不动产称之为实质，而将持有股权称之为形式。公司法规定，公司享有独立的财产权，原《民法总则》以及现行的《民法典》，均赋予公司享有独立的财产权，可独立进行民事法律行为。享有独立的财产权，可单独作出民事法律行为，这可不是形式。基于此，股东对股权享有财产权，公司对不动产等财产享有所有权。当公司决定不转让不动产时，由股东转让股权，说明公司并未从事具体的民事法律行为，公司依然对不动产享有法律上的财产权，该财产权独立于股东。公司放弃转让不动产由股东转让股权，首先权利主体发生了变化，原本规制公司的规定比如《城市房地产管理法》第 39 条的规定，并不能约束股东，股东对土地使用权不享有财产权。又有人进一步认为，股东享有股权就实际上享有对不动产的财产权，并用"穿透"方法、"透过现象看本质"等方法来论证。同样，这里的股东对股权享有财产权，公司对不动产享有财产权，本身就是本质，就是实质。难道股东对不动产享有财产权是实质，公司对不动产享有财产权就是现象？根据我国公司法律制度，公司的财产权与个人的财产权处于同等地位，并无任何权能上的区别。所以，转让股权并不存在转让不动产行为，不存在不动产转让行为，就不存在规避税收或房地产等监管行为。

（二）转让股权方式下不动产税负的归宿

假如公司名下的不动产价值 7000 万元，股东选择以 7000 万元的价格转让公司全部股权，虽然没有转让不动产，但不动产的税负将来会由股权受让方承担。

从股东获得不动产的途径发现，公司的资产不等同于股东的资产，也正是基于上述逻辑和差异，国家税务总局区分了股权与公司资产，一是，国家税务总局《关于股权转让不征收营业税的通知》（国税函［2000］961号）认为："在上述企业股权转让行为中，转让方并未先将钦州公司这一独立法人解散，在清偿完钦州公司的债权债务后，将所剩余的不动产、无形资产及其他资产收归转让方所有，再以转让方的名义转让或销售，而只是将其拥有的钦州公司的股权转让给受让方。不论是转让方转让股权以前，还是在转让股权以后，钦州公司的独立法人资格并未取消，原属于钦州公司各项资产，均仍属于钦州公司这一独立法人所有。钦州公司股权转让行为发生后并未发生销售不动产或转让无形资产的行为。因此，按照税收法规规定，对于转让方转让钦州公司的股权行为，不论债权债务如何处置，均不属于营业税的征收范围，不征收营业税。"该函中提到的营业税，营改增后改征增值税。二是，国家税务总局《关于股权变动导致企业法人房地产权属更名登记不征契税的批复》（国税函［2002］771号），认为"由于股权变动引起企业法人名称变更，并因此进行相应土地、房屋权属人名称变更登记的过程中，土地、房屋权属不发生转移，不征收契税"。三是，财政部、国家税务总局《关于继续支持企业事业单位改制重组有关契税政策的通知》（财税［2018］17号）第9条规定："在股权（股份）转让中，单位、个人承受公司股权（股份），公司土地、房屋权属不发生转移，不征收契税。"

一项不动产交易，增值税、契税、土地增值税以及企业所得税的纳税义务发生具有同步性，如果不缴纳增值税和契税，当然也就不用缴纳土地增值税，除非增值税方面有免税规定。不同税种是否缴纳，遵循的是同一逻辑，不能在土地增值税方面将股权视为转让不动产，契税等税种又不视为转让不动产，更不能以公司只有一个股东而不是两个或多个、公司财产只有不动产没有别的财产等为由，将股权转让重新定性为不动产转让，除非不动产权属发生了实际变更。

回到股权转让方式转让不动产的做法，虽然不用缴纳转让不动产所负担的土地增值税等税负，且不动产的价值与股权价值相差很大，而这种差异最终会由股权购买方承担。在此情况下，公司财产与股东财产二者在价值方面存在一定的差异，不动产价值7000万元，股权的价值可能就是4000万元。这个差异主要是税收所决定的，之所以税收能够产生差异，恰恰就在于股东享有更股权并不等于享有公司名下不动产的所有权。

（三）股权转让后不动产的计税基础未变

股权转让如今被相当范围内的人视为一种避税手段，被列为"以合法形式掩盖非法目的"行为。那么终究股权转让是不是能够实现逃避缴纳税款，是否存在"非法目的"呢？笔者从税法的内在逻辑探讨。

一方面，从税收金额判断是否造成国家税款损失。股权转让的情况下，标的股权的计税成本发生相应改变，标的公司名下的不动产计税成本并未发生变化。很多人认为，公司股权的价值取决于公司名下资产的价值，就认为股权转让与不动产转让具有相同的实质。

根据税法，股权转让后，受让方取得的股权不再依照原转让方的计税基础确定计税成本。根据税法上的计税基础连续规则，股权受让方应以支付的价款和合理税费作为计税基础。譬如，B 公司从 A 公司处受让甲公司 100% 股权，A 公司持有甲公司的计税基础为 800 万元，现以 1800 万元的价格转让给 B 公司，B 公司持有甲公司股权的计税基础则变为 1800 万元（假如不考虑相关税费）。A 转让股权时所得额按 1000 万元计算纳税，计税基础本身属于非税事项，不负担纳税，税法不对成本征税。B 取得的股权计税基础调整为 1800 万元，意义在于未来处置时不会造成重复征税，如果 B 仍然以 800 万元作为计税基础，则未来处置时就 1000 万元的部分会再征收一次税。

假设甲公司名下的不动产取得成本为 800 万元，税法上的折旧为 300 万元。就土地增值税而言，税收成本并未发生变化，依然为 800 万元而不是 1800 万元；就企业所得税而言，计税基础为 500 万元而不是 1800 万元。公司资产的计税基础或税收成本可从两方面为企业带来经济利益：一是通过折旧可以在企业所得税前扣除，每年计提折旧可减少应纳税额；二是资产处置时，未提足折旧的可作为成本在收入中扣除。在计算土地增值税的增值税额时，可作为可扣除项目金额进行扣除。所以，税收成本或计税基础在计算企业所得税和土地增值税时，越大对企业越有利。股权转让发生后，不动产的计税成本并非股权转让价格 1800 万元，而是依然保持原计税成本。未调整为 1800万元，则公司不能从该 1800 万元获取税收利益。待公司未来处置时，假如处置收入 2000 万元，则应按原 800 万元作为计税成本进行税前扣除，而不是 1800 万元。这样就会发现，公司名下的不动产此时方得实现收入，此前视为不动产转让 1800 万元未能实现的税款，此时全部涵盖在内。如果按 1800 万元作为计税成本计算缴纳税款，才能称之为避税。

所以计税成本是固定国家税收利益的一个"锚"，计税成本不变，就不会造成国家税款的损失。仔细分析我们会发现，"肉仍然在锅里"。只不过受让方受让股权后，公司处置不动产，若价格基本不变（假设不考虑折旧），会因缴纳土地增值税、增值税及附加以及企业所得税，事后税后利润分配受让方时，可供分配的利润变少了。这就相当于，原本未直接转让资产节省的税收，此时全部由受让方一揽子承担了。所以，从税法进行深层次分析，我们发现国家税款并未损失，而是另由股权受让方间接承担了。

（四）关于"以推迟缴纳税款为主要目的"的理解与适用

上述以股权转让的方式未转让不动产，事后公司再转让不动产，虽然从税负上看，未造成国家税款损失，不构成避税。但有人认为，这样的方式客观上推迟了纳税，根据税法规定，推迟纳税也是属于逃税或避税。不可否认，这种看法在实践中具有相当的市场。

我国税法相关规定会对"以推迟缴纳税款为目的"的行为进行纳税调整或调查。如《企业所得税法实施条例》第120条规定："企业所得税法第四十七条所称不具有合理商业目的，是指以减少、免除或者推迟缴纳税款为主要目的。"《一般反避税管理办法（试行）》（国家税务总局令第32号）第3条规定："税收利益是指减少、免除或者推迟缴纳企业所得税应纳税额。"北京市税务局制定的《资产损失申报扣除操作指南（试行）》提道："企业实际资产损失，应当在其实际发生且会计上已作损失处理的年度申报扣除；法定资产损失，应当在企业向主管税务机关提供证据资料证明该项资产已符合法定资产损失确认条件，且会计上已作损失处理的年度申报扣除。企业的会计处理应符合财务会计制度的规定，且不以减少、免除或者推迟缴纳税款为主要目的。"有人根据这些条文就会得出，以股权转让方式转让不动产，即便计税成本未发生变化，但实质上造成了迟延纳税，仍然应追究税法责任。

诚然，基于货币的时间价值，延迟缴纳税款相当于给纳税人提供了无息贷款，如果构成迟延纳税，当然构成避税或逃税。可是，若仅从字面意思去理解，难免有望文生义之嫌。专业的问题应以专业思维去理解，实践中存在大量的以日常生活思维思考法律问题的现象，上述"以股权转让方式转让房地产"的思维方式就是典型，此处认为转让股权不转让不动产就构成迟延纳税亦是如此。

"以推迟缴纳税款为主要目的"存在一个文义表述的语境或背景，要理解该表述的确切内涵，应将该法律条款置身于其背后的背景去理解，而要掌握该具体法律条款的背景，应结合会计和税法去研究其真实意思。税法是基于纳税人的所得、增值或收入等事实进行征税，无论是要计算所得、增值额还是收入，都需要确定纳税人的收入已发生。会计上存在一个很重要的会计事项，叫"收入确认"。根据《企业会计准则第 14 号——收入》房地产企业出售的不动产，属于开发产品的出售，"企业应当在履行了合同中的履约义务，即在客户取得相关商品控制权时确认收入。取得相关商品控制权，是指能够主导该商品的使用并从中获得几乎全部的经济利益"。对于非房地产企业出售土地使用权、房屋等不动产，根据《〈企业会计准则第 14 号——收入〉应用指南》，企业处置固定资产、无形资产等活动，不是企业为完成其经营目标所从事的经常性活动，也不属于与经常性活动相关的活动，由此产生的经济利益的总流入不构成收入，应当确认为营业外收入。在会计上，企业可通过收入舞弊手段操纵财务报表，这其中通过对收入的提前确认或延后确认来实现平滑利润是收入舞弊手段之一。但是，无论是提前确认收入或推迟确认收入，都是在收入已经确认的前提下，采取非正当手段对收入做了手脚。

税法上就纳税人的收入确认规定了纳税义务发生时间。如《营业税改征增值税试点实施办法》第 45 条规定："增值税纳税义务，扣缴义务发生时间为：（一）纳税人发生应税行为并收讫销售款项或者取得索取销售款项凭据的当天；先开具发票的，为开具发票的当天。收讫销售款项，是指纳税人销售服务、无形资产、不动产过程中或者完成后收到款项。取得索取销售款项凭据的当天，是指书面合同确定的付款日期；未签订书面合同或者书面合同未确定付款日期的，为服务、无形资产转让完成的当天或者不动产权属变更的当天。……"《企业所得税法实施条例》未对转让财产收入的实现时间予以明确，主要基于转让财产收入与一般销售收入的实现并无特别之处，可参照国家税务总局《关于确认企业所得税收入若干问题的通知》（国税函［2008］875 号）的一般收入确认原则进行确认。

从上可知，发生应税行为或处置资产以后，方存在提前确认收入或推迟确认收入的问题。要判断纳税人是否存在"以推迟纳税义务为主要目的"，前提是纳税人已经从事了具体的应税行为。没有发生纳税行为，就不存在纳税义务，也就不存在确定纳税义务发生时间的问题。而转让股权的情况下，只存在股权转让行为，可根据股权转让纳税义务时间的规定确定收入的实现，而并不存在不动产转让应税行为，也就不存在推迟缴纳税款的问题。而推迟缴纳税款只与纳税义务发生时间相关联，并非指当事人选择交易时间早晚关系到是否构成推迟缴纳税款。如果不是基于纳税人的应税行为去判断是否构成推迟缴纳税款，就会产生公权力强制纳税人早点卖掉资产的荒谬情形。纳税人有权选择交易方式以及决定时间等要素，交易方式的选择问题是当事人的自主事项，交易方式的选择不构成避税，公权力无权干涉。

第二节　不动产买卖阴阳合同——孰得与税失

实务中，不动产转让采用阴阳合同的方式不乏其例，甚至可以说已经相当泛滥。无论是股权、动产还是房屋、土地等不动产，均不同程度地采用阴阳合同，大型企业名下的厂房、土地转让亦不例外。目前税务机关普遍要求不动产、股权等过户前，需要先清税后过户，并对不动产交易采取评估技术，在一定程度上对计税依据进行审查。早在 2010 年，财政部、国家税务总局《关于推进应用房地产评估技术加强存量房交易税收征管工作的通知》（财税〔2010〕105 号）就提出："当前，在存量房交易过程中，纳税人低报成交价格偷逃税款的现象较为普遍，形成了明显的税收漏洞，影响了税法的严肃性，也削弱了房地产市场调控的政策效果。应用房地产评估技术加强存量房交易税收征管，是财税征收机关在征管实践中探索出的行之有效的税收风险防范机制，具有重要意义。"国务院办公厅《关于进一步做好房地产市场调控工作有关问题的通知》（国办发〔2011〕1 号）亦提出："加大应用房地产价格评估技术加强存量房交易税收征管工作的试点和推广力度，坚决堵塞'阴阳合同'产生的税收漏洞。严格执行个人转让房地产所得税征收政策。"不动产交易营改增后，国家税务总局《关于明确营业税改征增值税有关征管问题的通知》（税总函〔2016〕181 号）规定："二、关于确定不动产交易计税依据问题　当前在不动产交易税收征管中，地税机关依据政府认可的第三方做出的市场评估价格，建立二手房评估系统，判断纳税人申报的成交价格是否明显偏低，杜绝'阴阳'合同，堵塞征管漏洞。营改增后，税务机关在核定计税价格工作中，应继续沿用原二手房评估系统。当纳税人申报的不动产交易成交价格明显偏低时，应首先利用二手房评估系统核定计税价格，在双方有争议无法协调时，再参照第三方中介做出的市场评估价格进行确定。"计税依据的评估方法，在一定程度上遏制了平价转让不动产等行为的发生。但是，由于评估系统核定存在这样或那样的问题，目前实践中仍然存在大量的以阴阳合同转让不动产的方式。即便是转让双方的交易价格符合评估系统的参考值，阴阳合同依然具有存在的价值。阴阳合同往往会因交易双方发生纠纷被举报，尤其如今大数据亦可发现部分异常交易。但是，从买方角度看，即使阴阳合同能够顺利转让不动产，这样的方式对其仍然存在问题。

一、以避税为目的阴阳合同之效力判断

所谓"阴阳合同"，是交易双方同时或先后准备两份合同，一份"阳合同"用来在不动产登记部门登记备案，另一份"阴合同"则作为双方实际履行合同的真实依据，两份合同之间的主要差异在于合同价款的约定不同。当事人签订阴阳合同，可能是出于各种因素的考虑，实践中避税是其主要目的。由于阴阳合同的动机不纯，其效力会受到质疑，且其民法上的效力如何，直接关系到纳税义务是否成立，只有该民事法律行为有效发生税收事实，税法上的纳税义务方可发生。

实践中，很多人认为避税属于非法目的，构成合同法上的"以合法形式掩盖非法目的"而认定无效。从目前主流观点和司法实践看，阴阳合同并非全部无效。有人提出一份合同有效，一份无效。"如果依据《合同法》52条第3项将房屋买卖合同定性为'以合法形式掩盖非法目的'，那么两份合同可能都会被认定为无效，因为两份合同都是双方当事人达到避税目的之手段，二者互相配合共同实现避税交易之目的。但这样处理显然是不合理的，因为第一份合同体现的是双方当事人的真实意思，没有理由不赋予其法律效力。按照通谋虚伪表示之规则处理这种案件，就可以避免上述不合理的结果，因为只有第二份合同才属于通谋虚伪表示，应认定为无效。"[1]商品房买卖阴阳合同最为普遍，实践中有地方法院认为：为避税签订的网签合同属于双方通谋虚伪的意思表示，应认定为无效，以实际履行的房屋买卖合同为准，但由于规避国家税收规定，可建议相关机关予以处罚。[2]网签虽然是有效的合同，

---

〔1〕 杨代雄：《恶意串通行为的立法取舍——以恶意串通、脱法行为与通谋虚伪表示的关系为视角》，载《比较法研究》2014年第4期。

〔2〕 潘军锋：《商品房买卖合同案件审判疑难问题研究》，载《法律适用》2014年第2期。

但是网签合同确定的房价款，并不一定就是双方当事人的真实意思表示，双方当事人的本意原则上应该根据后合同优先于前合同的原则，以后订立的合同为准。[1]如果当事人如此操作违反了税法或行政法，则对当事人课以行政处罚，但不否定实际履行的房屋买卖合同的效力。[2]笔者认为，根据民法的一般原理，判定行为人的民事法律行为是否有效，因基于行为人作出具体法律行为当时的状况和目的，而不应该根据发生的结果来判定。从目的来看，阴阳合同的主要目的并非逃避缴纳税款这样的目的，而是一方取得不动产等标的物，一方获取价款。避税仅仅是以掩盖阴合同的方式实现，不应以此作为否定双方主要目的的依据。另一方面，是否构成避税，往往要根据发生避税的事实来判定，这就出现了以民事法律行为的后果来否定民事法律行为效力之情形，有悖于一般的民事法律逻辑。所以不应依据避税的目的来审查民事行为的效力。

另外，如何区分阴阳合同也不是那么容易，如果能够证明双方依照价格高的合同履行了价款支付，证明高价格合同为阴合同则比较容易。如果双方尚未履行，且高价格合同在前，将其认定为阴阳合同则存在困难。"当事人为了避税、骗取贷款等原因，往往会就同一房屋签署数份合同，有的合同中定有虚假价格条款，用于备案、网签、办理相关手续。当一方当事人因房屋价格上涨或下跌等原因不愿继续履行合同时，常以前后买卖合同不一致提起诉讼。根据后合同优先于前合同的原则，原则上应以后订立的合同为准。如一方当事人确有证据证明双方为规避纳税、骗取贷款等，而故意在此后用于备案等手续的合同中订立虚假价格的，因该项变更非双方变更房价的真实意思，且具有非法目的，不应予以认定，仍应以前合同约定的成交价履行。"[3]可知，如果价格高的合同在前，很难证明双方是基于避税的目的。

地方高级人民法院在司法实践中，亦区别对待。北京市高级人民法院《关于审理房屋买卖合同纠纷案件适用法律若干问题的指导意见（试行）》（京高法发〔2010〕458号）第12条规定："当事人之间就转让同一房屋先后

---

〔1〕　徐娟、胡昌明：《网上签约房屋买卖合同的性质及效力的认定——沈海星与安香云房屋买卖合同纠纷案》，载《法律适用》2012年第9期。

〔2〕　崔建远：《先签合同与后续合同的关系及其解释》，载《法学研究》2018年第4期。

〔3〕　北京市第二中级人民法院民一庭：《存量房买卖案件的法律适用研究》，载《法律适用》2010年第11期。

分别签订数份买卖合同，合同中关于房屋价款、履行方式等约定存在不一致，当事人就此产生争议的，应当依据当事人真实意思表示的合同约定继续履行。对于当事人在房屋买卖中确实存在规避税收征管、骗取贷款等行为的，必要时可一并建议相关行政主管部门予以处理。"北京市高级人民法院《关于审理房屋买卖合同纠纷案件若干疑难问题的会议纪要》（京高法发［2014］489号）第4条进一步规定："当事人在房屋买卖合同（包括双方已经签字的网签合同）中为规避国家税收监管故意隐瞒真实的交易价格，该价格条款无效，但该条款无效不影响合同其他部分的效力。当事人以逃避国家税收为由，要求确认买卖合同全部无效的，不予支持。"福建省高级人民法院在案号为［2019］闽民申1661号的房屋买卖纠纷中认定："至于避税涉及税收行政管理事项，并不构成合同无效的理由，且根据陈某宏提交的《检举事项核查结果答复函》体现，税务机关已对林某云、林某君进行行政处理，陈某宏于一、二审期间也未提交证据证明双方恶意串通的事实，故陈某宏以避税、恶意串通为由主张合同无效，本院不予支持。"

我国《民法典》颁布后，摒弃了"以合法形式掩盖非法目的"导致合同无效这样一个规定，严格来讲，"合法形式""非法目的"这样似是而非的概念并非法律概念。这样一来，"以合法形式掩盖非法目的"就不再作为一个包罗万象的筐来使用，就没必要再以此为规范基础探讨其效力问题。《民法典》第146条规定："行为人与相对人以虚假的意思表示实施的民事法律行为无效。以虚假的意思表示隐藏的民事法律行为的效力，依照有关法律规定处理。"对于阴阳合同而言，阳合同中价格部分不是双方真实意思表示，根据《民法典》规定应认定为无效。而背后隐藏的阴合同，则要根据具体法律行为涉及到的领域对应的法律判定，如出于规避建设工程方面的强制监管，则可能被认定无效。具体到避税的目的，笔者认为，阳合同是交易双方真实意思表示，不违反《民法典》规定的其他民事法律行为无效的情形，依然只涉及到税务行政责任，不存在无效的情形。税法上关注的是民事法律行为产生的税收法律事实，当事人依据哪份合同履行，税法就依据该履行产生的税收事实征税即可，并不纠缠哪个合同有效。比如阳合同没有履行，就不产生"收入"这一税收法律事实，阴合同被履行，则就其产生的收入征税即可。其中如果阳合同履行后假如是5000万元，而阴合同履行7000万元，则依据7000万元征税即可。

二、不动产阴阳合同计税基础导致的税负转嫁

不动产买卖双方交易的达成实属不易，但是作为买方（尤其是企业买方）来说，看不见的损失可能是巨大的，无论是持有期间的折旧利益，还是未来处置该不动产，该损失都会得到体现。本书就未来处置不动产按照不同的税种逐一进行分析。

（一）买方不动产增值税的进项抵扣减少

很多地方内部控制和流程不规范的企业，尤其那种大股东一人决定几乎所有事项的公司，在缺乏规范意识的情况下，采取阴阳合同购买土地、房屋的情况比较普遍。作为企业纳税人，营改增后，企业购置不动产可取得进项发票并抵扣。根据财政部、国家税务总局《关于全面推开营业税改征增值税试点的通知》（财税〔2016〕36 号），将不动产的销售转让纳入增值税的征税范围，原营业税予以取消。相应地，不动产购买方购进不动产的进项税额就可以作为进项税额予以抵扣，与原先缴纳营业税不同，营业税改征增值税后，购买方或受让方就需要取得不动产增值税专用发票。起初增值税进项税额的抵扣需要分两次，但后来将纳税人取得不动产支付的进项税由分两年抵扣改为一次性全额抵扣，而单独入账以无形资产核算的土地使用权，则一直都容许一次性抵扣。作为增值税，实行的是购进扣税法，如果购买方购进不动产采用阴阳合同，从出售方的角度，根据阳合同开具增值税专用发票并计算销项税额，相应地降低了自身的税负；从购买方的角度，只能按照阳合同开具发票并索取不动产专用发票，却要依照阴合同的约定价款支出成本，两个合同中的价款差额部分不能开具不动产增值税专用发票，即便出售方同意就该部分金额开具专业发票，也构成虚开增值税专用发票，更何况容易暴露避税事实双方不可能开具。如此，支出的部分不能从销项税额中抵扣，该部分不能开具的金额，实际上增加了等额的现金支出。阴阳合同金额相差越大，购买方就该部分承担的损失就越大。从整个增值税链条看，出售方节省的增值税税负，实际上是由购买方承担了。从增值税发生的税负转嫁看，购买方采取阴阳合同的方式不值当。

上述主要针对企业一般纳税人，但对个体工商户、其他个人虽然不涉及增值税的进项税额抵扣问题，但是没有取得相应的增值税普通发票，同样会损害其利益。根据财政部、国家税务总局《关于营改增后契税　房产税　土地

增值税　个人所得税计税依据问题的通知》（财税［2016］43号），个人转让房屋的个人所得税应税收入不含增值税，其取得房屋时所支付价款中包含的增值税计入财产原值，计算转让所得时可扣除的税费不包括本次转让缴纳的增值税。也就是说，虽然个人不计算抵扣进项税额，但在未来处置房屋时，可减少应纳税额，若未能取得相应部分普通发票，同样承担该部分的税负转嫁。

（二）买方处置不动产土地增值税扣除成本减少

无论是作为无形资产单独入账的土地使用权，还是房屋、厂房土地为一体的不动产，从理论上讲，终究有一天要进行处置。纳税人处置不动产，因转让的不动产对象不同，准许税前扣除的项目也不同。一般来说，一手取得的不动产的确定比较复杂，二手不动产的取得成本之确定较为容易。无论是建造取得，还是外购取得，都存在成本的确定问题。如果通过阴阳合同取得不动产或建造成本，将来处置不动产，都将面临扣税成本减少的问题，土地增值税的扣除项目金额减少，同时可能会推高增值率，最终都会导致土地增值税的增加。

如果是转让土地使用权和新建不动产，《土地增值税暂行条例》第6条规定："计算增值额的扣除项目：（一）取得土地使用权所支付的金额；（二）开发土地的成本、费用；（三）新建房及配套设施的成本、费用，或者旧房及建筑物的评估价格；（四）与转让房地产有关的税金；（五）财政部规定的其他扣除项目。"这里的成本，无论是土地使用权购置成本，还是其他成本，均可能采取阴阳合同的买卖方式，尤其是土地使用权的购置，采取阴阳合同的情况较为常见，购买方将来无论是直接处置土地使用权，还是处置建筑物，都将增加土地增值税的税负。

转让旧房同样面临取得成本的扣除问题，财政部、国家税务总局《关于土地增值税一些具体问题规定的通知》（财税字［1995］48号）进一步就旧房及建筑物转让规定："转让旧房的，应按房屋及建筑物的评估价格、取得土地使用权所支付的地价款和按国家统一规定交纳的有关费用以及在转让环节缴纳的税金作为扣除项目金额计征土地增值税。对取得土地使用权时未支付地价款或不能提供已支付的地价款凭据的，不允许扣除取得土地使用权所支付的金额。"而"新建房是指建成后未使用的房产。凡是已使用一定时间或达到一定磨损程度的房产均属旧房。使用时间和磨损程度标准可由各省、自治区、直辖市财政厅（局）和地方税务局具体规定"。

当然，旧房如果适用评估价格比较合适，阴阳合同买卖导致的成本问题，可能不存在。根据《土地增值税暂行条例实施细则》（财法字〔1995〕6 号），旧房及建筑物的评估价格，是指在转让已使用的房屋及建筑物时，由政府批准设立的房地产评估机构评定的重置成本价乘以成新度折扣率后的价格。评估价格须经当地税务机关确认。不是由纳税人私自进行评估。

如果不能提供旧房的评估价格，成本需要根据发票确定，阴阳合同的负面作用此时就会体现出来。国家税务总局《关于营改增后土地增值税若干征管规定的公告》（国家税务总局公告 2016 年第 70 号）第 6 条 "关于旧房转让时的扣除计算问题" 规定："营改增后，纳税人转让旧房及建筑物，凡不能取得评估价格，但能提供购房发票的，《中华人民共和国土地增值税暂行条例》第六条第一、三项规定的扣除项目的金额按照下列方法计算：（一）提供的购房凭据为营改增前取得的营业税发票的，按照发票所载金额（不扣减营业税）并从购买年度起至转让年度止每年加计 5% 计算。（二）提供的购房凭据为营改增后取得的增值税普通发票的，按照发票所载价税合计金额从购买年度起至转让年度止每年加计 5% 计算。（三）提供的购房发票为营改增后取得的增值税专用发票的，按照发票所载不含增值税金额加上不允许抵扣的增值税进项税额之和，并从购买年度起至转让年度止每年加计 5% 计算。"

依据购房发票确定扣税成本，为了提高可操作性，各个地方税务局又进一步进行了拓展，如果连购房发票都没有，则可能会进行核定征收，是否有利于纳税人则具有不确定性。比如，汕头市地方税务局《关于旧房及建筑物转让土地增值税计税扣除的公告》（汕头市地方税务局公告 2015 年第 5 号）第 2 条第 1 款规定："旧房属于购买的：1. 纳税人购买房屋再转让不能取得符合本公告第三点规定的旧房及建筑物评估价格（以下简称'旧房评估价格'），但能提供购房发票的，按购房发票所载金额并从购买年度起至转让年度止每年加计 5%、与转让房地产有关的税金等确定扣除项目金额。2. 没有旧房评估价格，又不能提供购房发票，但能提供税务机关认可的据以确定购入价的外部证据资料，按外部证据资料所载购入价确定相应的扣除金额，但不得加计扣除。外部证据资料是指记载有契税计税价格的房产证或契税完税凭证，法院抵债判决书、裁定书等。3. 没有旧房评估价格，又不能提供购房发票或者购入价外部证据资料的，按照《关于调整土地增值税核定征收率的公告》（汕头市地方税务局公告 2011 年第 1 号）规定的最低核定征收率（以下简称"规定的核定征收率")计算征收。"

从目前的规定和实践做法看,因转让的不动产具体项目不同,扣除的方法就不同。若是二手市场取得的单独的土地使用权以及新房,纳税人再次转让,则原购进成本会对增值额、增值率均有影响,阴阳合同之间的价差越大,转让时的增值额和增值率便会越大。而对于旧房及建筑物,如果按照评估价格、核定征收等方法,阴阳合同之间的价格差并不重要,但按照评估价格扣除、核定征收如有不公平等情况时,凭购房发票、契税缴纳凭证等作为扣除依据,可能更为有利,购买方作为纳税人拿不出该等凭据,实际上亦会承担原出卖方少负担的税负。如果是按照购房发票、契税完税凭证等扣除,则阴阳合同之间的价差不在该等凭据中体现,未能在该等凭据中体现的部分,实际上是由购买方自己承担了。因此,从土地增值税方面看,阴阳合同亦会导致购买方接受原出售方的税负转嫁。

（三）买方处置不动产能够抵扣的计税基础减少

购买方未来处置不动产时,同样会涉及所得税。对居民个人,需要缴纳20%的个人所得税,对企业而言,需要缴纳25%的企业所得税。《个人所得税法》第6条第1款第5项规定:"财产转让所得,以转让财产的收入额减除财产原值和合理费用后的余额,为应纳税所得额。"《企业所得税法》第19条第2项规定:"转让财产所得,以收入全额减除财产净值后的余额为应纳税所得额。"而财产净值,是在财产原值的基础之上,扣除按照税法规定已经计提的折旧或摊销后的余额。因居民个人的不动产不存在折旧或摊销的情况,个人在持有期间无法以折旧或摊销的形式获得税收利益,只有在处置时方可能以财产原值全部税前扣除的方式获得税收利益;而对居民企业来说,可以通过两个途径获得税收利益,一是日常生产经营活动过程中的折旧或摊销,因折旧和摊销可以在企业所得税前抵扣;二是未折旧或摊销完的,在不动产处置时可以按净值税前扣除。无论是处置时税前一次性扣除,还是按折旧摊销的方式税前扣除,对居民个人和居民企业来说,阴阳合同之间的价差都会存在影响,原出售方因阴阳合同少缴的所得税,原购买方处置时代为承担了,这是人为扭曲计税基础链条的结果。

实践中,很多人在处置不动产时才意识到该问题。如深圳市中级人民法院作出的,案号为［2013］深中法行终字第73号何某辉与深圳市罗湖区地方税务局上诉案,2009年10月28日,何某辉以人民币267万元竞得黄某名下的位于深圳市罗湖区笋岗路中信星光名庭 X 房产。该房产在黄某名下的登记价格为人民币 1 120 113 元。何某辉代付个人所得税后，认为黄某在购房时存在签订阴阳合同的情况，其房地产证的登记价并非实际购置价，但何某辉无法提供真实的购房合同予以证实。该案反映出，通过网络司法拍卖取得不动产，几乎无人会想到要弄清楚不动产的计税基础。即便何某辉能够提供真实的购房合同，亦不能作为税前扣除凭据。这些在交易之前就应了解，否则只能承受税负转嫁的后果。

（四）对不动产持有期间房产税的影响

阴阳合同导致的不动产原值，对于应缴纳房产税的不动产，在不动产持有期间可减少房产税的缴纳。根据《房产税暂行条例》第 3 条第 1 款的规定，房产税依照房产原值一次减除 10% 至 30% 后的余值计算缴纳。房产原值越小，每年缴纳的房产税就越少。

综上，总的来说，阴阳合同之间的价差部分会导致出售方将原本由自己承担的各项税负，最终转嫁给购买方承担。而这是双方人为破坏计税成本连续规则导致的后果，不动产出售方可采取阴阳合同，因为无疑是对其有利的方式，但对购买方来说非常不利，购买方不应接受阴阳合同的方式，除非双方同意对不动产的转让价格进行调整。

第三节　资产收购和重组特殊性税务处理隐藏的陷阱

企业重组，根据财政部、国家税务总局《关于企业重组业务企业所得税处理若干问题的通知》（财税〔2009〕59 号，简称"59 号文"），是指企业在日常经营活动以外发生的法律结构或经济结构重大改变的交易，包括企业法律形式改变、债务重组、股权收购、资产收购、合并、分立等。其中，资产收购、合并分立等方式均可能涉及不动产交易。企业以不动产参与并购重组，多数情况下不涉及现金交易或只涉及少部分现金。企业并购重组主要表现形式为资产互换，根据我国税法，不动产权属发生变更，便视同销售发生纳税义务。并购重组中的不动产交易涉及土地增值税、契税、增值税等税种，本节仅从企业所得税维度探究计税基础中隐藏的问题。

一、企业并购重组所得税计税基础的确认规则

59号文对企业并购重组依照一定的条件进行了划分，不能满足其规定条件的，按照一般性税务处理规则处理，也被称之为应税重组；满足其规定条件的，按照特殊性税务处理，也被称之为免税重组。

59号文第5条规定："企业重组同时符合下列条件的，适用特殊性税务处理规定：（一）具有合理的商业目的，且不以减少、免除或者推迟缴纳税款为主要目的。（二）被收购、合并或分立部分的资产或股权比例符合本通知规定的比例。（三）企业重组后的连续12个月内不改变重组资产原来的实质性经营活动。（四）重组交易对价中涉及股权支付金额符合本通知规定比例。（五）企业重组中取得股权支付的原主要股东，在重组后连续12个月内，不得转让所取得的股权。"其中，资产收购，受让企业收购的资产不低于转让企业全部资产的75%，且受让企业在该资产收购发生时的股权支付金额不低于其交易支付总额的85%。股权收购，收购企业购买的股权不低于被收购企业全部股权的75%，且收购企业在该股权收购发生时的股权支付金额不低于其交易支付总额的85%。财政部、国家税务总局《关于促进企业重组有关企业所得税处理问题的通知》（财税〔2014〕109号）将部分条件进一步降低，"股权收购，收购企业购买的股权不低于被收购企业全部股权的75%"规定调整为"股权收购，收购企业购买的股权不低于被收购企业全部股权的50%"；"资产收购，受让企业收购的资产不低于转让企业全部资产的75%"规定调整为"资产收购，受让企业收购的资产不低于转让企业全部资产的50%"。

企业重组不同于一般的资产转让和营业转让，体现为支付方式以股权支付为主、原营业继续、原股东的权益未放弃等。如若企业重组不能满足59号文特殊性税务处理条件，则产生即时纳税义务，与一般的资产转让、营业转让无异，需要按照视同销售缴纳税款。若符合特殊性税务处理条件，则延缓纳税，待未来处置相关资产时方产生纳税义务。不同税务处理方式下的计税基础有别。

（一）一般性税务处理方式下的计税基础规则

根据59号文，企业的重组如不符合上述特殊性处理条件，则在交易发生时全部产生即时纳税义务，并按照公允价值确认相关资产、负债的计税基础。

根据59号文，企业债务重组中，以非货币资产清偿债务，应当分解为转

让相关非货币性资产、按非货币性资产公允价值清偿债务两项业务，确认相关资产的所得或损失。

企业股权收购、资产收购重组交易，相关交易应按以下规定处理：（1）被收购方应确认股权、资产转让所得或损失。（2）收购方取得股权或资产的计税基础应以公允价值为基础确定。（3）被收购企业的相关所得税事项原则上保持不变。

企业合并，当事各方应按下列规定处理：（1）合并企业应按公允价值确定接受被合并企业各项资产和负债的计税基础。（2）被合并企业及其股东都应按清算进行所得税处理。（3）被合并企业的亏损不得在合并企业结转弥补。

企业分立，当事各方应按下列规定处理：（1）被分立企业对分立出去资产应按公允价值确认资产转让所得或损失。（2）分立企业应按公允价值确认接受资产的计税基础。（3）被分立企业继续存在时，其股东取得的对价应视同被分立企业分配进行处理。（4）被分立企业不再继续存在时，被分立企业及其股东都应按清算进行所得税处理。（5）企业分立相关企业的亏损不得相互结转弥补。

上述一般性税务处理中的计税基础确认规则，体现的是视同销售同时按照公允价值确认资产的计税基础，与一般的资产买卖无异。这里需要指出的是，收购方（或合并方、分立方）支付的购买对价中，如果有非货币资产，同样按照上述规则视同销售，被收购方取得的收购方资产按照计税基础连续规则用公允价值作为计税基础。收购方的支付方式中可能有两项属于非应税行为：一是以现金支付属于非应税行为，二是以自身股权支付，比如上市公司增发自身股份作为支付对价。其中，以收购方自身股权支付属于非应税事项这一点非常重要，是本节分析计税基础问题的一个核心点。

（二）特殊性税务处理方式下的计税基础确认规则

特殊性税务处理被称之为免税重组，但从计税基础的非连续性看，国家并未给予彻底的免税，仅仅是延缓了纳税时间，并不是给予了免税待遇，性质上属于递延纳税优惠待遇。根据 59 号文，企业重组符合上述规定的特殊性税务处理条件的，交易各方对其交易中的股权支付部分，可以按以下规定进行特殊性税务处理：

第一，企业债务重组确认的应纳税所得额占该企业当年应纳税所得额 50% 以上，可以在 5 个纳税年度的期间内，均匀计入各年度的应纳税所得额。

企业发生债权转股权业务，对债务清偿和股权投资两项业务暂不确认有关债务清偿所得或损失，股权投资的计税基础以原债权的计税基础确定。企业的其他相关所得税事项保持不变。

第二，股权收购，各方可以选择按以下规定处理：

（1）被收购企业的股东取得收购企业股权的计税基础，以被收购股权的原有计税基础确定；

（2）收购企业取得被收购企业股权的计税基础，以被收购股权的原有计税基础确定。

第三，资产收购，受让企业可以选择按以下规定处理：

（1）转让企业取得受让企业股权的计税基础，以被转让资产的原有计税基础确定；

（2）受让企业取得转让企业资产的计税基础，以被转让资产的原有计税基础确定。

第四，企业合并，企业股东可以选择按以下规定处理：

（1）合并企业接受被合并企业资产和负债的计税基础，以被合并企业的原有计税基础确定；

（2）被合并企业股东取得合并企业股权的计税基础，以其原持有的被合并企业股权的计税基础确定。

第五，企业分立，可以选择按以下规定处理：

（1）分立企业接受被分立企业资产和负债的计税基础，以被分立企业的原有计税基础确定。

（2）被分立企业的股东取得分立企业的股权（以下简称"新股"），如需部分或全部放弃原持有的被分立企业的股权（以下简称"旧股"），"新股"的计税基础应以放弃"旧股"的计税基础确定。如不需放弃"旧股"，则其取得"新股"的计税基础可从以下两种方法中选择确定：直接将"新股"的计税基础确定为零；或者以被分立企业分立出去的净资产占被分立企业全部净资产的比例先调减原持有的"旧股"的计税基础，再将调减的计税基础平均分配到"新股"上。

通过以上规定可以看出，除债务重组外，股权收购中被收购方的股东、资产转让企业、被合并企业股东、被分立企业股东，作为目标资产的出售方，收取的对价资产是按照其出售的目标资产的原计税基础确定；而股权支付方取得的目标资产的计税基础维持原出售方持有时的计税基础不变。对同一目标资产的原计税基础，交易双方进行了双重确认。

二、企业依据 59 号文并购重组中的陷阱及克服办法

如何看待特殊性税务处理对目标资产计税基础的双重确认呢？我们以资产收购为例进行分析和说明。假如，位于北京的上市公司甲公司计划收购位于上海的乙公司名下的全部资产（假定主要为不动产，以下简称"目标资产"）。假设乙公司名下资产的计税基础为 7000 万元，公允价值为 1 亿元。甲公司增发自身价值股份 1 亿元，作为对价支付给乙公司。本案例中股权支付比例为 100%，超过了 85% 的要求，假定其他条件均符合特殊性税务处理条件，双方选择特殊性税务处理。根据 59 号文，转让方乙公司收到的甲公司股权支付的公允价值为 1 亿元，取得的该股权在会计上和税法上按照长期股权投资进行核算，选择特殊性税务处理，计税基础为原目标资产的计税基础即 7000 万元，而不是按 1 亿元作为计税基础。作为收购方的甲公司收到目标资产后，也不能按照自己支付的 1 亿元的对价确定目标资产的计税成本，同样要以转让方的目标资产原 7000 万元作为计税基础。假如 12 个月后，甲公司将目标资产以 1 亿元的价格转让给杭州某地产公司，实现增值 3000 万元，缴纳企业所得税 750 万元。同时，乙公司也将取得的甲公司股权以 1 亿元的价格转让给南京某地产公司，实现增值 3000 万元，缴纳企业所得税 750 万元。

上述案例中重组方缴纳了 2 次 750 万元的所得税，实践中很多人认为这种情况构成了重复征税。若目标公司存在递延确认相关的资产转让所得的，收购公司也会再次确认该递延所得，这将导致对同一所得的重复征税。[1]

与之相反，也有很多人认为这不构成重复征税，认为不构成重复征税的逻辑大致如下：接上例，甲公司转让资产给杭州某地产公司时，甲公司实现增值 3000 万元，缴纳企业所得税后，形成未分配利润 2250 万元，全部分配给新的股东南京某地产公司，南京某地产公司的该项所得属于免税所得，不用缴纳企业所得税。假设南京某地产公司在接受分红后，将持有的甲公司股权再次转让给 P 公司，由于甲公司已经分配了红利，理论上南京某地产公司只能取得股权转让收入 7000 万元，而南京某地产公司持有甲公司资产的计税基础为 1 亿元，因此形成亏损 3000 万元。意思就是说，南京某地产公司通过

---

〔1〕　孙占辉：《特殊重组下收购公司税收待遇及相关问题解析》，载《财会月刊》2015 年第 34 期。

再次转让股权，产生的 3000 万元亏损可以抵税 750 万元。从整个链条看，上一环节重组双方缴纳了 2 次 750 万元的税，事后通过再次转让股权，非重组方可减少 750 万元的税负。所以通过再次转让股权，整体下来只缴纳了一次 750 万元的税，并不存在重复征税。

反过来呢？如果是南京某地产公司先转让股权给 P 公司，甲公司后转让资产给杭州某地产公司，通过再次转让股权就无法抵消上一环节的双重征税。那怎么办呢？如果要实现抵销，只能由 P 公司继续转让股权给 Q 公司，由 Q 公司分配利润后，再次转让，再由新的股东 Q 公司利用抵销享受税收利益实现抵销。此种论证逻辑，看似能够成立，但又显得很别扭。这样的观点很具有代表性，此类观点并不否认重组环节的重复征税之存在，只是说这种重复征税问题，可通过下一交易环节得到矫正或调整。或者说，如果重组中不将双方的资产计税基础全部保持不变，会存在税收漏洞。

可问题是，上述再次转让股权的股权受让方，都不属于重组的当事方，新的受让方抵销亏损，享受的税收利益，跟重组方有什么关系呢？重组方依然承受了双重纳税的后果。估计这样做唯一的目的在于防止避税，防止新的股权受让方是重组方的关联方。上述案例体现的一种静态观察，认为理论上再次转让股权不会是 1 亿元，只能是 7000 万元，本身说明什么呢？分配利润 2250 万元，另外的 750 万元如何减少了股权转让价格了呢？所以本身说明公司层面和股东层面存在双重征税，只是已征税部分不再双重征税。公司资产价值与股权价值不一致，此种不一致并不是从转让资产时才显现，而是从确定增发股权的计税基础的同时就已经存在，也就是说从一开始，59 号文就将增发股份的价值设定为 9250 万元，而不是 1 亿元。

针对上述论证存在的问题，还可修改上述案例中的条件，会发现上述论证逻辑存在重大缺陷。首先，修改股权支付方式。如果股权支付不是全部甲公司增发的 1 亿元，修改为甲公司增发自身股份价值只有 8000 万元，并另外支付其持股公司丙公司的公允价值 2000 万元的股权（计税基础 500 万元），乙公司取得丙公司股权，是否能够抵销呢？丙公司不能分配甲公司的利润，该股权也不对应甲公司的资产，将持有的丙公司 2000 万元的股权再次转让，按照上述案例逻辑，理论上价格依然是 2000 万元，不会产生亏损，显然这 2000 万元的部分内含的双重征税，就无法实现抵销。证明上述论证不存在双重征税的方法是错误的。

我们再修改上述案例中的条件，假如收购方取得的资产按照公允价值 1 亿确定计税基础，我们会发现，收购方不用再次转让股权，就能实现只缴纳一次 750 万元税的税收结果。如果上例甲公司取得资产计税基础不按 7000 万元确定，而是 1 亿元，其他条件不变。甲公司按照公允价值 1 亿元作为计税基础，处置后所得额为 0 元，纳税为 0 元。乙公司转让股权价值理论上就是 1 亿元，最终乙公司按照处置股权计算所得额 3000 万元，缴纳企业所得税 750 万元。可见，由甲公司按照公允价值作为被转让资产的计税基础，并不需要乙公司通过再次转让股权，就能实现只缴纳一次 750 万元税的结果。相比之下上述案例先是双方总共缴纳了 2 个 750 万元，通过再次转让股权，新的股东可以抵销 750 万元的税，整体下来只有一个 750 万元的税，何必那么麻烦呢？通过本案例我们可以发现，以避税为理由将重组双方的计税基础进行双重保持和确认，是不能成立的。实务中的再次转让股权的论证逻辑是一种似是而非的理解和认识。

有人通过"A 公司定向增发价值 5 亿元的股票收购 B 公司持有的 M 公司 100% 股权，B 公司持有 M 公司股权的计税基础为 3 亿元"，并"假定 R 公司将其持有的 A 股份向 C 公司以 5 亿元转让"这样一个股权收购案例进行了相似的论证，也认为不构成双重征税。笔者现摘录其具体解释理由如下："对于最初持有 M 公司股份的 B 公司而言，它退出了对 M 公司股份的控制，实现了收益，承担了与应税重组交易中一样的税负，只不过时间递延到其转让给 C 公司时；对于 A 公司而言，由于增发了自身股份，换取了 M 股份，其拥有的资产总额相应增加了 M 公司股份的部分，因此当它处置 M 股份时，实质上相当于 M 公司股份增值部分得以实现，因此确认收益和缴纳税负；如果 A 公司随后清算分配，M 公司股份已经处置变现，因此 A 公司层面的清算所得将减少确认 2 亿元，少缴纳 0.5 亿元的税负，对于新的股东 C 公司而言将减少纳税。同样，在一般性税务处理中，如果 M 公司清算分配给股东，会产生公司层面的清算所得 2 亿元，缴纳税负 0.5 亿元。从这个意义上讲，就是最终股东层面的利益而言，正是因为公司层面和股东层面的双重征税导致了这种重复征税的假象。"[1]认为不构成重复征税的核心，在于"由于 B 公司并没有

〔1〕　雷霆：《企业并购重组税法实务——原理、案例及疑难问题剖析》，法律出版社 2015 年版，第 90~91 页。

确认收益或损失，因此 B 公司在 M 公司股份上的内含增值并没有真实实现，因此，A 公司取得的 M 公司股份不能采取成本计税基础，即不得以支付的 A 股权的公允价值（5 亿元）作为对价，否则以后 A 公司清算处置 M 股权时将逃避确认收益和税收。"[1]

上述分析中的两个出发点是否有问题？一个是，通过清算所得少纳税来说明不存在重复征税是否成立？另一个是，A 公司取得收购资产即 M 公司股权的计税基础，因转让方的收益没有实现，就要按照收购资产原来的计税基础确定，这种以换入资产确定换出资产的计税基础的方法，能否成立？

首先，"如果 A 公司随后清算分配，M 公司股份已经处置变现，因此 A 公司层面的清算所得将减少确认 2 亿元，少缴纳 0.5 亿元的税负。"这个说法能否成立？我们验算一下，M 公司股份处置变现，税负为 0.5 亿元（［5-3］×25%），税后剩余 4.5 亿元（5-0.5）清算分配给股东 A 公司，A 公司缴纳企业所得税-0.375 亿元（［3-4.5］×25%），也就是 A 公司可以利用亏损少缴纳企业所得税 0.375 亿元。相比 A 公司持有的 M 股权计税基础如果是 5 亿，可以利用亏损少缴纳企业所得税 0.125 亿元（［4.5-5］×25%）。二者相比，以 3 亿元作为计税基础，相比以 5 亿元作为计税基础，A 公司少缴纳企业所得税为 0.25 亿元（0.375-0.125），而不是少缴纳了 0.5 亿元的税负。所以，少计算的计税基础 2 亿元（5-3），多缴纳 0.5 亿元（2×25%）的所得税，并不能找回来，与一般性税务处理相比，还是多缴税了，只是计算下来是 0.25 亿元，为什么不是 0.5 亿元？这里面同样存在问题，股东层面的股权转让，转让价格一定是 5 亿元吗？如果股权价值对应公司资产价值，这里的股权转让价值也只能是 4.5 亿元（5-0.5），这种通过人为减少转让价格的方法，论证价格低所以税收就低的逻辑，本身就有问题。上述案例也是简单化处理。

实际上，公司资产的计税基础与对公司享有的股权计税基础，二者也互不关联，比如公司的资产（不动产或股权）计税基础 7000 万元，转让以后公司资产多出了 3000 万元，此时股东持有的该公司股权计税基础并不相应增加 3000 万元；反过来看，股东将计税基础 7000 万元的股权以 1 亿元的价格转让，受让方作为股东持有的股权计税基础为 1 亿元，而股权对应的公司并不

---

[1] 雷霆：《企业并购重组税法实务——原理、案例及疑难问题剖析》，法律出版社 2015 年版，第 89 页。

相应增加 3000 万元的资产。就算资产的计税基础内含的增值实现了，股权的计税基础并不相应发生变化。所以用这种资产内含增值未实现，股权的计税基础也要根据资产来定，本身就荒谬。当股权的计税基础保持不变，未前移，通过股权转让和清算分配的方法，无论怎么计算，都不可能得出不构成重复征税的结论。

上述案例确定换入资产 M 公司股权的计税基础，不是按照换出资产的计税基础为基础，而是按照换入资产本身的计税基础为基础。理由是，被收购资产内涵增值未实现，不但被转让的资产本身要保持计税基础不变，收购方接受的 M 公司股权的计税基础也要保持计税基础不变。这个逻辑是否成立？

被转让资产的收益没有实现，所以双方都要按被转让资产的原计税基础确定计税基础。这个理解是基于重组业务整体的角度，实际上将重组业务视为了非货币性资产交换，即"换股"。虽然被转让的资产没有实现收益，可是增发股份不需要实现收益，也就不存在税法上的视同销售。虽然业界管这种做法叫"换股"，增发股份部分却不能当作是应税行为。增发股份购买股权或资产，在税法上可以分解为两个税法行为，一个是股权（或资产，比如不动产）转让行为；另一个是以股权（或资产）视同销售收取的现金，对增发股票的公司进行资本投资的行为。此二者行为互不关联，互相不牵扯，互相独立。前一行为属于应税行为，后一行为不属于应税行为。如果将收购方取得的资产计税基础保持不变，就是将资本投入行为等同于应税行为处理，这是导致出现问题的关键。

另外，收购方增发的股份价值 1 亿元，这是一个现实的成本概念，换入的股权虽然内涵增值没有实现，那么我们就要以 7000 万元来确定增发股份的价值吗？还是应以增发股份的价值为基础，确定换入股权的价值？如果保持计税基础不变，就违反了一项税法常识，就是取得的一项资产其成本或计税基础的确定，要以付出去的成本为基础确定，而不是相反。典型的像非货币性资产交换，换入资产的计税基础，也是要以换出资产的成本为基础确定。现在收购方增发的股份价值就是 1 亿元，无论如何不能说成是 7000 万元，如果按 7000 万元作为计税基础，那么中间的差额 3000 万元哪里去了？依据何种规定可以将该 3000 万元抹掉？59 号文的重复征税，实际上就是对收购方这 3000 万元的差额征税，而不是对转让资产未实现的收益 3000 万元埋单（10 000 万元—7000 万元），这是对收购方的成本征税，而不是对转让方的利润（比如上述案例中的未实现收益 3000 万元）征税。就是说，投资入股取得的股权价值是多少，就应该是多少，而不能减少或限缩，这违反税法基本常识。

上市公司增发股份的受让方，取得股权要保持该部分股份计税基础不变，实际上是将"换股"中的增发股份与出售的资产或股权之间，看作是非货币性资产交换，增发股份行为并不属于应税行为，本质上属于股东资本投入行为，与增资一样，不需要缴纳所得税。要求保持计税基础不变，其实就是将增发股份行为视同销售，要缴纳企业所得税。

换个角度看，根据 59 号文，增发股份的收购方，收到投资后，股本如何记账？是按照原计税基础记账？还是按照公允价值入账？对此 59 号文没有规定。既然没有规定，自然还是按照公允价值入账，没有依据就不能进行特殊性处理。收购方增发股份行为，不需要确认受益或所得，只需要调整股本和资本公积的记账，59 号文特殊性税务处理对收购方的股本和资本公积记账不产生任何影响。股本和资本公积并不遵守以"转让资产的计税基础"为准的规则，作为与股本和资本公积对应的科目，收购的资产的计税基础又为什么要保持计税基础不变呢？59 号文关于计税基础不变的规定，忽略和破坏了资本投入行为的计税规则。

可见，股权支付部分，收购方以持有的持股公司股权作为支付对价，适用 59 号文两头都保持计税基础不变，这是没有问题的。另外，59 号文并没有给予非股权支付部分延迟纳税待遇，如果 59 号文能够给予收购方非股权支付部分特殊性税务处理，享受递延纳税待遇，此时要求接受资产的一方原计税基础保持不变，接受非货币性资产后的计税基础以被转让资产原计税基础对应比例保持不变，这也是能够成立的。就是收购方增发股份对应的这部分，只能由转让方保持计税基础不变，否则就是重复征税。通过上述分析，我们发现，只能对转让方保持计税基础不变，否则如果要求收购方保持计税基础不变，会造成税负转嫁。当然，持股公司的股权和非股权支付部分计税基础保持不变，应以自身的原计税基础为准保持不变。

由上可知，59 号文有两个问题值得商榷：一个是将增发股份"换股"视同非货币性资产交换，将收购方的增发股份行为当作了应税行为；另一个是在视同非货币性资产交换中，确定换入资产的计税基础时，顺序颠倒了，选择以换入资产的计税基础为基础确定换入资产的计税基础，而不是按照付出资产的计税基础为基础确定换入资产的价格或计税基础。同时，从收购方企业及其股东角度看，导致新股东的出资相比现金出资不实，计税基础的扭曲导致目标资产的实际价值少于注册资本金额（关于计税基础与资本确定原则之间的关系，笔者将在本章第四节探讨）。

所以笔者一直都认为，59 号文的规定与其说是重复征税，不如说是在错误征税。有什么办法来克服 59 号文的缺陷呢？笔者认为，企业并购重组业务中，收购方的股权支付如果既包括增发的股份，又包括持股公司的股权比如子公司的股权，增发股份的比例或价值应尽可能地小，而用以作为支付对价的持股公司比如子公司的比例或价值应尽可能地大，这样才能最大限度地享受 59 号文赋予的税收优惠，从而规避 59 号文的不足带来的税收利益损失。59 号文第 2 条规定："本通知所称股权支付，是指企业重组中购买、换取资产的一方支付的对价中，以本企业或其控股企业的股权、股份作为支付的形式"；国家税务总局《企业重组业务企业所得税管理办法》第 6 条规定："《通知》第二条所称控股企业，是指由本企业直接持有股份的企业。"收购方利用持股公司的股权不但可行，且现行规定并未对使用名下持股的公司股权支付的比例进行限制。所以作为收购方（包括受让方、合并方、分立方），股权支付尽可能选择名下持股公司的股权。如果该持股公司股权的原计税基础大体与目标资产的计税基础相当或比之更低，或该股权的计税基础与公允价值的差额足够覆盖目标资产的原计税基础与其公允价值之间的差额，则收购方才能保持不遭受税收损失，甚至能取得更大的税收利益。股权支付中，持股公司的股权占比越大，且计税基础越低，越能够抵消 59 号文带来的错误征税影响。使用持股公司的股权作为股权支付比例过大，虽然会导致股东权益连续规则受到破坏，但根据目前的规则是可行的。

笔者建议国家税务总局对 59 号文作出修改，应对收购的资产（包括股权）准许按照公允价值确定计税基础，仅要求转让方保持计税基础不变，即可保证国家税收利益。可参照已经废止的国家税务总局《关于执行〈企业会计制度〉需要明确的有关所得税问题的通知》（国税发〔2003〕45 号）第 6 条"关于企业改组"第 2 项规定："符合《国家税务总局关于企业股权投资业务若干所得税问题的通知》（国税发〔2000〕118 号）第四条第（二）款规定转让企业暂不确认资产转让所得或损失的整体资产转让改组，接受企业取得的转让企业的资产的成本，可以按评估确认价值确定，不需要进行纳税调整。"原先按照公允价值（评估价值）确定收购资产的计税基础，该做法是正确的，值得 59 号文借鉴。

第四节　不动产投资入股计税成本对资本充实责任的影响

实务中，股东将房屋、土地等不动产投入公司的做法并不鲜见。与现金入股不同的是，以不动产投资入股需要对投入的不动产进行价值评估，并以此作为相应股权价值。一般认为，对不动产等非货币性财产出资，只要价值评估公平、公允、合法，则股东将产权转移至公司，股东的出资义务便告完成。但是，实践中的不动产出资，往往会忽视计税成本对财产总值的影响，这会导致出资不实的情况出现，而投资方和被投资方，往往对此不能发现。公司的债权人追究股东的连带偿债责任，一般也不会想到去探究股东以不动产出资是否做到了完全出资。从计税成本的角度去探究股东的资本充实责任，须将税法和公司法结合在一起考察。

一、公司资本原则及股东资本充实责任的公司法规范

股东权利的享有和行使，是以股东履行出资义务为前提，若股东出资不实，将会承担补充责任、赔偿责任，股东权利的行使也将受到限制。

（一）公司法资本三原则

股东享有股权，是以其投入到公司的资本作为交换对价，公司对股东投入的财产享有独立于股东的财产权，并作为公司运营的资本基础。股东以注册资本的形式投入资金，形成公司的独立资产，是公司承担义务责任的基础。股东的注册资本，反映了股东对公司债务承担责任的份额——出资额，注册资本制度是公示公司法人能够对外独立承担责任的责任能力，为债权人或公司的相对人展示公司稳定的财产基础。

股东的财产投入公司以及投入之后需要遵守的规则，理论界主张须遵循三大资本原则，即资本确定原则、资本维持原则以及资本不变原则。所谓资本确定原则是指公司设立时应在章程中载明公司的注册资本总额，并由股东认足或募足，否则公司不能成立，其目的在于强调资产真实、足额，杜绝资本有虚的情况，确保股东出资到位；资本维持原则指公司在设立后的存续过程中，应当保持与其注册资本额相当的财产，防止公司资本遭到股东的不当侵蚀；资本不变原则指公司注册资本总额一经确定，非经法定程序，不得随

意减少。我国并未规定资本充实原则，资本充实原则属于资本维持原则的范畴，强调公司存续过程中实际资本不能低于注册资本，目前主要是金融监管机构对金融机构有资本充实的要求，其他普通公司则无此要求。本节提到的资本充实责任，是资本确定原则的范畴，强调的是资本的真实、足额、非瑕疵缴纳。

　　我国公司法对资本确定原则的体现主要包括两个方面：一是实行法定资本制。我国 2013 年《公司法》的修订改变了对资本必须实缴的法律规定，将实缴制改为认缴制。这就意味着股东或者发起人根据股东协议和公司章程确定的出资总额或者股本总额自行认缴或者认购各自的出资或者股份，对于其认缴的出资或者认购的股份的缴纳，只须按照公司章程的规定缴纳即可，具体认缴期限由股东自由决定。修订后的公司资本制度是法定资本制而非授权资本制。这种制度与授权资本制比较，不同的是公司公示的注册资本不是股东会或全体股东授权董事会发行资本的最高限量指标，不存在注册资本和发行资本的区别，注册资本在公司成立时已经全部发行完毕，章程可以安排分期缴付和缴付的不同时间，注册资本经公司成立对社会发生信用信号，即其一旦公示，章程不可以未经法定减资程序而免除股东出资义务。[1]股东的认缴资本或公司的发行资本在公司成立时是确定的，且作为章程的必要记载事项，需要予以登记确认，因而作为注册资本的认缴资本是完全可以确定的。[2]无论是实缴制还是认缴制，法定资本制项下，股东的出资义务一开始就已确定。二是对非货币出资的严格控制。不仅对非货币出资的具体资产范围进行界定，该非货币性财产必须是可以用货币估价并可以依法转让的财产。而且对非货币出资的资产评估亦要求严格，不得高估或者低估作价，防止浑水摸鱼的情况。确保非货币出资，就是达到非货币性财产出资能够与货币出资同等的价值。

　　公司资本三原则的担保作用弱化。各国公司法对公司债权人的保护已从抽象的资本维持向对公事及股东不当利益输送行为的规制，开始注重信息披

---

　　〔1〕　甘培忠：《论公司资本制度颠覆性改革的环境与逻辑缺陷及制度补救》，载《科技与法律》2014 年第 3 期。

　　〔2〕　卢宁：《我国公司资本"认缴制"的法定资本制性质辨析》，载《财经法学》2017 年第 5期。

露和发挥债权人的积极参与性，以求对债权人以更真实的保障。[1]公司资本并不是公司清偿能力的唯一体现，甚至不是决定性因素。[2]作为公司内部股东和外部各类第三方，均不在注重公司注册资本此类外部表象，而更注重公司实实在在的真实资本实力，考察的对象包括公司是实缴注册资本金额和比例、公司净资产等指标更具有信服力。而其中股东实际缴纳注册资本时，可能存在出资不实或瑕疵出资的情况。

（二）股东资本充实责任的公司法规范及责任性质

根据主张权利的主体不同，追究股东责任的请求权基础可以是违约责任，也可以是侵权责任。

1. 基于违约责任追究股东出资不实责任

股东的出资义务体现在股东之间的出资协议或股东协议，以及公司章程里面，股东未出资或未完全出资以及瑕疵出资，均是对其他股东和公司构成违约。因此，其他股东和公司要求未按约定出资的股东履行义务的请求权基础是违约行为的存在。"强调注册资本的真实、充足和足额到位依然十分重要。尤其是在大大降低法定最低资本额、实行分期缴付资本和折中资本制、放宽公司非现金出资限制时，还应对虚假出资、不实出资或提供了掺水股的股东如何对公司承担赔偿责任，如何建立股东之间对公司赔偿责任的连带性等作出明确规定。"[3]基于此，我国公司法对股东的资本充实责任规定了违约条款。

我国《公司法》第49条规定："股东应当按期足额缴纳公司章程规定的各自所认缴的出资额。股东以货币出资的，应当将货币出资足额存入有限责任公司在银行开设的账户；以非货币财产出资的，应当依法办理其财产权的转移手续。股东未按期足额缴纳出资的，除应当向公司足额缴纳外，还应当对给公司造成的损失承担赔偿责任。"《公司法》第51条规定："有限责任公司成立后，董事会应当对股东的出资情况进行核查，发现股东未按期足额缴纳公司章程规定的出资的，应当由公司向该股东发出书面催缴书，催缴出资。未及时履行前款规定的义务，给公司造成损失的，负有责任的董事应当承担

---

〔1〕 冯果：《论公司资本三原则理论的时代局限》，载《中国法学》2001年第3期。
〔2〕 施天涛：《公司资本制度改革：解读与辨析》，载《清华法学》2014年第5期。
〔3〕 朱慈蕴：《公司资本理念与债权人利益保护》，载《政法论坛》2005年第3期。

赔偿责任。"

按照《公司法》上述第 49 条的规定，股东不按公司章程规定按期足额缴纳出资的，要对公司负足额缴纳的责任，此为股东的补缴责任，学理上称之为缴纳担保责任，属于相关股东的自身责任，其他股东不负连带责任。第 51 条规定，有限公司成立后，发现非货币出资财产的实际价额显著低于章程所定价额的，由交付该出资的股东承担补足其差额的责任，学理上称之为差额填补责任，公司设立时的其他股东对此承担连带责任。

另外，《公司法》第 97 条规定："以发起设立方式设立股份有限公司的，发起人应当认足公司章程规定的公司设立时应发行的股份。以募集设立方式设立股份有限公司的，发起人认购的股份不得少于公司章程规定的公司设立时应发行股份总数的百分之三十五；但是，法律、行政法规另有规定的，从其规定。"

《公司法》上述第 97 条规定股份公司发起人瑕疵出资的责任，区分出资方式的不同规定相应的资本充实责任：对于未缴足的货币出资或者未交付的非货币出资，发起人承担补缴责任即缴纳担保责任，其他发起人对此承担连带责任；对于非货币出资，实际价额显著低于公司章程所定价额的，行为人承担差额填补责任，其他发起人对此承担连带责任。这一规定的特别之处有二：一是对于股份公司，公司法严格区分发起人和认股人，仅有发起人承担本条规定的责任，认股人不在此列；二是对于缴纳担保责任与差额填补责任，发起人之间均负连带责任。

究其原理，股东或发起人的出资义务是公司法人独立责任和股东有限责任的必要前提，股东的出资义务不是个别股东的出资义务，而是全体股东的出资义务；这里的出资义务更多的是义务的全面履行。且股东之间因共同行为而产生责任协同关系，股东除应履行自身的出资义务，还应对其他股东的出资义务承担责任。

2. 基于侵权责任主张股东出资不实责任

公司的利益相关者非常广泛，最典型的就是债权人，包括作为公法债权人的国家（由税务机关代行）。债权人与股东之间并不产生具体的法律关系，当公司财产不足于清偿债权人的债权时，股东的资本充实责任的未履行可构成侵权责任，二者发生侵权法律关系，只不过股东的行为并非侵犯了债权人的债权本身，而是侵犯了债权的受偿可能性。虽然债权的受偿可能性并未被学界普遍视为侵权的客体，但笔者认为债权的受偿可能性同样是一项民事权利。

我国《公司法》并未规定股东直接对债权人的责任，而是见诸司法解释。2008年5月12日最高人民法院颁布的《关于适用〈中华人民共和国公司法〉若干问题的规定（二）》（以下简称《公司法规定（二）》）第22条规定："公司解散时，股东尚未缴纳的出资均应作为清算财产。股东尚未缴纳的出资，包括到期应缴未缴的出资，以及依照公司法第二十六条和第八十一条的规定分期缴纳尚未届满缴纳期限的出资。公司财产不足以清偿债务时，债权人主张未缴出资股东，以及公司设立时的其他股东或者发起人在未缴出资范围内对公司债务承担连带清偿责任的，人民法院应依法予以支持。"

2011年1月27日最高人民法院颁布的《关于适用〈中华人民共和国公司法〉若干问题的规定（三）》第13条第2款进一步规定："公司债权人请求未履行或者未全面履行出资义务的股东在未出资本息范围内对公司债务不能清偿的部分承担补充赔偿责任的，人民法院应予支持；未履行或者未全面履行出资义务的股东已经承担上述责任，其他债权人提出相同请求的，人民法院不予支持。"

上述司法解释，同样基于股东的资本充实责任，债权人同样可以依据该等规范对违反的股东进行追究。

二、不动产投资入股计税成本对资本充实责任的影响

以不动产投资入股，出现出资不实，往往是对不动产的价值高估而产生。在股东承担补充责任和赔偿责任时，往往会忽略税务的影响。不动产高估出资，过户到公司，公司通过折旧或摊销，能够获取到一部分税收利益。当发现不动产的价值被高估，从而存在出资不实，那么先前通过折旧或摊销享受的税前扣除利益就应该进行调整，不然税务局可能会找上门来，对于这部分通过折旧或摊销享受的税收利益之丧失，出资不实的股东亦应赔偿。除此之外，出资不实往往会从多个税种得到不同的体现。

（一）现行税收对不动产投资入股计税成本的处理

我国现行税收政策对股东投资入股、资产参与的重组均有一定的税收优惠。笔者发现，税法上的税收优惠可能造成计税成本的不连续，从而导致税负发生交易当事方预料之外的转嫁，以不动产出资入股，对股东的税收优惠

会造成股东的出资不实。

1. 企业并购重组中被投资企业的计税基础隐藏的价值减损

在不动产投资入股方面，根据财政部、国家税务总局《关于非货币性资产投资企业所得税政策问题的通知》（财税〔2014〕116号），居民企业以非货币性资产对外投资确认的非货币性资产转让所得，可在不超过5年期限内，分期均匀计入相应年度的应纳税所得额，按规定计算缴纳企业所得税。根据《关于个人非货币性资产投资有关个人所得税政策的通知》（财税〔2015〕41号），个人非货币性资产投资实行分期缴税政策。这样的规定，并不会造成被投资企业计税基础连续性的破坏，也就不存在税负转嫁问题，不存在出资不实的责任。

反观"受让企业取得转让企业资产的计税基础，以被转让资产的原有计税基础确定"这样的规定，错误的造成受让企业（被投资企业）以原标的资产的计税基础确认，导致被投资企业的利益受损。譬如，投资企业（资产转让企业）的资产计税基础500万元，公允价值800万元。投资企业取得的股权价值会计入账价值为800万元，但根据59号文的规定，被投资企业只能按500万元作为计税基础，原计税基础与公允价值的价差300万元内含的税收利益为300万元×25%=75万元。也就是说，投资方的注册资本是800万元，但因采取了特殊性税务处理方式，被投资企业实际上并未足额收到800万元的出资。

可见，在所得税方面，如果非货币资产投资，则无影响，若特殊性税务处理，则如上所述，公司取得的资产计税基础被扭曲，从公司层面，存在资产价值不足问题。股东在会计上的长期股权投资是按公允价值核算，但因计税基础不一致导致过低，计税基础与公允价值之间的差额不能通过折旧、摊销等方式给公司带来税收利益，在公司层面处置时也要多缴税。股东对此应承担出资不实的责任。

2. 不动产投资入股被投资企业增值税导致的出资不实

营业税改征增值税后，根据财政部、国家税务总局《营业税改征增值税试点有关事项的规定》，取得不动产，包括以直接购买、接受捐赠、接受投资入股、自建以及抵债等各种形式取得不动产。因此，投资入股亦可取得进项发票进行抵扣。即便未能取得进项发票，被投资企业未来处置不动产，亦可根据差额征税的办法，即"应以取得的全部价款和价外费用减去该项不动产购置原价或者取得不动产时的作价后的余额为销售额，按照5%的征收率计算应纳税额"，差额征税不会导致增值税的转嫁问题，不会发生股东出资不实的情况。如果不能适用差额征税，且股东的投资入股不能向公司开具全额发票，则公司未来处置不动产会承担相应的增值税，股东不能开具增值税专用发票，会存在出资不实的责任。

我国税收政策对重组中对不动产投资亦作出了优惠规定，《营业税改征增值税试点有关事项的规定》规定："（二）不征收增值税项目。……在资产重组过程中，通过合并、分立、出售、置换等方式，将全部或者部分实物资产以及与其相关联的债权、负债和劳动力一并转让给其他单位和个人，其中涉及的不动产、土地使用权转让行为。"财政部、国家税务总局《关于落实降低企业杠杆率税收支持政策的通知》（财税〔2016〕125号）第2条第6项："在企业重组过程中，企业通过合并、分立、出售、置换等方式，将全部或者部分实物资产以及与其相关联的债权、负债和劳动力，一并转让给其他单位和个人，其中涉及的货物、不动产、土地使用权转让行为，符合规定的，不征收增值税。"不征收增值税，增值税链条中断，意味着不能开具增值税专用发票，将来不征收的部分，由不动产受让公司一起承担，存在股东出资不实责任的情况。

3. 不动产投资入股免征土地增值税导致的出资不实

为了鼓励投资，国家在土地增值税方面专门出台了暂免征收土地增值税的规定。财政部、国家税务总局《关于继续实施企业改制重组有关土地增值税政策的公告》（财政部、国家税务总局公告2023年第51号）规定："……二、按照法律规定或者合同约定，两个或两个以上企业合并为一个企业，且原企业投资主体存续的，对原企业将房地产转移、变更到合并后的企业，暂不征土地增值税。三、按照法律规定或者合同约定，企业分设为两个或两个以上与原企业投资主体相同的企业，对原企业将房地产转移、变更到分立后的企业，暂不征土地增值税。四、单位、个人在改制重组时以房地产作价入股进行投资，对其将房地产转移、变更到被投资的企业，暂不征土地增值税。……"

上述规定对股东重组投资时暂不征收土地增值税，待公司以后再转让时方征收土地增值税。被投资公司再转让时，一般理解是被投资公司承担纳税义务，而不是由股东承担纳税义务。问题的关键在于，被投资企业转让房地产时，扣除项目按照什么标准扣除？譬如甲公司在重组时，将取得成本5000

万元的房产投资入股乙公司，确认评估价格为 1 亿元，甲公司对乙公司的股权投资按长期股权投资 1 亿元进行计量。根据上述规定，甲公司暂不征收土地增值税。一年后，乙公司以 1.2 亿元的价格转让该房产。那么在计算土地增值额时，准予扣除的项目金额为 5000 万元还是作为股权价值的 1 亿元？实务中对此存在不同的观点。一种观点认为，应该按照 5000 万元作为扣除项目金额，理由是暂不征收土地增值税不等同于免税，被投资公司转让时应该一起代为缴纳；另一种观点认为，在计算土地增值额时按照 1 亿元作为扣除项目金额，被投资公司不应代股东承担税负；被投资企业取得房产的契税按照 1 亿元缴纳的，1 亿元相当于房产的取得成本。另外，甚至还有观点认为被投资企业转让时，扣除金额为 0。

从实践中的做法看，一般不会对重组中股东投资环节的行为免税，而是由被投资公司一起缴纳，也就是说计税成本是按股东持有时的原计税成本计算，并作为扣除项目金额。参照湖北省地方税务局《关于财产行为税若干政策问题的通知》（鄂地税发〔2014〕63 号）规定"对以土地（房地产）进行投资或联营根据不同情况按以下方式确认收入和扣除项目金额。（1）投资、联营企业将暂免征收土地增值税的原投入土地（房地产）再转让的，应征收土地增值税，以转让价格确认收入，以原投入土地（房地产）的原始土地成本确认扣除项目。……"〔1〕就是说，原股东没缴纳的土地增值税，很可能由被投资公司代为缴纳，这就发生股东出资不实责任。

2018 年财政部、国家税务总局《关于继续实施企业改制重组有关土地增值税政策的通知》（财税〔2018〕57 号，已失效，下同）第 6 条的规定："企业改制重组后再转让国有土地使用权并申报缴纳土地增值税时，应以改制前取得该宗国有土地使用权所支付的地价款和按国家统一规定缴纳的有关费用，作为该企业'取得土地使用权所支付的金额'扣除。企业在改制重组过程中经省级以上（含省级）国土管理部门批准，国家以国有土地使用权作价出资入股的，再转让该宗国有土地使用权并申报缴纳土地增值税时，应以该宗土地作价入股时省级以上（含省级）国土管理部门批准的评估价格，作为该企业'取得土地使用权所支付的金额'扣除。办理纳税申报时，企业应提供该

---

〔1〕 参见纪宏奎：《入股的土地成本如何在土增税税前扣除》，载《注册税务师》2014 年第 9 期。

宗土地作价入股时省级以上（含省级）国土管理部门的批准文件和批准的评估价格，不能提供批准文件和批准的评估价格的，不得扣除。"也就是说，如果不经省级以上国土管理部门批准，并不能获得作价入股时的评估价格，一般情况下，要按照重组前的扣除项目金额进行扣除，但该规定后来没有延续，目前很大可能是用重组前的扣除金额扣除，这就因税收政策的规定导致税负转嫁了，股东要承担出资不实责任。

（二）被投资企业代为承担税负与股东的出资不实责任

从上可知，一般情况下股东投资入股暂未缴纳的土地增值税，以及企业并购重组中所得税、增值税，都存在税负转嫁的情况。原本应由投资股东缴纳的税款，最终由被投资企业承担了。被投资企业接受投资，如果接受的是股东现金投资，则不会发生税负转嫁，相比之下，被投资企业接受非货币性财产投资，尤其不动产投资，则须承担原本不需要承担的额外税负。而作为股东，其取得的股权价值与现金出资的价值又无异，根据我国公司法，显然股东属于未全面履行出资义务，或构成出资不实、瑕疵出资等情形，股东应承担对公司的资本充实责任。

资本充实责任要求股东全面履行出资义务，未履行或未全面履行均构成对其义务的违反。"通常的观点是，未履行出资义务是指股东根本未出资，具体包括拒绝出资、不能出资、虚假出资、抽逃出资等。未全面履行出资义务包括未完全履行和不适当履行。其中，未完全履行是指股东只履行了部分出资义务，未按约定数额足额出资；不适当履行是指出资的时间、形式或手续不符合规定，包括迟延出资、瑕疵出资等。"[1]瑕疵出资股东对公司的资本充实责任在内容上包括认购担保责任、缴纳与交付担保责任、价格填补责任。[2]现物出资存在瑕疵的，资本充实责任的具体表现形式为发起人承担价格填补责任。[3]

股东以不动产投资入股，被投资公司承担税负，本身内含着该等不动产的价值存在瑕疵，股东理应承担资本充实责任，具体为价格填补责任。虽然该出资瑕疵并非股东主观过错，但"资本充实责任"是一种无过错的连带责

---

〔1〕 梁上上：《未出资股东对公司债权人的补充赔偿责任》，载《中外法学》2015 年第 3 期。

〔2〕 李建伟：《瑕疵出资股东的资本充实责任》，载《人民司法（应用）》2008 年第 17 期。

〔3〕 陈桂勇：《现物出资瑕疵法律问题探析》，载《河北法学》2005 年第 2 期。

任，理论上说属于一种较为严苛的归责形态。[1]同时亦为法定责任，不存在股东的免责事由。作为其他股东，可追究违约责任，而作为债权人，亦可在相应范围内要求股东清偿债权。尤其是债权人，实务中几乎没有债权人会从这个角度去思考解决问题的方法，往往对此予以忽略。

---

〔1〕　石少侠、卢政宜：《认缴制下公司资本制度的补救与完善》，载《国家检察官学报》2019 年第 5 期。

第二章

契约自由衍生的不动产税法争议

税法后果与纳税人的民事法律行为相伴随，民事法律行为遵从民事主体的契约自由、意思自治。交易过程中对合同要素进行自由商定，税负是民事主体不得不考量的关键因素。出于各方面的考虑，契约双方有时同样会就涉税事项进行自由约定。因税收涉及国家权益，私法上的约定就会涉及行政责任，并可能涉及刑事责任。实践中，围绕税款承担的约定纠纷不断，对其中的法律关系和法律性质判断不清，出现了一定程度的混乱。

第一节 关于不动产转让协议买方税款承担条款的理解与适用

很多交易都会约定有关交易的税费由买方承担，言外之意卖方不承担，此即税款承担条款，亦被称之为"包税条款"。股权转让、动产转让、借贷、不动产转让等均可见到该约定。不动产转让不同于其他交易，因其相比之下税负更重，主要是在所得税等基础上，要额外承受土地增值税和契税。近年来，房地产网络司法拍卖中，就税款承担问题发生了大量案件，因此对不动产转让买方税款承担条款进行分析，具有一定的现实意义。

一、不动产转让买方税款承担条款的实务考察及论争

实务中买卖双方对税款承担的约定都比较简单，也正是因为过于简单，再加上各方对法律的不理解，衍生出了各种法律问题，对其法律适用亦产生了不同的做法。对税款承担问题，我们主要关注的是税款承担条款的效力范围、是否发生了第二次纳税义务以及买方诉权的转移与承继问题。

实践中发生了这样一个案例，该案例具有典型意义。在义乌市可可美针织厂与国家税务总局金华市税务局第二稽查局税务行政管理（税务）二审一案（［2019］浙07行终671号）中，义乌市展鸿纺织品有限公司（以下简称"展鸿公司"）2009年2月将厂房转让给原告义乌市可可美针织厂（以下简称"可可美厂"），被税务局认定存在阴阳合同逃税。2015年1月4日，义乌市地税局稽查局对展鸿公司作出义地税稽处［2015］1号《税务处理决定书》、义地税稽罚［2015］1号《税务行政处罚决定书》。认定第三人展鸿公司于2009年2月将厂房转让给原告可可美厂的成交金额为850万元，扣除已申报的各项税费，应补缴税费、滞纳金合计4 432 841.96元。同时，2015年8月3日，义乌市公安局经侦大队以原告可可美厂负责人吴某梅涉嫌与展鸿公司共同逃税为由，将吴某梅予以刑事拘留。

展鸿公司因与原告可可美厂《房地产买卖契约》中，约定房产过户改名的一切费用由可可美厂承担，双方就该条款是否包括税款等产生纠纷，展鸿公司于2014年6月16日向法院提起诉讼。2015年1月8日，浦江县人民法院作出［2014］金浦民初字第777号民事判决书，认定房产过户的一切费用应包括双方当事人须缴纳的税款，涉案税款应由可可美厂承担，该判决已生效。原告可可美厂不服税务局对展鸿公司的《税务处理决定书》，于2015年9月8日向被告义乌市人民政府申请行政复议，之后提起行政诉讼。

该案中存在哪些问题呢？案件显示交易双方存在税款承担的争议问题，协议约定的房产过户改名的一切费用由可可美厂承担，费用是否包括买卖各方应缴纳的所有税款？能否扩大解释？针对税务局对展鸿公司作出的具体行政行为，买方可可美厂却作为原告去起诉，那么买方作为税款承担人，是否当然享有卖方的诉权？或诉权能否自由发生转移或承继？税务机关是否有权要求买方承担纳税义务？根据税款承担条款，相应的税务行政责任甚至刑事责任能否转让？

从目前的司法判例和理论观点看，主要是围绕税款承担条款的法律效力进行诉辩，内含在其中的其他法律问题很少引起注意。

在效力论方面，认为税款承担条款无效者，主要是依据《税收征收管理法实施细则》第3条第2款之规定，"纳税人应当依照税收法律、行政法规的规定履行纳税义务，其签订的合同、协议等与税收法律、行政法规相抵触的，一律无效"。如果允许所得税负的实际承担主体可以根据协议任意地转换变更，将导致"有所得而不纳税""无所得却纳税"的局面，税法的基本目标和价值将会完全落空或被严重扭曲。[1]而主张税款承担条款有效者认为只要不违反法律的强制性规定就有效，税款承担条款并未造成国家税款损失。

司法实践中认定有效的判例，如在 2007 年山西嘉和泰房地产开发有限公司与太原重型机械（集团）有限公司土地使用权转让合同纠纷一案（［2007］民一终字第 62 号）中，最高人民法院终审判决认为："《补充协议》是对《协议书》约定转让土地使用权的税费承担所作的补充约定，明确了转让土地使用权的税费如何承担及由谁承担的问题。虽然我国税收管理方面的法律法规对于各种税收的征收均明确规定了纳税义务人，但是并未禁止纳税义务人与合同相对人约定由合同相对人或第三人缴纳税款。税法对于税种、税率、税额的规定是强制性的，而对于实际由谁缴纳税款没有作出强制性或禁止性规定。故《补充协议》关于税费负担的约定并不违反税收管理方面的法律法规的规定，属合法有效协议。"该裁决理由依据现行税收管理法作为依据，立足税款由谁缴纳是否有强制性或禁止性规定作出。但对税款承担的指涉对象（如包括哪些税种）并未交代清楚，是纳税义务的转移还是税收结果的承担未作具体说明，税款承担条款的本质是什么，也未作说明。

再有，在慈利县三峡天然气有限公司与杨某桂追偿权纠纷一案（［2020］湘 0821 民初 251 号）中，法院认为："包税合同约定的税款负担条款的实质是实现纳税主体的转移，属于缔约双方交易环节中经济利益的分配，与税收法律、行政法规中纳税义务人的强制性规定并不抵触，也并没有导致国家税收收入的流失，虽然我国税收管理方面的法律、法规对于各种税收的征收均明确规定了纳税义务人，但并未禁止纳税义务人与合同相对人约定由合同相对人或第三人缴纳税款。税法对于税种、税率、税额的规定是强制性的，而对于实际由谁缴纳税款没有作出强制性或禁止性规定，也就是说税法对纳税义务人的规定和商业合同中包税条款的约定并不矛盾，只要国家的税款不流失，约定由谁来负担是当事人意思自治的范畴，与合同的效力无关。"该案明确指出，税款承担条款并不影响合同的效力，只是认为包税合同约定的税款负担条款的实质是实现纳税主体的转移，存在问题，因为纳税义务并不发生

---

〔1〕 赵洲：《"一带一路"跨境融资合同中的利息所得包税问题研究》，载《北方法学》2018 年第 1 期。

转移。包税条款未转移纳税义务，只是后果由买方承担，买方承担后果并不是说买方就是纳税义务人。

认为税款承担条款无效的，比如在铁岭市和谐建材有限公司诉铁岭市国家税务局稽查局、铁岭市国家税务局行政处罚及行政复议一案（［2017］辽12行终110号）中，法院认为"协议中约定的包税条款与国家法律、行政法规相抵触，属于无效条款，该约定不能免除上诉人缴纳税款的法定义务"。将税款承担条款认定无效，却没给出具体的裁判理由。

可见，实践中的判决体现出的取向不一致，对税款承担条款的法律理解不到位，主要还是因为涉税问题超出了单一法律实体的范畴。

二、不动产转让包税条款的法律解构

实务中，当事人之间约定的税款承担条款，真实的意思到底指涉的内涵是什么，其实是不明确的，往往双方都认识不清，这也是导致实践中纠纷多发的原因，也是部分案件判决认为合同无效的原因。

当事人约定税款承担条款，可能指涉两层意思。一是纳税义务的转让。实践中合同主体对自己约定条款要表达的真实意思认识不清，基本都以朴素的观念理解自身的行为。从司法判例看，大部分当事人约定，由买方负责纳税申报并向税务局缴纳税款，以及由买方提起税务行政复议和税务行政诉讼，这就说明双方约定的税款承担条款，实际上是将纳税义务转让给了买方，双方之间的真实意思是转让纳税义务；二是不转让纳税义务，仅仅转让税款的承担，转让税收结果。这其中又包括买方负责直接缴纳税款，相当于民法上的第三人代为履行，或卖方缴纳税款后，该部分税款由买方承担，如买方不承担卖方可依据合同约定向买方追偿。

纳税义务具有法定性，买卖双方之间不能私自变更纳税义务人。我国原《合同法》第79条规定："债权人可以将合同的权利全部或者部分转让给第三人，但有下列情形之一的除外：（一）根据合同性质不得转让；（二）按照当事人约定不得转让；（三）依照法律规定不得转让。"《民法典》颁布后，依然沿袭了原《合同法》的规定。从税收债权的本质看，其并非国家或税务机关与纳税人之间的自由约定产生的，而是具有法定性。纳税人因符合税法上的纳税构成要件产生的法定义务，能否转让呢？现行税法规则未见有明确规定。但是，从基本法理看，纳税义务因法律规定产生，纳税义务的产生紧密联系纳税人的应税行为，纳税义务就是进行民事行为的一个税法后果。纳税人的行为如果合法且承担税法后果，则相安无事；若纳税人违背税法规定，偷税、欠税、虚开发票等，则会产生税法上的行政责任甚至刑事责任，这与合同法上的违约方承担违约责任具有本质的区别。也就是说，纳税义务是一项税款给付义务以及相应的行政责任和刑事责任的集合，如同刑法上谁犯罪谁承担的道理，纳税义务人的义务不能由他人承担，同样该纳税义务本身就不能转让。否则，纳税义务可以转让，那么行政责任、刑事责任同样可以转让，显然不成立。因此，从法律的内涵看，买卖双方之间转让纳税义务是违反法律规定的。该规定并非明文规定，而是法律的应有之义。

在不变更纳税义务人的前提下，买卖双方约定税款由买方承担应当是有效的。买方代为缴纳税款或承担卖方已缴纳的税款，从本质上讲，是对合同价款的约定。买方负担最终的税款，实际上是承担合同法意义上的给付义务，是一种负担行为。从整体来看，相当于合同的价款增加了，只不过合同的价款一部分已经明确，一部分将以负担最终税款的方式体现。当事人之间对合同价款的约定，并不违反法律的强制性规定。从另一个角度而言，卖方获得的价款承担利益，实际上增加了卖价，同样应该并入收入计算所得缴纳税款。

所以，不动产买卖双方在合同中对税款承担进行约定，应界定清楚双方的意图并非转让纳税义务，而仅仅是将卖方最终承担的税款转由买方承担，该承担可以是代为缴纳，亦可以是买方将税款在纳税前后支付给卖方，由卖方自己缴纳。

买方承担税款，实际上并不能免除卖方的义务，在重庆西部制药有限责任公司不服重庆市璧山区地方税务局阻止出境决定一案（［2016］渝0117行初75号）中，重庆西部制药有限责任公司诉称，2015年6月15日，重庆市高级人民法院作出［2015］渝高法民终字第00117号《民事调解书》，其内容是：(1)原告协助重庆有禄房地产开发有限公司（以下简称"有禄公司"）将证号为××房地证××字第××号、第××号的国有土地使用权过户至有禄公司名下，土地使用权过户应缴纳的一切税、费由有禄公司在过户前向税务机构支付；(2)由有禄公司承担与原告双方签订的《房地产联合开发协议》及《房地产联合开发补充协议》项下的所有税、费。2015年6月19日，原告将此调解书送达给重庆市璧山区地方税务局青杠税务所，被告却对原告法定代表人作出阻止出境决定书，阻止原告法定代表人万某华出境，违背了重庆市高级人民法院调解书确认的由有禄公司承担全部税、费的事实。该公司的请求最终被法院驳回。如果对方没有承担，没有代为缴纳税款，这个税务行政责任是由纳税义务人，也就是本案中的重庆西部制药有限责任公司自己承担。

三、税款承担条款的意思表示分析

实务中，买卖双方转让不动产，对税款承担条款的约定非常简单，往往都是简单约定"税费由买方承担"，甚至都不提税，仅约定一切费用由买方承担。作为买方，在签合同的时候都会悻然答应。可当到了缴纳税款的时候，发现跟自己原先预想的并非一回事。那么作为买方，在已经签字、合同已经生效的情况下，在法律上还有没有救济办法呢？这就得将该税款约定条款置于民法的框架内进行判断。

买卖双方约定税款承担条款的意思表示该如何解读，在实践中是个难点，也是容易被忽略的一个点。就不动产买卖而言，涉及的税收包括卖方承担的增值税及附加、土地增值税以及所得税，买方承担契税，另外双方要承担不动产转移书据的印花税。签订条款时，卖方的意思是自己拿到价款，其他与其无关，其并未意识到对方税款承担部分亦是其所得。而买方往往看到具体税款金额方才意识到，要面对的税款不是其想要承担的。也就是说承担方因为基于认识的错误作出了意思表示。

（一）审判实践对税款承担条款意思表示是否具体明确的认定

就不动产买卖中双方简单约定"一切税费由买方承担"的条款，审判实践中已经意识到约定的意思表示是否具体确定的问题。

如在王某珠与齐某梅、镇赉启龙房地产开发有限公司商品房买卖合同纠纷一审案（［2016］吉0821民初1328号）中，原告与二被告签订商品房买卖合同一份。法院认为："镇赉启龙房地产开发有限公司是大屯镇镇北商住楼3号楼开发商，买卖合同书第15条第1款第3项'大楼照由被告负责，小楼照税费由原告负责'的约定。故本院认为，此条款即'小楼照税费由原告负责'关于税费如何承担，容易引起误解，可以理解为所有一切税种皆由原告王某珠承担，也可以理解为在办理小楼时，原、被告依法各自承担应缴纳的税种，所以此条款应认定为约定不明确、不全面。依约定不明按法定的原则，原、被告承担税款的种类应以税务机关的税收缴款书中'纳税人名称'及具体数额来确定。"换言之，双方关于税款承担的意思表示未成立。

又如，在沈某泉、沈某张与杨某坤建设用地使用权转让合同纠纷二审案（［2016］闽06民终158号）中，法院认为："根据《合同法》第125条的规定，当事人对合同条款的理解有争议的，应当按照合同所使用的词句、合同的有关条款、合同的目的、交易习惯以及诚实信用原则，确定该条款的真实意思。从《土地转让合约书》关于'一切土地证过户手续费用'的内容看，其所使用的词句是'一切'；从交易习惯看，虽然依法纳税是纳税人的义务，但'包税条款'的做法也不违背日常生活经验。因此，从最适合合同目的角度解释'一切'，是指过户各个关节中包含税款在内的其他费用。依法纳税是我国《宪法》（第56条）规定的公民的基本义务。《税收征收管理法》亦规定纳税人必须依照法律、行政法规的规定如实缴纳税款。在土地转让中，依照规定受让人应当如实足额缴纳契税和印花税。尽管从合同约定的角度，杨某坤应当承担讼争税款，但是必须指出'包税条款'的做法与我国宪法所确立的纳税基本义务、税收征管法规的规定相悖。故杨某坤关于《土地转让合约书》约定的'一切土地证过户手续费用'不是包税条款，不包含沈某泉、沈某张应缴纳的税款的上诉主张，没有事实和法律依据，不予采纳。"该案中法院认定税款负担条款的意思表示同样未成立。

再如，在无锡宝铭房地产开发有限公司（以下简称"宝铭公司"）、江苏省无锡惠山经济开发区管理委员会（以下简称"惠山区管委会"）与无锡市惠山区人民政府建设用地使用权转让合同纠纷上诉一案（［2013］苏民终字第0129号）中，双方协议约定的"因本次征收而产生的各项税费宝铭公司一次性上缴税费680万元，今后涉及税费问题由惠山区管委会解决，与宝铭公司无关"。法院认为："宝铭公司依据该约定请求惠山区管委会支付2294.4625万元税费的主张不能得到支持。首先，依法纳税是纳税人的法定义务，宝铭公司与惠山区管委会的该项约定不能免除其依法应承担的纳税义务；其次，虽然其他主体以自身财产为其他纳税义务人缴纳税款并不为法律、行政法规所禁止，但管委会作为政府机关，其财政应用于公共利益的支出，如用于解决单个主体的税费，有违公共利益，故双方上述约定应为无效条款。最后，该约定虽然是由惠山区管委会去协调宝铭公司的税收问题，但该约定不符合惠山区管委会的职能范围。惠山区管委会作为政府机关，并不具备决定或提请减免纳税义务人应交纳税款的职能。"该判决将税款约定视为纳税义务的转移约定，不予支持，实际上是未约定清楚是代为履行还是纳税义务的转让，意思表示不具体、不明确。

还有，在固始县人民政府招待所与河南省佳旺房地产开发有限公司建设用地使用权转让合同纠纷申请再审一案（［2015］民申字第1734号）中，法院认为："双方《产权交易合同》对案涉土地使用权交易产生的相关税、费进行了约定，但该约定中仅列举了契税和权证变更办理费，未明确约定土地增值税的负担，由此导致双方在履行合同中对合同项下相关税费负担的理解发生争议。原审判决据此认定《产权交易合同》对土地增值税的负担约定不明，双方均负有一定责任，故按公平原则，判决由双方各自负担50%的土地增值税，并无不妥。"这里由于约定不明，法院主动干涉，法院能依据职权裁判双方各负50%的税款吗？明显不能。

上述案例说明，"一切税费由买方承担"的约定，存在约定不明的情况，实践中可能存在不同结果的判决。

（二）税款承担条款的意思表示是否具体与确定

合同成立，必须以行为人的意思表示具体确定为前提，且要具备必要的合同条款，《民法典》第470条第1款规定："合同的内容由当事人约定，一般包括下列条款：（一）当事人的姓名或者名称和住所；（二）标的；（三）数量；（四）质量；（五）价款或者报酬；（六）履行期限、地点和方式；（七）违约责任；（八）解决争议的方法。"税款承担条款或包税条款，在合同要素的框架内，应归类于价格条款。合同要素中的价款或者报酬，即为合同的对价，可以是现金、实物资产、无形资产，也可以是提供劳务、服务以及债务承担等。税款承担条款约定由买方承担税款，同样构成债务承担，本就属于合同的对价之部分，如果将明确的合同价款条款称之为主价款条款，税款承担条款就是副价款条款。

根据我国原《合同法》以及新颁布的《民法典》，具备下列条件的民事法律行为有效：（1）行为人具有相应的民事行为能力；（2）意思表示真实；（3）不违反法律、行政法规的强制性规定，不违背公序良俗。而意思表示真实，前提是意思表示成立，意思表示由要约和承诺组成。根据《民法典》，要约是希望与他人订立合同的意思表示，该意思表示应当符合下列条件：（1）内容具体确定；（2）表明经受要约人承诺，要约人即受该意思表示约束。

合同的价格条款对于合同的成立，因具体合同的不同则具有不同的地位。最高人民法院《关于适用〈中华人民共和国合同法〉若干问题的解释

（二）》（法释〔2009〕5号，已失效）第1条第1款规定："当事人对合同是否成立存在争议，人民法院能够确定当事人名称或者姓名、标的和数量的，一般应当认定合同成立。但法律另有规定或者当事人另有约定的除外。"最高人民法院的该解释，并未将价格条款作为合同的必备条款，可能的原因在于价格条款能够根据一定的方法进行确定。"衡量要约的内容是否具备合同主要条款的关键，是将那些主要条款理解为舍此便无法对当事人的权利义务加以确定的内容。换言之，如果根据法律推定、商业惯例以及合同解释原则和方法等因素可以确定的合同条款，就不应当作为一项有效要约在内容上的必要条件。"[1]但笔者认为，实践中的很多合同因存在多样性，不太可能存在不变的唯一尺度，就一般的货物买卖而言，参照《联合国国际货物销售合同公约》第14条第1款的规定："向一个或一个以上特定的人提出的订立合同的建议，如果十分确定并且表明发价人在得到接受时承受约束的意旨，即构成发价。一个建议如果写明货物并且明示或暗示地规定数量和价格或规定如何确定数量和价格，即为十分确定。"同理，不动产转让合同或协议，因转让的标的或对象的特殊性，具有价格大、地理位置的差异等因素，导致价格不太可能达到十分确定的程度。不动产转让合同中，价格条款应当属于必备条款，不可缺少。如果价格条款约定不明确，应存在合理的方法能够确定最终的价格。

很多人认为，通过税务机关就能确定税款金额，说明税款承担金额能够确定。就此一般而言，行为人的纳税义务满足课税要件即告成立，但只有在经过税务机关具体的确定程序之后，方才是具体的纳税义务，在此之间则是抽象的纳税义务，作为非专业人士的交易双方，通常是不知道具体的税额。从抽象的纳税义务到具体的纳税义务，需要经过一定的合理期间，从表面上看，具有待定性特征。但在理论上，该纳税金额依然是确定的或可确定的，税务机关的确认只是将已经发生的纳税义务依法计算出来。且基于税收法定，各类当事方凭籍专业知识依据税法规定和出卖人的具体情况，可计算出该纳税金额，且与税务机关最终确定的纳税金额会相一致。从这一点来看，税款承担条款虽然没有明确一定的金额，但可依法予以得到最终的确定，能够满足对行为人意思表示的确定要求。从此可以看出，税款承担条款作为价格条款的补充部分，是能够确定的，既能确定，就是具体的。

---

〔1〕 钱玉林：《论要约内容的确定性》，载《南京大学法律评论》2000年第1期。

需要指出的是，税款承担条款与一般意义上的价格待定合同明显不同。买卖双方在签订合同时具体的税收金额不具体，而是待税务机关确定时再定，往往是局限于认识能力和专业水平的限制，该等限制不但使得买卖双方之间不能确定具体的税金。虽然最终税金需要根据税务机关的确定而最终确认，但在双方合同成立约定价格后，便已立即存在了，初始即确定。而价格待定条款则在初始并不确定，依赖于未来的条件或情况而确定。价格待定条款是随着经济社会的发展新出现的现象，理论界认为不应一概认定属于合同不成立，而要视具体情况而定。但税款承担条款作为价格条款，明显与其不同。不动产转让合同中的价格条款必须具体确定，而不能待定。

（三）税款承担意思表示的重大误解

上述对税款约定承担条款这一补充价格条款，是从合同履行的角度出发，因合同的最终价格能够确定、可确定而解决了合同的成立问题，或解决的是意思表示的成立问题。这是对意思表示具体确定的一种解读。但从行为人、表意人的角度理解税款承担条款的具体确定，则可能存在相反的情况。经常有当事人说"如果我知道税款如此巨大，我就不会买"，反映出的是行为人作出的意思表示与其真实意思表示不一致，那么当事人的这种真实意思应否受法律的保护呢。

就表示与意思的不一致，导致该情况的出现，从税法的角度，第一，计税基础的不同，导致最终的税负结果差异明显。尤其购置时间比较早，购置成本比较低的房屋土地，再出卖时增值额往往都比较大，相应税负就高，土地增值税、增值税、契税以及所得税综合下来，很多时候都会超过合同约定价款的一半，很多时候相同地段的房屋，税负差距巨大。实践中，交易双方很少会关注交易不动产的购置成本或资产净值有多大，作为卖方甚至都不愿告知当初的购置成本。表意人连购置成本即计税基础都不了解的情况下，径直作出意思表示，虽然从客观上能够确定最终的金额，但是该意思表示的作出是悬空的，犹如"抓阄""猜盲盒"，作出意思表示的基础不存在，如果再让表意人承担相应的法律后果，则有失公平；第二、不同的征税方法会导致不同的征税结果，从而导致最终的价格差异很大。就增值税来说，征税方法包括一般计税方式和简易计税方式，在实践中，简易计税方式通常有利于纳税人。就土地增值税和所得税，存在查账征收和核定征收的区别，实践中大多希望核定征收，两种方法计算出来的最终税额一般也不一样。作为表意人，一般并不了解这些程序性规则，在此前提下作出意思表示，显然会导致认识错误；第三，征税机关有时可能会因计算错误、税收政策理解、具体应税事项的特殊性等，作出的征税处理不被表意人认可，同样存在最终的金额的确定具有不确定性；第四，出卖人有意无意对不动产购置成本即计税基础进行了扭曲，比如以阴阳合同购进不动产等。诸如此类的情形，如果说无论税金的多少，均由表意人概括承担，等同于由表意人对各种已有未知的、不确定不可知的因素一律承担后果，有失公平。

对行为人的意思表示进行判断，主要分为客观主义和主观主义，也被称之为表示主义和意思主义。客观主义或表示主义，就是严格按照行为人表示的内容判定行为人的真实意思表示，而意思主义主张严格按照表意人的内心意思为准。意思表示是合同的核心和基石，传统观点认为，只有表示出来的意思与行为人内心的真实意思（亦称"效果意思"）相一致，方能对行为人或表意人发生法律上的拘束力。早期理论主要看重意思主义而较轻时表示主义，但是到了现在，民法界以表示主义为主兼顾意思主义。原《合同法》第125条第1款规定："当事人对合同条款的理解有争议的，应当按照合同所使用的词句、合同的有关条款、合同的目的、交易习惯以及诚实信用原则，确定该条款的真实意思。"《民法典》第142条规定："有相对人的意思表示的解释，应当按照所使用的词句，结合相关条款、行为的性质和目的、习惯以及诚信原则，确定意思表示的含义。无相对人的意思表示的解释，不能完全拘泥于所使用的词句，而应当结合相关条款、行为的性质和目的、习惯以及诚信原则，确定行为人的真实意思。"《民法典》上述规定的变化在于，将意思表示解释的目标设定为"确定意思表示的含义"而非"确定该（合同）条款的真实意思"，显示出表示主义的浓厚意味。《民法典》第142条第1款中的"习惯以及诚信原则"也不能完全排斥主观解释。在解释有相对人的意思表示时，出于对相对人信赖保护的考虑，固然应优先考虑表意符号的客观意义，但在特定前提下，表意人赋予表意符号的主观意义仍然可以成为意思表示的内容。[1]民法领域，"误载无害真意"的解释规则和重大误解法律制度，就是对严格表示主义的矫正。

具体到"一切税费由买方承担"条款，虽然能够根据税务机关这一第三

---

[1] 杨代雄：《意思表示解释的原则》，载《法学》2020年第7期。

方进行确定，但在表意人作出意思表示的时点，最终的税金对表意人而言是不确定的，或者说表意人并没有对自己的表示有正确的认识，而这明显存在意思表示错误。法律规定意思表示要符合"具体确定"的要求，是为了明确双方履行的依据，防止双方扯皮。但从合同的整体，并结合合同条款相互之间的关系，我们能够得出合同双方对税款承担条款并未给予足够的重视。合同双方一般对约定的价格条款都规定明确的金额，该金额显然是经过双方充分考虑的结果，而将税款承担条款独立于价格条款，且单独附列在后面的条款，可以看出双方将税款承担条款作为附属性、从条款对待，显然并未意识到税款承担条款的重要性，起码说明双方或一方误认为税款承担条款不如其他诸如标的、面积、价格等条款重要。根据一般常识，如果表意人意识到税款承担条款如此重要，就不会这么轻易的签订合同。尤其是当前面的主价格条款约定的不动产交易价格已经是当前的市场价或与市场价相当的前提下，推断表意人承担最终大额的税金是其真实意思表示，显然不合理。

民法上，将意思表示错误分类为"意思与表示不一致"和"意思形成阶段存在错误（动机错误）"两种错误形式。税款承担中由税务机关确定的税金，表意人并未意识到，在意思形成阶段表意人本未形成一个确定的效果意思，同样的不动产，不同的计税基础，导致最终的计算结果可能是 1000 万元，亦可能是 8000 万元，如果表意人知道是 1000 万元愿意承担，是 8000 万元不愿意承担就不会签订合同。则存在表意人未形成一个意思或形成了一个错误的意思，亦或者表示与其内心未表示出的意思不一致。从这一点分析，最终的税金虽然可由税务机关确定出来，但因具体金额在签订合同或作出意思表示时未明确，导致表意人的认识错误，存在意思表示不具体确定的后果，那么也就不存在表示，相应地也就不存在意思与表示的不一致。从双方意思表示是否一致的角度看，因未具体说明承担税款，很难判断双方之间的内心意思是否指向同一对象，包括是否指向相同的金额，很难判断是否构成合意。

从作出意思表示的动机分析。动机，比如买苹果手机送给要结婚的朋友，买后发现朋友并未结婚，属于动机错误。不动产买卖中，一般的动机比如生产中要使用，结果发现根本用不着，属于动机错误。购买房屋的初始动机，用于居住。网上看见法院拍卖的房子价格很划算，正好没房子居住，买来就不用租房了，或者虽然已经有一套房了，但看法院拍卖的房子比市场价低很多，决定参与竞拍，这是动机。税款承担中，并不存在表意人的动机错误，而是没有形成认识，可以构成认识形成中的错误，主要是缺乏认识形成的事实而导致意思形成不具体。从买受人的角度，购买人没有多想，且限于专业知识能力认识能力不足，错误认识导致形成的意思不符合现实、有瑕疵的意思，并将该瑕疵意思表示出来。关键是如何判断买受人确实存在瑕疵的意思。买受人的错误发生在产生意思的动机之后，意思形成之前。产生于意思形成阶段，是误认产生的错误。是一种意思表示错误，一般只有在纳税环节才意识到，在意思形成阶段买受人并不能意识到，否则就成了真意保留。意思形成阶段存在的错误有动机错误、内容错误、性质错误。内容错误，是对特定事实认识不清的情况下产生的意思。结合合同相关条款进行理解，买卖双方并未将税款承担条款等同于价格条款，本身说明双方误以为税款承担条款相较于价格条款是不重要的，价格条款双方都非常在意，约定了一个具体确定的金额，而税款承担条款确单独列示且放在靠后的位置，一定程度上能够说明双方没有意识到税款金额有多大，及和价格相比呈现出来的重要性，轻视了税款承担，在价格条款之外，变相存在另一个价格条款，所以价格错误显然属于内容错误。此种情况下，买受人虽然签字作出了意思表示，形成的意思与表示相一致，但与现实不一致，同样属于错误认识。此处的内容错误，是否与动机有关，对其动机外部无法得知。因动机错误一般不予关注，因此，引起内容错误的动机亦可不关注。

具体到我们现行法律制度，税款承担的意思表示错误，可根据重大误解法律制度予以解决。《民法典》第147条规定："基于重大误解实施的民事法律行为，行为人有权请求人民法院或者仲裁机构予以撤销。"无论是《民法典》还是《合同法》，并没有将重大误解界定为"意思与表示的不一致"，也没有明确表示动机错误并非认识错误。对于重大误解也没有作出明确的概念界定和适用范围。根据最高人民法院1995年的公报所载的王某林与银川铝型材厂有奖储蓄存单纠纷再审案中，宁夏高级人民法院认为，重大误解的民事行为，是指行为人对于民事行为的重要内容产生错误的理解，并且基于这种错误理解而为的民事行为。根据最高人民法院《关于贯彻执行〈中华人民共和国民法通则〉若干问题的意见（试行）》（以下简称《民通意见》）第71条规定，所谓重大误解是指行为人因对行为的性质、对方当事人、标的物的品种、质量、规格和数量等的错误认识，使行为的后果与自己的意思相悖，并造成较大损失的情形。具体到不动产转让合同的税款承担条款，涉及价格这一重要合同要素，如当事人存在重大误解，可根据《民法典》申请法院撤销。《民通意见》第 71 条明确列举的错误类型"对行为的性质、对方当事人、标的物的品种、质量、规格和数量等的错误"按照古典理论解释均属于动机错误中的性质错误，但根据我国民法制度，可按重大误解处理。

另外，行为的后果是否与自己的意思相悖，还可以根据该不动产转让价格与市场价格的差异进行推断，如果主价格条款已经与市场价格相差不大，税款承担部分又过重，则明显看出不属于表意人的真实意思。当主价格部分与税款承担条款确定的税金之和，与正常市场价格差别不大，则很难认为表意人的意思存在错误。此外，须要结合当事双方当时对不动产的了解情况，是否对计税基础等专门做了了解进行综合判断。当事人可根据这样的思路基于重大误解申请法院撤销合同。

值得一提的是，不动产司法拍卖中会约定，竞买人决定参与竞买的，视为对拍卖财产完全了解，并接受拍卖财产一切已知和未知瑕疵。这样的约定实际上并不能确定当事人的意思真实且存在重大误解，可申请撤销。

还需要说明的是，由于房地产拍卖活动将税款承担条款作为必备条款，成为常规选项。就有人主张按交易习惯确定，该主张同样不符合法律。交易习惯，是一种在特定区域、行业存在的或者仅在双方当事人之间长期存在的稳定的行为模式。[1] 行为人经常参与该习惯、利用该习惯，方可对其适用该习惯，不动产交易中，很少有人经常参与不动产的买卖，尤其作为买方，一般都是初次购买。所以，卖方的交易习惯不能强加于买方。

（四）行为人的可归责性之判断

适用重大误解制度，还有一个重要维度就是表意人的可归责判断，如果表意人不存在过错，则应当根据重大误解撤销合同；反之则不能撤销合同。那么，当事人因缺乏税法这一专业知识，导致没有认识到税款承担条款的后果，是否具有可归责性呢？

实务中，经常有人援引最高人民法院［2010］民二终字第 54-1 号判决，该判决认为："当事人因缺乏某种专业知识，而对合同内容发生的错误认识并不属于重大误解中错误认识的范畴。主张因缺乏专业的公司法知识，对协议内容存在重大误解，不符合《民通意见》第 71 条关于重大误解构成要件的规

---

〔1〕　杨代雄：《意思表示解释的原则》，载《法学》2020 年第 7 期。

定，而且股权转让的后果与冯某军的真实意思并不相悖，也无证据证明因此对其造成较大损失，故冯某军主张对协议内容存在重大误解的主张不能成立。"再有，在崔某1、王某与杨某、崔某2合同纠纷再审（[2020]新40民再13号）中，法院认为："被上诉人自认其签订合同之后才知道婚前、婚后财产区别，显然被上诉人是对法律认知不足，而非是签订合同时对房屋拆迁款的性质存在误解，当事人因缺乏某种专业知识，而对合同内容发生错误认识不属于重大误解中错误认识的范畴。"

随之有人认为，因缺乏税法知识，导致作出的意思表示不属于重大误解，不能撤销。实际上，这是对类似判决的一个误解。上述判决的主旨是，因不懂法未能理解合同的内容不构成重大误解，上述判决中提到的合同内容与税款承担条款这样的内容，区别在于一个是合同内容已经明确，只是当事人因缺乏相应的法律专业知识而缺乏理解能力，不能解其意，该合同内容已经形成且具体明确，只是对在法律上意味着什么，当事人因缺乏专业知识而不能理解。而税款承担条款的内容，不是因缺乏专业知识不能理解其意，而在于表意人因缺乏税法专业知识而未能使得意思表示具体明确，这里并不存在对合同条款含义的理解问题，而是对合同内容的确定问题。其次，前者是合同内容对应的法律含义的误解，而税款承担中的误解，是对合同内容对应事实的误解。最后，前者缺乏的法律专业知识，是对合同进行法律评价适用的法律，比如上述案例中股权纠纷对应公司法，婚姻纠纷对应婚姻法等，而税款承担条款中并不是因裁判依据的法律而发生认识错误，比如不动产转让纠纷并不是对合同法、物权法等而发生的错误，缺乏的税法并非主体裁判依据，而是确定价款的依据，二者不同。

那么，这种因缺乏税法专业知识导致对合同中关键价款要素认识错误，是否具有规则性呢。"弗卢梅教授指出，意思表示的意义，作为表意人意思表示的意义，必须是可归责于表意人的。卡纳里斯教授认为，表示受领人所顾及的情形，表意人并不能察知的案件，应当予以特别对待。梅迪库斯教授赞同这些意见，在解释意思表示时，为维护表意人的利益，那些表意人绝对无法知道的，并且更应归入受领人领域的情形，至少不应加以考虑。这些意见值得我们重视，《民法总则》在设置意思表示解释规则时应予以吸收。"[1]作

---

〔1〕 崔建远：《意思表示的解释规则论》，载《法学家》2016年第5期。

为不动产转让协议的买方，尤其普通民众，对购置不动产时一般的合同法，律师尚且都不具备专业知识，甚至大多数情况下，不但是买方，就连卖方亦不能具备税法知识，如果授予买方（表意人）过高的理性水平和注意义务，则明显有失公平。笔者认为，表意人在作出意思表示时，对价格条款的不明确不具有可归责性，应赋予其合法的撤销权。

四、税收之债的转让与纳税人诉权的承继问题

合同双方的税款承担条款，有时候是将纳税义务予以转让，承担方履行过程中与税务机关发生争议，往往是买方或者承担方作为原告申请行政复议和行政诉讼。买方能不能承继卖方的诉权，前提是要考察税收债权在法律上能否转让。

（一）审判实务的做法及存在的法理问题

税款承担人（买方）与税务机关的直接交锋，实践中经常发生。有些案件中，法院和税务机关将税款承担人当作纳税义务人对待，税款承担人也可能以为自己就是纳税义务人。

1. 税款承担人就计税依据与税务机关产生争议

在［2018］粤 2071 行初 823 号税务行政案件中，原告陈某仁诉称，其于 2018 年 1 月 5 日从淘宝网司法拍卖网络平台上拍得房产一套，按照于 2018 年 3 月 29 日向被告神湾税务分局缴纳了房产所有人梁某明、叶某玲应纳的及其应纳的增值税 292 417.3 元、城市维护建设税 14 620.86 元、教育费附加 8772.52 元、地方教育附加 5848.34 元、土地增值税 2 022 079.26 元、个人所得税 581 955.2 元，向原告陈某仁征收契税 175 450.38 元、印花税 2924.2 元。原告陈某仁认为拍卖成交价格应为含税价格，在计算应纳税额时应价税分离，并就该计税依据与征税机关发生争议，遂以自己的名义提起税务行政诉讼，原产权人梁某明、叶某玲为第三人。法院最终以原告为适格当事人，对涉税争议作出了判决。

2. 税款承担人主张税款从拍卖款中支付与税务机关产生争议

在原告重庆渝亚房地产开发建设有限公司诉被告国家税务总局重庆市税务局撤销行政复议决定一案（［2019］渝 0106 行初 23 号）中，原告于 2018 年 11 月 19 日向渝北区人民法院提起诉讼，原告认为，其承担的税款，"应当从拍卖款中收取原告应缴纳的税费，国家税务总局《关于人民法院强制执行

被执行人财产有关税收问题的复函》也明确了人民法院有义务协助税务机关征收税款，且也符合司法拍卖贯例，但第一税务分局却未从拍卖房款中收取原告应缴税费，第一税务分局还向原告发出渝税一分局发〔2018〕01号《税务事项通知书》，要求原告限期缴纳税款"。法院予以审理并驳回了原告的诉讼请求。

原告的理解是该税款承担应从拍卖款中扣除，而不应由原告另行支付。本案中很关键的一点，在于税务机关直接向买方也就是承担方作出了《税务事项通知书》，将买方视为纳税义务人对待，等同于默认税收之债可以转让。

3. 税务机关是否有权向税款承担人主张税收债权

在〔2016〕苏8601行初280号案中，2016年3月9日下午，被告铜山区第一地税分局才通知原告到办税大厅领取《涉税事项通知书》，并告知原告除缴纳契税外，还需要承担土地增值税、营业税等共计人民币400万元左右的税费。原告认为其参与司法拍卖属于民事行为，与税收征管的行政行为是不同的法律关系，按照税收征收法律法规的规定，原告仅是大鸭林酒店的契税缴纳主体，不是营业税和土地增值税的缴纳义务人，被告铜山区第一地税分局仅以《拍卖成交确认书》中的司法约定为由，认为原告对税务部门间接承诺自愿负担涉案房产全部税款没有法律依据。

本案中，税务机关向买方也就是税款承担方作出《税务事项通知书》，同样将买方作为纳税人看待，纳税义务发生转让。与其他纳税争议不同的是，本案原告是就自身是否具有纳税义务提起诉讼。实际上是说，税务机关是否有权向税款承担人主张税收债权。

（二）税收之债的可转让性之判断

合同法上的债权债务关系，债权人可直接转让债权，债务人经债权人同意，可转让债务由第三人承担，这是有明文规定的。税收债权作为债的一种，性质上属于公法债权，能否转让并无明文规定。从比较法上看，很多国家都准用民法的规定。有人主张，从经济、便宜征税的角度出发，应该同意纳税人资格的移转，只要原合同当事人之间能够就纳税事项达成共识，税法自无干涉的必要。[1]也算是税收债务转让的一种类型，是从合同双方的角度，认

---

〔1〕 叶金育：《合同责任的税法规制——以规制主体和方式为中心》，载《海峡法学》2013年第1期。

为一方违约就可以由违约方作为纳税义务人，甚至不用经税务机关同意。这里仅限于合同当事人之间，显然提出观点的人并未从税法上对其进行解构。

一般情况下，即便是准用民法的规定，也应经过作为债权人的行使机关即税务机关的事前同意或批准，除非税收之债发生的领域或情形不会导致税款流失、不会对税收债权造成损害。可问题是，税务机关无此批准权力。

我们对纳税义务进行解构，会发现纳税义务作为税收债务，与一般的债权存在显著的差异。

合同之债，转让时其金额是确定的，这种确定性即便脱离原债务人，亦能进行确定。新的债务人与债权人一般不会对债务金额有异议。所以合同之债转让后，可以不依赖于原债务人便可确定金额。而实践中发生的税收之债的转让，其具体金额往往并未提前确定，如果最终税务机关确定了具体税收金额，新的债务人有异议，则有赖于原纳税义务人的配合，因原纳税义务人手里掌握着具体详细的资料、证据等，从这个意义上说，税收之债无法转让。

纳税义务是一项综合性的义务集合体，广义上的纳税义务，包括纳税程序义务和纳税实体义务，两类纳税义务具有一体性，承担程序上的义务，必然要承担实体上的纳税义务，二者一脉相承。程序上的纳税义务，如纳税登记义务、纳税申报义务、保证纳税资料的真实义务、接受检查义务等。实体上的纳税义务即承担给付税款的义务。纳税程序义务不具有可转让性，实践中转让的纳税义务一般是指纳税实体义务。实务中转让税收债务后，原纳税人并不同时转让纳税资料给被转让方。被转让方未缴纳税金或未按时足额缴纳税金，产生的责任并不由被转让方承担。所以从性质上看，实践中转让的税收债务并非是纳税义务或纳税资格的转让。

实体上的纳税义务满足税法上的课税要素便告成立，该义务虽然表现为金钱给付的内容，与民法上的债务相同，产生原因和性质决定其不可能随意转让。一是该义务属于法定义务，民法上的行为受约束，来源于民事主体的真实意思表示，而税法上的义务来源产生于法律的规定，法定性决定了纳税义务不可变更；二是纳税义务一旦产生，不能根据征纳双方的主观意思处分和和解；三是纳税义务人不为给付，税务机关不用起诉便可强制执行。如纳税义务人不服不能通过民事解决，只能提起行政复议和行政诉讼。这些方面也决定了纳税义务不可转让。

抽象纳税义务与具体纳税义务之转让不同。如果仔细判断，我们会发现实践中发生的纳税义务之转让，基本都是在转让抽象纳税义务。抽象纳税义务在应税行为发生时产生，抽象纳税义务要变为具体的纳税义务，要经过纳税义务的确定过程，在确定之前，具体纳税金额是未知的。当事人转让抽象纳税义务，可将其纳入合同法上的预约合同考察。在判断转让抽象纳税义务是本合同还是预约合同时，涉及意思表示的具体确定的判断，具体如上文所述。具体纳税义务可确定或已确定，此时当事双方转让的纳税义务的后果，无论是预约合同还是本合同，都是由一方承担另一方的税收后果。此后果的承担与其说是税收债务的转让，毋宁说是后果由第三方承担。简言之，税收债务转让并不准确，这不是一个准确的法律概念，如果当事双方约定一方承担纳税给付，当属于民法上的第三人代为履行行为。

（三）第三人代为履行制度在税法上的适用

第三人代为履行是指在合同履行过程中，履行合同义务的主体或接受义务履行的主体不是合同当事人，而是合同当事人以外的第三人之情形。只要经双方同意，第三人就可以成为合同履行的主体。我国税法相关规定并未明确体现第三人履行制度的适用，我国《税收征收管理法》体现的涉他性制度，有纳税担保、代位权、撤销权等，其中纳税担保制度实际上是由担保人承担税款缴付的补充责任，第三人履行也是承担税款的缴付，担保责任具有强制性，而第三人履行不具有强制性，担保承担税款缴付责任体现第三人履行的特点，那么税法上第三人代为履行也不应存在任何法理上的障碍。相反，第三人代为履行能够为国家税款的入库提供一份保障。

须指出的是，第三人履行中，该第三人并非税收法律关系中的当事方。我国原《合同法》第 65 条规定："当事人约定由第三人向债权人履行债务的，第三人不履行债务或者履行债务不符合约定，债务人应当向债权人承担违约责任。"同理，税法上的第三人不履行或履行不符合规定，产生的税收滞纳金等责任应由原纳税人承担，而不应由第三人向税务机关承担责任，第三人向原纳税义务人承担的是合同违约责任。第三人代为履行税款缴纳义务，原纳税人的税收债务消灭，第三人未履行或履行不符合规定，则原纳税义务人承担税务行政责任。第三人代为履行缴纳税金后，一般情况下不能要求税务机关返还，第三人若与纳税义务人产生纠纷，应向纳税义务人主张权利。

税法上的第三人代为履行，与合同债务的第三人代为履行相比，存有一个前提，就是原纳税义务人必须申报纳税，只有原纳税义务人履行的纳税申报，方能将抽象纳税义务转化为具体纳税义务，否则税务机关只收税金无法入账，缺乏入账的依据。在〔2018〕粤 0404 行初 86 号案中，珠海市第二城市开发有限公司申请办理案涉土地使用权过户登记所需土地增值税等相关税费缴纳的手续，但珠海市斗门区国家税务局白蕉分局认为必须由珠海市斗门区白蕉镇供销社向国税局申报缴税。2017 年 1 月 18 日，原告珠海市第二城市开发有限公司向珠海市斗门区国家税务局白蕉分局递交《关于协助办理白蕉镇案涉土地使用权过户纳税的函》，再次请求代缴案涉土地应征缴的税金。珠海市斗门区国家税务局白蕉分局既不同意原告代缴，亦不予书面答复。2017年 3 月 17 日，珠海市中级人民法院向珠海市斗门区国家税务局白蕉分局、被告原斗门地税城区分局出具〔2011〕珠中法执恢字第 134-1 号之四《协助执行通知书》，通知珠海市斗门区国家税务局白蕉分局征收原告办理案涉土地使用权过户的税费。2017 年 7 月 26 日，原告向被告原斗门地税城区分局提交《关于蛇尾山土地产权变更缴纳税费报告》，明确延迟缴纳案涉土地使用权税费非原告原因，请求减免非原告原因而实际产生的延迟缴纳税费产生的滞纳金。被告原斗门地税城区分局未同意。2017 年 7 月 28 日，被告原斗门地税城区分局作出斗地税城函字〔2017〕001 号《关于案涉土地使用权转让有关问题的复函》，函告原告应按规定加收应缴的营业税、城建税、土地增值税、印花税的滞纳金。

实践中，发生过第三人已经缴纳税款，而纳税义务人没有申报被处罚的案例。这些都说明，实践中笼统地、一概地将税款承担及连带的程序性义务，以默认的方式由买方承担，并不符合法律的规定。对买受人来说，可能造成履行上的不便，对出卖人而言，同样会构成税收违法行为。所以，不动产买卖合同当事人双方对税款承担条款，应明确为由买受人承担税款，该承担仅限于税金的缴纳，而与纳税义务有关的申报、纳税争议等由出卖人承担，出卖人的纳税申报是买受人承担税款的条件，必要时可约定如果出卖人对纳税争议放弃或怠于行使行政诉权，作为撤销税款承担条款的条件。

（四）税款承担人继受诉权之否定

实践中，买受人基于税款承担条款，发生税务争议后，普遍以自己的名义作为原告申请行政复议和提起行政诉讼。基于如下两个方面的原因，税款承担产生的纳税争议相比一般情况下的纳税更容易发生争议：（1）最终确定的税金往往会超出买受人的心理预期；（2）在没有纳税义务人配合，最终计算出的金额很可能是有问题的。买受人即税款承担人对发生的纳税争议，如果纳税义务人不予以配合，税款承担人只能以自己的名义提起诉讼。买受人提起诉讼，税务机关很少就原告主体的适格性提出抗辩，法院同样会默认买受人的原告主体资格。等于买受人承担税款后，便自动承继了原纳税义务人的诉权。

上文已经述及纳税义务不具有可转让性，相应地诉权便不能继承，除非有明文规定纳税义务可以继承。目前典型的纳税义务继承有企业分立和合并、遗产继承引起的纳税义务的继承。同样，纳税义务能够发生继承，相应的诉权当然发生继承。但税款承担条款并不导致纳税义务转移或继承，那么相应的诉权便不能转移或继承到买受人这边，买受人只是个第三人的角色。税款承担人作为第三人代为履行，该第三人并无行政主体地位，在行政法上不具有自己的意思表示，并对相应税收责任不承担责任，自然不能成为适格原告。如果发生诉争，理应由原纳税义务人作为原告。

但实践中有税务机关对此认识不清，反倒认为原纳税义务人不是适格原告。在［2017］粤7101行初798号判决中，广州千安房地产开发有限公司以因案涉土地过户税费的法定纳税义务人系原告，但广州南沙开发区地方税务局第一税务分局从未告知原告纳税适用税率、计税依据、纳税环节、纳税期限、纳税地点和税款征收方式，未依法送达相关税务文书为由，申请行政复议并提起诉讼。税务机关认为："原告不具备《行政复议法》及《税务行政复议规则》中规定的主体资格，我局作出的具体行政行为未对原告的合法权益造成侵害。中国国际经济贸易仲裁委员会第［2007］中国贸仲深裁字第D121号《裁决书》裁定原告原有的520亩土地用以抵偿深联公司（即第三人）的3.5亿元债务，且原告应当将该土地使用权过户到深联公司名下，相关的过户手续费及税费由深联公司承担……由于本次过户交易中的税费均由深联公司承担，原告与本案土地过户缴纳税费没有法律上的利害关系，该行政行为也没有实际侵犯原告的合法权益，我局认为原告不符合申请信息公开及行政复议的主体资格……由于已有生效裁决及裁定认定由深联公司承担缴纳相关税费的义务，我局根据广州铁路运输中级法院出具的《协助执行通知书》应当直接为深联公司办理相关的纳税手续。深联公司是纳税义务人，且深联公司已经实际缴纳了相关税费。"可以看出，实践中税务机关秉承的是谁承担税款谁就是纳税义务人的思路，原纳税人税款被承担后，甚至丧失了知情权，当地税务机关的理由不能成立。

在［2017］苏09行终336号判决中，原告李某权购买办公楼后代为缴纳税款，并且缴纳了滞纳金。事后原告认为税务机关对其征收滞纳金的做法错误，要求税务机关退税遭拒。原告提起行政诉讼后，法院认为："建湖农商行是案涉房屋的出卖人，李某权与建湖农商行虽然约定了案涉房屋交易的税款由买受人李某权承担，但并不会影响纳税人的主体资格，纳税人的主体资格是由法律、法规等明确界定的。建湖农商行作为纳税人缴纳了案涉房屋交易的税款，李某权并不是案涉房屋交易税款的纳税人，上诉人李某权要求被上诉人建湖地税局退还被征税款、滞纳金无事实和法律依据。"也就是说，如果第三人代为履行，即使发生了缴纳错误，也只能由原纳税义务人出面进行税务行政救济，而不能以第三人的名义起诉。

（五）不动产买卖税款承担条款的拟定

鉴于实践中因税款承担条款容易产生民事、行政纠纷，与之相关纠纷不断出现，为了保护各方利益以及国家税款的及时入库，建议不动产买卖当事人双方，可在不动产买卖协议中约定如下条款：

（1）税款承担条款的金额应具体确定。应明确税款承担金额，而不应笼统约定"过户一切税费由买方承担"。承担的税种、每个税种承担的金额范围应约定清楚。税款金额能够根据交易情况并结合税法规定计算出来，虽然有待于税务机关的最终确认，但该事项并不属于依赖于未来某件事的发生或不发生而确定的附条件法律行为。

（2）具体明确由买方承担的是税款的缴付义务，申报等其他纳税义务由卖方承担，纳税申报作为税款承担条款的条件。

（3）约定税款承担条款的承担方式。税款承担条款在法律上并不能免除出卖人的纳税义务，只是对最终的税款由谁承担作出约定，相当于主价格条款之外的价格条款。价格条款必然涉及支付方式、期限等问题。税款缴纳期限根据税法确定，但也不影响双方之间对支付期限的约定。税款承担条款有两种支付方式：一是由买方直接根据税法规定的期限向税务机关支付；二是卖方向税务机关缴纳税款后，可以要求买方在一定期限内支付，可以是在卖方缴纳税款前支付，也可以在卖方缴纳税款后由买方支付，具体由双方协商约定。

（4）因出卖人的过错、未及时申报纳税等导致买受人为实现不动产过户，不得不代出卖人缴纳的滞纳金等，买方有权向出卖人追偿。实践中双方约定税款承担条款后，卖方误以为纳税义务已经转移，便不再过问，甚至连基本的配合义务都不履行。因税收债务属于公法上的义务，出现迟延纳税或不申报等，导致滞纳金的产生、不动产不能过户等后果。从买方的角度，最好能够对此进行明确约定。

第二节　企业与地方政府之间的不动产税收优惠条款

企业对外投资，除了考虑市场、劳工成本等因素外，也要考虑税收成本。我国税法具有统一性，税收法定原则并未考虑各个地方的差异，地方政府不具有税收自主权。但出于招商引资、发展本地薄弱产业等目的，地方政府经常以税收优惠作为一项条件，吸引企业或个人在当地投资建厂。企业与地方政府签订的协议，其中会约定地方政府给予企业税收优惠条款，包括不动产税收优惠。实践中围绕着各类优惠条款，发生了诸多争议，厘清其中的法律关系和法律逻辑，可为企业签订类似的协议或条款提供参考。

一、投资协议系行政协议、行政允诺抑或民事合同？

企业在当地投资与当地政府签订的协议，在法律上如何定性极为关键。企业与地方政府之间的协议，有人认为是行政行为，也有人认为是民事行为。而认为是行政行为的，亦存在行政协议和行政允诺之争。对协议性质的判断，会决定法律的适用选择。

（一）行政协议与民事合同的区别

司法实践中，行政协议具备行政法上的可诉性，类似案件大量产生，招商引资纠纷很多都按照行政协议处理。

在［2019］皖 12 民初 484 号裁定中，就投资协议的性质，法院认为："招商引资入园协议一方为行政主体太和县肖口镇人民政府，协议目的是为了实现行政管理的目标，协议内容包括大量难以与协议相分离的行政权利义务约定，如入园协议中约定的土地出让金的减免、税收奖励返还等，主要是行政法上的权利义务关系，协议内容亦未体现民事协议平等主体、等价有偿等一般性质，因此涉案入园协议属于行政协议。"诸如此案，将该等协议认定为行政协议，并依照行政诉讼起诉的案例并不鲜见。这反映出实践中对行政协议与民事合同容易混淆。尤其当审判偏向政府一方时，此类纠纷更容易被界定为行政协议。但行政协议与民事协议存在本质的区别，案件性质的确定并非难事。

行政协议，也叫行政合同，行政契约，是指行政机关为实现公共利益或者行政管理目标，在法定职责范围内，与公民、法人或者其他组织协商订立的具有行政法上权利义务内容的协议。最高人民法院《关于适用〈中华人民共和国行政诉讼法〉若干问题的解释》（已失效）第11条第1款规定："行政机关为实现公共利益或者行政管理目标，在法定职责范围内，与公民、法人或者其他组织协商订立的具有行政法上权利义务内容的协议，属于行政诉讼法第十二条第一款第十一项规定的行政协议。"

行政法上的权利义务关系如房屋征收补偿协议、国有土地使用权出让协议、矿产资源勘探或开采协议体现的关系。该等协议表现出三大特点：第一，行政协议的目的是履行行政职责、实现行政管理目标；第二，签订行政协议，是双方协商一致的结果；第三，行政协议履行过程中行政机关一方享有行政优益权。该优益权，不但赋予行政机关一方享有对协议履行的监督权、指挥权，还赋予其对协议的单方变更权和解除权。

从形式上看，行政合同与民事合同均具有协商一致的特点，但二者具有如下几点区别：（1）合同主体不同。行政合同一方是从事行政管理、执行公务的行政主体，另一方是行政管理相对人，二者法律地位不平等。民事合同双方当事人的法律地位是平等的，政府在特定情况下亦可成为民事主体；（2）合同内容不同。行政合同是为了履行公法上的权利和义务而签订的，其内容具有公益性。民事合同内容只涉及私法上的权利义务；（3）合同的履行、变更或解除不同。行政主体享有行政优益权，行政机关可以根据国家行政管理的需要，单方面依法变更或解除合同，而作为另一方当事人的公民、法人或其他组织则不享有此种权利。民事合同一旦依法成立，对当事人双方均具有法律约束力，当事人应当按照约定履行自己的义务，不得擅自变更或者解除合同。

投资协议中的税收优惠条款，并非行政协议，而是民事协议或合同。在招商引资过程中，通常情况下，为吸引资金方，或为了打消投资人的疑虑，政府经常会与投资人签订协议，承诺在土地、税费等方面给予优惠，投资人承诺在当地投资项目。此类协议特点是：（1）此类合同项下的权利义务，并非基于政府行使行政管理职能的法定义务。在订立合同时，投资人与政府之间并不存在行政管理关系，即使约定优惠政策也不属于政府在行使公共管理职能的行为，投资人的投资行为，并不是在履行行政法上的义务。行政协议，政府的义务具有法定性，比如土地出让、房屋征收等，政府必须履行行政职责。而招商引资，并非法律行政法规要求政府必须履行的行政义务，法律法规也并未指定政府必须与特定的相对人必须达成协议。招商引资行为，已经超出传统的行政行为，投资人与政府达成协议中，并不受行政法规的约束，双方属于等价有偿的法律关系。企业与政府间的行政协议，要遵从行政法规范，而招商引资协议则完全根据自身的意愿。（2）从合同内容看，行政协议中政府提供的是基于法律规定的行政给付，而税收优惠协议的给付并非基于行政法；（3）从救济途径看，因招商引资而签署的投资或合作合同，一般都会对合同解除、违约责任承担方式等条款作出明确约定，政府并不享有行政优益权，这是平等民事主体之间私法自治、意思自由的体现，也表明此类合同为民事合同。税收优惠协议与行政协议具有本质的区别。

（二）政府税收优惠许诺不是行政允诺

实务中还会经常发生一种行政行为，被称之为行政允诺行为，如在［2016］川11行终56号判决中，2000年4月16日乐山市人民政府作出《关于支持1000吨/年多晶硅项目建设有关问题的通知》（乐府函［2000］49号），其中第3条规定："1000吨/年多晶硅项目投产后，增值税前三年地方所得返企业用于还本付息，所得税前五年由同级财政先征后返，之后五年由财政按规定返还50%，若企业有困难，可全部返还。"后新光硅业公司破产管理人多次向高新区管委会发函要求其按照乐山市人民政府《关于支持1000吨/年多晶硅项目建设有关问题的通知》规定支付税收返还款2072.72万元未果，遂诉至法院请求判如前所述。法院认为根据前述分析49号文系乐山市人民政府作出的单方允诺，而非双方协议。且该行政允诺违反《税收征收管理法》第3条的禁止性规定，属于无效行为。

那么，能否在审判中按照行政允诺处理呢？行政允诺，也称行政承诺，是指行政主体为履行好自己的职责，向特定或不特定的相对人作出的，承诺在出现某种特定情形、或者相对人实施（完成）某一特定行为后，由自己或自己所属的职能部门给予该相对人奖励或其他利益（如提供便利、给予补贴等）的单方意思表示。最高人民法院于2004年1月14日发布的《关于规范行政案件案由的通知》（已失效）将行政允诺明确规定为一种可诉的行政行为。

行政允诺具有如下特征：一是灵活性，即可针对特定对象作出，亦可针对不特定对象作出。二是受益性，行政行为可分为负担性行为和受益性行为，负担性行为有行政强制、行政处罚等，而受益性行为比如发放补助、补偿款，给予奖励等。三是行政属性强烈。作出允诺行为的主体主要是各级行政机关及其授权组织，也正是因为如此，行政允诺行为容易被混淆为行政协议行为，甚至将民事行为也混淆为行政允诺。

实务中，对行政允诺行为引发的争议性质如何界定，存在两种观点，一种是作为民事合同纠纷处理，理由是行政允诺并不体现命令与服从关系，双方法律地位平等；一种观点认为应通过行政诉讼而非民事诉讼解决，理由是行政机关在行政领域基于公共利益进行的一种执法行为。最高人民法院行政庭在评析此类案件时认为："首先，行政机关作出允诺，是否符合国家法律，是否具备履行承诺的能力，是一种客观判断，而非双方合意；其次，公民实施了允诺所设定的行为，客观上会存在公民原先并不知晓有行政允诺存在的情形；再者，通常意义上的合同缔结过程，存在当事人的履行抗辩权，双方在实际履行前可以互设义务，而行政允诺形成过程中显然不存在。最后，行政允诺的撤销需要行政机关经过严格的程序，这并非以受诺人的意志为转移。"[1]行政允诺是单方法律行为，不依赖于行政相对人的意思表示，行政相对人不能协商，无任何参与过程，事后也不能改变，只能被动接受。行政协议、民事协议是双方法律行为，存在一个协议缔结过程，与双方行为具有根本的区别。

有学者将招商引资签订协议视为行政允诺，并视为行政协议，忽视了招商引资税收优惠条款的意定性特征。招商引资并非政府基于法定职权并行使法定职责的活动，对政府而言，招商引资是在行使政府职能，但该职能属于非行政化职能，而作为相对方的企业或和人，参与招商引资不是基于法定的义务，也不是基于行政法上的义务参与招商引资。最关键的一点是，行政允诺并不要求相对人必须为或不为某种行为，而招商引资协议，要求作为条件，

---

〔1〕　中华人民共和国最高人民法院行政审判庭编：《中国行政审判指导案例》（第1卷），中国法制出版社2010年版，第108页。

投资方必须在当地投资，投资是一项合同义务，基于合同约定产生。所以无法将招商引资协议归类为行政协议或行政允诺。政府向投资方发出邀请并非行政行为，一般构成邀约邀请，若意思表示明确具体，理当属于要约。

因此，招商引资中的税收优惠条款的性质为民事行为，这里须关注的问题不在于探讨税收优惠条款的性质，而在于政府作出的税收优惠的内涵、相应的处分效力以及无效时的各方责任问题。

二、招商引资税收优惠条款的指涉对象

税收优惠本质上看，是一个税法概念，税收优惠具有鲜明的法定性特征，且必须具有满足法定程序。实务中，投资企业与政府之间约定的税收优惠，是否属于税法意义上的税收优惠，要根据具体情况判断确定。属于税法上的税收优惠，则涉及是否受税法保护，及税法不予保护时如何从合同法角度判定双方的责任问题。如果不属于税法上的税收优惠概念，则该协议很可能是有效的，如果触犯其他性质法律法规，当然也要从合同法角度确认双方的责任分担。实践中，对政府如何返还投资方承担税款后的约定，可谓是五花八门。

（一）从承担税款的主体看税收优惠的合法性

税收优惠具有法定性，地方政府无权自行决定改变或减少。虽然说招商投资协议具有意定性特征，但也要考虑地方政府是否有权对一些事项作出承诺和约定，尤其是不能触犯税法的实体规定和征收规定。也要看具体约定是什么，不同的约定可能导致不同的法律后果。

1. 约定为"税收奖励、返还"

实践中很多投资者都将税款征收主体视为地方政府，遵从"谁征收谁奖励""谁征收谁返还"的思路，要求地方政府提供"税收奖励、返还"。

如在安徽省庐江县天友房地产开发有限公司与庐江县人民政府行政协议纠纷一案（〔2018〕皖行终674号）中，双方签订《关于庐江县大市场B区项目开发建设协议》，该协议中约定，销售不动产营业税按规定标准征收后，奖励原告30%；土地增值税按规定标准征收后，奖励原告80%；企业所得税按规定标准征收后，县级留成部分（40%）全部奖励原告。

又如在河北河祥房地产开发有限公司、涿鹿县人民政府行政纠纷一案（〔2019〕冀行终429号）中，双方签订的《涿鹿县矾山东关开发建设项目意向书》约定"……（1）税收依法据实征收。实行先征后返（房屋销售契税和教育费附加除外）。留县部分以 50% 以奖励形式返还给乙方，具体实施以年度计算，每年年底甲方对乙方上缴的所有税金按照规定返还给乙方"。

　　还有在如皋市丁堰镇人民政府与如皋市广信房地产开发有限公司行政纠纷一案（［2019］苏 06 行终 95 号）中，如皋市广信房地产开发有限公司与如皋市国土资源局签订如皋市国有土地使用权挂牌出让成交确认书，附属协议第四条约定"乙方在该地块开发中向甲方所缴纳的税收，甲方确认后按乙方所缴纳的 50% 奖励给乙方"。

　　而有些约定，特意强调用政府留存部分奖励，如在四川省美宇房地产开发有限责任公司、南充市顺庆区人民政府、南充市顺庆区自然资源和规划局合同纠纷一案（［2018］川 13 民初 80 号）中，原南充市国土资源局顺庆分局（现南充市顺庆区自然资源和规划局）根据顺庆区政府《关于拍卖出让南门坝旧城国有建设用地使用权的批复》［南顺府［2010］104 号］，其中规定："……2. 向开发商支付财政奖励金，金额以宗地开发过程中实际交纳的税收市、区两级财政留存部分为准（税收种类包括土地交易环节税收、土地增值税、建筑环节税收、销售环节税收、企业所得税等）。"而在德州瑞华房地产开发有限公司、山东德州运河经济开发区管理委员会房地产开发经营合同纠纷一案（［2017］鲁 14 民终 2623 号）中双方也约定："甲方返还乙方的建筑税、土地使用税、土地契税、销售不动产税等各项税收的区和办事处留成部分。"

　　如上述税收奖励、税收返还的约定非常普遍，两者的表述实际上并无本质的不同，投资方缴纳税款后，地方政府应按留成部分或一定比例支付给企业一定款项。严格来讲，征收主体不能认为是地方政府，根据税法及税收征收管理法，税款征收有权机关是税务机关，税务机关是代表国家征税，税务机关虽然受上级税务机关和地方政府双重领导，但征收主体不能视作是各级政府，税款的征收地方政府本无权干涉。如果投资协议中约定地方政府征收、向政府缴税之类的表述，会出现政府代替税务机关做决定的表象，这样的表述至少不严谨，作为地方政府签订这样的协议条款，会有越权之嫌。而政府的税收奖励，从字面意思看，亦有对纳税行为进行奖励的意思。

　　用"税收返还"这样的措辞亦不准确，法定条件之外，税务机关无权返还税收，政府亦无权返还税收。可是，双方签订的协议本身属于合同行为，从合同解释规则,判断当时当事双方的真实意思表示应当作为主要方法。双方约定税收返还、税收奖励,从税法角度虽然不准确,但从各种约定看,均未侵犯税法的规定,双方真实的意思表示内容,其实是就投资方负担税款后,地方政府予以承担一部分。上述几个案例的中奖励条款,虽然与缴纳的税收挂钩,但只是约定地方政府承担的比例确定方式,如"按乙方所缴纳的50%奖励"。税收返还约定中,多会使用就政府留成部分予以返还的表述。严格来讲可以视为确认政府承担税款多少的确定方式,并不违反税法规定。在四川新光硅业科技有限责任公司与乐山高新技术产业开发区管理委员会行政其他纠纷案([2015]峨眉行初字第119号)中,考虑到政府的角色,政府在2010年至2013年期间以拨付技术改造资金的形式向投资方返还税款5311.28万元。这也是出于摆正政府角色的一个考虑,避免越权。所以实践中应尽量避免使用"税收奖励""税收返还"类似的表述方式,直接以地方政府承担税款的表述为好。

2. 约定由地方政府提供税收减免优惠条款

投资协议中约定由政府直接给予税收减免的条款也时有发生,比如在深圳市汇柏工业设备有限公司、安徽汇柏航空科技有限公司合同案([2020]皖16民终1938号)中,利辛县财政局(甲方)与深圳汇柏公司(乙方)签订《无人机项目投资合同书》:"乙方在利辛县投资经营,享受利辛县政府'前三年全免、后三年减半'的税费优惠政策。"

根据税法及征收管理规定,政府无权作出税收减免的决定。根据合同法原理,双方之间作出的约定因违反税法的规定,并不导致协议本身无效。税法规定地方政府无权进行税收减免,该规定只是一项管理性强制规定,并非效力性强制规定。协议本身有效,协议条款亦在双方之间有效,但因违反强制性管理规定,该约定本身无法履行。协议条款有效的作用在于,对投资方不能获得履行依然可以按照履行不能的情况下,根据双方过错解决分担损失的问题。很多判决直接判决当事人之间的合同无效,这是简单化思维欠缺考虑,没有从合同法的角度去判断界定。当合同不能履行时,根据合同法精神,双方依然可以探讨履行的方式变更,并可进一步协商,直接无效处理不妥当且不符合法律。投资协议双方应避免使用税收减免的条款,严格遵守税法规定。

3. 投资方购置土地将价税混合约定

将政府视为税款征收主体的意识普遍存在。在武汉市湖景山庄房地产开发有限公司、湖北咸宁高新技术产业园区管理委员会合同纠纷一案（［2018］鄂12民终82号）中，双方在《土地出让定向挂牌协议书》约定土地转让价：该宗地综合地价款不超过人民币55万元/亩（此地价款包括：土地出让金、临街商住楼的拆迁补偿费、拆迁费、安置补偿费、地上附着物和青苗补偿费、土地交易契税、土地交易佣金、城市规划设施建设配套费、人民防空设施易地建设补偿费、园林费等一切相关税、费）及相关一切手续均由高新区管委会负责办理，费用包干在综合地价中。

此种价税合一的约定不能判定为无效条款，在合同法上有效，但这并不能免除投资方的纳税义务。投资方依然要向税务机关申报纳税，如未申报，税务机关有权直接向投资方征收税款，税务机关并不会直接找地方政府收税。虽然价税合一的约定，实际上可以探究出税款由政府承担剩余价款为土地出让金的真实意思表示，一经按价税合一支付给政府，投资方承担税款后再从政府往回要，会非常不便。通常来讲，政府不会代投资方申报纳税，投资方的低价款一旦入库，要使政府拿出钱直接支付税务机关可能行不通，相比投资方直接支付给税务机关更显得多此一举。投资方购置土地，价税单独列示为好。

（二）误用增值税制度的概念表述

实务中，税收优惠条款中，经常出现"即征即退""先征后返""先征后退"等增值税制度中的表述。笔者认为，表意双方使用该等词汇，虽然真实意思注重税收返还，但如果使用的表述与本意不符，可能会产生适得其反的法律后果，毕竟我国合同解释原则以客观表示主义为主。

1. 约定地方政府负责"即征即退、即征即返"

即征即退、即征即返在实务中，被用来表述政府对投资方税收成本的分担。在［2017］皖11行初42号案中，盛华公司与全椒县政府签订的投资协议书第四条约定："税收优惠：经营性税收地方留成部分5年内即征即返，用于支持大市场建设。"本案便使用了"即征即返"这样的表述，极易产生误解。

实际上，我国税法并不存在"即征即返"的做法，而存在"即征即退"的做法。即征即退，是指对按税法规定缴纳的税款，由税务机关在征税时部分或全部退还纳税人的一种税收优惠。目前，我国采取即征即退政策仅限于缴纳增值税的部分纳税人。即征即退，税款不需要经过入库这一环节，但要经过征收环节，之所以要经过征收这一环节，目的在于确保增值税链条的完整性。那么，表意人的本意在于税收返还，但如果使用"即征即返""即征即退"这样的表述，虽然能够确定双方具有退税的意思表示，但对退税的税种和范围极易产生争议。尤其"即征即"这样的表述，只见于增值税制度中，投资方与政府的税收优惠条款中使用这样的表述，会被解释成仅限于退还增值税，这样范围就缩小了，应尽量避免使用。

2. 约定地方政府负责"先征后退"

在［2018］皖行终674号判决中，原告安徽省庐江县天友房地产开发有限公司与庐江县人民政府签订的《关于庐江县大市场B区项目开发建设协议》约定：销售不动产营业税按规定标准征收后，奖励原告30%；土地增值税按规定标准征收后，奖励原告80%；企业所得税按规定标准征收后，县级留成部分（40%）全部奖励原告。法院认为："这样的约定属于先征后退，是一种变相减（退）税的约定，明显与《税收征收管理法》和国发［2000］2号文规定的内容相抵触，违反了国家法律的强制性规定，根据原《合同法》第52条第5项"违反法律、行政法规的强制性规定"的合同无效之规定，双方签订的协议中的上述约定，应当认定无效。"

本案中，是法官认定案涉情形系先征后退，这里法院误解了先征后退的含义。先征后退，是指按规定由税务机关根据税法规定入库后，由税务机关根据规定审查对符合条件的办理退税，这依然是增值税制度中的一种退税方法。法院将奖励企业的做法，视为变相退税，明显不符合法律本意。另外，如果招商投资协议使用该表述，同样会容易解释为只退还增值税，退还的税种范围限定变小。

3. 约定地方政府提供"先征后返"

在［2018］冀07行初170号案中，《涿鹿县矾山东关开发建设项目意向书》约定："……（1）税收依法据实征收。实行先征后返（房屋销售契税和教育费附加除外）。留县部分以50%以奖励形式返还给乙方，具体实施以年度计算，每年年底甲方对乙方上缴的所有税金按照规定返还给乙方。"

本案中约定了先征后返。先征后返，指税务机关正常将增值税征收入库，然后由财政机关按税收政策规定审核并返还企业所缴入库的增值税，返税机关为财政机关，不是税务机关。如果投资方约定的是先征后返，同样可能会缩小税收优惠的税种范围。且先征后返必须符合税收法律法规方可，切忌误用概念。

三、地方政府签订的协议是否构成税法禁止的"决定"？

《税收征收管理法》第 3 条规定："税收的开征、停征以及减税、免税、退税、补税，依照法律的规定执行；法律授权国务院规定的，依照国务院制定的行政法规的规定执行。任何机关、单位和个人不得违反法律、行政法规的规定，擅自作出税收开征、停征以及减税、免税、退税、补税和其他同税收法律、行政法规相抵触的决定。"

税收征收管理法明确了我国税法的统一性和法定性，使得税收执法有法可依，避免出现混乱状态。同时，如果不能准确理解该规定的立法含义，则会对实践中的一些经济事项造成干预。实践中经常引援该条文作为招商投资协议无效的一个依据。除了依据税收征收管理法，还有国务院发布的《关于纠正地方自行制定税收先征后返政策的通知》（国发［2000］2 号，以下简称"2 号通知"），其第 1 条规定："……各地区自行制定的税收先征后返政策，从 2000 年 1 月起一律停止执行。"第 2 条规定："……地方人民政府不得擅自在税收法律、法规明确授予的管理权限之外，更改、调整、变通国家税收政策。先征后返政策作为减免税收的一种形式，审批权限属于国务院，各级地方人民政府一律不得自行制定税收先征后返政策。对于需要国家财政扶持的领域，原则上应通过财政支出渠道安排资金。如确需通过税收先征后返政策予以扶持的，应由省（自治区、直辖市）人民政府向国务院财政部门提出申请，报国务院批准后才能实施。"

准确理解上述规定的含义，是税法实践中准确适用法律规定的前提。

（一）如何理解地方政府作出的"决定"？

《税收征收管理法》第 3 条第 2 款规定："任何机关、单位和个人不得违反法律、行政法规的规定，擅自作出税收开征、停征以及减税、免税、退税、补税和其他同税收法律、行政法规相抵触的决定。"国务院的上述 2 号通知亦将各地区自行制定的税收先征后返政策视为"决定"对待。那么，类似黄某友、张某明税务纠纷案（［2019］最高法行申 1336 号），大冶市政府、保安镇政府作出的《关于给予黄某友、张某明奖励的决定》，此处的决定是否与《税收征收管理法》规定的决定相同？政府在招商投资协议中的约定，是否属于《税收征收管理法》和2号通知规定的"决定"，是判断问题的关键。

"决定"是行政法上的一个概念，常见的比如行政许可决定、行政处罚决定、人民政府作出变更其草场使用权决定、人民政府土地承包纠纷处理决定等。行政决定会产生法律上的效力，一般而言，行政决定是行政主体行使公权力、具有行政相对人且能影响其行政权利义务的具体意思表示，本质上是行政行为。行政决定可分为单方行政行为、行政协议、行政允诺。关于税收减免、税收优惠、退税批准等的决定，可以成为税收行政决定，《税收征收管理法》和2号通知规定的决定，就是这样的税收行政决定，无论是《税收征收管理法》还是国务院的上述2号通知，都将"决定"界定为"政策"，就是说地方政府作出的决定，应当是具有普遍适用性的特点。如果当地政府的决定构成行政决定，则违反《税收征收管理法》的规定。

但是，政府或政府部门作出的决定，并不全部都是行政法上的决定，比如政府部门的采购决定，根据采购计划从市场上购进货物的行为显然不是行政行为，而是典型的民事行为。同样，当地政府与投资方签订招商投资协议，该行为并非履行行政职责，而是一项非行政化行为。如果协议中未明确干预税务机关的正常税收征管活动，则不违反《税收征收管理法》。招商引资协议是否违反《税收征收管理法》的规定，则要根据具体约定条款审查判断。

实践中经常将投资协议中的约定视为政府决定。比如［2019］苏06行终95号案中，双方的附属协议第4条约定"乙方在该地块开发中向甲方所缴纳的税收，甲方确认后按乙方所缴纳的50%奖励给乙方"。一审法官认为，镇政府因不具备税收的征收、管理职能，所以"乙方在该地块开发中向甲方所缴纳的税收，甲方确认后按乙方所缴纳的50%奖励给乙方"是无效的。这显然混淆了民事约定和行政决定。二审法官认为："虽然丁堰镇政府依法不得擅自作出减免税收的决定或约定，但广信公司在签订合同中的信赖利益应受保护，案涉附属协议签订于2004年，根据国务院国发［2015］25号文件的规定，协议中涉及税收优惠政策的事项，继续有效。况且，案涉协议的第4条是通过奖励的形式予以支付，该约定不等同于税收的先征后返，法律并不禁止行政机关依据特定的标准，通过对企业给予奖励等优惠政策从而实现行政管理目的。支持返还奖励的部分。"该案二审判决秉持法律精神，对民事决定与行政决定予以了区别对待，支持了投资方的合同利益。

　　审判实践中将二者区分开来的，还有［2018］川 13 民初 80 号案，地方政府向开发商支付财政奖励金，金额以宗地开发过程中实际交纳的税收市、区两级财政留存部分为准（税收种类包括土地交易环节税收、土地增值税、建筑环节税收、销售环节税收、企业所得税等）。具体为，顺庆区政府作出《关于拍卖出让顺庆区南门坝旧城国有建设用地使用权的批复》，主要内容之一为：从第一次交地时间起 4 年内完成宗地开发，业主实际交纳的税收市、区两级财政留成部分奖励给业主。其入库的土地使用税财政全额"奖返"，契税、印花税按入库金额按季"奖返"。对此法院认为："国务院《关于税收等优惠政策相关事项的通知》（国发［2015］25 号）第 2 条规定：'各地区、各部门已经出台的优惠政策，有规定期限的，按规定期限执行；没有规定期限又确需调整的，由地方政府和相关部门按照把握节奏、确保稳妥的原则设立过渡期，在过渡期内继续执行。'第 3 条规定：'各地与企业已签订合同中的优惠政策，继续有效；对已兑现的部分，不溯及既往。'《税收征收管理法》对税收的开征及减免规定了具体实施由国务院制定详细的行政法规进行规范，国务院的上述《通知》对税收开征及减免的规定具有普遍约束力，因此案涉优惠政策中关于税收'奖返'的约定是当事人之间真实意思表示，且未违反法律、行政法规强制性规定，应当认定为有效。""财政奖励金"并不干预税务机关的正常征管活动，不是一项行政决定。

　　但总的来说，在政府职能非行政化的背景之下，应仅对地方政府干预税收征管的行为进行约束。比如在［2016］浙 1022 民初 4395 号判决中，约定的税收优惠条件："享受免征本企业加工产品的产品税、增值税、所得税、建筑税（弥补亏损）"这样的约定则明显违反《税收征收管理法》，当地政府无权作出决定，如果具有普遍适用性，可认定为无效；如果特定某个协议中进行的约定，因不属于"决定"，可通过合同法判定其约定的成立和效力。

　　所以，投资人和地方政府双方在签订协议，应遵守税收法律和征管制度，避免触犯相关规定，应本着从财政支出上获得支持或补偿。必须注意税收要完成入库，完成入库后方不违反法律的规定，绝对不能从税收的"收"这一条线上作文章。且无论如何约定，无论使用何种字眼，都不能是由税务局直接负责返还。当税款没有依法缴入国库，就是有问题。作为企业来讲，签订投资合同前，应对当地政府的财政预算做一个考察，了解当地政府对企业的税收支持，是否存有预留的财产支出，或者考察签约的地方政府哪些资金其可自由处置。

（二）税收优惠条款与税收事先裁定

值得一提的是，企业与政府部门签订的税收优惠协议，也不同于税收事先裁定。税收优先裁定，是一种行政决定，是指税务机关对纳税人提出的关于其未来将要发生的交易或特定事项如何使用法律作出的行政决定，该决定具有法律上的约束力。我国尚未制定税收事先裁定制度，但实务中出现类似的做法，比如国税总局与个别企业签订的税收遵从协议，个性化税收服务等。从形式上看，税收事先裁定与企业与政府之间的税收优惠协议具有相似性，但二者具有本质的不同。税收事先裁定解决的是税法的适用问题，而企业与政府间的税收优惠协议是政府以税收优惠为条件，换取企业到地方投资，本质上是一个交易对价或交易条件，与税收征纳无关。二者的功能完全不同，切不可混淆。

四、关于政府缔约过失责任之探讨

既然招商投资协议系一项民事法律行为，则可能会涉及缔约过失责任的问题，这里的缔约过失责任可能在双方。《民法典》第500条规定："当事人在订立合同过程中有下列情形之一，造成对方损失的，应当承担赔偿责任：（一）假借订立合同，恶意进行磋商；（二）故意隐瞒与订立合同有关的重要事实或者提供虚假情况；（三）有其他违背诚信原则的行为。"

招商投资协议的税款优惠条款，可能触犯《税收征收管理法》的规定而无效，也可能违反财政支出相关限制性、禁止性规定导致事实上无法履行。此时，政府要不要承担缔约过失责任呢？毕竟投资方已经完成投资，履行了投资义务，如果不能获得赔偿或补偿，则有失公平。

《民法典》规定的缔约过失责任，均是在一方故意的情况下方可成立，而招商投资协议中的税收优惠条款，一般是基于对法律的误解而作出，并非故意，很难认定为缔约过失责任。如果招商投资协议中条款约定明显存在不合法的问题，则投资方的期望利益很难得到保护。

综上，税收优惠条款的表述极易造成误解，可直接约定为"政府对税款承担条款"，只不过承担的金额可以按照投资方负担的税金作为确定基础。无论如何约定，税务机关不能成为合同主体，亦不能由地方政府指令税务机关违反税收规定履行政府的民事约定。

第三节　税收法律关系的原因
——民事行为还是民事行为的结果？

实务中，经常出现双方之间的不动产交易合同已经解除、无效或撤销，以及不能履行、违约等情况。当发生这些情况，双方又已经负担了税款，是否应当退税？不动产交易行为是常见的民事法律行为，一般民事行为伴随着纳税义务的产生，民事行为的变更、消灭或无效等情形下，缴纳的税款是否应返还，经常会发生争议。

一、纳税义务的触发——行为结果事实的既成

法律界倾向于分析各个部门法之间的法律关系，税法学界也未能例外。要研究税收法律关系是如何产生的，有些人就依赖民法路径，认为税收行为产生税收法律关系，也就产生了纳税义务。这样的逻辑，实际上脱离了税收法律关系产生的本质和固有特点。

（一）民事法律行为与税收法律事实

税收征纳法律关系中，纳税人的民事行为是否等同于税收行为？纳税义务是基于税收行为产生还是基于税收法律事实发生？

法律行为产生法律关系，这实际上是民法的经典逻辑。《民法典》第133条规定："民事法律行为是民事主体通过意思表示设立、变更、终止民事法律关系的行为。"行政法在民法的基础上创设了行政行为。行政行为是国家行政机关或者法律、法规授权的组织和个人具有行政职权因素的行为，包括行政法律行为、准行政法律行为和行政事实行为。行政行为特点是强制性和命令性，作为民法上的法律行为的灵魂的意思表示在行政行为中并不体现，但行政指导、行政合同、行政给付等非强制行政行为亦愈来愈普遍，行政行为的概念也越来越宽泛。仅从意思表示看，行政行为就与民事行为完全脱离、相互独立。税法上的很多行为属于行政法范畴，但依然具有相当的独立性，尤其是在狭义的税收法律关系中，征纳双方之间法律关系与民事行为的关系，与一般的行政法领域有区别。民事行为最终会导致税收行为的产生，那么民事行为就一定是税收行为吗？民事主体的民事行为显然不是行政行为，当然也就不可能成为税收行为。所以，对于税收法律关系或纳税义务的发生机制的探究，就显得尤为必要。

法律行为原本只是民法学的一个特有概念，但因刑法上有犯罪行为，行政法上有行政行为，犯罪行为与行政行为亦为广义的法律行为，民法遂将法律行为称之为民事法律行为，法律行为就成了一个广义的概念。与民事行为不同的是，犯罪行为和行政行为，最终的结果很多时候不是行为人追求的结果，而民事行为一般是行为人根据内心意思追求的结果。行为人的行为，无论是合法的行为，比如商业交易，还是违反的行为，比如侵权行为、犯罪行为，落入到相应法律规范内，就会依法产生相应的法律后果，法律会对此行为的结果或行为本身进行法律评判。

同样的道理，税法亦对行为人的民事行为结果和行为本身落入税法规范的事实或行为进行税法评价。在商业交易领域，民商事行为的结果最终体现为收入的取得、财产的获得、流转额的发生等等结果，也有的是关注纳税结果，如我国的城乡维护建设税，系以缴纳增值税、消费税和营业税的单位或个人为纳税主体，并以其实际缴纳的该三种税的税款为计税依据。税法的征税对象有商品劳务税、所得税、财产税以及行为税，因此税法主要关注民事主体的行为结果。有时也对一些行为征税，但不是对民事行为本身征税，比如不动产交易中征收的印花税，是对订立、领受具有法律效力的不动产转移书据的行为征收的一种税，不是对具体的民事法律行为征收的税，二者具有本质的区别。税法上对行为征税的毕竟是少数，税法关注的主要是行为人的民事行为结果，该结果即便不是财产收入类的，也是合同生效等这样的结果，此类结果就是税法法律事实。

所以，很多人认为纳税行为多是民事行为，这样的理解是错误的。纳税人的民事行为并不对应税收法律关系，税收法律关系的产生是基于民事行为的结果，税收法律关系的产生与其说是民事行为，毋宁说是民事行为的结果。纳税行为是在纳税义务产生之后而产生，纳税人基于履行纳税义务进行的行为方是纳税行为，纳税行为与民事行为的区别是，民事行为具有自主性、意定性，纳税行为具有法定性，强制性，没有民事行为，就没有纳税行为，民事行为在先，纳税行为在后。税法不对民事行为进行评判，但对民事行为的结果比如产生收入、获得资产等进行税法上的判断，并在此基础上产生税法上的权利义务关系。

税收债权作为公法上的债权，也不是基于民事法律行为发生的，而是基于法律规定。根据行为人的行为结果在税法上产生征纳双方之间的权利义务关系。我们须明白的是，税法并不对行为结果之前的行为人的民事行为进行税法干预，只对行为的结果进行介入。要想产生税法上具体的权利义务关系，首先要存在具体征税对象，纳税人的行为结果产生课税对象，触发税收权利义务关系的产生，而不是民事行为产生税收法律关系。纳税人的交易行为、合同行为会产生纳税义务，但交易行为、合同行为本身不是税收行为，根据行为结果产生纳税义务。税收法律关系的调整对象当然也就不包括民事行为，而是纳税义务发生之后纳税人与税务机关之间的法律关系。

也正因为如此，民事主体的交易结构交易方式，税务机关无权干涉。实践中税务机关常常以"实质重于形式""合法形式掩盖非法目的"对上游民事行为进行干涉，属于越位。

也有人提出，税务机关对合同的调查等行为，说明税务机关有权审查合同，因此民事行为就是税收行为。实践中税务案件调查和侦查，税务机关会对交易合同等所有相关事实进行检查，但检查的目的并非出于对民事行为的法律判断，而是对民事行为的结果是否符合真实的民事行为进行确认，最终的目的是要确认一个符合事实的民事行为结果。检查合同这一事项并不能说明民事主体的民事行为是税收行为，亦不能证明税务机关有权干预民事行为。税务机关的行为，仍然是为了确定真实民事行为的对应结果的真实性、完整性。

（二）应税事实消失纳税义务自始不存在

一般而言，公法上不会探究行为人的意思表示，公法和私法在本质方面泾渭分明。税法不探究民商事行为的意思表示，但要关注具体民商事行为的结果变化。从事实上看，没有民商事行为，就没有行为结果，纳税人就不会发生征税对象，那么也就不产生纳税义务。严格而言，纳税义务是基于民商事法律行为的结果产生，而不是基于民商事法律行为本身产生，不能将民商事行为视为纳税行为。民商事行为本身并不决定税法行为的效力，二者具备事实上的逻辑关系，而不具备法律上的逻辑关系。税法只关注民商事行为的结果，即便关注民商事法律行为的效力，也是出于对结果的确定。

在商业交易领域，交易的达成，并不代表产生的法律状态将会稳固地保持下去，民商事主体意思表示不真实、不自由将直接导致民事法律行为无效，民事行为还存在被撤销、被变更的可能，民商事合同的履行过程中还存在履行不能、部分履行不能等情况。税法上，显然只能关注民事法律行为的后果，当民事行为不存在或发生变动，会导致税收法律事实的变化。

有人认为，征税行为一般不受纳税人行为的私法效力影响，当事人的行为在私法上是否有效、是否存在瑕疵，都不影响税务机关形式征税的权力。[1]这是从法律效力上看待民事行为与税收行为的法律关系。从法律效力上看，税收行为确实与民事行为的效力无关，但这不是法律界所说的无因性。法律制度中，有物权行为的无因性、票据行为的无因性，于是有人主张税收行为的无因性。如果将该无因性理解为不受民商事主体的意思表示影响，这是没问题的，但这不能称之为无因性。前面已述及，民事行为与税收行为只存在事实上的关系，不存在法律上的关系。法律上行为的无因性，是基于法律逻辑的判断，要确定后一法律行为是否受前一法律行为效力的影响，前一法律行为无效，不影响后一法律行为的效力，后一法律行为具有独立性，被称之为无因性。具体到民事行为和税收行为之间的关系，因为先有民事行为后有税收行为或纳税义务，因此从表面结构看，二者可能也涉及是否存在无因性的问题。前面已经论述过，导致纳税义务和税收行为的产生，是民事行为的结果，该结果落入税法规范存在课税对象，税法不关注民事行为的效力，只关注民事行为结果。所以也就不涉及税收行为相对民事行为是否具有无因性的问题。

我们现在要关注的是，民商事法律行为无效、被撤销、合同被解除等情况下，纳税义务的存在与否的问题。也就是说，虽然法律效力上税收法律关系与民事行为不挂钩，但当民事行为的效力存在问题，是否会产生税法上的变化。

答案当然是肯定的，民事行为的效力变化当然会导致税收法律关系的变化。但该变化并非是民事行为本身所致，而是民事行为的结果发生了变化从而必然引起税收法律关系或纳税义务发生变化。民事行为的变化必然导致结果发生变化，结果的变化会导致课税对象发生变化，从而引起税收法律关系的重新确定。税法上对民事行为的关注，依然只停留在民商事行为结果上。所以与其说税收法律关系随民事行为的变化而变化，不如说是随着税收法律事实的变化而变化。如果税收法律事实发生了变化，税收法律关系当然发生变化，否则明显有违法律的公平，危害正常的交易安全。比如合同无效，法

[1] 张晓婷：《论征税行为的无因性》，载《法学家》2007年第1期。

院判决恢复原状返还财产，民事主体已经缴纳的税应予以退还。

也正是因为税法关注的是税收法律事实，那么在合同履行过程中发生的合同解除、履行不能，合同变更等情况，税收法律关系也应随着发生相应变化，应税事实消失，纳税义务就消失。这里就纯粹与民事行为隔绝了，同样更加说明税法不关注民事行为本身。

（三）税法应对税收事实变动的规范处理

我国税法对合同无效、解除、无法履行等导致的后果，规定了相应的处理方式，从这些规定我们可以看出，我国税法实际上严格遵从了纳税义务随应税事实变化这样一个理念。

从税法的角度，以增值税和企业所得税的退货为例说明。我国增值税法规定，纳税人销售货物、劳务、服务、无形资产、不动产，应纳税额为当期销项税额抵扣当期进项税额后的余额。增值税的缴纳金额，取决于当前销项税额和进项税额。销项税额，是销售活动过程中签订销售合同、履行合同后取得的金额，按税法计算的金额，销售方的销项税额就是购货方的进项税额。这里的销项税额是根据具体的合同履行结果而确定。增值税法规定的纳税义务发生时间同样是基于有效的民事行为结果确定，发生时间为发生应税销售行为，为收讫销售款项或者取得索取销售款项凭据的当天；先开具发票的，为开具发票的当天。收讫销售款项或者取得索取销售款项凭据、开具发票，均是基于确定的民事行为结果的基础之上。收讫销售款项或者取得索取销售款项凭据、开具发票后，如果应税事实发生了变化，发票的开具也会根据相应应税事实进行调整。根据国家税务总局《关于红字增值税发票开具有关问题的公告》（国家税务总局公告 2016 年第 47 号）："增值税一般纳税人开具增值税专用发票（以下简称"专用发票"）后，发生销货退回、开票有误、应税服务中止等情形但不符合发票作废条件，或者因销货部分退回及发生销售折让，需要开具红字专用发票的，按以下方法处理：……"就是考虑了税收法律事实发生变动如何应对。

我国《企业所得税法》第 3 条第 1 款规定："居民企业应当就其来源于中国境内、境外的所得缴纳企业所得税。"国家税务总局《关于确认企业所得税收入若干问题的通知》（国税函 [2008] 875 号）规定："……企业销售收入的确认，必须遵循权责发生制原则和实质重于形式原则。（一）企业销售商品同时满足下列条件的，应确认收入的实现：1. 商品销售合同已经签订，企业已将商品所有权相关的主要风险和报酬转移给购货方；2. 企业对已售出的商品既没有保留通常与所有权相联系的继续管理权，也没有实施有效控制；3. 收入的金额能够可靠地计量；4. 已发生或将发生的销售方的成本能够可靠地核算。……"这里很关键的一点是，企业已将商品所有权相关的主要风险和报酬转移给购货方。风险和报酬转移是履行合同的结果，税法上产生纳税义务，依赖于民事行为的结果。如果发生销售退回所有权和报酬视同自始不发生转移，税法规定，企业因售出商品的质量不合格等原因而在售价上给的减让属于销售折让；企业因售出商品质量、品种不符合要求等原因而发生的退货属于销售退回。企业已经确认销售收入的售出商品发生销售折让和销售退回，应当在发生当期冲减当期销售商品收入。

二、不动产买卖合同无效、被撤销与税收征纳

不动产买卖合同无效、被撤销，将导致课税对象不复存在。但税务机关是根据课税对象决定税务活动的，而不是依据不动产买卖合同是否有效决定采取何种措施。

（一）不动产买卖合同无效、被撤销课税对象不存在

实务中，不动产买卖合同被认定为无效屡见不鲜，伴随着民事合同纠纷，同时也可能伴随着税务纠纷。我国《民法典》第143条规定："具备下列条件的民事法律行为有效：（一）行为人具有相应的民事行为能力；（二）意思表示真实；（三）不违反法律、行政法规的强制性规定，不违背公序良俗。"第155条规定："无效的或者被撤销的民事法律行为自始没有法律约束力。"

无效的民事法律行为，因欠缺民事法律行为的生效要件，在法律上确定的不发生法律效力的民事行为，从结果看，财产的转让，收入的取得、流转额的发生均不存在。法律行为一旦无效，对于已经履行的部分，需要恢复原状，已经履行的，该返还原状的需返还原状。如果是行为税，虽然不涉及财产的返还，但同样认为自始不存在课税对象，不予课税，已经征收的应当予以退税。

对于可撤销的民事法律行为，既然法律上自始无效，则课税的前提同样不复存在，已经课税的应当予以退税。部分撤销的，未撤销的部分依法纳税，撤销的部分应予以退税。无论课税对象为财产还是行为，均应如此。

（二）纳税义务不因不动产买卖纠纷而推迟

实务中，不动产买卖合同签订后，出卖方已获得收入，但因不动产物理上或法律上的瑕疵，导致就不动产买卖合同的效力发生争议，该等情形非常普遍，比如未取得建设许可证建设的房产、集体土地上建设的商品房、超出批准范围建设的商品房等。我们说民事合同的效力可能会改变税收事实，纳税义务也会相应发生变化。那么当买卖双方因合同效力等问题诉诸法律时，税务机关是否应受民事诉讼活动的影响，可否推迟征收税款？或者说纳税人还在跟合同向对方打官司的过程中，用不用缴税？

案例：在冼某新与税务机关税务纠纷一案（［2019］琼02行终83号）中，显示2004年12月10日湖南省衡山县人民法院执行拍卖位于三亚市大真岭巷××号的碧海公寓私人住宅楼，冼某新买受了该私人住宅楼，改名为椰海花园，且未经规划许可擅自将该私人住宅楼改变内部布局，分户为48户并进行对外销售，案外人张某、赵某等48户人买受了该分户的48套房。后冼某新无法将销售的48户房办证到买受人张某、赵某等人的名下，双方发生争议。张某、赵某等人2015年即向税务机关投诉冼某新偷税、漏税，三亚市河东区地方税务局接到举报，三亚市河东区地方税务局将案件移交给原第二稽查局办理，2017年1月12日原第二稽查局向冼某新作出3号处理决定，认定冼某新销售"椰海花园"给48户买主未申报纳税行为是偷税，要求冼某新追缴税款合计391 997.42元，并从滞纳税款之日起至解缴税款之日止，按日加收滞纳税款万分之五的滞纳金。

另查明，冼某新曾与案外人张某、赵某等人签订了《商品房买卖合同》，双方发生纠纷后向法院起诉，案经三亚市城郊人民法院［2016］琼0271民初1174号民事判决书确认买卖合同有效，三亚市中级人民法院［2016］琼02民终1234号民事判决书判决买卖合同无效，后又向海南省高级人民法院申请再审，经海南高院指令再审，三亚市中级人民法院作出［2017］琼02民再8号判决书，认定双方买卖合同有效。张某、赵某等27户案外人向三亚市城郊人民法院申请执行，三亚市城郊人民法院于2018年3月30日作出［2018］琼0271执762号执行裁定书，将"椰海花园"私人住宅楼分户过户给张某、赵某等27人。

原审法院认为：本案争议的焦点为冼某新分户销售"椰海花园"给张某、

赵某等人，是否存在偷税行为。

冼某新20××年12月通过法院拍卖程序买受了"碧海公寓私人住宅楼"，未经过规划审批许可将私人住宅楼的内部布局进行改动，变更名称为"椰海花园"。后于2005年12月分户销售给张某、赵某等48户买主，从三亚市规划局的46号复函及三亚市国土资源局的244号复函看，椰海花园住宅楼的性质是私人住宅楼，消防设施仅满足私人家庭的需要，把它改装成商品房分户对外销售，存在重大的火灾安全隐患，对这类涉及火灾安全隐患的公共利益，在其合法性存在纠纷，未被法院司法确认之前，税务机关不宜认定冼某新销售房产的行为具有合法性。本案中冼某新与张某、赵某等27户买主2015年起发生纠纷，案件历经一审、二审、再审程序，至2018年3月30日三亚市城郊人民法院才作出〔2018〕琼0271执762号执行裁定书，于2018年4月23日向冼某新作出008号纳税通知书。因此，冼某新在2018年4月23日后不主动申报和纳税的，才能构成偷税行为，而第三稽查局早在2017年1月12日就作出3号处理决定，认定冼某新20××年至2008年分户销售"椰海花园"的行为是偷税行为，属于认定事实不清，适用法律错误，应予以撤销。

第三稽查局上诉称：公民的纳税义务由宪法规定，且是税法义务的一种，其发生应根据税法规定予以认定，与房屋买卖合同的效力无关。根据《税收征收管理法》第3条的规定，被上诉人的依法纳税义务是根据税法规定予以认定的，税务机关的法定职责是依法征税，该项义务不以房屋买卖合同的效力问题而发生、认定或消失。原审判决认定"未被法院司法确认之前，税务机关不宜认定冼某新销售房产的行为具有合法性"，会导致税务机关的行政征税行为需要增加一道司法确认的前置程序，判定被上诉人的房屋买卖行为是否合法、房屋买卖合同是否有效并非税务机关的职责。纳税义务发生后，无论被上诉人出售的房屋性质如何、买卖合同是否有效，其作为纳税义务人，都应当依据税法的规定申报缴纳税款。原审判决认为：冼某新销售房屋的纳税义务发生时间，由于买卖合同存在纠纷，合同法律效力未被法院司法确认之前，税务机关不宜认定冼某新销售房产的行为具有合法性。显然与《营业税暂行条例》第12条第1款"营业税纳税义务发生时间为纳税人提供应税劳务、转让无形资产或者销售不动产并收讫营业收入款项或者取得索取营业收入款项凭据的当天。国务院财政、税务主管部门另有规定的，从其规定。"（营改增后为增值税）的规定相悖。二审认为，被上诉人销售房屋所取得的经济利益自收到购房款之日起一直归其所占有，被上诉人自其取得应税收入之日应当依据税法的规定申报并缴纳税款，该项义务不以房屋买卖合同的效力问题而发生、认定或消失。

上述案例是非常典型的税法规定与常理之间的矛盾，该案的争议是确认是否存在偷税，偷税的前提是存在纳税义务。本案并不构成偷税，对此暂且不论。偷税的前提是发生了纳税义务，本案的争论关键焦点在于纳税义务是否已经发生。各方的主张在实务中非常具有代表性。

纳税人冼某新和一审法院的观念思路是，合同效力处于争议状态，效力未定，是否应纳税尚未可知，法院对合同效力的判决结果会影响最终的纳税义务发生。

前文已经提到，不动产买卖合同的效力并不决定纳税义务的产生，税务机关根据税法的规定判断是否发生了纳税义务。本案中纳税人冼某新已经取得了售楼款项，依照原营业税（现增值税）规定，收讫收入款项或者取得索取收入款项凭据的当天或开局发票的当天。而不是根据合同的效力情况判断是否发生了纳税义务。这里的问题主要在于，在合同有效的前提下，是否必然发生纳税义务。

买卖双方争议的原因是合同无法履行，因三亚市规划局作出三规建设函［2016］46号复函（以下简称46号复函），认为"碧海公寓住宅楼"原规划审批的是对私人核发的住宅楼，现规划为林地，该房屋未完善消防设施，不宜将房屋分户至80户人的名下。三亚市国土资源局2017年7月25日也作出三土资籍［2017］244号《关于冼某新咨询办理"碧海公寓住宅楼"分户产权证的复函》（以下简称244号复函），认为"碧海公寓住宅楼"为个人整宗住宅楼，不属于商品房，不能办理分户登记并对外销售，该项目未通过规划验收，该住宅楼不能办理分户登记。这些都说明合同不能履行，合同不能履行不代表合同无效，合同不能履行构成违约，合同有效的前提下更能保护非违约方的利益，所以法院认定合同有效不存在任何问题。本案中纳税人及一审法院依据合同效力未决状态认为不发生纳税义务的思路不成立。而税务机关虽然能从形式上判断纳税义务的发生不取决于合同效力而是法定，但未意识到合同不能履行的情况下，纳税义务发生的事实也可能不复存在。本案的核心问题在于合同的不能履行是否导致纳税义务的消失问题，而不应关注合同的效力。如果要深究，就要解决转让非法建筑要不要缴税？对此税法上没有明文规定。非法建筑在物权法上无法过户，转让不具有合法性，那么收取的款项就欠缺合法原因，在此情况下，纳税人开具发票的行为税务机关如何认定？该发票是否有效？如果收取的款项不合法，如果开具的发票不合法，税务机关能否依据纳税人已经收款并开具发票为由，主张纳税义务已经发生？而要解决此类问题，关键要解决非法建筑的可税性问题，在税法对此没有规定的情况下，税务机关有没有权力征税？笔者认为，根据税收法定原则，如果没有税法的明文规定，税务机关无权对非法建筑征税，非法建筑最典型的就是小产权房。如果房产不能过户，双方买卖的顶多是房屋的使用权，卖方能否开具销售不动产税目的发票？所以税务机关可以对纳税人开具发票的行为，进行依法处理。

三、不动产买卖合同履行不能的税法义务

不动产买卖合同无效、被撤销可导致课税对象不存在，在合同有效的前提下，因各种原因履行不能、卖方违约时，同样导致课税对象不存在，是否需要退税，需要结合具体情况判断。

（一）履行不能时的纳税义务之回转

不动产合同有效，因出卖方客观上已经不能履行约定的合同义务，会构成履行不能。不动产交易过程中，构成履行不能的情形比如无法办理房产证、出卖人无权处分等。

我国《民法典》第580条第1款规定："当事人一方不履行非金钱债务或者履行非金钱债务不符合约定的，对方可以请求履行，但是有下列情形之一的除外：（一）法律上或者事实上不能履行；（二）债务的标的不适于强制履行或者履行费用过高；（三）债权人在合理期限内未请求履行。"该三种情形构成典型的履行不能。

对于履行不能，《民法典》第580条第2款规定："有前款规定的除外情形之一，致使不能实现合同目的的，人民法院或者仲裁机构可以根据当事人的请求终止合同权利义务关系，但是不影响违约责任的承担。"履行不能与合同无效、被撤销均可导致合同权利义务关系的终止，所不同的是，合同无效、被撤销后可追究缔约方的缔约过失责任，不能追究违约责任。而履行不能导致合同权利义务终止，可追究缔约方的违约责任。对于守约方而言，追究对

方的违约责任较追究缔约过失责任更为有利。

履行不能导致双方之间的权利义务终止，具体到税法上，触发税收权利义务关系的基础当然也就不存在，课税对象不存在，纳税义务便不产生，已经纳税的应当予以退税。上文冼某新与税务机关纠纷案中，冼某新将规划为林地、未完善消防设施建造的房屋出售，而该"碧海公寓住宅楼"为个人整宗住宅楼，不属于商品房，不能办理分户登记并对外销售，该项目未通过规划验收，该住宅楼不能办理分户登记，不能办理过户这属于法律上履行不能。冼某新与买方签订的合同有效，但不能履行转让标的房屋的约定义务，虽然收取了款项，履行不能可终止权利义务关系，并向买方承担违约责任。税务机关就不能再向冼某新征税，已经征税的，应予以退还。自始不存在纳税义务。所以房屋买受人如果依据履行不能要求解除或撤销合同，可能相较打合同无效更为有利。

就纳税义务不受合同效力影响，而应关注合同履行结果并紧扣税收法律事实的变动，在国家税务总局北京市西城区税务局等与沈某二审案（［2019］京02行终963号）中亦有体现。该案中刘某秀欲将位于北京市西城区菜市口大街6号院3号楼6单元203室房屋通过出售的方式过户给沈某。2011年9月5日，沈某向西城税务局缴纳契税25 500元。在涉案房屋交易过程中，刘某秀前夫刘某发现其对涉案房屋的权利受到侵害，因此与刘某秀之间产生系列诉讼，最终法院判决认定涉案房屋权属归刘某所有，导致沈某与刘某秀之间的房屋交易失败。税务机关认为，应退还的纳税人多缴的税款有两类：一是由税务机关发现；二是由纳税人自己发现。由纳税人发现的多缴税款，可以自结算缴纳税款之日起3年内向税务机关要求退还。根据上述规定，纳税人自己发现多缴税款，无论是什么原因造成的，都应在结算缴纳税款之日起3年内申请退还，纳税人超过3年申请退税的，税务机关不能为其办理退还手续。一审法院认为："刘某秀与沈某之间基于以房抵债的行为失去法律效力后，从税收主体上看，刘某秀不会基于涉案房屋过户而获取收益，沈某亦不能取得涉案房屋所有权的实质利益，二者均已不具备纳税人的基本构成要件，国家不再具有征税的基础和理由，其与纳税人之间已不具备特定的征纳关系；从税收客体上看，涉案房屋不再涉及以房抵债之客观条件且未发生房屋权属变更登记至沈某名下的基础事实，税收客体亦不复存在。刘某秀与沈某曾缴纳的税款已不符合课税要素的必要条件，不具备税收依据的基础，不再符合税的根本属性。"

二审认为："沈某 2011 年 9 月 5 日应缴纳税费的民事基础行为已被法院生效判决予以撤销，其已不负有纳税义务，其实际缴纳的款项，不属于《税收征收管理法》第 51 条规定的"超过应纳税额缴纳"情形。对沈某请求判令西城税务局退还契税 25 500 元的主张，应由西城税务局根据法律法规的规定，结合本案具体情况，对沈某的申请重新予以处理。"

税收司法实践中出现的该案例，不是基于合同无效或被撤销认定，而是基于当事人不再能"取得涉案房屋所有权的实质利益"认定税务机关无权征税。"刘某秀与沈某之间基于以房抵债的行为失去法律效力后，从税收主体上看，刘某秀不会基于涉案房屋过户而获取收益，沈某亦不能取得涉案房屋所有权的实质利益，二者均已不具备纳税人的基本构成要件，国家不再具有征税的基础和理由，其与纳税人之间已不具备特定的征纳关系"。是对税收法律关系的产生根源进行了准确的剖析，当合同不能履行，税收法律事实发生回转，纳税义务的基础就发生变动，税务机关就应退税。税款缴纳后，并非不可退，实践中部分税务机关对此存在误解。

（二）纳税义务不复存在与《税收征收管理法》第 51 条的退税之别

合同无效、被撤销、履行不能、合同解除等，均会导致产生纳税义务的基础不复存在，这里的不复存在自始不存在，与纳税义务消灭尚不可等同。这里产生的退税问题，与一般意义上的退税亦非同一概念。我国《税收征收管理法》第 51 条规定："纳税人超过应纳税额缴纳的税款，税务机关发现后应当立即退还；纳税人自结算缴纳税款之日起三年内发现的，可以向税务机关要求退还多缴的税款并加算银行同期存款利息，税务机关及时查实后应当立即退还；涉及从国库中退库的，依照法律、行政法规有关国库管理的规定退还。"这是目前关于退税的唯一税法规范条款，实践中征纳双方经常引用该条款主张退税和抗辩。但纳税义务不复存在导致的退税，与该 51 条规定的退税并非同一回事。该第 51 条规定的前提是，纳税义务已经发生，只是出现了计算等错误。而纳税义务自始不存在导致的退税，该如何解决，现行税法并未明确予以规定。

税收权利义务关系的根基不在，纳税义务自始未发生，在税法上产生的恢复原状问题，实际上关联到与民法的对接问题。遗憾的是，我国税法在很多方面尚处于空白，存在税法漏洞。同时，现行税法规定的纳税义务发生时间，往往又比较靠前，而经济活动中很多事项又常常需要较长的期限方能产生一个确定的结果。这就会出现矛盾。但无论如何，当发生合同无效、被撤销，履行不能，合同解除等事项时，税务机关不予退税是说不过去的。至于依据什么退税其实并不重要。非要找出个理由，其实也很简单，计算缴纳税款的税收事实不存在，征收了不该征收的税，退税天经地义。

（三）合同不再履行时申请退税的利息问题

根据《税收征收管理法》第51条，多征税退税时会有一个利息计算问题，税法明文规定予以支持。可面对合同不再履行时等情况发生的退税，是否应计算利息呢？

在童某君与国家税务总局绍兴市越城区税务局、国家税务总局绍兴市税务局纠纷案（［2019］浙0602行初204号）中，童某君于2016年1月通过司法拍卖拍得黄某亮名下住宅，发现阁楼部分不能领取房产证，向被告一工作人员提出退税事项，收到一笔来源于国家金库绍兴市中心支库2242.4元的退税。童某君提出要求退还上述多缴税款部分的利息。很显然该情况不属于《税收征收管理法》第51条规定的计算利息的情形。《税收征收管理法》针对的是在征收时就存在不应计算的问题，事前就存在。而合同事后不能履行等情况下，则不能适用《税收征收管理法》第51条的规定。从立法精神上看，《税收征收管理法》第51条征收了原本不应该征收的税，税务机关存在一定的过错，比如未正确计算，未及时发现等。但合同不履行后的退税，税务机关是不存在过错的，按理不应予以计算退税的利息；但如果从另一个角度看，又应当计算利息予以退税，因为税务机关自从收缴税款后，该税款会产生资金占用费或利息，而该部分税款自始不产生纳税义务，如果不予计算利息，则存在税务机关利用该税款获取收益产生孳息的问题，存有不当得利。从公平的角度看，应当在退税时，计算利息。

（四）第三人代为纳税后的退税请求权

合同无效、被撤销、解除、不能履行等情况产生的退税纠纷，如果是第三人代为履行纳税义务，面临的主要问题是诉讼主体资格问题。

1. 税务行政诉讼救济行不通

税务行政诉讼主体，必须是纳税义务人，第三人代为履行缴纳税务义务，并不能使第三人成为纳税义务人，发生争议，就不能以纳税人的身份或自己的名义提起税务行政诉讼。

在徐某、花某林、周某华诉上海市浦东新区国家税务局、上海市浦东新区地方税务局要求履行法定职责一案（［2014］浦行初字第439号）中，徐某、花某林、周某华三原告与案外人耿某公证委托的特别授权代理人葛某诚签订了关于浦东新区利津路×××弄×××号×××室房屋的上海市房地产买卖合同。代为缴纳税款后，三原告在办理产权过户手续过程中得知，耿某于2010年10月8日上午挂失了上述房屋的产权证并以葛某诚实施诈骗为由向公安机关报案，这导致原告与耿某的房产交易中止。葛某诚后因合同诈骗罪被判处有期徒刑，耿某在补办出新产权证后，将房屋另行转让给他人。三原告认为就上述房屋签订的买卖合同并未实际履行，税务机关收取税费的行为既没有合同依据也没有法律依据。个人房产转让涉及终止交易以及特殊情况等发生退税的，应由纳税人耿某提出退还营业税申请的同时一并提出退还附加税申请。税务机关认为，征税行为合法有效，被告浦东地税局与原告之间不存在征纳关系，原告要求退还税的要求不符合法律规定，被告也不存在赔偿问题。法院认为："该案系争税款即附加税的缴款人为耿某，因此耿某为纳税人，依法应由耿某按照相关退税程序提出退税申请。三原告认为其为税款的实际支付人，要求两被告直接将税款退给原告的主张，于法无据。"

就上述案例，从形式上看，法院认定原告不是纳税人，无诉讼主体资格的说法是成立的。通常而言，第三人确实无权要求越过纳税人主张税务机关承担税法的义务，第三人与税务机关不存在具体的权利义务关系。也就是说，原告作为代付税款的第三人，计划从税务诉讼的角度主张权利，确实行不通。无诉讼主体资格，法院就有权不对案件事实进行认定和判断，可直接驳回。

原本应在原纳税人与税务机关之间通过税务行政诉讼的方式判定，如果原纳税人能够积极主动以原告身份起诉，问题就解决了。原纳税人一旦获得法院判决，第三人再依据该判决要求税务机关退税即可。可是，实践中原纳税人不配合，怠于行使权利的情况非常普遍，第三人代缴税款前，对此往往估计不足。

2. 第三人可向原纳税人主张权利的请求权基础

第三人确实发生了损失，第三人代为支付税款，并不与税务机关产生任何税法上的权利义务关系，不能向税务机关主张权利，如果向原纳税人依据合同请求权主张权利，是否可行呢？

第三人签订合同，其与原纳税人产生民事上的权利义务关系，代付税款本质上属于对原纳税人从事的义务之履行，笔者在本书前部分已经述及，代付税款实际上是价格条款的一部分。第三人向税务机关履行税款，本质上就是向出卖人即原纳税人履行支付价款的合同义务。合同无效、撤销、解除以及不能履行，第三人可以直接向原纳税人主张基于合同无效、撤销、解除等的财产返还请求权。

同时，原纳税人同样发生了利得，第三人的代付行为，消灭了原纳税人的税收债务，原纳税人避免了直接的现金支出。第三人的代付行为，与将金钱直接交付给原纳税人由原纳税人再交付给税务机关，事实上并无本质区别。原纳税人存有利得，第三人还可以依据不当得利请求权主张退还。这里存在一个请求权的竞合问题，第三人可给予合同请求权和不当得利请求权规范基础，择一向原纳税人主张权利。

3. 对税务机关主张不当得利请求权的可行性考察

双方的交易发生合同不能履行、无效、撤销、解除等情况，就不存在征税问题。不存在基础的税收法律关系，即便是原纳税人，实际上亦不再是纳税人的身份，只不过对无纳税义务的确认，当税务机关不认可的情况下，须通过税务行政诉讼的方式解决。

对第三人而言，同样面临是否需要确认无纳税义务的税务行政诉讼，方可提出退税请求，第三人与税务机关之间，中间相隔着原纳税人，如纳税人不配合，第三人如欲突破此障碍，唯一的办法就是从民法上的不当得利制度寻得突破口，以自己的名义向税务机关主张权利。严格而言，即使原纳税人未提出退税，税务机关经第三人告知，发现不应征收税款，应及时予以退还。这里就不再属于税收争议，第三人可依据民事法律规范向税务机关提出请求权。因为税务机关征收税款的基础完全丧失，没有任何合法性和合理性，当第三人能够拿出足够的证据时，税务机关不予退税则构成民法上的不当得利，第三人可依据不当得利请求权，要求税务机关返还其先前支付的款项。

我国《民法典》第985条规定："得利人没有法律根据取得不当利益的，受损失的人可以请求得利人返还取得的利益，但是有下列情形之一的除外：（一）为履行道德义务进行的给付；（二）债务到期之前的清偿；（三）明知无给付义务而进行的债务清偿。"构成不当得利需要满足一方受到了损失，一方获得了利益，受损失一方与获利一方之间存有因果关系，以及没有法律根据或没有法律上的原因这四项构成要件。具体到第三人代为清偿税款后的退税纠纷，因合同无效等情形属于嗣后出现的、且在清偿时并未预料到该等情况的发生，第三人一般不存在明知的情况，不属于上述例外事项。

《民法典》第 987 条规定："得利人知道或者应当知道取得的利益没有法律根据的，受损失的人可以请求得利人返还其取得的利益并依法赔偿损失。"从税务机关的角度，当其从税款代付方也就是第三人处提交的证据获悉不动产交易无效、撤销、解除或无法履行等事实，应重新核实应税事实，并重新作出税务处理决定。面对原应税事实消失的情形，税务机关如果不退税，则明显属于征收了原本不应征收的税，税务机关作为专业部门，不可能不明白其中的道理。税款一旦入库概不退换没有任何法律和事实上的依据，不退税则属于获得了不当得利，税务机关作为得利人属于该条规定的知道或应当知道的情形。如果税务机关不作为，则应由法官居中判断，而不应当以第三人的身份将其拒之法律保护的门外。只不过依据该条规定，税务机关不用承担赔偿责任。

如第三人提起不当得利诉讼，需要解决几个问题：

第一，谁负责举证"没有法律根据"。其他要件第三人作为原告都可以证明，就是谁负责证明"没有法律根据"，以及如何举证的问题需要特别考虑。通常的民事诉讼中，不当得利纠纷审理中的难点在于判定"没有法律根据"如何判断、如何理解。当然，税务机关可能会主张，原税收征收行为本身就是"法律上的根据"，当该税收征收行为的效力未被推翻的情况下，根据不当得利请求权主张退税，可能会面临不确定风险。那问题就演变为，税务机关有没有义务推翻原税收征收行为。

"没有法律根据"在民法理论上，有时被当作一种消极事实看待，依据消极事实理论，应当由主张相反事实的一方即被告就存在某种事实的证据进行举证。而与此相反的观点认为，应依据规范说，谁主张谁举证，应由原告就构成不当得利的四个要件负担全部举证责任。最高人民法院《关于适用〈中华人民共和国民事诉讼法〉的解释》第 91 条规定："人民法院应当依照下列原则确定举证证明责任的承担，但法律另有规定的除外：（一）主张法律关系存在的当事人，应当对产生该法律关系的基本事实承担举证证明责任；（二）主张法律关系变更、消灭或者权利受到妨害的当事人，应当对该法律关系变更、消灭或者权利受到妨害的基本事实承担举证证明责任。"实践中多由原告承担举证责任。就第三方即代付方起诉税务机关不当得利纠纷，"没有法律上的根据"或没有"法律上的原因"本身属于需要证明的事项。"没有法律根据"是基于什么而存在，通常而言，法律事实对应法律规范，没有法律事实就不会产生法律上的效果。第三人要先举证应税事实发生变化的证据，再就依据该事实征税的法律根据不存在进行举证并说明。第三人如果要起诉不当得利，应承担征税事实或基础事实不存在的证据，并需要证明该事实在税法上已不符合征税构成要件的事实。具体而言，包括应当能够证明不动产交易合同无效、被撤销、解除等事实。该等事实是否必须经过法院的民事判决呢？笔者认为不需要一定是法院的判决，但如果是经过法院判决合同无效、解除等事实更为有利。

第二，"没有法律根据"中的"法律根据"是指原决定征税的税务处理决定还是征税所依据的交易事实呢？这牵扯到对"没有法律根据"的民事审查，能不能代替上述提到的原纳税人提起的税务行政诉讼的问题。因为税务机关会以此为由进行抗辩。"没有法律根据"在法律上被看作是评价性要件，与事实性要件相对应。事实性要件一般好证明，比如证明违约的事实、怠于行使某权利等。评价性要件无法直接证明，只能证明构成该要件的基础事实，这与事实性要件等证明无异，譬如对"善意取得"的证明，需要证明当时不知道且不应当知道，需要对基础事实证明。"没有法律根据"是由若干事实构成的，其范围应该有多大，才可足以证明没有法律上的原因？需要证明评价性事实与需要证明的基础事实是代付税款行为嗣后欠缺给付原因，合同无效、撤销、解除、未能履行等均为积极事实，也是基础事实，第三人应承担举证责任。从税务机关的角度，先前的征税是符合征税要件的，嗣后发生的合同无效、撤销、解除等事实，税务机关无义务主动了解，只能被告知方能了解。这就决定，一方面第三方须承担合同解除、无效、撤销、不能履行等事实，另一方面第三方还须承担举证要求税务机关退税的事实。就是说，第三人提起不当得利诉讼有个前置程序，就是先向税务机关主张退税。

问题在于，这里的"法律根据"是否仅包含合同无效、撤销、解除、未能履行等事实，在此基础上是否必须包含对税务处理的确定？税务机关可能会以已经发生的税务征收决定是有效的为由，主张税务机关征税获得税款存在"法律根据"，因为税务处理决定是有效的，要想使得该税务处理决定无效，要从行政法的角度推翻原税务行政征收决定的效力。法官要对"没有法律根据"进行审查，必然涉及审查纳税义务是否发生。而审查纳税义务是否发生，从本质看又成了税务行政诉讼审查事项。税务机关可能会认为，不当得利纠纷中的审查，是以民事诉讼形式替代税务行政诉讼，变相审判的是税务纠纷，或者说表面上是民事纠纷，实质上是税务行政纠纷。这是第三人不当得利纠纷中面临的难点。

笔者认为，对"没有法律根据"的审查，主要是合同解除、无效、撤销、不能履行等事实的确认，一旦该事实确认后，不当得利便当然成立，并不涉及纳税义务发生等税法事实的判定。根据《民法典》的规定，第三人依据不当得利请求权基础是不存在法律障碍的。不当得利诉讼中，第三人与税务机关之间存在不当得利法律关系，税务机关不能依照与原纳税人的税收法律关系对抗新的不当得利法律关系。不当得利诉讼过程中，要确定的就是不当得利法律关系是否成立。满足了不当得利四个构成要件，第三人与税务机关之间的不当得利法律关系就告成立，这是全新的法律关系，不受原纳税人的影响，也不再受税务机关与原纳税人之间税收法律关系的影响。不当得利法律关系的主体双方是第三人与税务机关。不当得利纠纷中，不涉及对原税务征收行为的民事审查。在判断第三人的损失时，只需要根据合同解除等事实即可判断第三人发生了损失，此处并不因为原税务行政征收行为而认定第三人没有损失；在判断税务机关有利得时，亦是基于原应税事实消失而定，不能因为存在原税务行政征收行为就认为税务机关不存在利得的事实。同样，在判断"没有法律根据"时，同样基于合同解除等事实，而不应受原税务征收行为的效力之影响，原税务征收行为并不能构成此处的"法律根据"，或者说"法律根据"的基础事实，并不包括原税务征收行为未失效的这一事实。在不当得利纠纷中，对各项要件的判断，核心是合同解除等事实的发生。而这也是对税务机关面对应税事实消失的不作为，实现的法律正义。

这里面还存在一个问题，即便胜诉，税务机关是将税款退还给原纳税人还是第三人？毕竟第三人提起的是民事诉讼，第三人虽然支付了款项，存在损失，但该损失与税务机关之间没有法律上的因果关系。第三人受偿后，税务机关与原纳税人之间的返还义务消灭。

第三人利用不当得利请求权基础的一个关键点是，不当得利请求权并未要求第三人与税务机关存有基础法律关系，即便不存在税收上的法律关系或民事法律关系，依然存在不当得利法律关系。我国《民法典》第988条规定："得利人已经将取得的利益无偿转让给第三人的，受损失的人可以请求第三人在相应范围内承担返还义务。"不仅未限定不当得利法律关系的范围，更将不当得利的追究对象扩大到其他第三人。从不当得利法律关系分析，第三人受损失，税务机关得利，二者具有因果关系，当然成立新的民事法律关系，税务机关以原征收行为有效抗辩当然不能成立，这也是对税务机关不作为的矫正。

四、不动产买卖合同解除后的税法义务

不动产买卖合同解除后，民事主体的法律行为之结果不复存在，《民法典》第562条规定："当事人协商一致，可以解除合同。当事人可以约定一方解除合同的事由。解除合同的事由发生时，解除权人可以解除合同。"第557条第2款规定："合同解除的，该合同的权利义务关系终止。"该法第566条第1款规定："合同解除后，尚未履行的，终止履行；已经履行的，根据履行情况和合同性质，当事人可以请求恢复原状或者采取其他补救措施，并有权请求赔偿损失。"

具体到税法上，不动产所有权未发生转移，报酬亦未转移，不再符合收入确认条件，不应缴纳企业所得税，同样亦不符合其他税种的纳税义务构成条件，课税要件不复存在。财产返还的，理应予以退税。

在宁波太平洋富天投资有限公司诉宁波市江东地方税务局税务纠纷案（［2015］甬海行初字第26号）中，宁波太平洋富天投资有限公司与当地国土部门签署《国有建设用地使用权出让合同》（以下简称《出让合同》），并受让取得宁波书城某地块使用权后，应当依法缴纳契税和城镇土地使用税（以下简称土地使用税）。后解除合同，税务机关认为，解除《出让合同》不影响合同解除前纳税义务的发生与履行，不属于退税事由，因此，决定不予退还原告已缴纳的宁波书城东侧某地块土地使用税和土地出让契税。上述解除系基于宁波仲裁委员会作出的《裁决书》（［2014］甬仲裁字第210号），裁决内容包括：解除原告与市国土局于2010年9月20日签订的《出让合同》；市国土局扣除20%定金人民币49 963 680元后，退还原告土地出让金人民币199 854 720元；原告支付的契税人民币7 494 552元、土地使用税人民币500 000元，由原告向宁波市地方税务局申请办理退税，市国土局予以协助。

该案中，纳税义务是在符合纳税义务的构成要件发生的，合同解除后，纳税义务的构成要件中的课税对象已经不复存在，纳税义务便告消失。合同解除导致双方民事法律行为的结果丧失，课税对象不存在，视为收入、流转

额等自始不存在。那么纳税义务随之自始不存在。税务机关理应退税。

这里的退税与一般意义上的退税并非同一概念，很多时候依据《税收征收管理法》第51条的规定为依据主张不符合退税条件。二者的适用前提有别，应予以区分。在营口生源房地产开发有限公司与税务机关税务纠纷案（［2018］辽08行终265号）中，营口生源房地产开发有限公司（以下简称"生源公司"）于2011年5月25日与东方伟业（中国）投资控股有限公司签订《营口粮贸大厦裙房合作协议》，并在预收转让款后按规定全额预缴了包括营业税、土地增值税、城建税、教育费附加、地方教育费附加在内的税款共计7 100 160.00元。签约后，由于协议所附条件未成就，经双方协商一致并经生源公司上级主管单位同意，协议解除。至2016年8月19日，生源公司已将预收的转让款8256万元分批全部退还。并向税务机关申请退税。税务机关的依据是《税收征收管理法》第51条规定，纳税人提出退回该笔税款申请，自结算纳税款之日起已经超过三年，不应予以退税。

《税收征收管理法》第51条规定的退税，是以纳税义务发生为前提就错误征收的部分要求退税，而合同解除等事项导致的退税，并非基于纳税义务的发生，而是基于应税事实发生了回转，课税对象不存在，并非发生了错误等情况，二者有本质的区别。我国《税收征收管理法》第51条等条款规定未详细说明课税对象不再时的处理规则，但这并不能说是一个遗憾，因为类似合同解除等事项发生后，纳税义务本来就未发生，退税是不言而喻的事，即便税法条文未详细列举，也不影响具体的退税。如果不退税，纳税人可依据退款凭据、退货发票等向人民法院起诉。

五、基于商品房预售合同发生的退税纠纷

商品房的买卖通常采取预售的形式，交易双方的买卖标的尚不存在，双方买卖的是期房，这与一般的不动产买卖不同，但在税收的缴纳方面，并无不同。实践中很多人认为根据商品房预售合同征税有违公平，房屋尚未建成就要负担税收，有提前征税的嫌疑。房地产开发企业采取预收款方式销售自行开发的房地产项目的，要预缴土地增值税、增值税以及企业所得税，而作为买方，需要负担契税。作为买方，有时纳税时间的早晚，可能会涉及当地的契税优惠政策的享用。

在洪某希与佛山市南海区地方税务局里水税务分局、佛山市南海区地方税务局税务案（〔2016〕粤0606行初618号）中，洪某希于2015年10月29日与俊诚公司签订《商品房买卖合同》，约定原告洪某希向该公司购买位于佛山市南海区里水镇里广路8号金名都35栋1201室的商品房，合同约定的商品房建筑面积为90.95平方米；按套内建筑面积计算，该商品房单价为每平方米21 854.19元，总金额为1 518 866元。2016年1月25日，原告向被告里水税务分局申报缴纳契税，被告里水税务分局经审查确定原告应缴纳契税的计税金额为1 518 866元，税率为3%，应缴契税款为45 565.98元。

2016年2月17日，财政部、国家税务总局、住房城乡建设部联合下发《关于调整房地产交易环节契税营业税优惠政策的通知》（财税〔2016〕23号），该通知第一点"关于契税政策"规定："（一）对个人购买家庭唯一住房（家庭成员范围包括购房人、配偶以及未成年子女，下同），面积为90平方米及以下的，减按1%的税率征收契税；面积为90平方米以上的，减按1.5%的税率征收契税。（二）对个人购买家庭第二套改善性住房，面积为90平方米及以下的，减按1%的税率征收契税；面积为90平方米以上的，减按2%的税率征收契税。家庭第二套改善性住房是指已拥有一套住房的家庭，购买的家庭第二套住房。……"该通知自2016年2月22日起执行。

2016年4月20日，原告向被告里水税务分局提交《退税申请书》等资料，认为涉案商品房只是签订房屋买卖合同（期房），房屋权属未转移，未产生纳税义务，在没有提交销售不动产发票的情况下而申报纳税的，税局应不予受理，被告区地税局依据《关于规范房地产交易契税征收事项的通知》"先缴税后备案"的规定收取原告房屋契税的行为不合法，申请退回所收税款，重新申报纳税。

当地税务局于2015年10月26日公告《关于规范房地产交易契税征收事项的通知》，内容为："根据《契税暂行条例》规定：契税的纳税义务发生时间，为纳税人签订土地、房屋权属转移合同的当天，或者纳税人取得其他具有土地、房屋权属转移合同性质凭证的当天；纳税人应当自纳税义务发生之日起10日内，向土地、房屋所在地的契税征收机关办理纳税的申报，并在契税征收机关核定的期限内缴纳税款。为规范南海区范围房地产交易契税征收管理，保障纳税人合法权益，从2015年11月1日起，新购一手房的契税纳税人，需到房产交易所办理商品房买卖合同备案的，请在合同备案前到房屋所在地的地税部门缴纳契税；其他非必经合同备案一手房、已确权未办证一手房、二手房及土地交易业务的契税纳税人，请按《契税暂行条例》有关规定自行到地税部门申报缴纳契税。"

本案的争议焦点有，一是被告里水税务分局在原告未提供销售不动产发票的情况下，受理原告的契税纳税申报是否合法，核定原告契税税款为45 565.98元是否有法律依据，应否退回；二是被告区地税局下发的《关于规范房地产交易契税征收事项的通知》是否合法。

没有不动产销售发票或契税不应在商品房预售合同签字，就不发生纳税义务，原告就可以享受契税的税收优惠。也就是说，不动产即便未发生权属的实质转移，仅凭商品预售合同就发生纳税义务。从常理而言，这样的安排奉行国库主义，优先保证国家税款的征收，纳税人不可更改，只能接受。反过来，既然一方面有利于国家税款，另一方面当发生解除、履行不能时，退税亦应是理所应当的事。

六、契税退还的特殊性判断

契税相对其他税种而言有些特别，增值税、企业所得税等的退税相对容易理解。而契税的退税就比较麻烦。不动产交易中，交易失败契税的退税或被继续征税问题相当普遍。

就契税的性质，有财产税和行为税之争。一种观点认为，契税是对不动产买卖受让方基于受让不动产产权征收的财产税。所谓财产税，一般是指对不动产权利人因占有、使用土地、房屋征收的税，一般发生在财产的占有和使用过程中。而契税发生在交易环节，与一般的财产税有一定的区别，尚未使用即将占有便产生了契税。也有人认为契税性质上为行为税，与缴纳印花税的行为税性质相同。实际上二者具有本质的区别，契税的课税对象是土地房屋的权属转移，而印花税的课税对象是税法列举的凭证。由于印花税贴花以后，合同解除等不发生退税，所以很多人就认为契税作为行为税亦不存在合同解除等导致的退税问题。

其实无论财产税还是行为税，均不能说明任何问题。我国《契税法》第1条规定："在中华人民共和国境内转移土地、房屋权属，承受的单位和个人为契税的纳税人，应当依照本法规定缴纳契税。"课税对象是转移土地、房屋权属，这里关键在于判断权属是否发生了转移，至于该转移是行为还是财产，概不过问。那么，当房屋、土地的权属发生了转移，就应该征收契税，当权属未发生转移或转移无效或合同解除导致发生回转，则契税义务自始视为未发生。至于《契税法》将纳税义务发生时间规定在签订合同的当天，只是对征收程序上的一个规定，并不影响对权属发生转移的判定。进一步看，即便完成了房屋、土地的权属转移登记，当发生合同解除等事项，民法上依然视为买受人自始未取得房屋、土地的权属，权属并未发生转移，契税义务并未发生。

实践中发生过这样一个案例，债权人因债务人未清偿到期债务而诉至法院，请求债务人偿还本息并获得了法院的胜诉判决。后来当事人双方达成和解，债务人将一栋楼抵充债务，法院据此制作裁定书。债权人并未到不动产登记机关办理房屋所有权移转登记。后债务人又与债权人达成协议，改变偿还方式，约定由债务人以现金偿还全部本金和利息，房屋不再过户给债权人。现债务人已经履行了上述协议，全额清偿了本息。税务机关认为，该不动产的所有权在债务人与债权人之间存在两次移转，因此须缴纳两次契税。税务机关的看法，同样未能从法律上理解《契税法》的规定。双方和解将一栋楼抵充债务，法院据此制作裁定书，根据契税那税义务发生时间的规定，纳税义务确实发生了。此时应当缴纳契税，但后来又改变了偿还方式，偿还方式的改变，导致原法院裁定的房屋楼房的权属未发生转移，当事人双方有权解除先前的和解协议，即便是法院裁定的，双方依然有权利对合同权利进行自由处分，这与一般的合同解除要求退税并无不同。偿还方式的改变，导致楼房的权属不再发生转移，契税义务不发生。只不过《契税法》规定的纳税义务发生时间具有一定的扭曲性，从逻辑上看应该是发生权属转移才发生纳税义务，但基于国库主义，合同签订当天就要发生纳税义务。这就导致合同签订先纳税，后解除合同或像本案中改变偿还方式又要退税的情形，徒增成本。实践中类似以纳税义务发生时间作为判断是否具有纳税义务的做法，具有一定的普遍性，纳税义务发生时间的规定实际上扭曲了正常的税法逻辑，这就必然导致实践中很多缴税完成后交易失败，面临退税的问题。对此如何处理，税法没有详细规定，但归根结底判断纳税义务发生是要根据实质标准，比如契税中要判断房屋、土地的权属是否发生了转移，在判断时必然要根据交易的结果而定，虽然税法不关注合同的效力等判断，但要根据该合同的效力等产生的结果对是否发生了纳税义务进行实质判断。

总之，不动产买卖失败，交易合同无效、撤销、解除等情形，契税的纳税义务发生回转，依法应予以退税。

第三章

非典型方式取得不动产涉税实务

纳税人取得不动产的形式多种多样，有时候并不是常规途径，一些特殊形式取得不动产比如合作建房、挂靠建房、委托代建等方式取得不动产。对于这类特殊形式取得不动产涉及的税收问题，因税法规范难免会有缺失，实践中涉及的争议比较大。对实践中发生的税法问题进行提前预判和解决，关乎到产权人的切身利益。

第一节 合作建房涉税问题

合作建房，此种取得不动产的主体为两个或两个以上，建房涉及的土地使用权的取得，房屋的分成，房屋向第三方的转让等，均涉及无形资产（土地使用权）或不动产的转让问题。对该等转让涉及的增值税、土地增值税、契税以及所得税等如何适用，现行税法规定较为模糊，合作建房前的模式选择和税务筹划就极为关键。

一、合作建房的税收特点及税收优惠

合作建房，是两个或两个以上的主体，根据各自的优势、资源、承担建房过程中不同的角色，建造不动产的过程。实务中常见的是，一方出土地，一方出资金合作建房。

（一）合作建房的税收特殊性

双方或多方以合作的方式建造房屋，与一般的房屋建造不同，其有自身的特点，而这些特点决定了合作建房在税收上具有特殊性和复杂性。

1. 未建先税

合作建房，必须有土地和资金。土地使用权，往往是一方提供已有的土地，如提供的土地需要转让，则在税法上视同销售，需要承担各种税负。无论是将土地转让给资金方，还是双方成立合营公司投资入股到合营公司，均涉及转让环节的税负问题。合作建房，尚未开工，税负先行，这就增加了合作双方尤其是土地提供方的税负，税负提早发生，对其合作方不利。如果是双方共同申请土地使用权，也需要缴纳契税。所以，谁拥有土地，以谁的名义建房，可避免转让环节发生的税负，但要考虑潜在的税负影响。

2. 未售先税

合作建房建成后，分房环节，同样涉及房屋转让问题。无论是以单方名义建房还是以双方名义共同立项建造，建成后经常会遇到产权变更的问题。除非是双方共同受让土地使用权共同建造，否则建成后难免会发生未售先税的问题。建成分房，一般并不产生销售收入，但在税法上，同样会按照视同销售缴纳各项税负。

3. 计税成本归集的复杂性

合作各方对负税金额可以约定各自承担，但对税收计税成本如何分配，则是一个难题。土地提供方和资金提供方，由于资产的属性不同，税前扣除亦不同。比如分别缴纳企业所得税的情况下，提供土地的一方税前扣除好确定，但提供资金的一方，则不易计算；在计算增值税时，涉及进项发票难以取得的问题，人工成本一般由资金提供方支付，但无法取得增值税进项税额，也就无法抵扣。所以合作各方的计税成本如何分配，关乎到合作各方的切身利益。

(二) 合作建房的税收优惠

基于合作建房的税收特点和征收难度，税法上给予了一定的税收优惠，有些优惠是专门性的税收优惠，有些则是税法根据一般性情况给予的普遍适用性税收优惠。

1. 按比例分房自用暂免土地增值税

我国现行税收政策，给予合作建房土地增值税方面的优惠。财政部、国家税务总局《关于土地增值税一些具体问题规定的通知》（财税字〔1995〕48号）规定："对于一方出地，一方出资金，双方合作建房，建成后按比例分房自用的，暂免征收土地增值税；建成后转让的，应征收土地增值税。"

理解和适用上述土地增值税优惠政策需要把握如下几个方面：

第一，对土地增值税适用的对象进行限定，仅限于一方出土地，一方出资金的情况。其他类型的合作方式比如一方利用人际关系跑项目、办审批等均不在此列。其中有个疑问，"一方出地，一方出资金"如何理解？双方投资入股成立新的公司，一方以土地出资，一方以资金出资，算不算"一方出地，一方出资金"？从"建成后按比例分房自用的"的表述看，"分房自用"从文义解释的角度，不包括股东分配这一行为。如果是双方成立新的公司专门用以建房，要分房的话，得通过股东分配税收规则，分解为两个应税行为，一是股东取得房屋，公司按视同销售征税；二是股东取得收入要按收回投资征收所得税。这种收回投资行为不包括在"建成后按比例分房自用的"的情形内。如果这样理解，上述规定的优惠就大大缩水。是否可以进行扩大解释，合作各方应提前与主管税务机关提前沟通。

第二，按比例分房，范围不应该仅限于房地产建设立项时的报批立项体现的分配，应该包括以一方名义立项，建成后分配给其他合作方的情形，因为有时候合作一方并不体现在立项主体中。

第三，"暂免"征收土地增值税，实际上就是暂时阶段的免税待遇。免税优惠的前提是原本要征税，符合土地增值税的构成要件。对于双方共同报批共同立项的共同建房各方，本质上属于原始取得，本质上属于按份共同共有，即便是按比例分房，仍然是原始取得房屋。对于原始取得房屋，不存在转让的问题，也就不存在征税的问题，属于不征税的范畴。不征税并不是一项税收优惠政策，与暂免征收性质上完全不同。所以这里的"暂免"征收，笔者认为，探究立法原意，其主要是针对以合作一方的名义立项，建成后按约定比例分配给其他合作方时，分房的行为免税。笔者认为这里的"暂免"主要是适用按比例分配的情形。

上述关于土地增值税税收优惠的规定，不包括对土地提供方提供土地行为如何征税的问题。如果合作方以入股的方式提供土地使用权，则可依据改制重组方面的优惠政策。《关于继续实施企业改制重组有关土地增值税政策的通知》（财税〔2018〕57号）规定："单位、个人在改制重组时以房地产作价入股进行投资，对其将房地产转移、变更到被投资的企业，暂不征土地增值税。"这里的"暂不"征收土地增值税，实际上是递延纳税政策，从货币时间价值看，相当于无息贷款。待未来土地或连带土地上的房屋一并出售或转让时，则要对以前未征收的土地增值税一并征收土地增值税。

2. 合作建房增值税能否延续原营业税的优惠？

营业税改征增值税之前，土地使用权、房地产转让需要缴纳营业税，原先征收营业税时，对合作建房有税收优惠政策。营改增之后，对合作建房是否继续免征增值税，税务总局没有作出明确的规定。

原营业税征收政策对征收营业税分情况予以规定。国家税务总局《关于印发〈营业税问题解答（之一）〉的通知》（国税函发［1995］156号，已失效，下同）十七、问：对合作建房行为应如何征收营业税？

答：合作建房，是指由一方（以下简称甲方）提供土地使用权，另一方（以下简称乙方）提供资金，合作建房。合作建房的方式一般有两种：

第一种方式是纯粹的"以物易物"，即双方以各自拥有的土地使用权和房屋所有权相互交换。具体的交换方式也有以下两种：

1. 土地使用权和房屋所有权相互交换，双方都取得了拥有部分房屋的所有权。在这一合作过程中，甲方以转让部分土地使用权为代价，换取部分房屋的所有权，发生了转让土地使用权的行为；乙方则以转让部分房屋的所有权为代价，换取部分土地的使用权，发生了销售不动产的行为。因而合作建房的双方都发生了营业税的应税行为。对甲方应按"转让无形资产"税目中的"转让土地使用权"子目征税；对乙方应按"销售不动产"税目征税。由于双方没有进行货币结算，因此应当按照《中华人民共和国营业税暂行条例实施细则》第十五条的规定分别核定双方各自的营业额。如果合作建房的双方（或任何一方）将分得的房屋销售出去，则又发生了销售不动产行为，应对其销售收入再按"销售不动产"税目征收营业税。

2. 以出租土地使用权为代价换取房屋所有权。例如，甲方将土地使用权出租给乙方若干年，乙方投资在该土地上建造建筑物并使用，租赁期满后，乙方将土地使用权连同所建的建筑物归还甲方。在这一经营过程中，乙方是以建筑物为代价换得若干年的土地使用权，甲方是以出租土地使用权为代价换取建筑物。乙方发生了出租土地使用权的行为，对其按"服务业-租赁业"征营业税；乙方发生了销售不动产的行为，对其按"销售不动产"税目征营业税。对双方分别征税时，其营业额也按《中华人民共和国营业税暂行条例实施细则》第十五条的规定核定。

第二种方式是甲方以土地使用权、乙方以货币资金合股，成立合营企业，合作建房。对此种形式的合作建房，则要视具体情况确定如何征税：

1. 房屋建成后，如果双方采取风险共担、利润共享的分配方式，按照营业税"以无形资产投资入股，参与接受投资方的利润分配、共同承担投资风险的行为，不征营业税"的规定，对甲方向合营企业提供的土地使用权，视为投资入股，对其不征营业税；只对合营企业销售房屋取得的收入按销售不动产征税；对双方分得的利润不征营业税。

2. 房屋建成后，甲方如果采取按销售收入的一定比例提成的方式参与分配，或提取固定利润，则不属营业税所称的投资入股不征营业税的行为，而属于甲方将土地使用权转让给合营企业的行为，那么，对甲方取得的固定利润或从销售收入按比例提取的收入按"转让无形资产"征税；对合营企业则按全部房屋的销售收入依"销售不动产"税目征收营业税。

3. 如果房屋建成后双方按一定比例分配房屋，则此种经营行为，也未构成营业税所称的以无形资产投资入股，共同承担风险的不征营业税的行为。因此，首先对甲方向合营企业转让的土地，按"转让无形资产"征税，其营业额按实施细则第十五条的规定核定。其次，对合营企业的房屋，在分配给甲、乙方后，如果各自销售，则再按"销售不动产"征税。

营改增后，上述原征收营业税的，现征收增值税，上述征收营业税的环节就按增值税中的视同销售规定征收增值税。原先"以无形资产投资入股，参与接受投资方的利润分配、共同承担投资风险的行为，不征营业税"的规定是否适用增值税，目前没有明确。建议合作各方事前与主管税务机关沟通，是否能够适用。笔者认为，合作建房属于原始取得，其中的一些分房自用行为不应征收增值税。

3. 合作建房企业所得税没有税收优惠

单位合作建房，提供土地使用权一方的股权投资行为需要缴纳企业所得税。国家税务总局《房地产开发经营业务企业所得税处理办法》第37条规定："企业以换取开发产品为目的，将土地使用权投资其他企业房地产开发项目的，按以下规定进行处理：企业应在首次取得开发产品时，将其分解为转让土地使用权和购入开发产品两项经济业务进行所得税处理，并按应从该项目取得的开发产品（包括首次取得的和以后应取得的）的市场公允价值计算确认土地使用权转让所得或损失。"

对于分房自用，则视同利润分配进行税务处理。《房地产开发经营业务企业所得税处理办法》第 36 条规定"企业以本企业为主体联合其他企业、单位、个人合作或合资开发房地产项目，且该项目未成立独立法人公司的"其中第 2 项规定：凡开发合同或协议中约定分配项目利润的，企业应将该项目形成的营业利润额并入当期应纳税所得额统一申报缴纳企业所得税，不得在税前分配该项目的利润。同时不能因接受投资方投资额而在成本中摊销或在税前扣除相关的利息支出。投资方取得该项目的营业利润应视同股息、红利进行相关税务处理。按上述规定，合作项目总收入减去总支出后的营业利润，要先并入企业当期应纳税所得额，并缴纳企业所得税后，才能对投资方分配合作项目利润。

而对于一方提供土地，一方提供资金的合作方式，企业所得税方面并无税收优惠政策。笔者认为，合作双方提前将取得方式，设计为原始方式取得，并提前与主管税务机关沟通，争取原始方式取得的分房不征收企业所得税。

4. 合作建房契税的免税与不免税

契税的征收，只要发生权属转移，就征收契税，主要是因为契税的征收简单，不存在税前扣除等问题，也就没有暂免征收等优惠政策。《财政部、国家税务总局对河南省财政厅〈关于契税有关政策问题的请示〉的批复》（财税〔2000〕14 号，已失效）规定："一、关于甲乙单位合作建房契税纳税人和计税依据的确定问题　甲单位拥有土地，乙单位提供资金，共建住房。乙单位获得了甲单位的部分土地使用权，属于土地使用权权属转移，根据《中华人民共和国契税暂行条例》的规定，对乙单位应征收契税，其计税依据为乙单位取得土地使用权的成交价格。上述甲乙单位合建并各自分得的房屋，不发生权属转移，不征收契税。"

财政部、国家税务总局《关于合作开发的房地产权属转移征免契税的批复》（财税〔2004〕91 号，已失效）规定："一、珠海市房产公司拥有土地，珠海南嘉房产开发有限公司提供资金，共建住房。珠海南嘉房产公司获得了珠海市房产公司的部分土地使用权，属于土地使用权权属转移。根据《中华人民共和国契税暂行条例》的规定，珠海南嘉房产开发有限公司承受土地使用权，应缴纳契税。因此，对珠海南嘉房产开发公司应按其取得的 85% 土地使用权的成交价格计征契税。二、在上述合作开发建房过程中，珠海南嘉房产开发有限公司将其拥有并登记在珠海市房产公司名下的房产权属登记在自己名下，没有发生权属转移，不应征收契税。"

上述规定体现了原始取得房屋不征收契税的精神，只对土地使用权转让部分征收契税。

二、实务中合作建房的方式及相应的税法问题

合作建房，实务中的方式各不相同。我国税法对合作建房主要是土地增值税的优惠，另外就是判断是否发生权属转移决定对其他税种是否征税。能否享受这些税收优惠或能否不构成纳税，关键在于是否构成"合作建房"。如果不构成"合作建房"，对合作各方而言，就要承担各项税负。所以提前进行税务筹划并采取合适的合作方式尤为重要。

（一）共同立项按份共有式合作建房之税

建造房屋受国家管制，合作开发房地产，需要双方至少须有一方以自己的名义立项、报批。作为物权人的合作各方取得物权的方式包括原始取得和继受取得，建造房屋属于原始取得房屋的方式。对于原始取得物权，在税法上不具有可税性。合作建房的各方如果共同原始取得房屋，以约定的方式确定各自的份额，属于共同原始取得，在税法上不发生纳税义务。这一点无需法律作出专门规定，因为本身就不符合税法上的课税要件。基于此，合作建房的各方，在建房时就应注意作为共同开发方，共同申请立项，共同申请不动产首次登记，从法律的源头保证房屋来源属于原始取得，这是合作建房不发生纳税义务的根本。

合作各方确定共同作为建造的房屋所有权人，并不是这个过程中不发生任何税负。若合作双方共同申请受让土地使用权，则要承担契税，除此之外分房自用不需要承担纳税义务。深圳市地方税务局《关于合作开发房地产征收营业税问题的批复》（深地税发〔2005〕183 号）规定："合作建房过程中，先取得土地使用权的一方，联同其他合作方共同与国土部门签订的土地使用权出让合同书补充协议与原合同享有同等的法律效力，受让各方在签订合同及其补充协议并付清土地使用权出让金和土地开发与市政配套设施金后，即共同拥有土地使用权。不存在一合作方向另一合作方转移土地使用权的行为。因此，凡在 2004 年 7 月 31 日以后采用这种方式合作建房的，不征收'以地换房'、'以房换地'环节的营业税，2004 年 7 月 31 日之前（含 31 日）已发

生的同类合作建房行为，未征税的不再补征，已征的营业税不再退还。"虽然营业税不再存在，该批复说明地方税务局发现实践中存在的问题并予以纠正，共同申请土地使用权建造房屋并不存在土地使用权的转让问题，也不存在"以地换房""以房换地"的行为，增值税、土地增值税、所得税等纳税义务不发生。

若用于建造房屋的土地使用权系合作一方提供，则合作一方则需要承担增值税、土地增值税及附加、所得税等税负，因为在税法上会按视同销售处理。这是合作建房的难点。《城市房地产转让管理规定》第3条规定："本规定所称房地产转让，是指房地产权利人通过买卖、赠与或者其他合法方式将其房地产转移给他人的行为。前款所称其他合法方式，主要包括下列行为：……（二）一方提供土地使用权，另一方或者多方提供资金，合资、合作开发经营房地产，而使房地产权属发生变更的；……"合作双方共同立项的合作建房，这个过程中仍然会发生一项土地使用权转让行为，房屋建好之后，提供资金的合作一方就其按比例分得的房屋所占土地，需要从土地提供方名下过户到自己名下，而这个过程就是被按视同销售处理，土地提供方需要负担增值税、土地增值税、所得税等，而资金提供方则需要负担分得房屋所占土地的契税。

另外，由于是双方共同立项，建造房屋属于原始取得，土地提供方分配的房屋不是从资金提供方处取得，资金提供方分配的房屋亦非从土地提供方取得，未发生房地产转让行为，不能认为土地提供方用土地换取了房屋，因此合作双方建成房屋后分配房屋自用的行为不发生纳税义务。这样的行为不符合上文提到的"以物易物"形态。参照深圳市地方税务局《关于合作开发房地产征收营业税问题的批复》（深地税发〔2005〕183号）的规定："合作建房过程中是否发生国家税务总局《关于印发〈营业税问题解答（之一）的通知〉》（国税发〔1995〕156号）第十七条所指的'一方以部分土地使用权为代价换取部分房屋所有权，另一方以部分房屋所有权为代价换取部分土地使用权'的应税行为，是依据土地使用权或房屋所有权是否发生转移来确定的，当土地使用权或房屋所有权发生转移时，应征收相应的营业税，否则不予征税。"共同立项按份共有合作建房，按比例分房自用行为显然未发生房地产转让，不发生增值税等纳税义务。

通过以上分析我们发现，合作建房中合作各方共同申请立项，通过原始取得房屋，是符合合作各方利益的。实践中，无论从物权法还是从不动产登记制度看，共同立项共同共有物权可行，合作各方须从源头上做足功夫。

《房屋登记办法》（建设部令第 168 号，已废止，下同）第 13 条第 1 款规定：“共有房屋，应当由共有人共同申请登记。”《不动产登记暂行条例实施细则》第 21 条第 1 款规定：“申请共有不动产登记的，不动产登记机构向全体共有人合并发放一本不动产权属证书；共有人申请分别持证的，可以为共有人分别发放不动产权属证书。”而在办理不动产登记前，一般都会有不动产权籍调查问题。比如《江苏省不动产登记条例》第 8 条第 1 款规定：“不动产登记应当有不动产权籍调查成果。不动产权籍调查成果包括不动产权属调查成果和不动产测量成果。”同时第 25 条规定：“不动产登记机构应当按照下列要求，对申请材料进行查验：……（二）权属来源材料或者登记原因文件与申请登记的内容是否一致；（三）不动产界址、空间界限、面积等权籍调查成果是否完备，权属是否清楚、界址是否清晰、面积是否准确；……”对于权籍调查，有些地方已经开始试行新的做法，比如珠海市不动产登记中心、珠海市住房和城乡建设局《关于新建房地产预售及首次登记试行权籍前置的通知》（珠登记字〔2020〕57 号），权籍前置业务范围包括新建房屋首次登记（不含村民建房）。建设单位（含开发企业）在房屋工程建设完工并取得规划验收合格证后，即可提交用地、规划、测绘等资料向登记部门申请办理房屋权籍备案。在房屋办理建设工程竣工综合验收备案和城建档案存档的同时，登记部门可先行审核权籍成果并建立房屋权籍，并提前核实地价缴纳情况（已在规划验收核实阶段核计地价的除外）。具体每个地方都不一样，合作各方应提前了解当地的做法，以便做到合作建造的房屋属于原始取得。

（二）一方对另一方投资入股的合作方式

投资入股另一方公司，是实践中发生较多的合作方式。严格意义而言，此种情形不属于“合作建房”，很多纳税人以这种方式建房后，会发现存在诸多问题。

1. “资金提供方”投资入股“土地提供方”的方式

包括房地产开发企业在内的很多公司，往往名下有建设用地使用权而缺乏开发所需资金。考虑到过去房地产市场的行情，投资人也愿意向拥有土地的企业提供资金支持，为了享受更高的利润回报，并基于控制的需要，投资人选择以股权投资的方式将资金提供给土地提供方。

在郑州同盛药业有限公司、国家税务总局郑州经济技术开发区税务局税务行政管理（税务）再审行政一案中（［2019］豫行再157号），昌茂公司与郑州同盛药业有限公司（以下简称"同盛公司"）签订《合作谅解备忘录》，约定：双方合作的目的是合作建房，同盛公司同意昌茂公司通过持有同盛公司股份的方式开展建房合作。同日，昌茂公司与同盛公司签订《合作建设暨投资股权回购协议书》《合作建房协议书》，上述协议明确合作方式为同盛公司提供建房土地，昌茂公司对同盛公司的建设项目以持有同盛公司45%的股权进行投资。

房屋建成后过户给昌茂公司时，发生了纳税争议。税务机关认为该合作项目不构成"合作建房"的情形，属于房屋买卖行为而予以征税。同盛公司认为，该事实经过生效的民事判决认定涉案的合作项目属于"合作建房"。就同一事实司法认定和税收认定存在不一致。同盛公司和税务机关以是否构成"合作建房"作为纳税义务的判断标准，而"合作建房"的标准又是上文合作建房征收营业税提到的"以物易物"和"合营公司"两种形式，实际上是对上述解答的误解，构成"以物易物"和"合营公司"并不是享受税收优惠政策的前提。该案经过再审，法院认为税务机关证据不足，税务机关败诉。

资金方投资入股土地提供方之后，在法律上属于股东的身份。土地提供方持有土地，资金方入股，能够避免土地使用权开发前转让缴纳的各项税负。但是，资金方作为股东，对土地方公司名下的土地和房屋等不动产，并不享有法律上的所有权，房屋建成后在所有权上属于公司，并不归属于公司的任何一个股东。公司法上的财产归属关系，直接决定了税法上的后果。同盛公司欲将建好的房屋过户给资金方昌茂公司，在民商事法律制度方面，属于财产在不同民事主体之间的转让，即便是公司法亦会对此种关联方之间的关联交易进行规制，税法上会更加关注。根据税法原理，股东从公司取走财产，不论是动产还是不动产，均视为对股东的利润分配。房屋这样的不动产过户给股东，在税法上会被拆分为两项交易行为并负税：一是视同公司出售了不动产，产生增值税、土地增值税、企业所得税等纳税义务；二是资金方作为股东获得房屋的产权，视为利润分配。如果收回投资的部分，要按照投资所得缴纳企业所得税。股东同时要负担契税的缴纳。只不过资金方作为我国居民企业纳税人，从居民企业分配的股息免税。从总体上来讲，同盛公司过户房屋给昌茂公司，房屋所占部分的土地使用权，虽然建造前未承担纳税义务，但在过户时与房屋一同承担了各项纳税义务。

营改增之前的国家税务总局《关于合作建房营业税问题的批复》（国税函［2004］241号）认为"甲方提供土地使用权，乙方提供所需资金，以甲方名义合作开发房地产项目的行为，不属于合作建房，不适用《国家税务总局关于印发〈营业税问题解答（之一）〉的通知》（国税发［1995］156号）第十七条有关合作建房征收营业税的规定。"这里的提供资金后分配房屋，实际上在公司与股东之间存在的买卖法律关系，而不是利润分配。

2. 以土地使用权投资入股资金方公司

土地提供方将其拥有的土地使用权，以投资入股的方式投入到资金方公司，土地提供方也就成了股东。股东的土地使用权过户到公司名下，同样涉及各税是否承担的问题。土地使用权投资入股，根据现行改制重组税收优惠，土地使用权属于房地产投资入股，暂不征收土地增值税。

所得税根据财政部、国家税务总局《关于非货币性资产投资企业所得税政策问题的通知》（财税［2014］116号）规定，居民企业以非货币性资产对外投资确认的非货币性资产转让所得，可在不超过5年期限内，分期均匀计入相应年度的应纳税所得额，按规定计算缴纳企业所得税。合作方以土地入股，可以选择分期纳税。

契税、增值税则没有明确的优惠政策，需要照常缴纳。当房屋建造完毕，分配股东时，同样分为按视同销售，处置不动产发生各项纳税义务，股东取得房屋产权，视为股息分配。可见，土地入股方式再取回来，税负同样很高。

其中对于土地如何进入项目，实践中有很多不规范的做法。在旬阳地税局与陕西中成工贸有限公司税务行政处罚决定案（［2015］安中行终字第00037号），土地方将土地直接转让给了资金方而不是入股。陕西中成工贸有限公司（以下简称"中成公司"）与陕西巨隆置业有限公司（以下简称"巨隆公司"）签订了联合开发合同和土地过户协议。合同约定：（1）两公司合作开发"太极大厦"项目，中成公司提供"太极大厦"2251平方米建设用地，巨隆公司独立提供资金完成建设项目。（2）工程完成后，中成公司享有30%的"股权"巨隆公司享有70%的"股权"。（3）中成公司在合同签订后将土地使用权过户到巨隆公司名下，过户相关费用由巨隆公司承担。（4）巨隆公司保证继续履行此前中成公司与重庆建安公司签订的合同。当日，两公司还签订了土地过户协议，约定中成公司建设用地过户至巨隆公司。后又将上述30%股权转让给巨隆公司。税务机关认为，2009年5月、6月，中成公司先后与巨隆公司签署"联合开发合同""股权转让协议",实质是转让土地使用权行为,在此行为中,中成公司应承担各项纳税义务。

本案中,双方合作开发项目,土地是直接过户给资金方,未以股东身份投资入股,而是直接约定对项目的"股权",而该股权实际上是财产份额,并非公司法上的股权概念。中成公司后又将该股权转让给了巨隆公司,此时也可以说是属于合作建房,但其中土地使用权转让,因发生所有权转移,理应承担各项税负。

（三）土地提供方单方立项、资金方负责建造的合作方式

有些非房地产开发企业,比如国企、事业单位等,拥有闲置的土地,寻求资金方利用土地建房的情况也不少,此种方式下,资金方不但提供资金,还负责建造,土地提供方仅仅提供土地然后坐享其成。

在杨某许与化州市地方税务局税务行政管理一案（［2013］茂化法行初字第51号）中,原告杨某许与化州市河西街北岸社区居民委员会（下简称"北岸居委会"）签订了《合作开发房地产协议书》,约定由北岸居委会提供面积3540平方米的土地,由原告提供全部开发资金的方式共同合作北岸社区综合商品房;双方合作兴建项目的首层建筑房屋的使用权及收益权归北岸社区居委会所有,二层以上的商品房,原告享有独立的对外销售权,其销售收益全部归原告所有。《合作开发房地产协议书》签订后,原告与北岸居委会按照协议书的约定合作开发了化州市北岸社区综合商品房,该工程项目首层归北岸居委会所有,二层以上的商品房由原告对外销售。2012年11月28日,被告税务机关以原告与北岸居委会合作开发的首层3220.31平方米商铺应申报纳税而未申报和未缴纳税费为由,对原告杨某许作出《税务处理决定书》（化地税处［2012］2号）和《税务行政处罚决定书》（化地税罚［2012］2号）。

原告杨某许认为,原告与北岸居委会合作开发房地产,原告提供建设项目所需资金,由北岸居委会提供土地,以北岸居委会为建设单位立项建设,项目竣工后,首层建筑房屋归北岸居委会所有。北岸居委会提供的土地从始至终都是在北岸居委会名下,从未变更。商品房竣工后并不是登记在原告名下,而是原始登记在北岸居委会名下,原告与北岸居委会之间不存在买卖不动产行为。

北岸居委会与原告合作开发商品房,在建房过程中,双方并未办理合作报建手续,合作项目系以北岸居委会为建设单位取得《建设工程规划许可证》

和《建设工程施工许可证》，土地所有权一直在北岸居委会名下，项目竣工后房屋产权并未登记在原告名下而是原始登记在北岸居委会名下。原告既未拥有土地使用权，也没有取得房屋所有权，不存在原告以部分房屋所有权换取北岸居委会部分土地所有权，或者北岸居委会以部分土地使用权换取项目首层建筑房屋所有权的行为。

本案的错误很明显，税务机关征税对象错误，也没有发生应税事实。一层商铺所有权归居委会，亦未发生权属转移，不发生纳税义务。即便发生了权属转移，过户给杨某许，除契税纳税义务人是杨某许外，其他主要税种纳税义务人是居委会而不是原告杨某许。参照原营业税规定，国家税务总局《关于合作建房营业税问题的批复》（国税函〔2005〕241号）：鉴于该项目开发建设过程中，土地使用权人和房屋所有权人均为甲方，未发生《营业税条例》规定的转让无形资产的行为。因此，甲方提供土地使用权，乙方提供所需资金，以甲方名义合作开发房地产项目的行为，不属于合作建房，不适用国家税务总局《关于印发〈营业税问题解答（之一）〉的通知》（国税发〔1995〕156号）第17条有关合作建房征收营业税的规定。

对于建好之后杨某许按约定分配的房屋，从法律上看，这属于房地产转让行为，但土地增值税暂免，笔者认为这符合"一方提供土地，一方提供资金"合作建房的情形，这个环节免征土地增值税，其他税种需要缴纳。根据最高人民法院《关于审理涉及国有土地使用权合同纠纷案件适用法律问题的解释》第22条的规定："合作开发房地产合同约定提供资金的当事人不承担经营风险，只分配固定数量房屋的，应当认定为房屋买卖合同。"合作开发房地产的资金提供方，只要承担经营风险，就是合作建房，而不在乎是否是报备的立项申请人。所以，对于合作建房的杨某许分得的房屋，免征土地增值税。而杨某许再出售，则需要照章负担所有税负。如果土地系划拨方式取得，则要变更土地性质为出让，到出售房屋，整个过程要缴纳契税多次。

（四）土地提供方单方立项建成后租赁给资金方的方式

为了避免转让房产产生的税负，有些合作双方就选择不转让，于是建成后提供给另一方使用，就成了其中的一个选择方式，交易模式的改变，计税规则也将随之而变。

在广西壮族自治区地方税务局百色稽查局、百色市第一建筑公司行政纠纷一案（〔2017〕桂1002行初29号）中，原告百色市第一建筑公司以建房需要资金而借款 4 000 000 元，该笔借款原告利用建好楼房的使用期限 20 年逐年抵消借款。原告认为不应一次性全部按租金收入计税，应定为每年平均房屋租金收入为 75 000 元。不应确定 4 000 000 元款项为原告 2015 年房租收入所得，以此作为营业收入全部申报纳税。该笔资金是借款，不是营业所得收入。虽然从法律规定应认定为租赁行为，但这款项不是一次性租金的营业收入，应分年度计入所得收入，依据《税法实施条例》第 19 条的规定应认定为原告 2016 年房屋租金收入为 750 000 元，2016 年收入应按 750 000 元申报缴纳各项税金。

税务机关认为，原告从 2012 年 9 月 16 日《资金借入合作协议》签订之日起至 2016 年 11 月 25 日原告共收到邱某民转入的资金 1 2500 000 元。最高人民法院《关于审理涉及国有土地使用权合同纠纷案件适用法律问题的解释》第 24 条规定："合作开发房地产合同约定提供资金的当事人不承担经营风险，只以租赁或者其他形式使用房屋的，应当认定为房屋租赁合同。"原告收到的邱某民转入的资金应在相应年度确认为预收租金收入，其中 2015 年应确认预收租金收入 4 000 000 元。不能按 20 年分摊以每年 750 000 元为应纳税所得额申报缴纳税款。

本案中一次性收取租金，但在税法上一次性缴纳和分期缴纳税款，货币时间价值存在很大的差别。房屋所有权未发生转让，避免了转让环节的各项重的税负。但资金方可以使用 20 年，可是租金却是一次性付清。无论双方采用何种形式，这笔收入实质上都是租赁收入。租赁收入，要负担增值税和所得税，但二者之间税款的缴纳时间完全不同。

营改增后，增值税遵循原营业税的逻辑。比如云南省地方税务局《关于营业税若干政策问题的通知》（云地税一字［2003］21 号）第 3 条规定："关于单位合作建房征收营业税的问题　对单位合作建房过程中及房屋建成后一方（出土地方）同时拥有土地使用权和房屋所有权，另一方（出资金方）只是在房屋建成后一定时期内享有无偿使用的权利的情况，应将仅拥有所建房屋一定时期使用权的投资方投入的资金视为一次性支付的租金，对同时拥有土地使用权和所建房屋所有权的一方按"服务业-租赁业"征收营业税，对投入资金的一方不征收'销售不动产'营业税。"营改增后，一次性收取 20 年的租金，需要缴纳增值税。

国家税务总局《关于中国××化学工程公司征收营业税问题的批复》（国

税函〔1996〕174号）亦认为："在中国××化学工程公司与四川国际经济开发招商股份有限公司合作建房的过程中，中国××化学工程公司负责出地和申请建设项目，建成后的房屋所有权也归其所有；四川国际经济开发招商股份有限公司负责出资金，取得底楼商业用房15年的使用权。在此项合作中，中国××化学工程公司发生了在约定的时间内将房屋转让他人使用的行为。根据《营业税税目注释》的有关规定，对中国××化学工程公司从四川国际经济开发招商股份有限公司取得的收入应按'服务业'税目中'租赁'项目征收营业税，纳税义务发生时间为收讫价款或取得索取营业收入款项凭据的当天。"按现行政策，需要一次性缴纳增值税。

营改增后，根据财政部、国家税务总局《关于建筑服务等营改增试点政策的通知》（财税〔2017〕58号）第2条的规定："《营业税改征增值税试点实施办法》（财税〔2016〕36号印发）第四十五条第（二）项修改为'纳税人提供租赁服务采取预收款方式的，其纳税义务发生时间为收到预收款的当天'。"合作建房采取一次性收取20年使用权费用的，须一次性缴纳增值税，纳税义务发生时间为收到预售款的当天，不能分期缴纳。

当然，国家税务总局也给予一些租金收入分期缴纳的优惠，但是范围很窄，国家税务总局《关于增值税小规模纳税人减免增值税等政策有关征管事项的公告》（国家税务总局公告2023年第1号）第3条规定："《中华人民共和国增值税暂行条例实施细则》第九条所称的其他个人，采取一次性收取租金形式出租不动产取得的租金收入，可在对应的租赁期内平均分摊，分摊后的月租金收入未超过10万元的，免征增值税。"除此之外，一次性收取的租金，无论是以什么明目收取，均要一次性缴纳增值税。

与增值税须一次性缴纳不同，企业所得税则可采用分期缴纳的方式，对此有明文规定。国家税务总局《关于贯彻落实企业所得税法若干税收问题的通知》（国税函〔2010〕79号）"一、关于租金收入确认问题"部分规定："根据《实施条例》第十九条的规定，企业提供固定资产、包装物或者其他有形资产的使用权取得的租金收入，应按交易合同或协议规定的承租人应付租金的日期确认收入的实现。其中，如果交易合同或协议中规定租赁期限跨年度，且租金提前一次性支付的，根据《实施条例》第九条规定的收入与费用配比原则，出租人可对上述已确认的收入，在租赁期内，分期均匀计入相关年度收入。出租方如为在我国境内设有机构场所、且采取据实申报缴纳企业所得的非居民企业，也按本条规定执行。"

另外，合作各方虽然避免了不动产转让的税负，但土地提供方依然要负担一定的税款。从货币时间价值考虑，未发生不动产转让，不负担纳税义务。但是土地提供方的资产计税成本亦保持不变，无论是未来转让还是折旧，这部分税收终究由土地提供方承担，仅仅是从时间上推迟了纳税。土地提供方延迟的这部分纳税，却在租金收入上被抵消了很多。再加上计税成本未变，等于替资金方承担了税负，存在税负转嫁问题。所以土地提供方采取该种方式，对其不利。

实务中还发生过，早年一方提供土地但不转让权属，另一方负责建房并建成后登记在自己名下的情况，这样土地和房屋的产权就分属不同的人。《房屋登记办法》（建设部令第168号）第8条规定："办理房屋登记，应当遵循房屋所有权和房屋占用范围内的土地使用权权利主体一致的原则。"《不动产登记暂行条例实施细则》第2条第2款规定："房屋等建筑物、构筑物和森林、林木等定着物应当与其所依附的土地、海域一并登记，保持权利主体一致。"现在已经不能操作，须提前就土地的提供方式制定方案。

三、合作建房计税成本分担及隐藏的税负转嫁

合作建房，除了与税务机关产生纠纷外，合作各方之间内部亦存在利益分配问题。对于显性的利益，比如分得多少房屋，付出多少成本等，各方一般都能提前约定。但是，对于计税成本导致的利益分配，往往会被忽视。合作各方一般只关注具体资产的价格，而忽视具体资产变现后的价格。一般来说，当提供土地等资产的一方资产计税成本过低，在分配房屋时应少分。如果是单方立项后分房，不能取得进项发票等凭据，分配房屋的一方未来转让房屋成本如何扣除等，均须事前考虑。

（一）"先税后分"和"先分后税"的选择

实务中对合作建房，建好之后要对外出售，存在"先税后分"还是"先分后税"的选择问题。上文已经述及，共同立项按份共有，按比例分房自用，属于原始取得不征税，按比例分配自用环节也就不存在"先税后分"还是"先分后税"的选择问题。

实务中有些地方之所以提出这个选择问题，是未区分合作建房的不同情况，以为只要是合作建房，分房自用也要纳税。双方如果不是自用，而是对

外出售，则存在这个选择问题。共同立项按份共有，如果不是自用而是出售，如果未分直接出售，则存在取得的销售收入是先分配再分别征税，还是先征税后再分配收入的问题。我国税法上尚不存在按份之债，按份共有的情况很多，但一般都是分别予以课税，目前不存在对按份共同共有统一征税的做法。从习惯上看，共同立项按份共有，如果整体销售，则应"先分后税"，对二者取得的收入分别予以征税。这就涉及分配如何分，取得的进项发票、税前成本分别放在哪一方抵扣等诸多问题。从税收成本的角度看，"先税后分"即先缴纳税款后分配收入比较合适。无论是增值税还是其他税种，抵税成本可税前扣除。如果是"先分后税"，分配房屋的时候，进项发票等计税成本无法分配，分配过程中也不能向接收方开具发票，其他税种的税前扣除也就无法确定成本问题，如果分得房屋的一方以后再对外销售，会面临高额税负，所以"先税后分"比较方便，尤其是有利于分得房屋的一方。

而对于不构成"合作建房"的情况，房屋建好之后本身就存在"先分"的问题，先分就要视同销售征税。如果视同销售，则能够开具发票，分得房屋的一方，将来再次对外转售，因为有进项发票等，不用担心会承担过多的税负，所以可以选择"先分后税"。

（二）各税种的计税成本分配及税负转嫁

合作建房，除了暂免土地增值税的优惠外，其他税种并不免除。即使暂免土地增值税，合作各方内部亦会存在计税成本的分配问题。每个税种的计税方法不同，在纳税时考虑的扣税成本亦不同。

1. 增值税的进项税额的分配难题

营改增后，不动产的转让需要缴纳增值税。增值税是链条税，销售环节的销项税额扣除建造、购置环节产生的进项税额，是权利人实际负担的增值税额。如果没有进项税额或缺少进项税额，则要负担较多的增值税，有时甚至导致税负会高过利润。个别不动产可以适用征收率的方式征收，适用征收率则不用考虑进项税额的问题。可现行的不动产增值税征收政策，适用征收率的主要是2016年4月30日以前的不动产老项目、小规模纳税人以及适用简易计税方式的情形，没有明确规定合作建房分配的房屋未来出售可以适用征收率征收。所以分房的增值税进项税额如何分配，就很棘手。如果是分房自用，不属于征税范围，此时房屋能分割，发票却无法分割，只能由房屋登记方以其他方法向分得房屋的一方让利，而房屋登记在其名下的一方，可全额利用所有增值税发票等扣税成本，否则分得房屋的一方将吃亏。

合作建房后按比例分房，视同销售，需要征税，应由另一方开具不动产增值税专用发票，因为视同销售可以开具不动产增值税专用发票。如果分房的一方并不能取得另一方开具的增值税专用发票，则未来出售所分房屋面临较高增值税。如果构成"合作建房"，属于原始取得，只是土地使用权等权属转移导致要负税，也可以就土地权属的转让开具发票。

但即便能够开具发票，也可能对被分立一方（房屋登记在其名下）不利，所以要考虑整体建造支出，有些支出比如人工成本，个体户提供原材料等无法取得进项发票，却要在分房环节给合作方开具专用发票，就会造成立项建造这一方多承担了税负，这一部分亦应提前协商分配。

另外，视同销售还需要考虑增值税发票的开具价格如何确定，合作建房分房行为，毕竟不是按照市场价格进行销售，开具的发票金额顶多按照成本开具，而视同销售税务机关会按照市场价格核定，那么发票金额可以按照核定金额开具。这样的话，分得房屋的一方取得了足够的进项税额，但另一方则有亏损。因此，就此种情况亦应提前协商好。无论何种方式合作建房，如果考虑不周，均会存在税负转嫁的问题。

2. 土地增值税扣税成本的分享

一方提供土地，一方提供资金的合作建房，按比例分房自用的，暂免征收土地增值税。虽然暂免征收土地增值税，但未来如果再分别各自出售，土地增值税的成本又该如何扣除，这也是个问题。如果一方能够开具增值税发票，则另一方未来出售时，计算土地增值税的增值额时，可计算扣除成本等。但是，如果发票开具金额过低，或者相当于一方原支出的成本，则之前的分房自用环节免除的土地增值税，相当于在分房后再转让时一并征收了。因为一般免税后，扣除成本前移，按照分房时的成本作为未来的扣税成本，这里的成本按理说应以当时的市场价格确定，但实践中一般只认发票记载金额，这就使得分房的各方未来转让时，将原本免税的部分一并负担缴纳。

一方提供土地，一方提供资金合作建房，建成后不是分房自用而是直接销售的，亦存在扣税成本的分配问题。由于资金方提供的资金不是借款，不能计算利息成本计算增值额提前扣除，不能提供有效凭证的不能扣除。如果分房后各自直接销售，分房开具发票的适当，亦是取得分房一方负担多少税的关键。如果不能取得发票，又如何缴纳土地增值税。这些都需要提前协商确定。

3. 企业所得税的税前扣除的分享

合作建房，分房自用，则涉及以折旧的形式税前扣除的成本问题，成本越高，折旧越大，税负越小，反之亦然。如果是直接销售，则同样涉及所得税的税前扣除问题。这与增值税、土地增值税扣税成本分配考虑的问题相一致。如果解决好增值税、土地增值税的扣税成本问题，则同样能解决企业所得税的税前扣除问题。合作各方都应关注隐形税负转嫁的存在。

第二节　挂靠建造不动产涉税问题

房地产开发需要房地产开发资质，获得开发资质需要符合规定的条件。而没有相应资质的主体，包括公司和个人计划开发房地产，就会选择采取挂靠有资质的企业。这种模式导致纠纷在所难免，其中多发且难点在于税务纠纷。

一、挂靠行为的法律定性

挂靠经营，最早出现于个体、私营企业挂靠国有企业、集体企业之情形，其是为了获得经济利益，产生的原因在于对待各类市场主体存在制度性差别之故。挂靠经营模式自产生之初，就是不规范不合法的一种经营模式，所有的挂靠行为都是规避法律的行为。只不过经济活动中有的挂靠，是政策扭曲了法律体系的缘故，比如有城市对购房资格有限制，产生挂靠买房现象。对某些挂靠行为，法律并不否定，比如我国《民法典》第 1211 条规定："以挂靠形式从事道路运输经营活动的机动车，发生交通事故造成损害，属于该机动车一方责任的，由挂靠人和被挂靠人承担连带责任。"说明民法上对某些挂靠行为并不是从效力上否定其存在，仅仅是对相关责任进行规范。自 21 世纪初开始，房地产行业有利可图，但又限于房地产开发的资质问题，很多企业和个人就挂靠有房地产开发资质的企业建房，这类情况在有些地方非常普遍，甚至出现有房地产公司不知自身名下还有自己账目之外的商品房的情况，他人以自己公司名义建房并售卖，该房地产公司却不知道。

一提到挂靠经营，首先谈论的就是挂靠协议的效力问题。挂靠开发房地产协议，经常涉及挂靠协议是有效还是无效的问题。依据无非就是《房地产开发企业资质管理规定》第 10 条第 1 款的规定："任何单位和个人不得涂改、出租、出借、转让、出卖资质证书。"挂靠开发，是以有资质的企业自身名义从事，到底属于"出借"还是"转让"抑或"出卖"呢？实际上，资质是无法出借和转让的，很难说挂靠行为是该条规定禁止的行为。同时，就算违反该规定在法律上并不导致挂靠协议无效，因为该规定的效力仅仅是规章。况且诸如此类的规定，在法律上不成体系，违反了又能如何？无论如何，当建造出来的房屋或不动产，经过验收合格是能够拿到不动产权利证书的。从物权法上看，挂靠方式建造的房屋是实实在在的受法律保护的物权。那么上述禁止出借等规定又有何意义呢！

挂靠建房产生实实在在的物权，我们关注的问题主要还是在于不动产所有权的归属、挂靠人如何取回、法律责任如何承担等问题。从挂靠协议双方的本意看，被挂靠方往往仅仅收取挂靠费，并无取得物权之意图，而挂靠方建造不动产的目的就是自己取得物权。所以挂靠方取回建造好的不动产的最初目的是不言而喻的。问题在于挂靠方基于什么法律上的依据能够取回，如何做到名正言顺。这就涉及对挂靠行为性质的判断。

从事实本身的角度，一般情况下被挂靠企业只提供名义和资质，其他均由挂靠方负责管理经营，形成的资产在被挂靠方名下，法律上就是属于被挂靠方。挂靠方投资的性质，不是股权投资，亦非债权投资。挂靠方不是以股东身份将投资款打入被挂靠方公司名下，工商登记亦不将挂靠方登记为股东。双方的挂靠协议也不是将钱借给被挂靠方。而公司名下财产的分配要么是权益分配要么是利息分配，挂靠方的取回方式跟此二者均无关系。资产的形成，被挂靠方未贡献，却获得了资产，这种情况又不是没有法律原因获得资产，双方之间的挂靠协议就是原因。但法律上的原因，应当是合法的原因，规避法律的行为能否作为法律上的原因，如果认为不合法，被挂靠方应将产权归还挂靠方，这又等于变相承认了挂靠行为的合法性。所以内部产权关系很难在法律上界定。有人提出被挂靠人既不是原始取得，亦不是继受取得不动产，不能享有物权。可是对被挂靠人的该种权利如何界定，是无法回避的。

所有权或产权如何界定，法律上对挂靠行为的性质存在不同认识。民法学上提出挂靠行为承包关系、委托—代理关系、许可经营关系，还有作为共有关系等主张。挂靠行为是一项避法行为，很难将其界定为合法的法律概念，无法界定为承包、代理等法律关系。有人将这种挂靠关系界定为"信用出资"，认为我国公司法应当允许投资人以资质、企业性质及税收等优惠政策的享有资格等作为合法的出资，享有股东权，如果说这样能够解决产权如何取回的问题，却这解决不了目前的现实问题。

还有人提出"事实物权"的概念。登记物权与物权的真实归属状态不一致，真实状态的物权就是事实物权，事实物权与法律物权相对应。事实物权典型的如借名买房，北京市高级人民法院《关于审理房屋买卖合同纠纷案件适用法律若干问题的指导意见（试行）》（京高法发〔2010〕458号）第15条第1款规定："当事人约定一方以他人名义购买房屋，并将房屋登记在他人名下，借名人实际享有房屋权益，借名人依据合同约定要求登记人（出名人）办理房屋所有权转移登记的，可予支持。但是，该房屋因登记人的债权人查封或其他原因依法不能办理转移登记，或者涉及善意交易第三人利益的除外。"该条第2款规定："当事人一方提供证据证明其对房屋的购买确实存在出资关系，但不足以证明双方之间存在借名登记的约定，其主张确认房屋归其所有或要求登记人办理房屋所有权转移登记的，不予支持；其向登记人另行主张出资债权的，应当根据出资的性质按照相关法律规定处理。"很多人认为此为事实物权的法律规范。物权公示主义并不否定协议双方私下意思表示的效力，法律应对协议双方物权真实归属的意思给予尊重，但这种尊重实际上承认的是真实的法律物权并不代表提出了事实物权的存在。

就挂靠建造不动产而言，双方物权归属地约定合法有效，挂靠方要求过户到自己名下，并无法律上的障碍，类似于民法上的代持法律行为。就内部法律关系而言，双方的约定并不违反任何法律法规的强制性规定，合法有效。如果挂靠人要求被挂靠人过户不动产，法律上应当予以支持。至于以挂靠的方式借用被挂靠方的开发资质、信用等问题，与物权的归属之判定并无法律上的关系，如果出现规避行政管理的行为，当属行政责任问题。只不过这种内部约定不能对抗第三人。

二、税法上的对外效力抑或实质重于形式？

相对于挂靠法律关系而言，代表国家行使税收权的税务机关是第三人，挂靠双方之间的内部协议不能对抗税务机关这个第三人。税务机关只关注客观形式上的法律关系，内部约定也就不能约束税务机关。不动产在被挂靠方名下，被挂靠方就是一般意义上的纳税人，被挂靠方须提前知道此税法后果。

房屋建成后，挂靠方转移财产在税法上会被按照视同销售处理。被挂靠方的纳税义务，参照《营业税改征增值税试点实施办法》第 2 条的规定："单位以承包、承租、挂靠方式经营的，承包人、承租人、挂靠人（以下统称承包人）以发包人、出租人、被挂靠人（以下统称发包人）名义对外经营并由发包人承担相关法律责任的，以该发包人为纳税人。否则，以承包人为纳税人。"国家税务总局纳税服务司《关于下发营改增热点问题答复口径和营改增培训参考材料的函》（税总纳便函〔2016〕71 号）附件规定："从最开始的财税〔2011〕111 号文到财税〔2013〕106 号文再到现在的财税〔2016〕36 号文，承包承租挂靠原则都延续了营业税条例细则的原则，这与增值税条例相比是有变化的。现在所说的承包承租挂靠行业，如果以发包人（出租人、被挂靠人）名义对外经营并由发包人承担相关法律责任，以发包人为纳税人；如果未同时满足上述两个条件，以承包人（承租人、挂靠人）为纳税人，发包人向承包人收取的管理费或挂靠费，属于同一纳税人的内部行为，不征增值税。"这是基于对外公示所产生的对外效力的体现。

如果从挂靠双方的内部关系来看，可以确定房屋的所有权归属于挂靠方，但从对外双方的内部约定不能对抗任何第三人，包括税务机关。如果事实物权能够成立，挂靠人从被挂靠人名下取回财产，则无需承担税负，而这显然不可能。虽然税务机关经常以"实质重于形式"的理由介入法律形式背后的案件事实，但此时不太可能认定财产挂在被挂靠人名下是"形式"，此时公示的状态就是实质。

实践中，有的挂靠方待房屋建好后直接过户房屋，有的则是以被挂靠方名义销售房屋后获取现金。如果是直接转移不动产，则被挂靠方要承担各项税负。如果是卖掉后取走现金，不动产变现为现金前，肯定要负担各项不动产税负，此时的现金为税后现金收入。因挂靠方不是股东，则不能按照股东对挂靠方取得的财产征收资本利得税，这么看相较于股权投资会少缴纳股东资本利得税。

当然，税法上的此种情况并非"实质重于形式"原则的运用或者只看形式，财产在被挂靠人名下就是实质，只是从对外效力上看，双方的约定不能对抗第三人税务机关。但有些情况下，现行税收做法又是另外一种态度，比如国家税务总局《关于清理检查企业所得税优惠政策及执行情况的通知》（国税发〔2002〕第 127 号），规定要清理检查校办企业"享受所得税优惠的企业是否符合校办企业条件；是由学校出资自办还是其他企业挂靠"。挂靠校办企业获得税收优惠的情形，不是以第三人的身份介入，而是撇开法律形式，直接以法律形式背后的情况为准。税法执法经常以"实质重于形式"为原则，对经济事实进行过度干预。可类似这种财产或经济行为在某公司名下，就认为是"形式"。可是何谓"形式"？法律上的架构可不是形式。经常发生的情况是，很多人认为公司的财产实质上是股东的财产这种思维逻辑，以此逻辑将公司财产看为实质上是股东的错误认识。具体到挂靠纳税问题，挂靠方也不能以"实质重于形式"进行抗辩。

三、挂靠建房特有的税法风险

挂靠建房的主要税务风险体现在两个方面：一是被挂靠方要承担税法上的义务和责任，税务机关一般只能追究被挂靠方的责任；二是房屋建造好之后过户到挂靠方名下，因税负成本超出双方原先的预期，会面临过户难的问题。

（一）财产转让所得与退伙清算之税

实务中很多人对挂靠建房的法律性质认识不清，当面临纳税时难免觉得不公，税务机关一般会认为挂靠分房是视同销售，按不动产转让征税。而挂靠人认为，挂靠的不动产本身就是自己的，为什么要纳税。当然，也有主张属于其他所得的，比如有人主张转让挂靠的不动产是退伙清算，应按退伙的税收规则处理。

在李某生与税务机关税务纠纷一案（［2019］豫14行终157号）中，2010年5月15日，刘某国、李某生、张某民共同签订《合作意向书》，共同以商丘市恒嘉置业有限公司名义开发民权恒嘉世锦房地产项目，刘某国出资728万元。2017年1月27日，刘某国与李某生、商丘市恒嘉置业有限公司签订《退伙协议书》。该《退伙协议书》显示：因刘某国与李某生在借用商丘市恒嘉置业有限公司开发资质，合作开发民权恒嘉世锦房地产项目过程中发生纠纷，刘某国对李某生提起挪用资金罪刑事控告，经公安机关调解，刘某国与李某生自愿解除合伙关系。李某生认为，刘某国收到的560万元是与其共同合伙经营民权恒嘉世锦房地产项目经清算后获得的利润，不是财产转让所得，该560万元并非李某生支付，而是项目会计石某帅以项目名义支付的合伙项目资金，李某生不是法定的扣缴义务人。税务机关认为，2017年度向刘某国支付财产转让所得的 560 万元，应代扣代缴而未代扣代缴个人所得税112 万元。

一审法院认为："李某生、刘某国、商丘市恒嘉置业有限公司达成的是退伙协议，非股份转让协议，李某生支付刘某国的 550 万元，是按刘某国的投资金额、期限、再按借款月利率 1.5%的基础上协商确定，应当认定 550 万元是刘某国原出资款的利息，另 10 万元是李某生支付给刘某国的违约金，且刘某国出具的收条写明，收到李某生支付商丘市恒嘉置业有限公司民权世锦房地产项目利润。因此，稽查局认定该款是财产转让所得，无事实根据。"

二审法院认为："国家税务总局《关于个人终止投资经营收回款项征收个人所得税问题的公告》规定，个人因各种原因终止投资、联营、经营合作等行为，从被投资企业或合作项目、被投资企业的其他投资者以及合作项目的经营合作人取得股权转让收入、违约金、补偿金、赔偿金及以其他名目收回的款项等，均属于个人所得税应税收入，应按照'财产转让所得'项目适用的规定计算缴纳个人所得税。涉案 560 万元系被上诉人李某生终止投资后从其经营合作人刘某国处取得的款项，且刘某国本人对该款项属于财产转让所得无异议，因而对该笔款项应当适用该公告的规定认定为财产转让所得。"

笔者认为，本案二审适用法律并不严谨，如果按照视同销售征收财产转让所得税，转让方是商丘市恒嘉置业有限公司而非李某生，税务机关追究李某生的代扣代缴责任也是错误的。合作挂靠各方均非股东的身份，不能按照资本利得征税，如果按照资本利得征税，反过来不利于挂靠方李某生。李某生主张属于合伙清算，这不是法律上的概念，其实就是财产转让所得。

（二）项目部承担税法义务的独立性之否定

很多被挂靠企业认为资质出借后，责任不由自己承担，由挂靠方承担各种责任，双方都会对此进行明确约定。很多挂靠方守信严格履行了各项法律义务，比如很多个人就以被挂靠方的名义把税缴纳了，被挂靠方不会再承担实际责任。但也有一些没有缴纳，被挂靠方自己以为责任是由挂靠方承担，已经将风险隔离了，比如应给挂靠方单独的项目部，一切责任该由项目部单独承担，这样的风险隔离在法律上是无效的。

在湖北环球置业有限公司与当地税务机关税务纠纷一案（［2018］鄂0923 行初 21 号）中，湖北环球置业有限公司（以下简称"环球置业公司"）于 2010 年承接安陆市"东方家园"开发项目，并进行了分割，分为 A、B 两个区，A区由公司直接开发，B区由王某坤负责开发，该公司并于2010年5月20日和2011年4月22日分别向王某坤出具"授权书"和"授权委托书"，由王某坤全权负责B区房地产开发项目，自主经营，自行结算，由此产生的一切经济责任和法律后果均由王某坤承担。B区项目并取名环球置业公司东方家园B区项目部，该项目部未在工商行政管理机关登记注册，公司和项目部分别于2010年8月30日和2012年6月27日在安陆市地方税务局办理了税务登记证，A区和B区都在安陆市税务机关纳入了年度汇算清缴系统，并进行了年度汇算清缴。该公司的营业税及其附加税费均在安陆市地税局缴纳，企业所得税应回注册地缴纳，但安陆市地税局依据政府相关政策要求纳税人企业所得税在项目地缴纳。

环球置业公司认为，本案黄某云等投资者挂靠于原告名下单独办理税务登记和纳税申报的"东方家园B区项目部"是独立的"纳税人"和"使用发票的单位"，就本案争议的主要税种企业所得税而言，该独立纳税人于2014年至2016年向安陆市地方税务局一直独立申报缴纳，从未与其以总、分支机构的名义备案汇总纳税。

未出意外，法院认为："东方家园B区系原告环球置业公司内设的临时机构（因未办理工商注册登记），虽其内部规定为独立核算，自负盈亏，但对外不产生法律效力，B区项目部不构成独立的法人或其他组织资格，对外不能独立承担民事、行政责任。"

环球置业公司的上述做法缺乏法律意识，风险隔离的方式不是单独的项目部，或者说项目部的独立不是事实上的独立，而应该是法律上的独立。如果环球置业公司设立子公司承担项目施工，这在法律上可独立，但无法使用其开发资质。实际上挂靠建房中，被挂靠方意图隔离风险做不到。

（三）无挂靠关系被挂靠方却要承担税负

很多被挂靠企业从未取得开发房屋的收入，税款却由自己承担，认为很不公平，难以接受。如果被挂靠方没有容许他人挂靠，他人私自挂靠，挂靠方可能涉嫌诈骗罪，但被挂靠方是否能够在税法责任上得到豁免，需要根据情况而定。

在某轮船有限责任公司与税务机关税务纠纷一案（［2012］涪法行初字第00060号）中，当地税务机关要对重庆市涪陵区顺江大道××号"贵州省某轮船公司某综合楼"项目征税。对此原告某轮船有限责任公司认为，其将被划拨给自己用于某安置空闲土地转让给了陈某某，陈某某以原告名义办理了报建等手续，同时陈某某又私刻了原告的印章。重庆市涪陵区顺江大道××号"贵州省某轮船公司某综合楼"项目并非其开发，其并未取得任何开发及销售收入，其不是纳税主体。某轮船公司为国有企业，将原告确定为纳税主体，既违背税法的实质，又将导致国有资产的流失。原告不是房地产开发企业，也未取得房地产开发资质。而项目既然已经向有关部门申请并获得了销售许可，那么其开发和销售人定然不会是原告。

税务机关认为："原告是项目的法定纳税主体。原告拥有项目土地使用权，开发项目属于原告。原告虽然与陈某某签订了《土地转让合同》，但其并未到土地管理部门办理变更登记，土地使用权并未发生转移。开发项目的计划、立项、规划、施工、验收、房屋初始产权登记等全过程都是原告办理的相关手续。原告为该开发项目新建房的所有权人，房屋初始产权登记人为原告。"

显而易见，该轮船公司的责任难逃，只能承担税法责任。承担之后，该轮船公司只能依据其与挂靠方陈某某之间的内部法律关系，向陈某某追偿。出借名义就意味着承担责任，此情形不存在"实质重于形式"原则的适用。税务机关对"贵州省某轮船公司某综合楼"项目征税，说明该项目的所有权在原告名下，如果该轮船公司能够在法律上确认该项目与其无关，可依据新的事实向税务机关主张退税。而挂靠方陈某某，在没有挂靠许可的前提下从事一系列法律行为，如何定性，也是一个问题。该轮船公司如果认为有问题，要先解决其与陈某某之间的法律问题，然后再依据新的事实找税务机关处理，而不是直接向税务机关抗辩。

（四）被挂靠企业将资质授予个体挂靠的特别税法风险

实践中，个人挂靠房地产开发公司名义和开发资质的现象相当普遍。个人挂靠后，因不具备相应的开发能力和经验且缺乏法律意识，开发房地产失败的可能性很大，而购房款早已收归个人所有，无法履约相应的法律责任由被挂靠方承担。

在四川省华韵房地产开发有限公司与税务机关税务纠纷一案（［2016］川1303 行初 16 号）中，第三人张某购买了位于高坪区青石路西侧土地后，挂靠原告华韵房地产开发有限公司开发建设"鹤鸣楼"房产项目，双方签订了《项目开发承包协议》，约定第三人对项目实行自主经营、独立核算、自负盈亏，独立承担开发过程中的一切税费。签约后，第三人张某将其购买的土地过户给原告，并以原告名义申办规划、施工等相关手续，自主投资开发项目，工程完工后至今未经验收，也未取得商品房预售许可，第三人张某在此期间以个人名义销售 48 套 5271 平方米住房共获近千万元巨款潜逃。2016 年 8 月 15 日，被告第三税务所作出高地税三强扣〔2016〕7 号《税收强制执行决定书》，并据此扣划了原告公司"华韵春天"和"御莲锦绣"等项目监管资金 125 万元抵缴"鹤鸣楼"项目售房税负。诉请法院判令撤销被告第三税务所作出的高地税三强扣〔2016〕7 号《税收强制执行决定书》，并判决被告对第三人张某重新作出具体行政行为。

本案中，张某甚至连商品房预售许可都不具备，就预售了商品房，该责任由被挂靠公司承担，被挂靠方却以没有办理商品房预售许可作为抗辩理由。没有商品房预售许可等审批流程，最终会导致履约失败，如果有税法责任，由被挂靠方承担。这里被挂靠方未意识到的是，因未取得商品房预售许可等原因，不能履约会导致纳税义务之回转，被挂靠方应以此为突破口进行抗辩。另外，税费由挂靠方承担的约定不能对抗第三人税务机关。而税务机关亦不应仅仅依据预收房款这一项判断纳税义务的发生，即便税收上来，将来挂靠方不能履行交房义务，税务机关还得退还税款。房地产开发公司将资质挂靠给个人的风险更大，往往涉嫌刑事犯罪，被挂靠企业在承担责任后只能向该个人追偿。

第三节　委托代建不动产涉税风险

企业或个人出于成本考虑，可委托符合资质的企业代建房屋。委托人的此种置办不动产方式，除了从价格成本方面能够获得节约外，由于是原始取得，亦能节省比如契税这样的税负。

一、委托代建不动产的税法处理

税法并没有专门就委托代建问题制定税收政策，实践中的委托建房行为，要根据具体情况区分资产转让行为、建筑行为等具体性质，分别适用不同的税法规则。

（一）以建设方名义建房并转让给委托方之税

很多情况下，委托方将建造房屋的义务交付给受托方之后，以建设方的名义建造，建好之后再过户给委托方或委托方指定的收益对象。比如很多行政单位、事业单位、国企等，委托建设方以自己的名义建房后将房屋分配给委托方的职工。建设方以自己的名义申请立项，建成后的房屋名义上是受托建设一方的财产，但受托方并未将其视作自身财产，尤其当土地使用权、建设资金等均由委托方提供的情况之下，双方会以为委托代建的房屋就是委托方的财产。这种情况导致在房屋建成后过户时，委托代建双方突然发现实际的情况与双方原先设想的情况存在巨大落差，主要是在规划前没有考虑到税负的问题。

以建设方名义建房，对税务机关而言，建设方将名下房屋过户给委托方，在税法上要视同销售处理，需要承担不动产转让的增值税、土地增值税、企业所得税以及委托方或其指定收益对象承担的契税等。从代建双方的角度，房屋本身就是替委托方建造的，各项成本也是委托方负担，过户给委托方却要征税，双方都认为很不公平。视同销售征税时，交易价格会按市场价格核定，导致税负远远超出双方的预料，甚至可能因税负问题建设方会拒绝过户。

参照营改增之前的规定，国家税务总局《关于"代建"房屋行为应如何征收营业税问题的批复》（国税函［1998］554号）规定："房地产开发企业（以下简称甲方）取得土地使用权并办理施工手续后根据其他单位（以下简称乙方）的要求进行施工，并按施工进度向乙方预收房款，工程完工后，甲方替乙方办理产权转移等手续。甲方的上述行为属于销售不动产，应按'销售不动产'税目征收营业税；如甲方自备施工力量修建该房屋，还应对甲方的自建行为，按'建筑业'税目征收营业税。"这种方式很难被按照"实质重于形式"的原则征税，建设方名义下有财产本身就是一项实质。前面介绍过，双方之间的约定不能对抗外部第三人，税务机关只认可法律形式上的财产变动状态。所以此种涉及产权转让的代建方式不可取。

（二）以委托方名义代建之税

企业或个人委托代建，如果以委托方自身名义建设，在法律上属于典型的原始取得不动产方式，从委托方的角度不属于应税行为。代建方的代建行为按照现代服务业就代建费用部分征收增值税和企业所得税，不用负担土地增值税。如果代建过程中，代建方以自己名义购置砂石涂料等建筑材料，该部分会被按照视同销售处理。只要建造的房屋在委托人名下，建设方提供了多少材料，或卖给委托方多少建造材料，均不会影响上述房屋的税负。但从代建方的角度看，自己提供过多建筑材料，可能不能适用简易计税方法，从而会增加自己的税负成本。

河北省国家税务局《关于全面推开营改增有关政策问题的解答（之八）》第6条规定："纳税人接受建房单位委托，为其代建房屋的行为，应按'经纪代理服务'税目征收增值税，其销售额为其向委托方收取的代建手续费。这里所指的代建房屋行为必须同时符合下列条件：（一）以委托方的名义办理房屋立项及相关手续；（二）与委托方不发生土地使用权、产权的转移；（三）与委托方事前签订委托代建合同；（四）不以受托方的名义办理工程结算。"代建双方如能做到这几点，便可避免成为不动产转让行为的纳税人。

此外，从委托方的角度，房屋建造委托出去之后，要注意建造成本的收集，无论是从折旧的角度还是从将来出售的角度，进项成本不全或不完整，将直接影响将来的税负。如果委托方将房屋建造的任务交由受托方负责，在采购环节应注意进项发票等的收集。

（三）个人委托建房之税

个人委托建房往往是以自身名义也就是代建方的名义进行，这样成本很高，尤其房屋建好之后并不能折旧，还要负担过户时高额的税负。居民个人通过与房屋开发商签定"双包代建"合同，由开发商承办规划许可证、准建证、土地使用证等手续，并由委托方按地价与房价之和向开发商付款的方式取得房屋所有权，实质上是一种以预付款方式购买商品房的行为，应照章缴纳契税。同时，代建方还要缴纳增值税、土地增值税、企业所得税等。

二、委托代建税收风险救济的事后性

实务中那些没有提前规划代建方式的企业，如果事后才意识到一些法律风险，而后的风险救济措施往往会事与愿违。

（一）棚户区改造代建方对税款承担的疏忽

各类主体建房自用的情况非常普遍，但对于建房分配行为，对税负的考虑往往是无意识。其中最典型的比如棚户区改造，安居工程的委托建造等，建好的房屋要分配给个人。从代建方的角度，如果以自身名义代建，在收入不高的情况下，尤其要对税负提前进行筹划，并与委托方协商一致。我国税法对少量代建行为给予税收优惠，但对大部分代建行为不给予税收优惠。其中棚户区改造属于税收优惠的典型。根据《关于棚户区改造有关税收政策的通知》（财税〔2013〕101号），仅仅对城镇土地使用税、印花税等给予一定的免征，其他税负并不免除。所以实践中，代建方往往想争取更大的税收优惠，对超过一定范围的税负，应由委托方承担。

在黑龙江新宏基建设集团房地产开发有限公司与黑龙江省柴河林业局委托代建纠纷一案（〔2018〕黑民终267号）中，柴河林业局使用国家、省配套资金，依据国家政策建设棚户区工程，并委托有专业资质的新宏基公司进行建设，建成后，由新宏基公司将棚改部分交给柴河林业局使用。合同约定，柴河林业局向上级主管部门争取已出台的相关优惠政策，《柴河林业局2009年第二批棚户区改造实施方案》第7条优惠政策第2款规定："……开发单位享有税费减免优惠政策。该实施方案所附《棚户区改造工程优惠政策情况表》载明：营业税、教育附加费、印花税及土地使用税减免。"诉讼中，新宏基公司举示的缴税票据证实该公司已经缴纳相应税费，根据该公司应享受的减免税费项目表，其已经缴纳的税费应由柴河林业局返还。柴河林业局虽认可所涉的案外人为案涉工程的施工单位，但因建筑施工企业在施工过程中亦应缴纳税款，且合同已明确优惠政策仅兑现给开发单位即新宏基公司，故新宏基公司主张施工单位缴纳的税款亦应予以返还，无事实依据。除约定之外的企业所得税、其他股份制企业所得税等，不属于其应享受的税收优惠。

可见，这种以代建方自己名义代建行为风险全部由代建方承担，如代建方未提前预料到相应的税法后果，则只能由自己承担。代建过程中，很多工程并非全部由自己进行，有分包工程等，代建方以他人名义缴纳税款不能要求返还。如果代建方获取的收入相当于一般的代建费收入，不能按建筑行为负税，而是按照转让不动产负担各项税负。委托方亦将产生滞纳金这样的风险隔离了，均由代建方承担。鉴于此，代建方一是应尽可能不以自己名义代建；二是如果要以自己名义代建，应将发生的税负充分考虑在内，与委托方签订合同时将各自的承担部分进行具体约定。当然也要规范操作，本案中以代建以外的他人名义纳税，如果没有特别约定，主张由委托方承担缺乏依据。

（二）代建双方诉讼仲裁确权方式的徒劳

以代建方名义建房，代建双方均不否认所建房屋的产权人为委托方，但税务机关不认可，会视同销售处理。面对这种情况，经常会发生先确权再执行过户的情况。可是采取此种方式，税务机关未必会认可。

在神华国能宁夏煤电有限公司与税务机关税务纠纷一案（［2020］宁8601 行初 104 号）中，原告神华国能宁夏煤电有限公司（以下简称"煤电公司"）与宁夏东方华港房地产开发有限公司（以下简称"东方华港"）委托代建合同纠纷一案，经银川仲裁委员会审理后裁决解除双方签订的《国网能源宁夏煤电有限公司职工周转房代建管理合同》（以下简称《代建合同》），案涉土地使用权归原告所有。裁决生效后，原告向银川市中级人民法院申请执行，请求将案涉土地使用权变更登记至原告名下。在办理土地权属变更登记时被告税务一分局要求原告缴纳契税，原告认为其属于更正登记不需要缴纳契税，但税务一分局不同意。

本案中，东方华港与银川市国土资源局签订《建设用地合同》（银地产合同让字 2013 年 003 号），取得案涉国有建设用地使用权。东方华港向税务机关缴纳契税、印花税等费用后，于 2014 年 5 月 6 日将案涉土地使用权［产权证号：银国用［2014］第××××号］登记在其名下，原告煤电公司已经履行《代建合同》约定的承担土地出让金和税金义务。2019 年 3 月 19 日，银川仲裁委员会作出［2018］银仲字第 381 号《裁决书》，裁决：（1）解除煤电公司与东方华港签订的《代建合同》；（2）东方华港自裁决生效之日起二十日内返还案涉土地上煤电公司出资建造、购置的地上建筑物及相关设施、设备并协助办理相关证照变更手续；（3）位于银川市××区南侧、金凤十四街西侧42 928.43 平方米国有土地使用权归煤电公司所有，东方华港于裁决生效之日起十五日协助煤电公司办理土地使用权变更手续。

税务机关主张，案涉土地使用权系转移登记，不属于更正登记。原告与东方华港在《代建合同》中明确约定由东方华港参加案涉土地挂牌竞买，办理土地使用权证等合同义务。

上述案件首先要面对的问题是，税务机关的征税行为与仲裁裁决的裁定相矛盾，既然仲裁委认为案涉土地使用权属于煤电公司的财产，变更过来为什么要负担税负呢。其实民事仲裁与税务机关的征税，二者之间解决的问题不一样。仲裁裁决解决的是原告与东方华港内部之间物权归属问题，内部物权归属的解决，主要是依据双方之间的内部约定，该内部约定只要不违反法律和行政法规的约定就合法有效。内部约定具有相对性，仅在双方之间具有法律效力。那么借助法院判决或仲裁机构的仲裁对双方的内部约定的物权归属进行确权，依然仅在双方之间产生约束力。内部之间的权利归属不能对抗第三人，经法院或仲裁机构对确权，还是不能约束第三人。税务机关的征税行为，系根据不动产物权公示的权利状态所进行，虽然仲裁裁决可以认定真实的权利所有人，但该认定无法推翻权利登记的公示效力，权利登记的公示效力在于保护交易安全，保护第三人的信赖利益，税务机关作为第三人，依据客观公示状态征收税款符合法律规定。法院或仲裁机构的确权，并不能当然推翻物权公示制度，税务机关在此不会按照"实质重于形式"处理，如若不然，将会存在避税漏洞。本案中如果东方华港将案涉土地使用权退回给国土部门，再由国土部门将土地使用权出让给煤电公司，则煤电公司依然要缴纳契税，只不过相比直接从东方华港名下受让，此种直接从国土部门受让土地的行为，只需要缴纳一次契税。

（三）委托方放弃在建房屋税负照担

委托代建方式，以代建方名义进行立项，有利有弊，以委托方名义立项的代建，同样有利也有弊。从代建方的角度来讲，如果以自己名义立项，中途委托方放弃房屋，则对代建方及其不利。如果是以委托方的名义立项中途放弃房屋，对代建方而言风险更小。委托方放弃在建房屋是有可能的，但是在建房屋的税负无法放弃。

在合肥芯硕半导体有限公司与税务机关税务纠纷一案（〔2017〕皖0191行初75号）中，原告合肥芯硕半导体有限公司（以下简称"芯硕公司"）与合肥市国土资源局签订《国有土地使用权出让合同》，取得上述土地的使用权。2007年8月13日，原告与合肥海恒项目管理有限公司（以下简称"海恒公司"）签订了《光刻机的开发与生产项目代建协议》，约定由海恒公司负责代建项目用地内的钢结构厂房等基础设施。根据代建协议规定，原告向海恒公司支付代建款项，原告不需也未有就代建钢结构厂房等建设过程垫付任何资金。由于客观原因，原告未能按代建协议约定支付代建款项，海恒公司遂先后三次向合肥市中级人民法院提起诉讼，合肥市中级人民法院先后出具三份判决，判令原告支付海恒公司代建款项、建设管理费及利息。2016年10月12日，合肥市中级人民法院出具《执行裁定书》（〔2015〕合执字第00860-1号），裁定前述国有土地使用权及前述海恒公司代建的地上建筑物、道路、绿化、围墙等附属设施的所有权归安徽启迪科技城投资发展有限公司（系该公司以人民币 229 995 795 元最高价依法定拍卖程序竞得）。芯硕公司认为，2016 年 4 月 18 日，合肥市中级人民法院作出判决（前述［2015］合民一初字第 00314 号），判令代建协议解除，这表明原告未能也将不能再就代建钢结构厂房等向相关主管部门申请不动产登记，即原告不是代建钢结构厂房等的所有人。原告没有转让所谓的"在建的建筑物或者构筑物所有权"。鉴于海恒公司是房地产开发企业且在代建过程中垫付资金，海恒公司应当按照"销售不动产"缴纳增值税。

税务机关则认为，拍卖不动产的纳税义务人是芯硕公司。芯硕公司的土地使用权及地上建筑物、道路、绿化、围墙等附属设施，被法院委托拍卖，并由安徽启迪科技城投资发展有限公司依法竞得。基于人民法院的依法拍卖，产生了土地使用权及地上建筑物等附属设施所有权转让的应税行为。

本案中，芯硕公司认为地上建筑的产权不归其所有，应该是代建方所有。税务机关以法院的拍卖确认产权归芯硕公司所有，法院此处不是在确定产权的归属，而是默认产权归属芯硕公司，税务机关以法院的确认为基础认定地上在建房屋归芯硕公司。税务机关应以土地使用权的登记状态为准更为合适。本案中的权利确认与上述案例确权归属并非一回事。但是芯硕公司的税负不可避免，因土地使用权未转移过户给代建方，代建方也就不是地上在建房屋的纳税人。代建方通过这种不过户的安排，隔离了代建项目要面对的税法风险。

第四章

不动产的土地税和房产税

根据我国土地制度，土地使用人对土地不享有所有权，但这并不妨碍各类主体承担各项税负。实务中除了不动产交易过程负担的税负外，不动产取得环节尚有耕地占用税，不动产保有环节更有城镇土地使用税和房产税。耕地占用税、城镇土地使用权和房产税属于小税种，但实务中亦常发生争议。

第一节　耕地占用税的适用问题

根据我国《耕地占用税法》，在我国境内占用耕地建设建筑物、构筑物或者从事非农业建设的单位和个人，为耕地占用税的纳税人，应当依法缴纳耕地占用税。对占用耕地的行为征收耕地占用税，目的在于促使各方合理利用土地资源，加强土地管理，保护耕地。

一、耕地占用税的理解和适用难点

耕地占用税法规定比较简单，而实践中的案例又很丰富，如何准确理解和适用极为重要。

（一）占用同一耕地多次被征税的问题

我国耕地占用税以纳税人实际占用的耕地面积为计税依据，按照规定的适用税额一次性征收。对纳税人的占用行为实行一次性征收，可避免重复征收。该原则适用的一些情况比较好判断，比如占用耕地建楼房，占用耕地修建公路等，因占用直接改变了耕地的用途，且占用是无期限的，对这种情况可一次性征收，容易理解。

但对有些情况，是否一次性征收则不好判断。比如同一块耕地第一层煤层开采后地表受损需要缴纳耕地占用税，再次开采下层煤层导致地面二次坍塌，第二次是否还需要再缴纳一次耕地占用税？实践中有些地方对第二次坍塌也征收耕地占用税。再比如临时占用耕地，先后两个或两个以上的主体先后临时占用耕地，是否每次都征收耕地占用税？如果只征收一次，应由谁负担耕地占用税呢？实践中此类问题比较普遍，如果非一次性征收，是否就违反了税法规定呢？根据中交第二公路工程局有限公司与税务机关税务争议一案（［2018］豫05行终222号），2011年3月15日，中交第二公路工程局有限公司（以下简称"中交公司"）林州至长治高速公路路面10标项目经理部与河南省林州市姚村镇焦家屯村民委员会（以下简称"焦家屯村委会"）签订了土地租赁协议，中交公司经理部租用耕地，作为林长高速公路路面水稳及沥青施工拌合场用地；协议中约定施工结束后由焦家屯村委会进行复耕。协议到期后，在未复耕的情况下，焦家屯村委会又继续将该地块租赁给林州市宏达驾校使用。由于中交公司未及时进行复耕，税务机关认为其应负担耕地占用税及滞纳金。

该案中耕地被占用，耕地性质和用途未发生变化，未发生"农转非"。耕地占用人未取得所占耕地，属于临时性占用。对临时性占用，亦属于征税范围。国家税务总局早先作出的《关于公路建设临时占用耕地征收耕地占用税的批复》（国税函［1999］142号，已失效）规定："根据现行有关对临时占地征收耕地占用税的政策规定，对因公路建设需要临时占用耕地时间超过一年，或占用时间虽不超过一年但无法恢复耕种的，应征收耕地占用税，适用税率按公路建设用地的税额征收标准执行。对占用时间不超过一年且能恢复耕种的，免征耕地占用税。"而现行税法同样规定临时占用需要纳税。《耕地占用税法》第11条规定："纳税人因建设项目施工或者地质勘查临时占用耕地，应当依照本法的规定缴纳耕地占用税。纳税人在批准临时占用耕地期满之日起一年内依法复垦，恢复种植条件的，全额退还已经缴纳的耕地占用税。"《耕地占用税法实施办法》第18条规定："临时占用耕地，是指经自然资源主管部门批准，在一般不超过2年内临时使用耕地并且没有修建永久性建筑物的行为。依法复垦应由自然资源主管部门会同有关行业管理部门认定并出具验收合格确认书。"

上述案件，中交公司施工完之后并未恢复耕地种植条件，如果中交公司构成纳税义务人,则中交公司必须缴纳耕地占用税。如果中交公司按时恢复土地的种植条件,则免税。这里存在两个问题:一是,出租方焦家屯村委会在协议到期后并未计划要收回土地耕种,而是接着出租,此种情况下中交公司有无恢复耕种的必要?恢复耕种之后,依然被接着用于占用,事实上并没有必要,甚至有时出租方可能不容许恢复耕种,但是作为中交公司,为了获得免税,必须恢复耕地达到种植条件的标准。二是,林州市宏达驾校继续接着占用,其是否应该再缴纳一次耕地占用税?这就涉及对耕地占用税"一次性征收"如何理解的问题。如果是对同一纳税人一次性征收,则林州市宏达驾校作为另一纳税人,当然要再次缴纳耕地占用税。如果这样,一块土地临时占用和永久占用所负税负差异很大,临时占用次数越多,税负越高。而从对耕地的破坏来说,临时占用最终还是要恢复到耕地的用途,而永久占用则耕地会丧失,所以相比之下临时占用应当负担更低税负才合理。

"一次性征收"如果是对一块土地只进行一次性征收,则林州市宏达驾校不用缴纳耕地占用税,或者所有占用人加起来只负担一次耕地占用税,那么到底税负在二者之间如何分配呢,实际上这不具有可操作性。

笔者认为,当一块耕地发生两次或两次以上的占用,纳税义务人其实已经发生了变化。占用耕地建设建筑物、构筑物或者从事非农业建设的单位和个人,为耕地占用税的纳税人,这是就一次占用而言的。当耕地被用来多次占用,实际上纳税义务人是出租方,出租方将耕地用来多次出租,能够支配耕地的用途和收回期限,是一种经营行为,将耕地作为租赁用地,反复使用,当然应该承担纳税义务人的角色。所以本案中,焦家屯村委会没有将收回的耕地恢复原来的用途,继续租赁给驾校的行为,应当从第一次租赁开始就承担纳税义务人的义务。如此,临时占用与永久占用所负税负就没有差异。

而对于同一纳税人多次开采煤矿导致地面坍塌多次,亦应符合"一次性征收"的原则,一次征收后,以后开采深层煤矿不应再次征收耕地占用税。

(二)国税总局对耕地占用税适用范围的扩大解释

我国《耕地占用税法》将征税对象限定为"建设建筑物、构筑物或者从事非农业建设"。实务中很多非建设行为同样会占用耕地,根据辽阳县三鑫矿业有限公司与税务机关税务纠纷一案([2020]辽1081行初85号),原告三鑫矿业有限公司认为,其生产过程中虽然尾矿占用了耕地,但是并没有建房和从事非农业建设。原告在占用的土地上堆放的是货物,是可以移动的有形动产，既没建房，也没建设，地面上没有任何的不动产、建筑物、土地附着物或构筑物。税务机关则认为，未经批准占用林地从事"铁矿开采、铁矿石碎石加工、销售"属于从事非农业建设，应依法缴纳耕地占用税。法院认为："原告的企业从事铁矿开采、铁矿石碎石加工，铁矿加工后产生的'废渣'称为尾矿，原告占用耕地堆放尾矿，已经改变了土地用途。"法院支持税务局征收土地使用税的做法。

严格按照税法的条文进行语义解读，本案不能认定为非农业建设，开采矿产或其他非建造行为，并不属于"非农业建设"。这里的问题主要出在立法缺陷，立法并未考虑到其他情形，将应当考虑到情况未考虑进去。另外，语义表述亦有问题，"非农业建设"没必要已经要用"建设"一词进行表述，比如称之为"非农业活动"或"非农业行为"，应该比用"非农业建设"更准确和严谨一些。鉴于此，国家税务总局对耕地占用税的适用范围实际上进行了扩大解释，有越权之嫌。《耕地占用税法实施办法》第19条规定："因挖损、采矿塌陷、压占、污染等损毁耕地属于税法所称的非农业建设，应依照税法规定缴纳耕地占用税；自自然资源、农业农村等相关部门认定损毁耕地之日起3年内依法复垦或修复，恢复种植条件的，比照税法第十一条规定办理退税。"那么，本案中采矿场尾矿堆放在耕地上，亦构成占用，根据国家税务总局的该规定，堆放尾矿占用耕地，也要负担耕地占用税的纳税义务。

（三）未利用地不是耕地占用税的课税对象

纳税人有时候确实占用了土地，但对于占用的土地是否为耕地有争议，如果不是耕地，则无需缴纳耕地占用税，比如占用未利用地。《土地管理法》第4条第2款规定："国家编制土地利用总体规划，规定土地用途，将土地分为农用地、建设用地和未利用地。严格限制农用地转为建设用地，控制建设用地总量，对耕地实行特殊保护。"第3款规定："前款所称农用地是指直接用于农业生产的土地，包括耕地、林地、草地、农田水利用地、养殖水面等；建设用地是指建造建筑物、构筑物的土地，包括城乡住宅和公共设施用地、工矿用地、交通水利设施用地、旅游用地、军事设施用地等；未利用地是指农用地和建设用地以外的土地。"未利用地与农业用地区别开来，那当然就不用缴纳耕地占用税。

根据巴彦淖尔市丰永气体有限公司与税务机关税务纠纷一案（［2016］内0822行初11号），巴彦淖尔市丰永气体有限公司于2012年在磴口县工业园区占地面积3.9979公顷，该土地为废弃居民点和工矿废弃地。该地于2011年10月份由巴彦淖尔市国地资产评估拍卖有限公司所做的《土地勘测定界技术报告书》认定土地性质为未利用地（沙地）。原告认为，根据我国的相关法律规定未利用地不属于耕地占用税的征收范围。税务机关认为，因建设气体充装异地扩建项目，占用巴镇沙拉毛道集体宜林地3.9979公顷进行施工建设，属应征收耕地占用税费范围。

本案中，税务机关可能依据土地上有树这一事实，就认为案涉土地属于林地。本案是否属于耕地，税务机关应负举证责任，如果案涉土地在规划上是非利用地，即便地面上有树，也不能征收耕地占用税。

（四）受让国有建设用地的耕地占用税纳税义务人

纳税人受让国有土地使用权也可能需要缴纳耕地占用税，这主要是发生在政府征收耕地后，将土地性质变更为国有建设用地的情况。对于受让的原本就是国有建设用地的情况，不需要缴纳耕地占用税。如果国有建设用地是耕地转变而来，则产生的耕地占用税是由政府缴纳还是受让方缴纳？《耕地占用税法实施办法》第2条第1款规定："经批准占用耕地的，纳税人为农用地转用审批文件中标明的建设用地人；农用地转用审批文件中未标明建设用地人的，纳税人为用地申请人，其中用地申请人为各级人民政府的，由同级土地储备中心、自然资源主管部门或政府委托的其他部门、单位履行耕地占用税申报纳税义务。"实际使用土地的主体是耕地占用税的纳税义务人。

在刘某建、杨某与光山县财政局税务征收行政纠纷一案（［2009］光行初字第32号）中，二位原告刘某建、杨某以挂牌出让的方式竞得光山县城关光南路南侧羽绒大市场15号宗地的国有建设用地使用权，从事凤凰城小区房地产开发。2009年9月25日，被告税务机关作出豫光财农税处字［2009］A2《耕地占用税税收处理决定书》，要求二原告纳税355 110元。二原告认为，原告开发的国有建设用地，不属于耕地；根据财政部、国家税务总局《耕地占用税暂行条例实施细则》（已失效，下同）第4条关于"农用地转用审批文件中未标明建设用地人的，纳税人为用地申请人"的规定，该宗地在由农用地转为建设用地的有关审批文件中未标明建设用地人，申请用地人光山县人民政府应为纳税人。

法院认为："二原告所开发的凤凰城小区在竞拍时性质上属于国有建设用地，且该宗地在农用地转用审批文件中未标明建设用地人。国家税务总局

《关于耕地占用税征收管理有关问题的通知》第1条规定：'关于纳税人的认定。耕地占用税纳税人应主要依据农用地转用审批文件认定。农用地转用审批文件中标明用地人的，用地人为纳税人；审批文件中未标明用地人的，应要求申请用地人举证实际用地人，实际用地人为纳税人；实际用地人尚未确定的，申请用地人为纳税人。占用耕地尚未经批准的，实际用地人为纳税人'。该通知与财政部、国家税务总局《耕地占用税暂行条例实施细则》第4条规定'农用地转用审批文件中未标明建设用地人的，纳税人为用地申请人'。该两项规定并不存在冲突，均系具有法律效力的规章。本案诉争宗地在农用地转用审批文件中虽未标明建设用地人，但申请用地人已举证实际用地人为二原告，根据上述规章，二原告应为纳税人。"

本案中，根据原规定，本案是由刘某建、杨某以实际用地人的身份承担耕地占用税，但根据现行有效的规定，应该是由政府纳税，因为农用地转用审批文件中未标明建设用地人的，纳税人为用地申请人，其中用地申请人为各级人民政府的，由同级土地储备中心、自然资源主管部门或政府委托的其他部门、单位履行耕地占用税申报纳税义务。这样的规定完全符合正常的合同法律关系，耕地变为国有建设用地，是原村集体将耕地转让给了政府，二者之间形成法律关系。受让方或用地方受让土地，政府出让国有建设用地，受让方与政府之间形成合同关系，受让方与原耕地的所有者并不发生法律上的关系。这个过程中，耕地占用税的发生是在村集体的耕地变更为政府这一环节，不应要求国有土地受让方去承担。作为国有土地受让方，在签订国有土地使用权出让合同时，应提前预知如果要承担耕地占用税，则应从土地出让金中扣除，否则就存在税负转嫁的问题。

（五）农村建房也要缴纳耕地占用税

农村建房占用耕地的情况比较普遍，现阶段农村面临人多地少的问题。根据现行规定，农民在自家耕地上建房，也需要缴纳耕地占用税。

在杨某坤因行政强制及行政赔偿一案（[2017]浙06行终66号）中，原告杨某坤系诸暨市五泄镇泄峰村村民。原告获准占用泄峰村耕地0.012公顷建房，于2014年6月18日提出农村私人建房用地申请。2014年11月27日，诸暨市国土资源局同意建房用地120平方米，同日，诸暨市人民政府同意市国土资源局意见。原告于2014年8月起至拆除前在诸暨市五泄镇泄峰村青口里石坞实施建房行为。原告获准占用五泄镇泄峰村耕地建房，需缴纳耕地占用税，而其于 2015 年 4 月 23 日缴纳税费，且其在庭审结束前尚未取得农村私人建房用地呈报表，即其涉案在建房屋被拆除时尚未取得建设用地批准书，但已缴纳了耕地占用税。

该案房屋被征收时认定为违法建筑，但杨某珅缴纳了耕地占用税。首先农村建房利用耕地，需要缴纳耕地占用税，我国《耕地占用税法》第 7 条第 3 款规定："农村居民在规定用地标准以内占用耕地新建自用住宅，按照当地适用税额减半征收耕地占用税；其中农村居民经批准搬迁，新建自用住宅占用耕地不超过原宅基地面积的部分，免征耕地占用税。"

二、耕地占用税不征与减免的有限性

耕地占用税的目的在于保护耕地，相较于其他税种，不征和减免的范围非常有限。

（一）农业用地不征耕地占用税的例外

根据规定，农业用地免征耕地占用税，农业用地的范围很广，畜牧养殖、经营各类小作坊等均可能占用耕地。养殖业建造场舍等占用耕地是否属于农业用地，土地使用人与税务机关对此有争议。

在河南省凤宝养殖有限公司与税务机关税务纠纷一案（［2015］湛行初字第 11 号）中，2009 年原告河南省凤宝养殖有限公司（以下简称"凤宝公司"）租赁宝丰县肖旗乡袁庄村土地建设规模化养鸡场项目，并报送宝丰县发展和改革委员会、宝丰县畜牧局审批同意。原告经营至 2015 年 8 月 25 日，被告宝丰地税局到原告单位送达宝地税通［2015］11 号《税务事项通知书》，该通知书写明：占用耕地建房或者从事非农业建设的单位或者个人，为耕地占用税的纳税人，应当按规定进行纳税申报。

凤宝公司认为其从事的是养殖业，根据中共河南省委、河南省人民政府《关于进一步发展农业产业化经营的意见》第 4 部分第 6 项规定："农产品临时收购性的场所用地、设施农业用地、农村集体经济组织、农民和畜牧业合作经济组织按照乡（镇）土地利用总体规划，兴办规模化畜禽养殖所需用地，视同农业生产用地。其他企业和个人兴办或与农村集体经济组织、农民和畜牧业合作经济组织联合兴办规模化畜禽养殖所需用地、畜禽舍等生产设施及绿化隔离带用地，按照农用地管理，不需办理农用地转用审批手续。"根据以上规定，凤宝公司认为其使用土地建设养鸡场不在耕地占用税纳税范围之列。

税务机关认为，根据当时行之有效的《耕地占用税暂行条例》及《河南省〈耕地占用税暂行条例〉实施办法》相关规定，建设直接为农业生产服务的生产设施占用林地、牧草地、农田水利用地、养殖水面及渔业水域滩涂等其他农业用地的，不征收耕地占用税。但是建设直接为农业生产服务的生产设施占用耕地的，依照本办法规定征收耕地占用税。

案例评析：严格意义而言，养殖业亦属农业，占用农业用地有一定的税收优惠。但是，我国税法对不同的耕地予以了区别对待。养殖业等农业生产只有占用耕地以外的农用地，方可不征税，如果占用了耕地依然要缴纳耕地占用税。本案中按照农用地管理，不需办理农用地转用审批手续，但这不是不缴纳耕地占用税的理由。如果占用了基本农田，就需要缴纳耕地占用税。所以从事养殖业要弄清楚具体占用哪些类型的耕地可不纳税。

我国《耕地占用税法》第12条第1款规定："占用园地、林地、草地、农田水利用地、养殖水面、渔业水域滩涂以及其他农用地建设建筑物、构筑物或者从事非农业建设的，依照本法的规定缴纳耕地占用税。"第3款规定："占用本条第一款规定的农用地建设直接为农业生产服务的生产设施的，不缴纳耕地占用税。"不征税的情形不包括直接为农业生产服务的生产设施而占用耕地，但包括园地、林地、草地、农田水利用地、养殖水面、渔业水域滩涂以及其他农用地。对此，《耕地占用税法实施办法》第26条进一步规定："直接为农业生产服务的生产设施，是指直接为农业生产服务而建设的建筑物和构筑物。具体包括：储存农用机具和种子、苗木、木材等农业产品的仓储设施；培育、生产种子、种苗的设施；畜禽养殖设施；木材集材道、运材道；农业科研、试验、示范基地；野生动植物保护、护林、森林病虫害防治、森林防火、木材检疫的设施；专为农业生产服务的灌溉排水、供水、供电、供热、供气、通讯基础设施；农业生产者从事农业生产必需的食宿和管理设施；其他直接为农业生产服务的生产设施。"为养殖业占用耕地不用缴纳耕地占用税提供了直接的依据，但不含占用耕地或基本农田。

也就是说，对占用园地、林地、草地、农田水利用地、养殖水面、渔业水域滩涂以及其他农用地，直接为农业生产服务的生产设施的，不缴纳耕地占用税；如果是占用耕地，则属例外，需要缴纳耕地占用税。

（二）耕地占用税减免的有限性：二元税

我国《耕地占用税法》第7条第1、2款规定："军事设施、学校、幼儿园、社会福利机构、医疗机构占用耕地，免征耕地占用税。铁路线路、公路线路、飞机场跑道、停机坪、港口、航道、水利工程占用耕地，减按每平方米二元的税额征收耕地占用税。"

对于公路等基础设施建设，虽然属于公共利益的范畴，但仍然需要负担有限的纳税义务（2 元）。虽然不是按照正常标准缴纳，但仍然要按照每平方米 2 元的税额缴纳耕地占用税。实践中很多企业因从事公共利益行业，认为要求其缴纳 2 元标准的耕地占用税也还是不公平。

在惠州广河高速公路有限公司与税务机关税务纠纷一案（[2013] 惠龙法行初字第 14 号）中，原告惠州广河高速公路有限公司（以下简称"广河高速公司"）诉称：广州至河源高速公路惠州段是广东省和惠州市政府重点建设项目，该项目采用 BOT 模式，原告广河高速公司作为项目公司，负责项目的建设与运营。因广河高速公路及管理服务区的修建占用惠州市龙门县部分耕地。2012 年 8 月以来，龙门县地税局龙城税务分局要求原告限期缴纳耕地占用税。鉴于广东省各地地税局尚无向所在地高速公路公司征收耕地占用税的先例，为此，原告广河高速公司积极与龙门县地税局龙城税务分局沟通，并请求龙门县政府和惠州市交通运输局等政府部门协调税收减免事宜。原告广河高速公司与龙门县委县政府有关领导、龙门县地税局、龙门县交通局专会讨论，就缴纳耕地占用税情况进行了协调沟通。会议认为暂时搁置广河高速公司缴纳耕地占用税问题，有必要将此情况呈报惠州市政府协调解决。告之龙门县地税局及龙城税务分局属于龙门县人民政府和惠州市人民政府的下级部门，应尊重上级对耕地占用税的协调处理，在上级未对耕地占用税的减免作出最终批复之前，不应贸然向原告催收税款，更不能在协调期间计收滞纳金。

本案中，广河高速公司认为 2 元的税额标准依然过高，不应当征收耕地占用税，无疑是出于建设和运营的高速公路是公共利益项目之考量。广河高速公司作为项目公司，对高速公路项目没有产权，虽然属于耕地的实际使用人，应当由最终的产权方或委托方负担耕地占用税。或广河高速公司负担税款后向项目产权方追偿。但广河高速公司以向当地政府要求减免，完全不是法律上的手段，当地政府没有减免税款的权力。

类似上述案例中，企业与税务机关发生纠纷后，要求政府出面解决或要求政府减免税款的事例很常见。可是政府没有减免税款的权限，即便是耕地占用税，政府亦无权擅自减征或免除。企业如果事后认为由其承担耕地占用税不公，可请求当地政府代为承担，或要求修改原合同中的价格价款、达成补充协议。一些企业面对税务争议不是从法律的路径去寻求解决，而是找政府寻求解决，这会耽误法律救济的期限。在河北水务集团与国家税务总局濮阳市税务局税务纠纷一案（［2019］豫0928行初34号）中，河北水务集团认为，其提交的行政复议申请符合行政复议的受理条件，并未超过法定复议申请期限，被告濮阳市税务局应依法予以受理，具体理由：（1）本案争议行政处罚行为作出之后，河北省政府、河南省政府及其相关部门就本案争议行政处罚行为及其税款缴纳问题一直在进行协商及向上级机关请示，尚无正式的书面处理意见，成为阻却原告申请行政复议的正当理由。3月1日，河北、河南两省政府及有关部门在郑州召开协商会议，决定中止处罚决定，暂不启动行政复议和行政诉讼程序，等待两省政府联合请示财政部作出意见后，按财政部意见处理。2018年3月9日，被告（原濮阳市地方税务局）财政行为科科长与河北水务集团邢某新、刘某增通话，并同意原告录音，告知河北水务集团两省政府协调会商定濮阳县税务局暂停执行该行政处罚决定，暂不启动行政复议或行政诉讼程序，两省政府联合请示国家财政部、税务总局对本工程耕地占用税征收的意见。2018年3月14日，原告向被告提交了《关于对〈濮阳县地方税务局税务行政处罚决定书〉（濮县地税罚［2018］1号）》行政复议问题的函告知相关情况，说明自身无法申请复议的理由。2018年5月28日，河南省财政厅、河南省地方税务总局《关于引黄入冀补淀工程濮阳市段耕地占用税征缴问题的意见》（豫财税政函［2018］40号）建议两省财政、地税部门联合向财政部和国家税务总局请示本工程耕地占用税征收事项。2018年8月8日河北省人民政府办公厅《关于再次征求〈关于提请裁定引黄入冀补淀工程濮阳市段耕地占用税征缴问题的函〉意见的函》，证明两省仍在联合就本工程耕地占用税征缴事项提请财政部、税务总局进行行政裁定。2018年10月23日，河南省人民政府办公厅《关于引黄入冀补淀工程濮阳市段耕地占用税征缴问题的复函》，河南省政府建议河北省政府单独就本工程耕地占用税问题向国务院或者国家财政部、税务总局请示，河南省政府承诺按上级请示执行落实。2019年4月，河南、河北两省政府口头协商确定维持原两省协议的内容，并撤销濮阳县地税局的税收征缴和处罚决定，等待正式行文。

河北水务集团的做法，体现出对法律救济途径的轻视。河北水务集团在与税务机关发生争议后，应在法定期限内提起行政复议和行政诉讼，立案后再寻求相关政府部门解决，而不是相反。这样做，即便案件中止审理，也不会丧失救济权。而河北水务集团提到的一系列政府协商过程耽误了提起行政复议此类抗辩，不符合法律规定，符合情理不符合法律。

第二节　城镇土地使用税的适用问题

在城市、县城、建制镇、工矿区范围内使用土地的单位和个人，为城镇土地使用税的纳税人，应当依照规定缴纳土地使用税。城镇土地使用税主要关注的问题：一是征税对象为城市、县城、建制镇、工矿区范围内的土地，实务中就此产生的争议比较多；二是，纳税人是使用土地的单位和个人，不是土地所有者，实践中争议也很多；三是涉及税收优惠减免税问题，实践中争取到的难度很大。

一、土地使用税课税对象的范围

城镇土地使用税的征税对象之界定比较模糊，税法只规定了对土地使用行为征税，且仅对城市、县城、建制镇、工矿区范围内的土地使用行为征税，这样的规定使用的行政文书类语言表述，不是严谨的法律术语，这就导致在实务中，到底该对哪些土地使用行为征税会产生税法争议。

（一）县城内的农村集体土地之土地使用税

一般的税种比如土地增值税，对土地征税会按土地性质进行选择性征收，集体土地往往不在征收范围之内。我国土地所有权性质决定了土地的性质不同，经济价值就不同，对不同的土地会给予不同的处理方式。但是，城镇土地使用税则不是按照土地性质确定征税范围，只要是城市、县城、建制镇、工矿区范围内的土地，无论是国有还是集体的，均需负税，土地的具体性质在所不同。财政部、国家税务总局《关于城镇土地使用税若干具体问题的解释和暂行规定》（［1988］国税地字015号）第1条规定："城市、县城、建制镇、工矿区范围内土地，是指在这些区域范围内属于国家所有和集体所有的土地。"集体土地只要是在市、县城、建制镇、工矿区范围内，也要纳税。虽然如此，实践中如何认界定此范围，也非易事。

在马某与国家税务总局周口市税务局第二稽查局税务纠纷一案（［2019］豫 1681 行初 2 号）中，马某认为被告税务机关对其蓝钻领域两项目征收城镇土地使用税，没有法律依据。城镇土地使用税的纳税对象为国有土地，建材街项目至今没有颁发国有土地使用证，蓝钻领域项目使用的土地属于大马庄村委会所有，是集体土地。现被告对上述两项目所使用的土地征收城镇土地使用税，属对象错误，两项目土地不符合城镇土地使用税征收条件。

税务机关认为，关于城镇土地使用税征收问题。根据《城镇土地使用税暂行条例》规定，马某所开发两个项目均属商水县城区范围之内（见商水县城区总体规划图），而且征税对象没有国有土地和集体土地之分，无论占用的是国有还是集体土地，纳税人只要实际占用土地包括未办理土地使用证但已取得对土地处置权的情形，都要按规定申报缴纳城镇土地使用税。

本案原告基于集体土地是否需要缴纳城镇土地使用税，是从土地的性质去争论，该种主张不成立。财政部、国家税务总局《关于集体土地城镇土地使用税有关政策的通知》（财税［2006］第 56 号）明确："在城镇土地使用税征税范围内实际使用应税集体所有建设用地、但未办理土地使用权流转手续的，由实际使用集体土地的单位和个人按规定缴纳城镇土地使用税。"使用的是集体土地本身无法作为豁免或抗辩的理由。

实际上，本案中主要应关注的焦点应该是，使用的集体土地是否属于在县城使用，如何确定是在"县城范围内"？对此进行确定，并不能依据经验或者常识去判断。现在很多县城都有农村，或者与农村相连，并不能依据一般人认为某块地属于县城范围的就按县城范围内的土地征税。本案中税务机关根据"商水县城区总体规划图"认定马某的项目属于县城范围内的土地。"商水县城区总体规划图"能否作为证据呢？财政部、国家税务总局《关于城镇土地使用税若干具体问题的解释和暂行规定》（国税地字［1988］第 015 号）规定："县城是指县人民政府所在地。"国家税务总局福建省税务局《关于房产税、城镇土地使用税若干政策问题的公告》（国家税务总局福建省税务局公告 2018 年第 17 号）第 1 条亦明确："县城是指县人民政府所在地。建制镇是指镇人民政府所在地，不包括所辖的其他村。上述县城、建制镇的建成区具体范围，由县级人民政府确定。……"县城哪些范围内的土地使用行为发生纳税义务，需要县级人民政府确定。本案中，税务机关提交的是"商水县城区总体规划图"，并不是商水县人民政府确定的征税范围，那么税务机关就不应该对马某进行征税。也就是说，要对县城范围内的土地使用行为征收城镇土地使用税，必须由当地县级人民政府提前确定好征税范围，然后当地税务机关依据人民政府确定的该范围征税，否则征税没有依据，纳税人也无所适从。

（二）对划拨的农业用地是否属于征税范围的判断

我国国有土地的取得存在划拨和出让两种方式，对于国有企事业单位等用地，往往采用划拨方式。对于划拨方式取得的土地，相比出让方式取得的土地负有较轻的纳税义务，比如契税对划拨取得的土地不征收，而出让取得的国有土地须负契税的缴纳义务。但城镇土地使用税则不区分是出让还是划拨，划拨土地依然要承担纳税义务，只是对划拨的农业用地免缴城镇土地使用税。

在海南省国营南田农场与税务机关税务纠纷一案（［2017］琼01行初67号）中，原告海南省国营南田农场认为，城镇土地使用税的应税主体是对用地性质改变、将被征收的农业用地用于建设用地性质使用的企业或个人。原告使用的是划拨的农业用地，因政府设立海棠湾开发区，将原告使用的划拨农业用地改变用地性质，批准为建设用地。政府通过挂在原告名下的建设用地，作为向开发商出让建设用地的储备用地，原告并非是政府批准的该建设用地的开发商，不是该建设用地的使用人。此阶段原告不享有对该建设用地的建设使用权，仍沿用农业用地继续使用。在农场为政府对该建设用地的储备期间，政府下达出让批文，与开发商签订《建设用地的出让合同》，而由开发商进行实际使用该建设用地。因此原告不是该建设用地的使用人，不符合前述的应税主体资格。

税务机关认为，原告名下的土地使用权为国有划拨土地，原用地性质为农用地。但经被告检查发现，原告占用的土地属于镇辖区内已转为建设用地区域的土地。原告所称的仍种植农作物的土地在被告检查时均已转为居住、商服等建设用地，不符合减免税的条件。此外，根据《城市房地产管理法》第40条第1款的规定，原告转让的土地，均须经过三亚市人民政府批准，但这一批准不是政府将原告的土地回收进行出让，而是划拨土地使用权转让的必经程序，并非原告所称政府将土地暂挂在其名下，作为出让土地的储备用地。且由于国家对农用地转为建设用地实行计划管理，故原告每年转让的土地均不能立即获得三亚市政府及海南省国土资源厅的批准，而需按计划安排，逐步实现农用地转为建设用地。如前所述，被告也只是对原告名下已批准转为建设用地的土地使用权计算征收了土地使用税。

本案涉及三个方面的税法问题：

第一，如何理解"直接用于农、林、牧、渔业的生产用地"免缴土地使用税？实践中对此发生错误认识和处理的情况比较多见。《城镇土地使用税暂行条例》第 2 条有一个适用前提，就是"在城市、县城、建制镇、工矿区范围内"。如果不在规定的范围内，则自然谈不上免税的问题。免税亦应在城市、县城、建制镇、工矿区范围内。所以，不是国有农用地变为建设用地，就失去了免税的条件。依然还要确定该国有农用地是否在城市、县城、建制镇、工矿区范围内。如果不在此范围内，农业用地即便变更为建设用地，亦不能征收土地使用税。本案中，争议双方均未就此提出异议，属于理解和适用法律存在遗漏。

第二，对划拨用地是否不征税。实际上划拨用地只要在城市、县城、建制镇、工矿区范围内，亦要征税。国家税务总局海南省税务局《关于房产税和城镇土地使用税困难减免税有关事项的公告》（国家税务总局海南省税务局公告 2020 年第 6 号）规定："一、纳税人有下列情形之一的，可申请享受房产税和城镇土地使用税困难减免税：……（三）因政府规划调整、环境治理等特殊原因，造成国有建设用地使用权人不能按照国有建设用地使用权有偿使用合同约定或划拨决定书规定的用途、规划和建设条件开发超过两年的土地且国有建设用地使用权人无过错的；……"其中提到了划拨用地，说明划拨用地亦要征收土地使用税。再者，国家机关、人民团体、军队自用的土地，市政街道、广场、绿化地带等公共用地一般都是划拨用地，税法只是将例举范围内的用地给予免税待遇，其他划拨用地则没有明确给予免税，也能说明划拨用地本身亦属征税对象。

第三，农用地转为建设用地之后在实际建造房屋等之前，继续原有的农业生产用途，是否需要缴纳土地使用税？笔者认为不需要缴纳。城镇土地使用税并不是按产权证上的土地用途征税，而是按使用行为征税。使用了就要征税，没有使用就不能征税。本案中，虽然国有农业用地在程序上转为了建设用地，但仍然用于农业生产，在房屋等建筑物构筑物开建之前，土地的使用目的仍然是农业生产。土地使用税的征收依据不是土地的性质本身，而是具体的使用用途。

（三）对北京农村宅基地征税的税法依据

集体土地可以成为土地使用税的征税对象，那么能否对农村宅基地征收土地使用税呢？对此同样要严守"在城市、县城、建制镇、工矿区范围内"这一准则，如果宅基地在上述范围内，则应征收土地使用税，如果不在该范围内，则不应征收土地使用税。

在李某云与北京市通州区地方税务局与税务机关税务纠纷一案（〔2013〕三中行终字第 00009 号）中，李某云在一审法院起诉称，其所经营的×旅店用地是自家坐落于×村的宅基地，属于×村区域内，马驹桥税务所收取×旅店城镇土地使用税的行为违反《土地使用税暂行规定》中关于征收范围为城市、县城、建制镇和工矿区的规定。法院认为，《关于土地使用税若干具体问题的解释和暂行规定》对建制镇的征税范围进行了解释：建制镇的征税范围为镇人民政府所在地。根据上述规定，本案中，×旅店经营用地位于×村，×村系台湖镇政府所在地，×旅店应属于征收城镇土地使用税的范围，×旅店业主李某云系城镇土地使用税纳税人。

本案的关键在于判断宅基地是否位于"建制镇"的范围内。国家税务总局福建省税务局《关于房产税、城镇土地使用税若干政策问题的公告》明确："……建制镇是指镇人民政府所在地，不包括所辖的其他村。上述县城、建制镇的建成区具体范围，由县级人民政府确定……"本案中，税务机关没有依据当地县级政府的确定范围征收，而是依据肉眼和常识判断在建制镇的范围内有房屋，就以为应该征收土地使用税。

其实早先对镇政府所在地如何理解，有时也是由税务机关确定。参照《安徽省地方税务局关于建制镇范围等问题的批复》（皖地税函〔2003〕252 号），"一、关于建制镇确定问题。建制镇是区别于自然镇而按行政区划规定设置的镇的总称。根据《国务院批转民政部关于调整建镇标准的报告的通知》（国务院〔1984〕165 号）精神，我省经省政府同意省民政厅批准设立的镇，就是房产税和城镇土地使用税暂行条例中所指的建制镇。二、关于镇人民政府所在地的范围确定问题。根据《安徽省房产税实施细则》规定：'房产税在城市、县城、建制镇和工矿区征收，其范围按现行行政区划确定。'根据《安徽省城镇土地使用税实施办法》规定：'城镇土地使用税在城市、县城、建制镇和工矿区征收，征收的具体范围由省务局划定。'镇人民政府所在地就是镇政府座落的行政村，但对农民居住用房及土地不征收房产税和城镇土地使用税。"现如今的《安徽省地方税务局修改〈关于建制镇范围等问题的批复〉的公告》（安徽省地方税务局公告 2017 年第 7 号）规定："……镇的范围应按行政区划作为划分标准。"安徽省对建制镇征收土地使用税有一个具体的范围。

本案发生在北京市通州区，根据财政部、国家税务总局《关于房产税若干具体问题的解释和暂行规定》第 2 条的规定："二、关于城市、建制镇征税范围的解释　城市的征税范围为市区、郊区和市辖县县城。不包括农村。建制镇的征税范围为镇人民政府所在地。不包括所辖的行政村。"《北京市实施〈中华人民共和国城镇土地使用税暂行条例〉办法》（北京市人民政府令 1998 年 6 号），规定了"北京市城镇土地等级分级范围"，将土地分为六级。本案中的台湖镇未在其中，应属六级土地，即五级土地以外的其他建制镇、工矿区。其他建制镇，应当限于街道办事处这样的行政单位，比如四级土地"三环路以内一、二、三级土地以外的其他地区，海淀区、丰台区、石景山区政府所在地街道办事处的行政区域。"不包含行政村在内。

无论如何，税务机关要对建制镇范围内的土地使用行为征收土地使用税，均需要拿出征收依据，证明纳税人的房屋或土地坐落在县级政府确定的建制镇范围之内，否则无权征税。可以肯定的是，北京市的行政村的宅基地不在土地使用税的征税范围内。

（四）外商投资企业的土地使用税

早先我国为了吸引外商投资，从政策角度对外商投资企业不征收土地使用税。但在 2006 年修订的《城镇土地使用税暂行条例》第 2 条将纳税人的范围扩展到了外商投资企业。对于后来到的外商投资企业来说，新的规定不存在什么问题。但对于老的早期的外商投资企业，则可能会产生问题。

在光明娱乐事业（昆山）有限公司与税务机关税务纠纷一案（［2015］苏中行终字第 00215 号）中，1994 年 6 月，昆山市土地管理局与原告光明娱乐事业（昆山）有限公司（以下简称"光明娱乐公司"）的母公司日本国光明兴业株式会社签订《江苏省昆山市出让国有土地使用权合同》，合同约定受让方每年向昆山市土地管理局缴付每平方米 4 角的土地权属管理费，当时外资企业不用缴纳城镇土地使用税。1994 年 8 月 15 日，光明兴业株式会社作为发起人成立光明娱乐公司。2006 年 12 月 31 日，国务院颁布第 483 号令修改《城镇土地使用税暂行条例》，明确外商投资企业为城镇土地使用税的纳税人。

后当地税务机关要求该公司以每年每平方米4元缴纳城镇土地使用税。上诉人光明娱乐公司认为其作为外商企业以每年4元/平方米的标准缴纳城镇土地使用税，相对"土地权属管理费"实际上涨了10倍，显然不公正。

当时税法的修订，并没有考虑"新人新办法老人老办法"这样的做法。但显然，"土地权属管理费"与土地使用税并非一回事，并不能以向地方政府缴纳各类土地管理费代替土地使用税。虽然各类企业都要缴纳城镇土地使用税，但各地征收土地使用税的范围，由当地政府提前确定，纳税人可在投资前确定好哪些区域不在当地的土地使用税范围之内，可提前做好税务筹划。

二、关于"实际占用土地"的理解和适用

我国城镇土地使用税并非依据产权的权利状态征税，也不是按照"谁所有谁负税"的原则征收土地使用税，而是按照谁实际占用使用土地，就向谁征税的原则。实务中对"实际占用土地"并不能做到完全的理解，经常会产生争议。

（一）关于实际占用土地的时间起算

土地使用税并不是一刀切地按照纳税人取得房屋或土地的时间作为征税的起始时间，税法规定按照"实际占用"的时间起算，按年征收。而实务中纳税人各有各的取得方式，"实际占用"的起始时间就成了争议的焦点。

1. 纳税人以司法拍卖方式取得不动产的纳税起算时点

司法拍卖取得不动产涉及方方面面的税法问题，其中取得的不动产如何缴纳土地使用税，容易产生争议问题。之所以产生争议问题，在于不动产的司法拍卖，中间会有个衔接过程，这个衔接过程根据拍卖情况的不同，会有或多或少的空档期，对该期间的土地税由谁负担，自然会存在问题。另外，竞买人何时取得土地，能否以取得产权的日期确定实际占用土地的日期。

在海南剑桥置业有限公司与当地税务机关税务纠纷一案（［2015］海南二中行终字第69号）中，2013年5月16日，上诉人海南剑桥置业有限公司（以下简称"剑桥公司"）参加海口市龙华区人民法院委托海南天合拍卖有限公司的拍卖会，以1400万元竞买到洋浦西部钢铁有限公司位于洋浦经济开发区内的10 000余平方米土地使用权及地上建筑物。2013年6月18日，海口市龙华区人民法院作出了将位于洋浦经济开发区D10区内100 256.253平方米的土地使用权及地上建筑物归剑桥公司所有，剑桥公司可持裁定书到财产管

理机构办理相关产权过户登记手续的［2010］龙执字第341-6号《执行裁定书》，该裁定书于2013年7月5日送达剑桥公司。之后，剑桥公司积极地向洋浦经济开发区规划建设土地局（以下简称"洋浦土地局"）申请办理土地过户手续，后被该局告知该土地已经被洋浦经济开发区公安局一分局于2012年5月21日扣押，无法办理过户手续。2015年5月14日，剑桥公司取得本案涉案土地使用权的洋浦房地字第T021××房地产权证。2015年3月25日，被上诉人洋浦地税局新都分局通知剑桥公司于2015年4月9日前到洋浦地税局纳税服务大厅补缴2013年8月1日起应缴未缴的城镇土地使用税48.457 189万元及其滞纳金。

本案争议的焦点为剑桥公司缴纳城镇土地使用税的起算时间问题。法院裁定时间为2013年6月18日，《执行裁定书》送达时间为2013年7月5日，2015年5月14日正式取得房地产或不动产登记证书。税务机关以2013年7月5日为基准作为征收土地使用税的起始日。剑桥公司认为应当从办理房地产权证之日2015年5月14日起开始计算缴纳城镇土地使用税，洋浦地税局新都分局及洋浦地税局均认为应当从确认剑桥公司享有涉案土地使用权的执行裁定书送达至剑桥公司之日起开始计算城镇土地使用税。

原审法院支持税务机关，主要基于两个裁判理由：一是，所有权依据法院裁定已经发生了转移。最高人民法院《关于人民法院民事执行中拍卖、变卖财产的规定》（法释［2004］16号）第29条第2款规定："不动产、有登记的特定动产或者其他财产权拍卖成交或抵债后，该不动产、特定动产的所有权、其他财产权自拍卖成交或者抵债裁定送达买受人或者承受人时起转移。"同时，最高人民法院等《关于依法规范人民法院执行和国土资源房地产管理部门协助执行若干问题的通知》（法发［2004］5号）第27条规定："人民法院制作的土地使用权、房屋所有权转移裁定送达权利受让人时即发生法律效力，人民法院应当明确告知权利受让人及时到国土资源、房地产管理部门申请土地、房屋权属变更、转移登记。国土资源、房地产管理部门依据生效法律文书进行权属登记时，当事人的土地、房屋权利应当追溯到相关法律文书生效之时。"本案中海口市龙华区人民法院在向剑桥公司送达的［2010］龙执字第341-6号《执行裁定书》上已经明确告知其本案涉案土地使用权及地上建筑物归剑桥公司所有，上述土地使用权及地上建筑物所有权自本裁定书送达买受人时起转移。故剑桥公司取得涉案土地使用权的时间应从其收到海口市龙华区人民法院送达的执行裁定书之日起开始计算，即2013年7月5日。二是比照财政部、国家税务总局《关于房产税、城镇土地使用税有关政策的通知》（财税〔2006〕186号）第2条第1款的规定："以出让或转让方式有偿取得土地使用权的，应由受让方从合同约定交付土地时间的次月起缴纳城镇土地使用税；合同未约定交付土地时间的，由受让方从合同签订的次月起缴纳城镇土地使用税。"剑桥公司从2013年7月5日起即为本案涉案土地的使用权人。纳税人应按照财税〔2006〕186号文件第2条规定，从合同约定交付土地时间的次月起缴纳城镇土地使用税，合同未约定交付土地时间的，从合同签订的次月起缴纳城镇土地使用税。上述规定并没有限制法院拍卖方式不能适用该规定。

剑桥公司诉称应从其办理房地产权证书之日起开始计算城镇土地使用税，并认为被告应当适用《物权法》（当时有效）第31条；同时，认为其并未实际使用涉案土地，不能适用《城镇土地使用税暂行条例》第2条规定，且剑桥公司属于通过司法拍卖方式取得土地使用权也不适用财税〔2006〕186号文件的规定。剑桥公司认为应适用《海南省城镇土地使用税实施细则》第3条规定，并适用琼地税发〔2015〕115号文件，对没有取得土地使用权证，事实上也没有使用的，不需要缴纳税务。

本案中法院按照法律上拍卖取得不动产的所有权日期作为征税日期，与一般按照取得不动产权属证书相比，此种做法更为严厉和苛刻。税务机关和法院的做法是否合理合法呢？原告拥有了物权法上的物权，与是否实际占用不能等同。财政部、国家税务总局《关于城镇土地使用税若干具体问题的解释和暂行规定》（〔1988〕国税地字015号）第4条规定："土地使用税由拥有土地使用权的单位或个人缴纳。拥有土地使用权的纳税人不在土地所在地的，由代管人或实际使用人纳税；土地使用权未确定或权属纠纷未解决的，由实际使用人纳税；土地使用权共有的，由共有各方分别纳税。"本案中，即便土地权属未确定，剑桥公司使用了，就产生纳税义务，至于是否办理了产权证，则与此无关。同样，即便根据法院判决拥有所有权，如果没有实际占用土地，同样土地使用税不能开始计算。但本案中，纳税人剑桥公司与税务机关并没有就其是否在取得土地权属证书之前使用土地提出抗辩和辩论。税务机关应就剑桥公司实际使用土地提出证据，否则不应征税。

2. 土地出让合同签订日期还是实际交付土地日期？

国有土地使用权出让合同签订后，因种种原因，受让人往往不能按时占有土地。此时如何征税，税务机关和法院通常都会援引财政部、国家税务总局《关于房产税、城镇土地使用税有关政策的通知》（财税〔2006〕186号）的第2条第1款："以出让或转让方式有偿取得土地使用权的，应由受让方从合同约定交付土地时间的次月起缴纳城镇土地使用税；合同未约定交付土地时间的，由受让方从合同签订的次月起缴纳城镇土地使用税。"以此按照合同签订日作为土地使用税的起算时点。此类做法显然是对税法的误解，纳税人通常会认为非常不公平。

（1）关于"应由受让方从合同约定交付土地时间的次月起缴纳城镇土地使用税"的理解和适用。以出让或转让方式有偿取得土地使用权的，应由受让方从合同约定交付土地时间的次月起缴纳城镇土地使用税，该条款如何适用？

以广东国兴农业高新技术开发有限公司与税务机关税法纠纷一案（〔2018〕粤06行终557号）为列，广东国兴农业高新技术开发有限公司（以下简称"国兴公司"）于2006年4月5日、2007年6月29日与广东省佛山市国土资源局签订《国有土地使用权出让合同》三份，《国有土地使用权出让合同补充协议》两份，合同约定，广东省佛山市国土资源局向国兴公司出让位于大良××路东侧××三宗土地，用于物流仓储。对于税务机关要求缴纳城镇土地使用税，国兴公司认为在2006年到2009年3月间其未实际使用或占有涉案土地，应从实际占用土地时计算土地使用税，起征纳税时间有误。自国兴公司和政府部门签订合同后，涉案土地在相当长一段时间被原农户、渔户用于农业和渔业生产，政府迟迟无法交地，国兴公司无法享有占用、使用、收益、处分的权利，导致项目不能如期开工。政府也因此推迟上诉人开工时间。

法院认为："财税〔2006〕186号通知第二点关于有偿取得土地使用权城镇土地使用税纳税义务发生时间问题规定，以出让或转让方式有偿取得土地使用权的，应由受让方从合同约定交付土地时间的次月起缴纳城镇土地使用税；合同未约定交付土地时间的，由受让方从合同签订的次月起缴纳城镇土地使用税。根据以上规定，顺德地税稽查局根据涉案三宗土地的土地使用权证、国兴公司与广东省佛山市国土资源局签订《国有土地使用权出让合同》记载的土地面积以及合同约定交付土地的时间，从合同约定交付土地时间的次月起计算上诉人应补缴的税款，有事实及法律依据。"

本案中税务机关和法院实际上没有理解财税〔2006〕186号通知的制定原意。当然严格来讲，"以出让或转让方式有偿取得土地使用权的，应由受让方从合同约定交付土地时间的次月起缴纳城镇土地使用税"这样的表述要么未能理解土地使用税的立法原意，要么就是表述不清楚。从事实逻辑上看，从交付土地的时间计算纳税，前提是土地已经交付了，没有交付就不能纳税。只有交付了土地，又不能确定交付时间时，方可按照合同约定的交付时间计算。这里面，土地交付的时间可能晚于合同约定交付时间，也可能早于合同约定时间，无论是否按照约定交付，不管是早于合同约定交付还是晚于合同约定时间交付，均按照合同约定时间计算纳税。以合同约定交付时间计算纳税，前提是事实上土地已经交付了，如果没有交付，则不纳税。本案中，虽然政府晚了近三年交付土地，但最终交付了土地。税款的起算按一刀切的方式从合同约定时间起算。如果是提前交付呢，当然也是按照合同约定交付日期起算纳税。所以从纳税人的角度讲，可以追究政府未按时履行合同的违约责任，由纳税人承担的税款最终由政府承担。也可以与政府签订补充协议，重新约定交付时间，从合同法的角度，当履行日期与约定日期不一致，视为双方对原合同约定的变更。纳税人在签订合同时，最好能够将迟延交付土地产生的土地使用税的责任约定由政府或转让方承担。

（2）关于"合同未约定交付土地时间的，由受让方从合同签订的次月起缴纳城镇土地使用税"的理解和适用"。以出让或转让方式有偿取得土地使用权的，合同未约定交付土地时间的，由受让方从合同签订的次月起缴纳城镇土地使用税。该条款如何理解和适用？

在大庆广达房地产开发有限公司与税务机关税务纠纷一案（〔2017〕黑0604行初53号）中，征纳双方对何时发生纳税义务产生争议。大庆广达房地产开发有限公司（以下简称"广达公司"）认为，被告税务机关无证据证明缴纳城镇土地使用税的计税依据是"实际占有的土地"，不能仅凭土地出让合同来确定原告实际占有该土地，不是仅凭出让合同生效就意味着土地交付。根据龙凤区政府及城建局的自认来看，城建局未能将该土地实际交付给原告控制。法院查明，广达公司虽然签订了土地使用权出让合同，但02#、03#地块中涉及的部分集体土地仍未办理完成土地征转用手续，直到2013年7月黑龙江省国土资源厅方将地块中的集体土地批复为国有建设用地。因为02#地块还有部分附着物没有拆迁，导致该宗地块一直不能挂牌出让。由于02#、03#地块属于整体规划，即使原告先行签订了《国有建设用地使用权出让合同》，也无法单独审批03#地块的规划方案，致使项目一直未能开工建设。2016年4月，大庆市城乡规划局批复03#地块单独规划，并为原告办理了规划许可证，原告才进场开工建设，并于同年6月取得了该地块的国有土地使用权证。

税务机关认为，根据财政部、国家税务总局《关于房产税、城镇土地使用税有关政策的通知》（财税〔2006〕186号）第2条第1款之规定，合同未约定交付土地时间的，由受让方从合同签订的次月起缴纳城镇土地使用税。

又如，在淄博万达包装印刷物资有限公司与税务机关税务纠纷一案（〔2018〕鲁0303行初26号）中，淄博万达包装印刷物资有限公司签订《国有土地使用权出让合同》时并未拆迁净地，征地内有大片坟地和当地村民的多间民房至今未迁出搬离，14年来当地村民与原告纠纷不断，最终导致50.32亩土地迄今尚有38.32亩未交付给原告，淄博市国土资源局于2017年2月28日出具的《证明》文件也能证明原告实际使用的土地面积仅为12亩。

上述两案中都是关于实际占用土地时间的理解。实践中很难掌握土地的真实的实际交付时间，为了征收便利，国家税务总局制定了《关于房产税、城镇土地使用税有关政策的通知》。"合同未约定交付土地时间的，由受让方从合同签订的次月起缴纳城镇土地使用税"，就是说无论纳税人是合同签订日前实际占有土地还是签订日后实际占有土地，也无论纳税人是取得房产证前实际占有土地还是取得房产证之后实际占有土地，只要合同没约定土地交付日期，且确实处于实际占有状态，则一律按照合同签订日起算纳税。只不过未约定土地交付日期的情况下，对纳税人的责任更重一些，因为按合同签订日起算肯定比按照约定的合同交付日期起算要多计算一定期限的税。国家税务总局这样的规定纯粹是一种技术处理，便于操作。作为纳税人来讲，未约定交付日期的，可与政府或转让方签订补充协议或变更协议，就土地的交付日期达成事后的补充协议，这样的补充协议在合同法上完全有效，税收事实发生改变，税务机关应当遵守。从根本上看，还是要将迟延交付土地需要承担土地使用税的承担体现在合同中，受让方承担后由政府或转让方如数承担。

（二）出售后的墓地由谁缴纳土地使用税？

城镇土地使用税在实践中遇到的问题很多，其中最典型的问题莫过于经营墓地的企业在出售墓地后，税务机关如何对其征税成了一个问题。按照一般人的常理，墓地一般均处于较为偏僻的地带，但如果墓地位于城市、县城、建制镇和工矿区等范围内，可能会被征收各项税负。

在菩遥山墓园有限公司与税务机关税务纠纷一案（［2019］辽01行终365号）中，菩遥山墓园有限公司（以下简称"菩遥山墓园"）企业类型为有限责任公司（自然人投资或控股），住所地为法库县十间房乡榆树底村，许可经营项目有骨灰墓葬、公墓管理及殡葬服务。税务机关就其出售的墓地进行投资修建的部分（指修建墓穴、墓碑等建筑物或构筑物），按"销售不动产"税目征收营业税（营改增后为增值税）。当时税务机关认为，城镇土地使用税征管也应比照销售不动产的有关规定征收城镇土地使用税，在纳税人申报缴纳土地使用税时，对于出售的面积允许扣除。允许扣除的部分，实际上是指税务机关在对菩遥山墓园进行征收土地使用税时，对其已经出售的墓地不按照菩遥山墓园所占土地进行征税。而后税务机关却又要求菩遥山墓园补缴扣除的土地使用税。

税务机关认为原告菩遥山墓园在2005年取得了案涉土地的国有土地使用证，后虽将墓地销售给个人，但在未到相关土地管理部门办理土地使用权变更的情况下，其仍为案涉土地的使用权人，即原告菩遥山墓园仍为案涉土地的土地使用税纳税义务人。

菩遥山墓园认为，按"销售不动产"税目征收城镇土地使用税，就是每销售出去一个（房屋或墓位）扣减一个（房屋或墓位），没有销售出去的，由房地产开发企业或墓园企业缴纳城镇土地使用税。上诉人菩遥山墓园按此方法缴纳的城镇土地使用税并无过错。同时，根据财政部、国家税务总局《关于房产税、城镇土地使用税有关政策的通知》（财税［2006］186号），城镇土地使用税缴纳义务的转移并不是在土地使用权变更时，而是受让方在合同签订的次月起转移，根据上诉人菩遥山墓园与购墓人签订的《购墓协议书》，受让方的购墓人应在合同签订的次月起缴纳城镇土地使用税，而不是上诉人菩遥山墓园，所以上诉人并不是纳税义务人。［2017］36号税务处理决定被依法撤销后，2017年12月16日，菩遥山墓园为了完善纳税行为，主动向法库县不动产登记中心邮寄了对售出墓位办理土地使用权转移申请，2018年7月13日，法库县国土局为菩遥山墓园出具了"公墓不适用为购买的个人办理不动产证"的《情况说明》。可见按被上诉人要求对售出墓位为购墓人办理土地使用权转移手续，法律是禁止的，菩遥山墓园对售出墓位没有缴纳城镇土地使用税事出有因，其行为不具有违法性。在售出墓位无法办理土地使用权转移手续，墓位又不可能收回的情况下，菩遥山墓园却要永久缴纳售出墓位的土地使用税，这种征税的方法，失去了合理性。

本案存在一个背景，就是现阶段我国墓地价格非常高，墓地经营者想要获得免税不现实。辽宁省出台的《关于对出售墓地行为征收营业税有关问题的公告》（辽宁省地方税务局公告 2011 年第 3 号）规定："一、经营墓地的纳税人，对出售的墓地进行投资修建的（指修建墓穴、墓碑等建筑物或构筑物），应按'销售不动产'税目征收营业税。二、经营墓地的纳税人，属于仅提供墓地，没有进行投资修建墓穴、墓碑等建筑物或构筑物的，应按'服务业-租赁业'税目征收营业税。"该公告需要缴纳的营业税现改为要缴纳增值税。除了增值税，土地增值税、企业所得税同样不可避免。另外，契税因墓地无法过户，买受人也就不存在缴纳墓地的契税问题。

单就墓地的土地使用税如何缴纳，法律上不好解决。本案中，税务机关根据墓地的权属登记这一事实，认定菩遥山墓园符合土地使用税的构成要件。事实上，土地使用税并非按照登记的权属归谁就一定按照对名义上的登记人征税。土地使用税的纳税人为"实际占有土地"的单位或个人，一般情况下权利登记人往往也是实际使用人。也有的情况下，权利登记人与实际使用人并非同一主体，最典型的比如出租厂房后，承租人作为实际使用人就是税法上的纳税人，出租人虽然作为产权人，当出租后其便不是土地使用税的纳税人。具体到本案，菩遥山墓园出售墓地后，墓地的实际使用人是谁呢？逝者不可能成为民事主体，墓地的权属只能是购买该墓地的家属。该家属作为实际使用人，依据税法就是土地使用税的纳税人，而不是菩遥山墓园。可问题是税务机关不太可能向购买墓地的个人征收土地使用税，成本高，还会引来民众的质疑。如果是向菩遥山墓园征收土地使用税，既不符合税法规定的实际使用人是纳税人的规定，因墓地事实上与菩遥山墓园无关，由菩遥山墓园纳税也不符合公平原则。可现行税法亦未对墓地作出免税的规定。

土地使用税将征收范围限定在城市、县城、建制镇、工矿区范围内，主要是对工商业经营使用土地行为征收土地使用税。出售墓地严格来说，同样属于商业经营行为。正常情况下，墓地不太可能位于城市、县城、建制镇、工矿区范围内。实际上本案还是如何认定县城、建制镇等范围如何的问题。前文提到，县级政府应提前规划县城和建制镇的范围，政府所在地的征税范围应有一个提前划分确定的决定。菩遥山墓园住所地为法库县十间房乡榆树底村，是不是就落入了县城、建制镇的范围内？对此，菩遥山墓园与税务机关均未在诉讼过程中提出这个问题，双方的争论无疑是缘木求鱼。当然，菩遥山墓园的墓地如果不在法库县十间房乡榆树底村，那就要对墓地的实际坐落地进行判断，判断是否墓地实际否坐落在城市、县城、建制镇、工矿区等范围内。如果当地政府从未划分过该等范围，则当地税务机关无权征税，没有税法依据，等于当地政府放弃了该等征税的权利。而作为墓地经营者，应当尽量避开城市、县城、建制镇、工矿区这样的范围。

（三）关于租赁中的实际使用人的两种理解

我国法律对不动产的权利实行了分野，产权人对地上建筑物可享有所有权，对建筑物所占用的土地则只能享有使用权，不享有所有权。一般情况下，承租房屋的主体即为土地使用税的纳税人，但有时就此问题亦会发生争议。

惠州市××公司与惠州市惠城区××局行政其他纠纷上诉案（［20××］惠中法行终字第××号），惠州市××公司认为，所租赁房屋的"土地使用权"应解释为：不包括通过租赁方式取得的房屋建筑物所占土地的使用权，而是仅仅指基于农村集体用地所有权取得的土地使用权，以及通过国有土地出让手续取得的土地使用权。本案中上诉人租赁房屋建筑物，其土地使用权是附着于房屋建筑物，并不是租赁关系直接的标的物，土地使用权实质仍旧掌握在第三人手中，并为其带来租金收益。税法的规定针对的是实际使用集体土地的单位和个人从村集体购买土地使用权，从而取得土地使用权建设房屋进行使用且无需缴纳租金的情形。财税［2006］第56号文就是针对已经实际取得了土地使用权，但是没有办理合法的土地使用权证书或房产证书的纳税人特设的规定，但是并不适用于单纯租赁厂房的上诉人。

法院认为，原告××公司与被告××局提供的《租赁合同》、发票、《证明》等证据，证明了从1994年开始，第三人××村小组便将其所有的位于该村小组集体土地上的厂房及厂区空地租赁给了原告××公司，原告××公司一直在使用涉案的厂房及相关空地。对此事实，三方当事人在庭审中均予以确认；厂房附着于土地是个常识，原告××公司实际使用厂房即是实际使用了厂房占用的土地，第三人××村小组是涉案厂房、土地的所有人，而原告××公司是涉案厂房、土地的实际使用人。

本案中，判断"实际使用土地"依然应抓住承租人是否在使用土地这个基本点。一般情况下，租赁房屋不会再单独签订土地租赁合同，没那个必要。不存在只交付房屋不交付土地的可能性，不使用土地如何使用房屋呢？租赁房屋必然会使用房屋所占土地。至于是否签订了土地租赁协议，房屋与土地的权利性质不同，在所不问。土地使用税法不关注法律状态，只关注事实具有法律上的使用权并已实际占用即可。而对实际使用的理解，笔者认为有两种：一是实际使用人有规定，谁就是纳税义务人。比如在《关于承租集体土地城镇土地使用税有关政策的通知》（财税〔2017〕29号）中明确："在城镇土地使用税征税范围内，承租集体所有建设用地的，由直接从集体经济组织承租土地的单位和个人，缴纳城镇土地使用税。"二是，除上述规定之外，其他的租赁房屋谁是实际使用人呢？笔者认为出租行为，也是实际使用行为，出租方就是实际使用人。就像房产税由出租方承担一样，一般的租赁土地使用税也应由出租方承担。

三、土地使用税的减免争议

土地使用税，从征税范围上看，除了农村不征收，其他基本都在征收范围之内，具有征收对象的广泛性。在此前提下，税法也对极少部分使用土地行为给予税收优惠。土地使用税的税收优惠均具有严格的条件，税收减免争议也就不可避免。

（一）物流企业承租大宗商品仓储设施用地的税收减免

物流企业的经营行为具有营利性，但因为物流企业的仓储用地相比其他行业要大得多，如果严格按照税法规定征税，物流企业的成本就会过大，阻碍物流企业的生产和发展。于是国家在《城镇土地使用税暂行条例》之外，单独就物流企业仓储设施用地给予了减半征收的税收优惠。但因规定不具体，对实际情况掌握不够，导致实务中会发生争议。

以呼伦贝尔市通达物流服务有限责任公司与当地税务机关税务纠纷一案（〔2018〕内0782行初1号）为例，2012年1月20日财政部、国家税务总局发布《关于物流企业大宗商品仓储设施用地城镇土地使用税政策的通知》（财税〔2012〕13号），原告呼伦贝尔市通达物流服务有限责任公司（以下简称"通达物流"）根据该《通知》向税务机关提出减税申请。2012年11月26日，税务机关以经地税字〔2012〕24号文件的形式，批复原告"经我局认真核查，你公司符合上述文件规定的条件，同意你公司2012年1月1日至2014

年 12 月 31 日可减按所属土地等级适用税额标准（3 元/平方米）的 50%计征城镇土地使用税"。根据该批复，原告通达物流 2012 年度至 2014 年度按适用税额标准的 50%缴纳了土地税。2016 年 12 月 30 日，税务机关向原告发出经地税通字〔2016〕42 号《税务事项通知书》，以"呼伦贝尔市地方税务局对你单位已经享受的城镇土地使用税减免情况进行复核，认定你单位不符合减免条件"为由，要求补缴原减征的土地使用税。理由是原告使用的仓储设施用地，属其自有的条件下，才享有减税的政策，经查原告使用的仓储设施用地，不属于原告自有，是承租来的。

法院认为，税务机关并没有对其于 2012 年 11 月 26 日作出的经地税字〔2012〕24 号《关于呼伦贝尔市通达物流服务有限责任公司申请减半征收城镇土地使用税的批复》进行撤销纠正，未支持税务机关的征税行为。

本案是就当时行之有效的《关于物流企业大宗商品仓储设施用地城镇土地使用税政策的通知》（财税〔2012〕13 号）规定产生争议，即"自 2012 年 1 月 1 日起至 2014 年 12 月 31 日止，对物流企业自有的（包括自用和出租）大宗商品仓储设施用地，减按所属土地等级适用税额标准的 50%计征城镇土地使用税"。根据该规定，当时确实只对自有的土地减征，主要是出于控税的考量。这样的规定，忽略了实践中物流企业很多都是承租土地的事实，尤其是广大中小物流企业，往往没有购置土地而是采取租赁的办法。要求自用方可减税，无疑是督促物流企业置地自用，在各类企业之间造成不公平，扭曲物流市场，违反税收中性原则。该规定给予出租者减税待遇，可税务机关认为出租者并不是纳税义务人，给予出租者减税待遇没有任何意义，这是未能理解土地使用税的含义所致。本案中税务机关适用法律错误，给予了通达物流减税的决定，发现后又企图撤销。从行政法角度看，明显违反信赖利益保护原则，如果撤销应从行政法的角度给予赔偿；如果从税法的角度看，则属于错误征税。导致本案中存在问题，在于对"实际使用人"的规定不清楚，税务机关理解也就各异，如果税务机关对出租方征税，则适用上述对出租的物流企业减税的规定。可问题是，出租方很多时候并不是物流企业，政策制定不具有可操作性，导致适用起来就很混乱。

所以后来财政部、国家税务总局 2020 年出台的《关于继续实施物流企业大宗商品仓储设施用地城镇土地使用税优惠政策的公告》第 1 条规定："自 2020 年 1 月 1 日起至 2022 年 12 月 31 日止，对物流企业自有（包括自用和出

租）或承租的大宗商品仓储设施用地，减按所属土地等级适用税额标准的
50%计征城镇土地使用税。"将承租方式取得的大宗商品仓储设施用地纳入的
减税范围，纠正了先前的那种错误做法。笔者认为，应该对上述案件中的情
况追溯适用，应给予原告通达物流公司减税待遇。

上述优惠规定政策进一步延期，财政部、国家税务总局 2023 年发布的
《关于继续实施物流企业大宗商品仓储设施用地城镇土地使用税优惠政策的公
告》第 1 条规定："自 2023 年 1 月 1 日起至 2027 年 12 月 31 日止，对物流企
业自有（包括自用和出租）或承租的大宗商品仓储设施用地，减按所属土地
等级适用税额标准的 50%计征城镇土地使用税。"

（二）土地使用税减免之艰难

根据《税收减免管理办法（试行）》（国税发〔2005〕129 号，已失
效），减免税分为报批类减免税和备案类减免税。报批类减免税是指应由税务
机关审批的减免税项目；备案类减免税是指取消审批手续的减免税项目和不
需税务机关审批的减免税项目。《城镇土地使用税暂行条例》第 7 条规定：
"除本条例第六条规定外，纳税人缴纳土地使用税确有困难需要定期减免的，
由县以上税务机关批准。"土地使用税的减免属于报批类减免。但是根据国家
税务总局《关于下放城镇土地使用税困难减免税审批权限有关事项的公告》
（国家税务总局公告 2014 年第 1 号，以下简称"1 号公告"），土地使用税的
减免条件比较苛刻。

在江苏明月新材料有限公司与税务机关不履行法定职责一案（〔2017〕苏
04 行终 169 号）中，2015 年 11 月 19 日，江苏明月新材料有限公司（以下简
称"明月公司"）与溧阳市国土资源局、江苏中关村科技产业园管理委员会
签订了国有建设用地使用权收回协议，溧阳市国土资源局收回明月公司位于
江苏中关村科技产业园增家路 1 号的土地使用权，明月公司获得补偿款 5600
万元。2016 年 1 月 25 日，明月公司以长期停产，资金紧缺为由向溧阳地税一
分局申请城镇土地使用税困难性减免，并提交了审计报告、土地使用权证书、
完税证明等材料。溧阳地税一分局受理明月公司的申请后，经审核材料及对
溧阳市国土资源局进行调查，认为明月公司不符合困难性减免的条件。

法院认为，根据 2014 年 4 月 3 日，江苏省地方税务局发布《关于明确城
镇土地使用税困难减免税有关事项的公告》（苏地税规〔2014〕6 号）。该公
告第 1 条第 1 项规定，"因全面停产（不包括季节性停产）、停业半年以上，

缴纳城镇土地使用税确有困难的"，可申请困难减免。本案中，明月公司向溧阳地税一分局申请减免 2015 年的城镇土地使用税，该公司虽已停产停业半年以上，但其 2015 年度有大额土地补偿款收入，并未因停产停业致纳税确有困难。驳回了明月公司的请求。

《城镇土地使用税暂行条例》并未限制企业发生困难的情形，但在 1 号公告中，国家税务总局将困难的情形主要指向"对因风、火、水、地震等造成的严重自然灾害或其他不可抗力因素遭受重大损失、从事国家鼓励和扶持产业或社会公益事业发生严重亏损，缴纳城镇土地使用税确有困难的，可给予定期减免税。"本案中，江苏省出台的公告将"因全面停产（不包括季节性停产）、停业半年以上"实际上给予的减免范围更大。

本案中，法院的裁判理由存在问题。仅仅因为明月公司上年存在补偿收入，就认定明月公司不存在困难，没有严格从法律的角度去认定。本案的裁判应从行政合理性的角度去判断，主要应考察明月公司是否提供了"因停产、停业减免的，应附报区县级以上主管部门或工商部门的相关证明文件或材料"，法院对此没有审查。且如何认定"确有困难"？仅仅依据上年有 5600 万元的大额补偿收入就不能认定"确有困难"吗？本案法院并没有进行合理的审理。江苏省地方税务局发布的《关于明确城镇土地使用税困难减免税有关事项的公告》规定"一、对符合以下情形之一的，可申请困难减免：（一）因全面停产（不包括季节性停产）、停业半年以上，缴纳城镇土地使用税确有困难的；……"而是否"因全面停产（不包括季节性停产）、停业半年以上"，需要从"因停产、停业减免的，应附报区县级以上主管部门或工商部门的相关证明文件或材料"判断。而"确有困难"应结合整个公司的财务状况去判断，不应仅仅根据常识认为上年有 5600 万元收入就不构成"确有困难"。税务机关和法院均未按照税法规定说明决定是否合理的事实和理由。

（三）外来职工公寓土地使用税减免争议

土地使用税的减免即便是因福利、公益行为使用土地，减免的范围亦非常有限。福利公益用地，仅限于"宗教寺庙、公园、名胜古迹自用的土地"这样的土地使用行为。实务中很多公益类用地就要承担更大的成本。外来务工人员公寓用地就是典型的例子。

在浙江大树置业股份有限公司与税务机关税务纠纷一案（［2016］浙0402 行初 2 号）中，大树置业股份有限公司认为，其大树金港湾项目是经嘉兴市人民政府批准、配合南湖综合开发区扩大南湖外来民工公寓项目，是为政府配套的项目。该项目用地性质为划拨土地，小区建成后土管部门对政府划拨土地不能给予分割。原告在纳税申报时测量应税占地时扣除了幼儿园、市政道路、绿化用地，符合《城镇土地使用税暂行条例》第6条第4项的免税规定。

税务机关认为："对纳税人实际占用土地面积的确定，以土地使用权属证书所确认的土地面积为计税依据；对未取得土地使用权属证书的，以实际使用的土地面积为计税依据。"《城市用地分类与规划建设用地标准》（GB50137-2011）第3.3.2条规定，住宅用地范围均包括住宅建筑用地及其附属道路、停车场、小游园等用地。原告以土地划拨形式取得该项目的土地使用权（土地使用权证5份，共计使用土地面积45 391.80平方米），其中"大树新家园幼儿园"占地面积942平方米单独进行规划审批，属政府公共配套设施用地，可免征城镇土地使用税，其余用地均属于住宅用地范围，不符合《城镇土地使用税暂行条例》第6条规定的免税条件，故应当以土地使用权属证书所确认的土地面积扣除"大树新家园幼儿园"的占地面积缴纳城镇土地使用税。

本案中，对虽然是外来务工人员公寓占用的划拨用地，亦不能减税或免税。财政部、国家税务总局《关于城镇土地使用税若干具体问题的解释和暂行规定》（［1988］国税地字015号）第17条规定："企业办的学校、医院、托儿所、幼儿园，其用地能与企业其他用地明确区分的，可以比照由国家财政部门拨付事业经费的单位自用的土地，免征土地使用税。"该规定第18条将下列情形的征税决定权交由省、自治区、直辖市税务局确定："1. 个人所有的居住房屋及院落用地；2. 房产管理部门在房租调整改革前经租的居民住房用地；3. 免税单位职工家属的宿舍用地；4. 民政部门举办的安置残疾人占一定比例的福利工厂用地；5. 集体和个人办的各类学校、医院、托儿所、幼儿园用地。"这样的范围划定，实际上杜绝了其他各项福利公益行为用地享受土地使用税减免的可能性。

第三节　房产税的适用问题

我国最早从1986年开始征收房产税，一直持续至今。目前的房产税主要是对在城市、县城、建制镇和工矿区的房产征税，笔者称之为"经营房产税"，此房产税一直未对居民个人适用。对居民个人征收的房产税，主要是上海和重庆试行的房产税，笔者称之为"居民房产税"。二者不是一回事，本节除第"四"部分为居民房产税外，前面部分均为经营房产税的介绍。

一、房产税的纳税义务人之确定

依据《房产税暂行条例》第 2 条第 1 款之规定，房产税由产权所有人缴纳。产权属于全民所有的，由经营管理的单位缴纳。产权出典的，由承典人缴纳。产权所有人、承典人不在房产所在地的，或者产权未确定及租典纠纷未解决的，由房产代管人或者使用人缴纳。虽然有明文规定，但实践中就是否应负担房产税以及由谁负担，不可避免会发生税法争议。

（一）不动产预告登记权利人也是房产税的负税人？

房产税由产权所有人缴纳，这是一般原则。但产权所有人如何判断？对税法上产权人的判定，可能与物权法上所有权人的判定存在一定的差异。在物权法上，有不动产登记证，就意味着不动产的归属状态能够确定。我国物权遵从的是物权登记主义，就是除了双方签订合同，还要进行登记行为方可发生物权变动的效力。与之对应的是意思主义，就是合同生效后物权就发生变动，而不需要登记。我国《民法典》第 209 条第 1 款规定："不动产物权的设立、变更、转让和消灭，经依法登记，发生效力；未经登记，不发生效力，但是法律另有规定的除外。"

但在税法上，即便没有办理房产证的房屋，也能成为房产税的征税对象。财政部、国家税务总局《关于房产税若干具体问题的解释和暂行规定》（［86］财税地字第 008 号）第 19 条第 1 款："纳税人自建的房屋，自建成之次月起征收房产税。"由此可以看出，房产税并非根据房产证的办理与否征收，对于是否已经办理房产证在所不问，只要存在房屋且属于房产税征税范围内即可。税法上，即便没有办理房产证，也是能够成为税法上的所有权人，这与物权法上的规定有差异。

但是，对于不动产预告登记，预告登记权利人是物权法上的所有权人呢还是税法上的所有权人呢？

在陈某新与税务机关税法纠纷一案（［2016］琼 02 行终 12 号）中，法院认为，景华公司将房屋出售给陈某新后，没有办理房屋过户登记手续，陈某新尚未取得房产证书。根据《房产税暂行条例》第 2 条和国家税务总局《关于房屋产权未确定如何征收房产税问题的批复》的规定，本案可按"产权未确定，由使用人缴纳房产税"之规定执行。陈某新作为出租人，对涉案房屋通过出租经营取得收益。财政部、国家税务总局《关于房产税若干具体问题的解释和暂行规定》第 14 条规定，个人出租房屋，应按房屋租金收入征税。海南省地方税务局《关于对房产税若干政策问题相关文件部分条款进行修改的通知》规定，"房产出租人向承租人一次收取若干月的租金，为保证税款及时入库，减少拖欠税款，可按出租人的租金收入征收房产税"。由此可见，出租人出租房屋的，应当征收房产税。因此，被上诉人根据陈某新出租房屋的行为，认定其为纳税义务人，并根据其收取的租金核定应纳税款。

本案争议的焦点是在三年出租期间，陈某新是否是 A525 房的实际使用人。陈某新作为实际购房人与景华公司签订了《商品房买卖合同》并备案，购买了 A525 房。虽然房产管理部门没有给陈某新办理房产证，但 A525 房已经实际交付给陈某新使用，陈某新对 A525 房并不存在权属争议。陈某新取得 A525 房后，将其返租给景华酒店代理出租，按固定回报方式收取三年固定租金，实际收取了 88 350 元租金。将房屋出租本身就是一种对房屋行使使用权的行为，因此作为实际购房人的陈某新是 A525 房的实际使用人。

陈某新上诉称一审判决认定争议焦点错误，其不是产权所有人，不属于房产税的纳税主体。被上诉人税务机关认为，房屋产权所有人作为房产税的纳税主体是房产税纳税主体的一般性规定，对于未取得房产证的实际所有人如何认定纳税主体的问题，国家税务总局作出了对"使用人"进行纳税的规定。而对各种使用状态如何征收税款，国家税务总局也作出了相应规定。其中，财政部、国家税务总局《关于房产税若干具体问题的解释和暂行规定》第 12、14 条关于个人出租的房屋，不分用途，应按照房屋租金收入征收房产税的规定，就是针对以"出租方式"使用房屋的行为征收房产税的具体规定。从本案事实来看，陈某新属于以出租方式使用房屋的情形，理由如下：（1）陈某新与景华公司签订《商品房买卖合同》购买了 A525 房，尽管景华公司没有给陈某新办理房屋权属证书，但是陈某新已经交付了全部购房款，景华公司也已经向陈某新交付了房屋，该《商品房买卖合同》是合法有效的。（2）《三亚市房产信息中心查询商品房预售备案登记情况》反映的房屋权利人为陈某新，该房屋预售备案登记具有准物权性质。（3）陈某新至今对涉案房屋实际占有、管理、使用，权属没有争议，是房屋的实际所有人。（4）陈某新购房之后将房屋交付给景华酒店代理出租，收取租金。

上述案件中，双方主要是基于"产权未确定"时，如何判断谁是使用人发生了争议。本案中各方的争议出发点就是错误的。未办理房产证，并不属于"产权未确定"的状态，案件所涉房屋的产权归属实际上是确定的，并没有任何争议。"产权未确定"是无法确定房屋属于景华公司还是陈某新，但本案中要判断的是产权是否已经归属陈某新还是由景华公司仍然保留，这不属于产权未确定的问题，只涉及物权法上如何解释的问题。本案中，双方已经办理了房屋预售备案登记，该预售备案登记在物权法上如何看待，则决定税法规定的所有权人如何认定。房屋预售备案登记其实就是不动产预告登记，而预告登记在法律上意味着什么，则直接决定买受人是否为权利人的问题。我国《民法典》第 221 条第 1 款规定："当事人签订买卖房屋的协议或者签订其他不动产物权的协议，为保障将来实现物权，按照约定可以向登记机构申请预告登记。预告登记后，未经预告登记的权利人同意，处分该不动产的，不发生物权效力。"可以看出，我国预告登记制度的效力仅在于锁定接下来的登记权，并没有物权变动的效力。那么，从物权法上看，预告登记的持续期间内，所有权人仍然为原权利人。本案中，虽然双方办理了商品房预售登记，但所有权人仍然为原景华公司，而不是陈某新。在房产证未办理下来的情况下，税务机关对买受人征收房产税，不符合税法规定。税务机关应对原出卖人，根据税法规定是否应征收房产税，而不应找买受人征收房产税。

（二）"产权未确定"如何理解？

房产税由所有人缴纳是一般原则，当产权未确定时，由房产代管人或使用人缴纳。实践中对代管人或使用人的认定比较普遍，但是如何确定"产权未确定"？"产权未确定"，就是房屋的所有人是谁无法确定。比较多的情形是，产权归谁还没确定，这种无法确定，主要是指还未从法律上判断权利的归属。但还有一种情形，便是类似"无主物"的概念，就是没法知道房屋的主人到底是谁，那么由使用人缴纳房产税也能说的过去。但是对没有房产证的房屋征收房产税，认定为这属于"产权未确定"，则有失偏颇。

在普洱市天为商贸有限公司与税务机关税务纠纷一案（［2017］云 0802 行初 31 号）中，"产权未确定"则是另外一回事。2010 年 8 月 6 日原告普洱市天为商贸有限公司与思茅镇平原村民委员会第一小组签订"土地入股经营合同"，由思茅镇平原村民委员会第一小组（以下简称"平原村委会一组"）

提供集体留用土地 17.15 亩，原告出资建盖房屋，建成后由原告使用 40 年，当使用期满后，如果原告不再合作，原告所投入的全部设施则归还平原村委会一组所有。原告自认只是以租赁的形式享有使用权，房产税应由村委会缴纳。税务机关认为，《土地入股经营合同转让协议》及其补充协议中对房屋产权未作出明确约定，也没有其他任何证据显示房屋产权归属。在产权不明晰的情况下，房屋的使用人即为纳税义务人。

本案中，如上文所述，没有办理房产证的房屋，不属于"产权未确定"的问题，没有办理房产证，在税法上仍然可以认定所有权。也就是说，没有房产证的房屋，也存在税法上的所有权人。这里还要判断，农村建房后未约定房屋产权归属，能否就可以认为属于"产权未确定"的问题。在不依赖房产证判断产权所有人这一前提下，对于能够通过判断出具体的产权所有人，就不能因为未约定权利归属而认为属于"产权未确定"。本案中房屋所占土地是农村集体土地，一般土地登记在谁名下，所建房屋就归属谁。更何况，农村集体土地流转受到严格限制，村集体以外的主体很难受让集体土地。本案中的自留地，也不是经营性用地，没法入市。所以，能够从法律上推断出来普洱市天为商贸有限公司不可能是产权所有人，案涉房产的土地所有人是村集体，所以这显然不能归类于"产权未确定"的范畴。本案中税务机关对普洱市天为商贸有限公司征收房产税属于适用法律错误。

另外，与土地使用税一样，房产税也是对城市、县城、建制镇、工矿区的房屋进行征税。对一般的农村房屋不征税。根据税法规定，建制镇的征税范围为镇人民政府所在地。不包括所辖的行政村。本案中的村，是否属于镇人民政府所在地，本案各方对此没有提出意见。一般情况下，农村的房屋大多不属于镇人民政府所在地。

（三）证明"实际使用人"是税务机关征税的痛点

产权所有人、承典人不在房产所在地的，或者产权未确定及租典纠纷未解决的，由房产代管人或者使用人缴纳。由使用人缴纳房产税，要符合"产权所有人、承典人不在房产所在地的，或者产权未确定及租典纠纷未解决的"这一前提。实践中，对实际使用人征收房产税非常普遍，且脱离法律规定。税法规定由产权所有人缴纳为一般原则，目的之一便在于便于确定纳税人，便于征税。税务机关抛开所有人而去追究使用人。而如何证明"实际使用人"，当然也成了税务机关征税的痛点！

在乐东县农信社与税务机关税务纠纷一案（［2016］琼97行终5号）中，税务机关抛开房屋产权人，向实际使用人征收房产税。昌江黎族自治县人民政府（以下简称"昌江县政府"）根据海南省人民政府（以下简称"海南省政府"）琼府函［2010］126号《关于海南海钢集团有限公司土地置换的批复》，将海南海钢集团有限公司（以下简称"海钢集团"）5000亩土地作价20.91亿元注入乐东县农信社等13家农信社，并按照海南省政府安排的时间节点要求于2010年12月29日先行制作土地使用权证，其中乐东县农信社名下土地使用权面积564.61亩。但因乐东县农信社与海钢集团协议未兑现，海钢集团未交付土地，土地收回、注销及土地用途变更手续未完善，昌江县国土局未进行土地登记簿登记，土地使用权证也未予乐东县农信社领取，待完善相关手续后再颁发。之后，乐东县农信社自2011年至2014年按照海南省政府《关于印发海南省支持农村信用社改革发展的若干意见》申请免交涉案土地的土地使用税。2015年未缴税，被税务稽查。

税务机关认为，被上诉人乐东县农信社申请减免税款并获得批准，说明被上诉人已是实际土地使用权人并取得了相应的经济利益，也应当缴纳涉案土地使用权税。税务机关还带领上诉人的工作人员前往该涉案土地进行核实，当场明确表示该地真实存在且被上诉人为使用权人。根据其提供的0182号土地证复印件，其已获得央行票据兑付及被上诉人于2011年至2014年以涉案土地使用纳税人申报减免等事实，被上诉人乐东县农信社于2010年12月29日取得了涉案土地的0182号土地证，说明被上诉人拥有涉案土地使用权。被上诉人作为权利人已于2010年12月将0182号土地证涉及的土地纳入被上诉人的资产范畴，并以此为基础获得央行票据兑付，被上诉人于2011年至2014年还一直提供0182号土地证复印件并以涉案土地使用税纳税人的身份申请减免土地使用税。2010年12月，涉案土地564.61亩（即376408.55平方米）被作价1.02亿元注入被上诉人，即涉案土地资产归于被上诉人所有，被上诉人并于2010年12月29日取得了该土地的0182号土地证，并以此为基础获得了央行票据兑付。这充分证明了被上诉人实际上在使用涉案土地，并已享受到涉案土地使用权带来的利益。涉案土地使用权的注入，使被上诉人的资产增加，使其达到票据兑付条件和金融许可证得以延续，即被上诉人实际上已享受到涉案土地使用权带来的利益。

法院另查明，在涉案土地的划拨、交付、税费承担、过户登记等手续尚未完善的情况下，昌江县政府先行制作了 0182 号土地证但其从未向原告依法颁发或送达过该证。法院一方面从产权人的角度认为，关于乐东县农信社是否享有征税土地的使用权或是土地的使用人问题。首先，征税土地使用权尚未登记在乐东县农信社名下，未达到法律规定的物权设立条件。《物权法》（当时有效）第 9 条第 1 款规定：不动产物权的设立、变更、转让和消灭，经依法登记，发生效力；未经登记，不发生效力，但是法律另有规定的除外。国有土地使用权属于不动产物权，其权利的取得应当适用物权法登记生效的规定。本案中，海南省政府注入乐东县农信社的土地尚未在土地登记簿登记，未产生物权法上取得土地使用权的效力。昌江县政府对乐东县农信社作出昌国用〔2010〕第 0182 号《国有土地使用证》（以下简称"0182 号土地证"）的颁证行为尚未完成。土地使用权证是土地使用权人享有土地使用权的权利证明，颁证机关制作 0182 号土地证，向权利人颁发后颁证行为始得完成，0182 号土地证才发生权利证明的法律效力。本案中，由于土地收回、注销、变更用途等手续尚未完善，昌江县政府在按海南省政府要求时间节点先行制作 0182 号土地证后并未向乐东县农信社颁发，其颁证行为尚未完成。因此，上诉人以昌江县政府已颁发土地使用权证为由，主张乐东县农信社已取得征税土地使用权，与事实不符。

法院另一方面从实际使用人的角度认为，乐东县农信社不是土地的实际使用人。乐东县农信社对征税土地没有实际占有、使用。海南省政府在农信社改革中向农信社注入土地，使乐东县农信社 8492.38 万元央行票据达到兑付条件，上诉人据此认为乐东县农信社已实际使用土地，取得了收益，是征税土地使用人。法院认为，向乐东县农信社注入土地，是海南省政府支持农信社改革的措施，注入土地使乐东县农信社实现央行票据兑付是海南省政府改革农信社的举措而不是乐东县农信社的行为，不能据此认定乐东县农信社取得了征税土地的使用权或其是使用权人。乐东县农信社 2011 年到 2014 年申请免缴土地使用税的行为不能推定乐东县农信社为土地使用权人。本案乐东县农信社虽然自 2011 年至 2014 年以纳税人身份申请免交涉案土地的土地使用税，但根据本案查清的事实，乐东县农信社注入的土地尚未在土地登记簿上登记、乐东县农信社未实际占有或使用，在土地权属设立行为尚未成就、乐东县农信社尚未取得土地使用权证之前，不能以乐东县农信社申请免缴土地使用税的行为推定乐东县农信社是征税土地的使用权人。

本案证明，对房屋的实际使用人很难举证。本案的纳税人应当是海钢集团，其取得的房产证或不动产登记证书一直有效，此种情况下税务机关却去找实际使用人征税，显然会增加难度。

（四）根据法院判决取得按份共有房屋之房产税缴纳

上文提到，房产税征收中，税务机关重"实际使用人"，轻"产权所有人"。实际上，很多情况下都可以轻易判定产权所有权人。其中对于法院判决，也可以认定为产权所有人。《民法典》第 229 条规定："因人民法院、仲裁机构的法律文书或者人民政府的征收决定等，导致物权设立、变更、转让或者消灭的，自法律文书或者征收决定等生效时发生效力。"

在杨某辉与税务机关税法纠纷一案（［2020］辽 1081 行初 48 号）中，税务机关根据辽宁省辽阳市中级人民法院［2005］辽阳民合执字第 37-2 号《执行裁定书》和辽宁省辽阳市文圣区人民法院［2011］辽阳文圣民二初字第 133 号《民事判决书》的裁定，杨某辉与缪某、吕某、刘某娜四个人于 2011 年 3 月 30 日取得辽阳东兴建材家居广场有限公司二、三层部分资产。根据购买债权时出资额并结合各自贡献等原因确认杨某辉对该债权的份额比例为 47.47%，杨某辉对该资产拥有的份额为 47.47%，在 2011 年 12 月到 2016 年 4 月期间应缴未缴房产税 1 193 874.82 元。

同时，白塔区税务局于 2012 年 5 月作出的《关于东兴建材家居广场有限公司涉税事项的情况说明》中写明："去年底（2011 年）法院将东兴建材二、三楼房屋产权判给孙某等四人。从今年 1 月 1 日起二、三楼租金由孙某等人收取，税金也将由孙某等人缴纳……"据此可以证明税务机关从 2012 年 5 月开始即知道原告等四人东兴建材家居广场的实际经营者。

本案中，税务机关苦苦在寻求实际使用人，若税务机关能够证明产权人，则无需进一步证明实际使用人，无需多此一举。另外，因我国没有连带纳税义务制度和二次纳税义务制度等，按份共有人分别各自承担自己的纳税义务，互不牵连。

（五）转租房屋收入是否征税？

房产税从本质上说不是收入税或所得税，而是财产税。虽然对于出租的房屋按从租计征的方式，根据租金确定，但这本质上不是对房屋所产生的租金征税，而是以租金作为对房产原值征税的一种替换方式。而对于转租房屋的中间主体，因不属于产权所有人，亦不属于其他需要作为纳税人的情形，也并不能因为取得转租收入赚取差价等被认定为房产税的纳税义务人。

在钟某与税务机关税法纠纷一案（［2017］粤0203行初359号）中，锦城物业发展公司（以下简称"锦城公司"）持有粤房地证字第C09556××地产权证、粤房地证字第C09556××产权证。2005年3月7日，锦城公司（加盖"广东省仁化锦城物业发展公司办公室"印章）出具《委托书》："根据本公司的实际情况，现委托本公司股东钟某同志全权负责合作开发房地产属本公司物业的产权。今后需出租、转让签订相关协议合约的业务事宜，所产生的收支费用、工人工资、物业管理、维修费用等由钟某同志代为办理。"钟某分别于2009年4月17日、2010年11月3日、2011年10月21日与李某芹、何某珍、李某罗签订《租用合同》，其中与李某芹的合同加盖了"广东省仁化锦城物业发展公司"印章，钟某只是作为"代表"签名。且钟某提供了锦城公司加盖财务专用章的收据（李某芹、李某罗、何某珍），证明钟某确属受公司委托代办出租事宜。

《房产税暂行条例》第2条第1款规定："房产税由产权所有人缴纳。……"《广东省房产税施行细则》（1986年12月31日广东省人民政府颁布）第3条规定："房产税由产权所有人缴纳。……"《广东省税务局关于转租房产的租金收入不征房产税问题的通知》（粤税发［1990］432号）："关于转租房产征收房产税问题，各地迭有反映。省局意见，根据房产税《条例》规定'房产税由产权所有人缴纳'的精神，对单位和个人将租用的房产再转租所取得的租金收入不征房产税。本规定自文到之日起执行。省局（87）粤税三字第006号通知第14点'转租房产，其租金差额应计征房产税'规定亦同时停止执行。"

本案中，钟某本是受托人，房产属锦城公司所有，要求钟某缴纳房产税没有任何法律依据。钟某本也不是转租人，即便是转租人，也不用缴纳房产税。当然也不能依据实际使用人对钟某或其他租户等人征税。

而在卢某玉与税务机关税法纠纷案（［2017］浙1081行初100号）中，税务机关对转租收入征税。原告卢某玉起诉称，2010年12月18日，原告卢某玉与温岭市大溪镇良山村村民委员会签订《土地使用权租赁协议书》，约定由卢某玉在大溪镇良山村环城北路北侧地块的土地上出资建造厂房，该块土地的土地使用证及厂房所有权皆属良山村村民委员会所有，由原告和合伙人谢旭初每年向良山村缴纳厂房及土地使用权的租金人民币1 108 106元。后原告为盘活资金，将建好的部分厂房转租他人，部分留于自用。2015 年 3 月，大溪地方税务分局在核实税收问题时，得知原告建造厂房和房租收入，遂要求原告进行缴税。

虽原告存在转租行为，但涉案房产产权属村委会所有，原告仅是租赁使用人。2010 年 12 月，涉案厂房在大溪镇政府会议室进行投标，产权属良山村村民委员会，租期为 20 年。原告承租后，自 2011 年至 2015 年，被告从未向其征收税款，周边厂房也均未缴税。

该案中税务机关误以为房产税的从租计征是对出租行为产生的租金收入征税。房产税作为财产税，简言之就是财产是谁的就向谁征税，转租房屋的产权归村委会，要征收房产税也只能向村委会征收。当然，同样要考虑该行政村是否属于房产税的征税范围。财政部、国家税务总局《关于房产税若干具体问题的解释和暂行规定》第 9 条明确："根据房产税暂行条例的规定，不在开征地区范围之内的工厂、仓库，不应征收房产税。"

（六）对房地产企业的开发产品不征房产税

国家税务总局《关于房产税、城镇土地使用税有关政策规定的通知》（国税发〔2003〕89 号）规定："……鉴于房地产开发企业开发的商品房在出售前，对房地产开发企业而言是一种产品，因此，对房地产开发企业建造的商品房，在售出前，不征收房产税；但对售出前房地产开发企业已使用或出租、出借的商品房应按规定征收房产税。……房地产开发企业自用、出租、出借本企业建造的商品房，自房屋使用或交付之次月起计征房产税和城镇土地使用税。"

在重庆富力房地产开发有限公司与税务机关税法纠纷一案（〔2017〕渝 01 行终 398 号）中，税务机关根据会计账目认定开发产品已经自用，应征收房产税。税务机关认为，《房产税暂行条例》和《重庆市房产税实施细则》规定是在房产税征税范围内实行普遍征收原则，《关于房产税、城镇土地使用税有关政策规定的通知》（国税发〔2003〕89 号）作个别减免。本案中，根据市地税二稽查局举示的审计报告、投资性房地产房屋评估明细表、结转房地产记账凭证、资产负债表、利润表、房地产权证和租赁合同等证据，能够证明重庆富力房地产开发有限公司（以下简称"富力公司"）将其开发建设的富力海洋广场项目中商业房地产于 2010 年 6 月 30 日从开发成本、库存商品转入投资性房地产会计科目，公允价值变动 180 805 946.64 元，亦已相继出租部分房产获取租金，且富力公司已持有该商业房地产等事实。根据财政部

《企业会计准则第 3 号——投资性房地产》（财会［2006］3 号）第 2 条第 1 款"投资性房地产，是指为赚取租金或资本增值，或两者兼有而持有的房地产"的规定，富力公司持有的江北区××天街富力海洋广场项目中的商业房地产，属于投资性房地产。同时，富力公司将其持有的涉案房产在会计账目上从开发成本、库存商品转入投资性房地产会计科目，按投资性房地产进行管理和核算，且房地产价值随市场变化产生了损益，已构成对涉案房产的实际使用，亦相继出租部分房地产获取经济利益，房地产用途、状态、目的已发生变化，因此，该商业房地产不属于《关于房产税、城镇土地使用税有关政策规定的通知》（国税发［2003］89 号）第 1 条规定的待售产品，不属于该条规定的不征收房产税的情形。

富力公司认为，仅依据上诉人的记账凭证的记载来认定涉案房产属于投资性房地产，没有举示记账所必须附有的原始凭证，也没有依据涉案房屋没有使用、出租、出借以及上诉人没有将涉案房产转为投资性房产的股东会或董事会决议，只是账目处理错误这一客观事实。

本案中，富力公司作为纳税人，其向税务机关提供的审计报告、财务报表等应确保其准确真实，财务报表的记载本身不是直接证据、原始证据，但当纳税人自己提供，对其真实性的举证责任会发生争议。一般而言，房地产开发企业将开发产品自用，自然会在财务报表中反映，税务机关应进一步查实财务报表上记载的收入，确实是根据案涉开发产品取得，如果确实证明自用了，就要缴纳房产税。

（七）对房屋性质认识错误是否发生纳税义务？

我国房产税对非经营用房，主要是居民住宅不征收房产税。财政部、国家税务总局《关于房产税若干具体问题的解释和暂行规定》第 13 条明确："根据房产税暂行条例规定，个人所有的非营业用的房产免征房产税。因此，对个人所有的居住用房，不分面积多少，均免征房产税。"

在海南恒润物业发展有限公司与工商局行政纠纷一案（［2019］琼 0105 行初 82 号）中，买受人购买住宅却买到了办公楼，面临是否要缴纳房产税的问题。被告工商局于 2018 年 7 月 13 日作出 45 号决定书，以原告海南恒润物业发展有限公司（以下简称"恒润公司"）在销售其开发建设的位于海口市海甸岛沿江五西路"南海御景"项目房产过程中，以在印刷品及网站上发布广告的形式，突出宣传该房产的生活住宅性质，诱导、隐瞒一部分购房者购买了土地性质为金融用地办公性质的商品房。2017 年底，因部分购房业主到税务部门缴纳税款时被告知所购房产属非住宅性质，需缴纳房产税，购房业主才知道所购房产的性质。经被告调查查明，原告于 2013 年开发南海大厦房地产项目，该项目共一栋 197 套房，占地面积 3494.84 平方米，项目用地性质为商务金融用地，原告向海口市规划局报备的规划平面图均系按照办公楼的设计施工建设。而原告在销售南海大厦房产过程中派发印刷广告及网站发布的广告内容里，均以住宅商品房销售为宣传内容，未有任何字眼显示说明南海大厦实为商业金融用地的办公楼，众多消费者因前述广告内容产生错误认识，并购买了实为办公用途的商品房。消费者自签订买卖合同至装修入住后，均将涉案房屋作为生活住宅使用，直至 2017 年底因业主自行前往税务局缴税时才发现其购买的为非住宅楼。

原告恒润公司认为，涉案小区属于商业金融用地，购房业主确实需要承担房产税，但是，向国家缴纳房产税系房屋所有权人应当履行的法定义务。

本案中，购房业主如果已经取得了不动产登记证书，则应负担房产税的缴纳，因为房屋性质并非以购房业主的主观意识为准，也不以购房业主的实际用途为准，只要房屋的法律性质为办公等营业用地，购房业主就要负担房产税。本案未说明房屋是否已经完成过户，如果尚未完成过户，则房产税的纳税义务人为恒润公司，恒润公司是房屋的产权人。

二、房产税的计税依据的确定

房产税分为从价计征和从租计征两种方式。从价计征就是依照房产原值一次减除 10% 至 30% 后的余值计算缴纳；从租计征就是以房产租金收入为房产税的计税依据。

（一）从租计征是按合同约定的租金还是按实际履约租金计征？

《房产税暂行条例》第 3 条第 3 款规定："房产出租的，以房产租金收入为房产税的计税依据。"那么，该收入是以合同约定的收入为准还是以实际收到的租金收入为准？房产税本质上为财产税，不是所得税或收入税。严格来说，房产税并不是根据房屋的盈利水平征收房产税，而是根据房屋的价值大小。为了确定房屋的价值大小，税法规定了两种方式：一是按照房屋原值衡量房屋价值，原值不等于公允价值，这主要适用自用房屋的情形；二是对于出租的房屋，则按照租金收入衡量房屋的价值。无论是房屋原值还是租金收入，均是对房屋价值的度量。所以，当以租金收入作为计税依据时，不应考虑房屋的实际收到租金，就是以合同约定的租金收入作为计税依据。

在黑龙江省祥盛房地产开发有限公司宽甸分公司与税务机关税务纠纷一案（［2019］辽 0602 行初 13 号）中，原告黑龙江省祥盛房地产开发有限公司宽甸分公司（以下简称"祥盛公司"）同宽甸春龙物业公司签订部分商户租金承包合同，约定第一年租金 600 万元，而原告祥盛公司实际只取得 1 714 477 元。原告认为，税务稽查局应以原告实际收取租金为基数，计算原告应补各项税额及应罚款数。《房产税暂行条例》第 2 条第 1 款规定："……产权未确定及租典纠纷未解决的，由房产代管人或者使用人缴纳。"原告目前同春龙物业公司因租金和经营权问题正在法院诉讼期间，春龙物业公司作为宽甸新天地时尚购物有限公司商铺的实际经营者、使用者和管理者，依法应当是条例规定的纳税义务人，被告将原告确认为纳税义务人，违反条例规定。在庭审中，原告对被告提供的证明事实的证据 21 有异议，这份证据无法证明原告收益租金是多少。原告第一年只收到了 171 万余元，而且合同在 2016 年 10 月就终止履行了，现在正在诉讼阶段。

本案中，祥盛公司主张承租方违约未支付的租金部分不应负担房产税。结合国家税务总局《关于房产税、城镇土地使用税有关政策规定的通知》（国税发［2003］89 号）的规定："二、关于确定房产税、城镇土地使用税纳税义务发生时间问题……（三）出租、出借房产，自交付出租、出借房产之次月起计征房产税和城镇土地使用税。……"从该规定能够看出，房产税从租计征的，并非等待租金收上来后方才发生纳税义务，从租计征并不是对租金收入本身征税，合同约定的租金就是计税依据。否则，就会存在出租时房产税低于或严重低于自用时按房产原值计算出房产税的情况。

另外，本案中原告是以分公司名义起诉，不符合目前的法律规定。分公司不具有法人主体资格，不具有诉讼主体地位。但税务管理活动许可给分公司进行税务登记，虽然一般的民事诉讼和行政诉讼中分公司不能作为民事主体资格，但税务行政诉讼中，因分公司更熟悉自身的税务事项，又是独立报税，按理理应给予其独立的诉讼主体地位。

（二）承租方支付的非租金收入是否应作为计税依据？

上文提到，从租计征是按照合同约定的租金作为计税依据，合同约定租金是多少，计税依据就是多少。实践中，有的为了降低计税依据，改变租金的收取方式或称呼。与之相反，还有的租赁合同中除了约定租金外，还可能会收取其他各项费用或成本。收取的租金以外的款项，能否作为租金计入计税依据呢？区分租金性质与非租金性质，才能确定准确的计税依据。

在南陵首府商厦有限公司与税务机关税务纠纷一案（［2015］芜中行终字第00107号）中，南陵首府商厦有限公司（以下简称"首府商厦"）的前身琥珀商贸公司作为甲方与乙方王某景、叶某忠签订一份《租赁协议》，约定乙方承租琥珀商贸公司所有的南陵商厦房产一至三层进行商业零售，租期为10年。乙方承租后将南陵商厦用于经营超市（即如海超市）。2009年11月22日，琥珀商贸公司与如海超市（代表为叶某忠）签订了一份《补充协议》。协议中写明将原合同中约定的房租中的一半以上变更为物业管理费。

法院认为，关于首府商厦与承租户签订的补充协议中约定的物业管理费能否作为房产税计税依据的问题。《物业管理条例》第32条、第60条规定，国家对从事物业管理活动的企业实行资质管理制度。违反该条例的规定，未取得资质证书从事物业管理的，应没收违法所得并处以罚款。至2013年12月31日，首府商厦并未取得物业管理的相应资质。同时，首府商厦也未向法院提交首府商厦代有关部门、企业、单位向承租户收取的水费、电费、取暖（冷）费、卫生（清洁）费、保安费等有效合法收费凭证，以及自己产生上述费用的证据。也未提供收取物业费用的合法有效收费凭证，合同约定的物业管理费实际应为租金。

从本案可以看出，是否为租金收入，要有具体的证据支持，仅仅通过名称的表象无法行得通。本案中双方约定为物业管理费，却无证据能够证明存在物业管理费。如果与之相反，纳税人能够拿出证据证明收取的费用不是租金，而是其他收入，则不会被记入计税依据。

三、房产税的税收减免争议

房产税相比较而言，属于一个小税种，但同样会给纳税人带来负担，对于很多纳税人甚至不堪重负，但我国房产税的减免却非常有限。

（一）企业停产停业不停房产税

房产税主要是对自产、出租等行为征收，当企业发生停产停业等情形，不再使用房屋，对其征收房产税则有失公允。财政部、国家税务总局《关于房产税若干具体问题的解释和暂行规定》第20条规定："企业停产、撤销后，对他们原有的房产闲置不用的，经省，自治区，直辖市税务局批准可暂不征收房产税；如果这些房产转给其他征税单位使用或者企业恢复生产的时候，应依照规定征收房产税。"但该规定已经废止。根据目前各地方对房产税的减免，基本都不适用企业停产停业停收房产税的规定。

在重庆天运生物液体燃料有限公司与税务机关税务纠纷一案（［2017］渝0233行初17号）中，重庆天运生物液体燃料有限公司（以下简称"天运公司"）作为忠县人民政府招商引资的企业从2008年起就已经全面停产停业没有经营收入来源，完全符合市地税局2014年第11号公告规定的减免土房二税的情形，税务机关在2011年、2012年、2013年未予送达缴纳土房二税《税务事项通知书》征收税款行为，原告就理解为系税务机关基于原告公司全面停产停业已经免征了土房二税。

税务机关认为，原告认为土地使用税、房产税困难减免能自行减免的主张违背了法律、法规及规范性文件的规定，依法申报纳税是天运公司的法定义务，该法定义务不因税务机关是否告知而改变。

本案中的纳税人天运公司实际上因停产停业是符合减免税规定的，但天运公司未申请。重庆市地方税务局《关于房产税、城镇土地使用税困难减免税和资源税重大损失减免税有关问题的公告》（重庆市地方税务局公告2014年第11号，已失效）第2条第1款规定："除国家产业政策限制或禁止发展的行业外，纳税人有下列情形之一、纳税确有困难的，可向主管地方税务机关申请困难减免：1. 被认定为市级特困企业的；2. 当年因自然灾害等不可抗力因素遭受重大损失的；3. 已全面停产、停业，无经营收入来源的；4. 从事污水、垃圾处理等环境保护事业的；5. 其他特殊困难情形。"全面停产停业属于减免税的申请条件。

但是，更多的地方，并未将停产停业作为减免税的申请条件。比如国家税务总局海南省税务局《关于房产税和城镇土地使用税困难减免税有关事项的公告》（国家税务总局海南省税务局公告2020年第6号），规定申请条件为："（一）因风、火、水、地震等造成的严重自然灾害或其他不可抗力因素遭受重大损失的；（二）从事鼓励类产业或公益事业的纳税人经营发生严重亏损的；（三）因政府规划调整、环境治理等特殊原因，造成国有建设用地使用权人不能按照国有建设用地使用权有偿使用合同约定或划拨决定书规定的用途、规划和建设条件开发超过两年的土地且国有建设用地使用权人无过错的；

（四）因突发性的公共卫生、公共安全等因素导致纳税人阶段性经营困难的；（五）海南省人民政府准予困难减免税的其他情形。"未将停产停业作为申请减免房产税的条件。

值得一提的是，《关于实施小微企业普惠性税收减免政策的通知》（财税〔2019〕13号，已失效）第3条规定："由省、自治区、直辖市人民政府根据本地区实际情况，以及宏观调控需要确定，对增值税小规模纳税人可以在50%的税额幅度内减征资源税、城市维护建设税、房产税、城镇土地使用税、印花税（不含证券交易印花税）、耕地占用税和教育费附加、地方教育附加。"小微企业可享受50%的房产税减免。

（二）农业生产设施不征收房产税？

目前来看，实务中对房产税并没有严格遵守征税范围的规定，以往很多地方对城市、县城、建制镇和工矿区的范围没有清楚的界定。可喜的是，越来越多的地方开始规范县城、建制镇的范围。如果不按法律规定的范围征税，可能就会对农村的土地征税。其中，农业用地上的房屋，是否需要纳税，一是要看是否属于城市、县城、建制镇和工矿区的范围。二是如果属于征税范围，可进一步判定是否属于不征税的农林牧渔用地。

在广东省开平市创丰贸易有限公司与税务机关税法纠纷一案（〔2018〕粤07行终216号）中，广东省开平市创丰贸易有限公司（以下简称"创丰公司"）认为，其水口码头、新洲畜牧场和龙尾岗畜牧场的建筑物属大部分没有屋面和围护结构，没有证据证明这些建筑物在2006年至2010年仍然存在，依法不属于房产税的征收对象。新洲畜牧场和龙尾岗畜牧场建筑物的用途用于农业，并不是用于工业、商业或者服务业，不属于房产税的征税范围。水口码头、新洲畜牧场和龙尾岗畜牧场的土地和建筑物位于农村，不属于土地使用税和房产税的征税范围。

税务机关认为，创丰公司提出的"水口码头、新洲畜牧场和龙尾岗畜牧场的建筑物属大部分没有屋面和围护结构，没有证据证明上述建筑物在2006年至2010年仍然存在"，没有依据。根据《税务稽查工作底稿（一）之七广东省开平市创丰贸易有限公司房产税计算表》，江门市税务稽查局是按建筑结构为混合、砖钢和砖木结构的建筑物计算创丰公司应缴房产税额，计税建筑物类型主要是结构完整的仓库、办公楼、发电机房、饭堂宿舍楼等。所有纯粹用作猪舍、鸡舍的建筑物，在上述房产税计算表中均已剔除，并无列入计

征房产税的范围。此外，江门市税务稽查局对创丰公司应税房产的认定是以
1998 年评估报告里所列房屋的建筑结构和使用用途为依据的，根据创丰公司
准备转让新洲畜牧场和龙尾岗畜牧场时的《固定资产明细清单》显示，2008
年新洲畜牧场和 2009 年龙尾岗畜牧场在转让前的房屋建筑物与 1998 年评估
时数量一致。又从创丰公司提交给主管税务部门的转让水口码头资料显示，
水口码头在 2007 年 9 月转让时仍有大量建筑。

创丰公司认为"新洲畜牧场和龙尾岗畜牧场建筑物的用途为农业，不属
于房产税征税范围""水口码头、新洲畜牧场和龙尾岗畜牧场的土地和建筑物
位于农村，不属于土地使用税和房产税的征税范围"，没有法律依据。首先，
根据《房产税暂行条例》第 5 条规定，房产是否用于农业并不属于房产税免
征范围。其次，根据《城镇土地使用税暂行条例》第 6 条关于免征土地使用
税的规定，新洲畜牧场和龙尾岗畜牧场的土地均为直接用于农业的生产用地，
依法免征土地使用税；而水口码头虽然位于农村，但并不符合免征土地使用
税的情形。

本案中，首先，新洲畜牧场和龙尾岗畜牧场建筑物是否属于城市、县城、
建制镇和工矿区的范围，双方都没有提出，这是很大的疏忽。其次，要考虑
是否属于不征税的情况。国家税务总局《关于调整房产税和土地使用税具体
征税范围解释规定的通知》（国税发〔1999〕44 号）规定"对农林牧渔业用
地和农民居住用房屋及土地，不征收房产税和土地使用税"。只不过，适用不
征税规定时，需要证明房屋的用途是否属于农林牧渔业用地。

四、居民房产税的适用问题

炒房现象严重，导致房价上涨过快。一方面为了遏制房价，另一方面为
了增加地方财政收入，我国上海和重庆两个地方率先试点居民房产税。此房
产税与传统上已经征收很久的房产税并不是一回事，前面所述的房产税，并
不对居民住宅征收。居民房产税，专门是针对居民住宅房屋征收的房产税。
为了行文方便，本书将居民房产税与经营房产税放在同一章阐述。

（一）居民房产税的征税对象问题

居民房产税并非普遍征收，在征税对象上具有政策性和选择性。《上海市
开展对部分个人住房征收房产税试点的暂行办法》（沪府发〔2011〕3 号）第
2 条第 1 款规定："征税对象是指本暂行办法施行之日起本市居民家庭在本市

新购且属于该居民家庭第二套及以上的住房（包括新购的二手存量住房和新建商品住房，下同）和非本市居民家庭在本市新购的住房（以下统称'应税住房'）。"而《重庆市关于开展对部分个人住房征收房产税改革试点的暂行办法》（重庆市人民政府令［2011］247 号，已失效，下同）规定："……首批纳入征收对象的住房为：1. 个人拥有的独栋商品住宅。2. 个人新购的高档住房。高档住房是指建筑面积交易单价达到上两年主城九区新建商品住房成交建筑面积均价 2 倍（含 2 倍）以上的住房。3. 在重庆市同时无户籍、无企业、无工作的个人新购的第二套（含第二套）以上的普通住房。……"

对于试点地区的居民来说，房产税是一笔不小的成本，居民个人的房子是否属于征收房产税的范围，可能就在毫厘之间。在朱某娣与上海市地方税务局闵行区分局税法纠纷一案（［2017］沪 0112 行初 137 号）中，原告朱某娣诉称，原告系上海人。1961 年服从组织分配到外地工作，户口因此随迁。1997 年退休回沪定居，并在上海购置了平生唯一的一套普通房产用于自住。早在 20 年前，上海市公安局闵行分局华漕派出所就为原告出具了原告和丈夫居住在上海市的书面证明。当时上海还没有居住证。原告在沪的房产是 20 年前购置，到了 2015 年由于年老体弱迫不得已换购了目前带电梯的住房。被告第十七税务所依据《上海市开展对部分个人住房征收房产税试点的暂行办法》对原告征收房产税适用法律错误，对原告征收房产税缺乏依据。

被告第十七税务所辩称，2016 年 1 月 7 日，原告与侯某至第十七税务所处办理房产交易涉税事宜，从原告提供的户口簿和身份证资料显示，原告及其配偶户籍地为江苏省南通市，且无法提供上海市居住证。根据《上海市开展对部分个人住房征收房产税试点的暂行办法》第 2 条的规定，原告不属于本市居民家庭，新购的住房应当征收个人房产税。

朱某娣作为上海人，可户籍不在上海，而非上海市民在上海只要新购置房屋就要缴纳房产税。是不是上海户籍，决定了是否要负担房产税，这体现了户籍制度的严酷性。可是地方法律就是如此规定的，作为老百姓无从选择。从情理上讲，对朱某娣这样的居民征收房产税，不太符合立法精神。

（二）建筑面积单价是否应扣除装修面积单价？

重庆市的房产税，在认定独栋商品住宅和高档住房时，以及确定相应的税率时，要根据建筑面积单价确定。如果建筑面积单价低，则明显会对纳税人有利。所以在确定建筑面积单价时，要不要扣除装修面积单价，对纳税而言就极为关键。

在肖某与税务机关税法纠纷一案（〔2014〕渝一中法行终字第00311号），2011年2月14日，肖某与万科（重庆）房地产有限公司签订商品房买卖合同，购买位于渝北区白桦路×号×幢9-6-1的预售装修房一套，成交总额1 323 979元，建筑面积127.74平方米，建筑面积单价为10 364.64元/平方米，装修单价1555元/平方米。2013年12月26日，肖某填报2013年《个人住房房产税纳税申报表》，住房建筑面积127.74平方米，免税面积100平方米，应税建筑面积27.74平方米，建筑面积交易单价10 364.64元/平方米，装修抵扣单价1555元，应税单价8809.64元。

肖某认为其房屋所在楼盘有精装修和未装修两种，在房屋面积一致的情况下仅征收精装修房屋房产税有失公平，因此，请求撤销征收决定。认定建筑面积交易单价时不应把装修面积单价计算在内。肖某购买渝北区白桦路×号×幢9-6-1号房屋时，除了签订了商品房买卖合同，还签了委托改造、装修协议，该装修协议为房屋买卖合同的附件，房屋的装修费用在装修协议中没有约定，而是写进了房屋买卖合同中，所以该房屋的建筑面积交易单价应当扣除装修单价1555元，实际为8809.64元。

法院认为，《重庆市关于开展对部分个人住房征收房产税改革试点的暂行办法》第1条规定："试点区域为渝中区、江北区、沙坪坝区、九龙坡区、大渡口区、南岸区、北碚区、渝北区、巴南区"；第2条第1项第2点规定，"高档住房是指建筑面积交易单价达到上两年主城九区新建商品住房成交建筑面积均价2倍（含2倍）以上的住房"；第5条第1项规定："独栋商品住宅和高档住房建筑面积交易单价在上两年主城九区新建商品住房成交建筑面积均价3倍以下的住房，税率为0.5%……"；第6条第1项规定："应纳税额=应税建筑面积×建筑面积交易单价×税率"……；第6条第2项规定："……新购的独栋商品住宅、高档住房、免税面积为100平方米……"肖某购买的建筑面积交易单价为10 364.64元/平方米位于渝北区白桦路×号×幢9-6-1的装修房应属该暂行办法规定的应税住房。人和税务所根据上述规定，认定该套房屋为建筑面积交易单价在上两年主城九区新建商品住房成交建筑面积均价3倍以下的新购第一套应税住房，从而确定肖某2013年应纳税额为1437.58元。因肖某的该套房屋为成品住宅，人和税务所根据《关于个人住房房产税征管问题的通知》（渝财税〔2011〕109号）第2点关于"应税住房中，新建商品住房属于成品住宅的，在不变更计税交易价和适用税率的情况下，可按建筑面积交易单价分档扣除装修费后计税。具体为：建筑面积交易单价在上两年主城九区新建商品住房成交建筑面积均价 3 倍以下的，按 15% 的比例扣除装修费后计税"的规定，对肖某应缴税额按 15% 的比例扣除装修费用后计税。人和税务所的上述征税行为和征税数额符合相关法律规定。

关于肖某认为成品住宅建筑面积交易单价的确定应先扣除装修单价的主张。根据《重庆市关于开展对部分个人住房征收房产税改革试点的暂行办法》第 2 条第 2 项的规定，是否纳入应税房屋以购买房屋时的建筑面积交易单价确定。房屋建筑面积交易单价达到上两年主城九区新建商品住房成交建筑面积均价 2 倍及以上，即应缴纳个人住房房产税，并未要求扣除装修单价。同时，针对应税成品住宅，渝财税〔2011〕109 号通知规定，可按一定比例扣除装修费用后计税，实际是对成品住宅装修费扣除问题的回应，一定程度上减轻了纳税义务人的负担。故对肖某的主张不予支持。

《重庆市关于开展对部分个人住房征收房产税改革试点的暂行办法》第 4 条规定，应税住房的计税价值为房产交易价，《重庆市个人住房房产税征收管理实施细则》第 6 条亦作了相同的规定。该暂行办法和实施细则并未规定确认应税住房的计税价值时应当先扣除装修费。至于成品住宅装修费的扣除问题，《关于个人住房房产税征管问题的通知》（渝财税〔2011〕109 号）第 2 条规定，应税住房中，新建商品住房属于成品住宅的，在不变更计税交易价和适用税率的情况下，可按建筑面积交易单价分档扣除装修费后计税。即对个人住房征收房产税时，应当首先根据房产交易价确认是否属应税住房，如果属应税房屋，且该房屋属成品住宅的，在不变更计税交易价和适用税率的情况下，可按规定扣除装修费后再计税。本案中，肖某与万科（重庆）房地产有限公司签订的商品房买卖合同明确约定其购买的位于渝北区白桦路×号×幢 9-6-1 号房屋建筑面积单价为 10 364.64 元/平方米。被上诉人人和税务所把该建筑面积单价作为房产交易价，根据前述暂行办法和实施细则的相关规定确认该房屋属应税房屋，并对肖某作出《个人住房房产税纳税通知书》，事实清楚，适用法律正确，程序亦无不当。

上述案例反映，在确定房屋建筑面积单价时，并不能扣除装修费用单价。只是在计算税额时，可减除一定比例的单价。这样的规定显然是出于防止避税考虑，如果能够扣除装修费用单价，则纳税人可能会将建筑面积单价降低，提供装修费用单价，以此规避税收。但是，不容许扣除装修单价，只能促使纳税人购买未装修的房屋，而这又违反了税收中性原则，可能对市场行为会造成扭曲。

(三) 独栋商品房住宅如何认定

重庆对独栋商品住宅征收房产税，是否属于"独栋"商品住宅就显得比较重要。当然，有些不属于独栋商品住宅，则可能属于高档住宅，同样需要按照"独栋"承担房产税。也有些如果不属于独栋商品住宅，同时也可能不属于高档住宅，因为高档住宅是指建筑面积交易单价达到上两年主城九区新建商品住房成交建筑面积均价 2 倍（含）以上的住宅。如果一栋楼不属于独栋商品住宅，建筑面积交易单价也未达到当地均价的 2 倍以上，则不需要缴纳房产税。所以，对独栋商品住宅的认定就很重要。

在何某与税务机关税法纠纷一案（［2014］渝北法行初字第 00109 号）中，原告何某拥有位于重庆市××区××街 2 号 2 幢 50 号城镇住宅一套，房屋用途别墅；土地使用权面积 435.7 平方米；楼层 1-3；房屋建筑面积 262.78 平方米；套内建筑面积 247.03 平方米。2013 年 10 月 22 日，原告何某向被告申请房屋类型复核，申请复核理由如下："1. 对本建筑物定性为独栋别墅进行征收房产税提出质疑，认为认定事实不清，适用法律错误，请国土局出示独栋别墅界定的国家统一标准。2. '购房合同'及'房屋产权证'上均未标明此建筑为独栋别墅，并且有共有墙，上下两层均连接。3. 规划批复的用地性质，也是修建'一般成套住宅'，请国土局实际勘查，做出正确判断。4. 如不顾事实强行将此建筑定性为独栋别墅，请国土局更正'产权证'，请开发商按独栋别墅的标准整改。"

2013 年 10 月 25 日，由被告北部新区国土局与重庆北部新区地方税务局、重庆北部新区财政局共同对原告的申请作出"独栋商品住宅认定会签表"，独栋商品住宅认定状况如下："2013 年 10 月 24 日，经北部新区地方税务分局、北部新区财政分局、北部新区国土房管分局三部门到龙湖。悠山郡，现场查勘，此套房屋连廊虽与相邻房屋连接，但主体结构及使用功能是独立的，根据《关于个人住房房产税征管问题的通知》第 4 条规定，也应视同为独栋商品房住宅。"被告于 2013 年 10 月 29 日作出重庆市国土房管局北部新区分局《关于独栋商品住宅复核结果的通知》，主要内容如下："……二、房屋复核情况，根据重庆市财政局、重庆市地方税务局、重庆市国土资源和房屋管理局、重庆市城乡建设委员会联合下发的《关于个人住房房产税征管问题的通知》（渝财税〔2011〕109号）第4条规定'对虽与相邻房屋连接但主体结构及使用功能独立的住宅，也应视同为独栋商品住宅'，被告根据渝财税〔2011〕109号文件第4条第1款"独栋商品住宅是指房地产商品房开发项目中在国有土地上依法修建的独立、独栋且与相邻房屋连接但主体结构及使用功能独立的住宅，也应视同为独栋商品住宅（如：与相邻房屋有简易建筑物连接的住宅；与相邻房屋阳台、地下室、车库、游泳池有共墙的住宅等等；只要主体结构和使用功能独立，均应为独栋住宅）。"

　　本案中，双方就独栋商品住宅的认定产生争议。《重庆市个人住房房产税征收管理实施细则》（重庆市人民政府令第247号）第4条第2款规定："独栋商品住宅是指房地产商品房开发项目中在国有土地上依法修建的独立、单栋且与相邻房屋无共墙、无连接的成套住宅。"根据该规定，那种与相邻房屋有共墙、有链接的商品住宅则不属于独栋商品住宅。但是，《关于个人住房房产税征管问题的通知》（渝财税〔2011〕109号），扩大了独栋商品住宅的范围，"对虽与相邻房屋连接但主体结构及使用功能独立的住宅，也应视同为独栋商品住宅（如：与相邻房屋有简易建筑物连接的住宅；与相邻房屋阳台、地下室、车库、游泳池有共墙的住宅等等；只要主体结构和使用功能独立，均应为独栋住宅）"。但是，这样的解释对相邻房屋连接进行了限定，将两个房屋相邻排除在独栋商品房之外。就本案中何某的房屋是否属于独栋商品住宅，也应该严格按照这样的界限界定，否则对纳税人有失公平。

第五章

居民个人转让二手房税法实务

作为居民个人，转让不动产包括，转让二手房、受让二手房或商品房以及转让车位等。居民个人的不动产转让，涉及的税法问题非常零碎，转让价格被核定是非常普遍的问题，关于此点笔者将在后文单独阐述。本章选取几个容易发生的争议问题进行探讨。

第一节 居民二手房买卖税法争议

二手房买卖容易发生纠纷，除了合同纠纷外，税法纠纷亦较为常见。税法纠纷主要发生在当事人与税务机关之间，当事人之间亦可能发生税款承担纠纷，当事人之间的税法纠纷属于合同纠纷。

一、转让合同权利（备案商品房）的应税性

备案商品房，实际上是对尚未登记过户的商品房进行预告登记，预告登记的作用在于限制该商品房的处分，开发商的产品被办理备案，开发商便不能对其转让、用来担保等。一旦遇到买房人违约等情形，亦不能随便处置。因此，开发商申请拍卖购买人的备案商品房就成了可能的选项。

（一）对开发商享有的合同权利之转让

转让合同权利与转让房屋本身在法律上是有区别的，但实践中经常区分不清楚。比如在冉某晖与税务机关税法纠纷案（［2019］川1303行初220号）中，原告冉某晖与李某华是夫妻关系，李某华与李某林是姐弟关系，李某林和唐某会曾经是夫妻关系。李某林和唐某会在婚姻关系期间于2010年向原告

借款、并向开发商成都鑫鼎房地产开发有限责任公司（以下简称"开发商"）预订购买本市顺庆区师大路世纪天骄小区商品住宅房，备案预售合同编号为201003××××46，并分期付给款项。2011年5月预定交房时间，因李某林和唐某会没有给付其余约70%的房款，开发商不予交房。2011年11月李某林与唐某会离婚。2012年7月至11月，李某林、唐某会与原告、开发商三方达成以本案商品房的首付款冲抵之前的债务、原告付清其余约70%房款及违约金和物业管理费之后此房归原告所有的约定。

税务机关认为，原告夫妻与李某林夫妻之间是以房抵债的关系，应当按照商品房买卖法律关系缴税。

上述案件未能区分合同的转让与房屋转让之间的法律区别。上述案件相当于发生了商品房买卖合同的合同主体变更，且经过合同向对方开发商的同意认可，虽然发生了合同变更，实际上仍然只存在一项交易行为。说白了，开发商将原本卖给李某林的房子变成卖给了冉某晖，一个房子只卖了一次。而买受人由李某林变为冉某晖，合同主体变更并非税法上的应税行为，合同主体变更任何情况下都不可能是一个应税行为。本案反映的是三方主体自愿达成的协议。

而在非自愿也就是强制拍卖中，也是同样的道理。实践中发生这样的案例，开发商售卖房屋，最初的买受人（为方便区分称之为"第一买受人"，竞拍人称之为"第二买受人"）签订商品房买卖合同后，因各种原因并未能付清房屋价款，最终开发商选择拍卖该备案商品房。一般情况下，在第一买受人未拿到房产证的情况下，拍卖的标的实际上属于第一买受人对开发商享有的合同权利，即请求开发商过户房屋的债权请求权。拍卖合同权利，不等同于拍卖房屋，合同权利对第一买受人来说属于资产，会涉及税收问题，第一买受人需要按照"财产转让所得"缴纳个人所得税。但从第一买受人的角度，转让债权不等同于买受人在转让房屋，买受人不存在转让房屋行为，并不涉及增值税、土地增值税等的缴纳，第二买受人受让合同权利，当然也就不存在契税的缴纳。如果拍卖合同权利的竞价高于原房价，第一买受人是在转让债权，即存在"财产转让所得"，如果竞价低于原房价，则第一买受人不存在所得。如果由竞买人承担税款，也只能是承担第一买受人转让债权的所得发生的个人所得税，除此之外不承担其他任何税负。

但在实践中，税务机关对此征税的情况时有发生。这与其说是税法问题，不如说是一个民法问题。当然，第一买受人的合同权利能否像拍卖不动产一样拍卖，也是有疑问的。合同权利能否在此作为拍卖标的，如果能拍卖是否应该在资产交易所拍卖？强制拍卖债务人的债权很少见，更何况是开发商拍卖债务人对开发商自身享有的债权。相比之下，开发商解除合同可能更为简单明了。开发商可能忌惮备案商品房的预告登记效力，但申请法院拍卖并不能破除该预告登记效力的限制。

在陈某辉与税务机关税法纠纷一案（［2019］粤2071行初797号）中，2018年7月21日，法院在京东网络司法拍卖平台发布登记在杨某菊名下的涉案房地产（无房产证，合同业务编号：HTN2014086832）的拍卖公告。

2018年8月21日10时至2018年8月22日10时止，法院通过京东网络司法拍卖平台对涉案房地产进行公开拍卖，陈某辉以970 141元的竞价拍卖成交。2018年9月13日，法院作出［2017］粤2071执2296号之二执行裁定书，裁定涉案房地产的合同权利及相应的其他权利归陈某辉所有，涉案房地产过户应缴税金及所需费用均由买受人陈某辉承担。

陈某辉购买的房屋背景是，2014年12月15日，杨某菊因购买涉案房地产与万科公司签订了一份《中山市商品房买卖合同》，房屋售价为573 176元。同年12月22日，原中山市国土资源局办理了上述商品房买卖合同的备案登记，备案合同号为HTN2014086832，后杨某菊一直未办理涉案房地产的权属登记。2015年2月12日，原中山市地方税务局东凤税务分局出具了涉案房地产的"销售建筑物、构筑物发票"（发票号码015××××6105），载明收款方为万科公司，付款方为杨某菊，售房款金额为573 176元。

陈某辉认为，房地产登记备案与产权登记是两回事，备案是开发商万科公司的事情，该公司一直没有把涉案房地产过户到杨某菊名下，产权仍然在万科公司名下，杨某菊没有取得涉案房地产的产权。而法院处理涉案房地产只是处理备案的以物抵债关系，当时原告通过司法拍卖取得涉案房地产的产权，并由万科公司直接将涉案房地产过户至原告名下，而不是由杨某菊出卖给原告，原告与杨某菊没有进行过任何交易，故涉案房地产应属于一手房交易，只需缴纳契税，不产生增值税及其附征税费、个人所得税。而东凤税务分局、市税务局则认为，原告混同了国土登记行为与房产交易行为，国土部门流程自成体系，与税收没有直接关系，税务机关在征税过程中有实质课税原则，对相关应税行为的性质进行独立的识别和判定，从本次拍卖行为来看，涉案房地产已经发生两次销售，形成两次应税行为。东凤税务分局、市税务局则认为，还应包括卖方杨某菊为法定纳税义务人的增值税及其附征税费、个人所得税，因纳税义务人的法定性与法院确定由陈某辉承担相关税费之间不存在矛盾，故由陈某辉作为税费负担人没有问题。

本案体现出税务机关典型的征税思维方式。实质课税原则不能混同债权和物权，杨某菊没有办理房产证，就不能享受房屋的物权即所有权，也就对房屋不享有法律上的处分权。本案开发商企图拍卖备案房屋，实现以物抵债，实际上是强制处置第一买受人对开发商享有的债权，实现开发商对第一买受人的债权之受偿。法院拍卖的就是原买受人的合同权利，严格意义上不属于"以物抵债"。如果说是拍卖房屋，那么就是拍卖的是开发商自己的房屋，因为开发商对该房屋享有法律上的处分权，但被拍卖人却是杨某菊。开发商、法院等对该拍卖行为认识不清。准确的说，法院应该是在拍卖合同权利或在拍卖债权。杨某菊不发生房屋转让的应税行为，买受人的税款承担也就无从谈起。至于杨某菊买房时，开发商负担的应税行为，因为此次只是发生债权的处置行为，并未发生商品房的二次销售行为，不再产生新的房屋销售应税行为，只发生财产转让（债权转让）的应税行为。所以说，法院在设定拍卖条款以及合同条款时，虽然认识到了拍卖的标的是合同权利，但对其中的法律关系和法律逻辑认识不清楚。总之拍卖人只需负担契税，另外负担杨某菊转让债权的个人所得税（如有），杨某菊此前缴纳的契税税务机关应当予以退还。

（二）买受人通过受让合同权利取得房屋的计税成本

从税务机关的操作看，税务机关将受让合同权利的行为视为房屋买卖行为，这样就会将买受人的成交价格作为其取得房屋的计税基础。

在张某天与当地税务机关税法纠纷一案（［2020］粤2071行初1753号），张某天要求被告下属单位三乡税务分局确认此次业务属于一手房交易，理由如下：备案合同号的预售登记未办理过房产证，国家明文规定不能形成产权二手房交易，递交的契税材料证明此次产权登记在国土资源局办理的业务也为一手房登记业务，而税收缴款书备注显示的"权属转移面积266.34平米，合同日期2020-05-07"是虚构的，没有相关的二手房交易合同，被告要求提交的伍中波权属证明因裁定变更也早已失效。

税务机关作为二手房处理，说明计税基础同样延续了二手房的处理方式，即竞买人或买受人受让合同权利对合同权利的出价，就是买受人取得该房屋的计税基础。实际上，该房屋的计税基础仍然为原买受人（第一买受人）最初签订商品房买卖合同的价款。之后竞买人拍卖竞得对开发商的合同权利（原买受人向开发商要求过户房屋的请求权），竞价如果小于原房价，则对竞买人有利。如果竞买人的竞价高于原房价，则高出的部分并不能作为房屋的计税基础，对竞买人不利。

二、处分权受限的二手房买卖之税法考察

不动产的所有权，通常都具有完全的权利，包括享有占有、使用、收益和处分的权利。但是也有一些不动产的权能受限，具有权利瑕疵，比如经济适用房、房改房、回迁房等等。

（一）转让房改房不能提供原值凭证的核定征收

房改房，比如经济适用房的转让会受到限制，一定期限内不能转让。一定期限后可以转让，但要变更为商品房才能转让，这就是典型的房改房。房屋虽然能转让了，但是房改房权利人拿不出该房屋的原值凭证，如果转让该房屋，如按照 20% 的税率计算个人财产转让所得，则会面临很重的税负。

在陈某莉等与税务机关税法纠纷一案（［2021］京 02 行终 17 号）中，张某东、陈某莉向一审法院诉称，张某东于 2013 年参加单位集资建房活动，购置坐落于北京市大兴区清泰路 2 号院××号楼××××号（以下简称"涉案房屋"）的房屋一套，在取得的不动产权证书上记载的权利性质为"划拨/按经济适用住房管理"。2018 年 11 月 7 日，张某东自愿将该房屋的 1% 产权赠予自己的妻子陈某莉。在不动产登记大厅办理赠予过程中，第三税务所要求张某东必须先补交房屋全部契税后，凭完税契税票才能办理赠予手续。张某东按税务部门要求先缴纳了契税 16 679.52 元，然后办理了其他赠予手续，又缴纳了赠予契税 304.31 元及其他税费和土地出让金。2018 年 11 月 8 日，重新发放的不动产权证书记载的权利性质为"出让/商品房"。2019 年 4 月份，张某东从同事口中得知，北京市大兴区清泰路×号院（首座御园二期）的房屋属于免征契税范围，无需缴纳契税，对已交纳的契税可以退回。于是张某东按程序要求到第三税务所进行登记，第三税务所于 2019 年 4 月 29 日将 2018 年 11 月 7 日征收的契税 16 679.52 元退还了张某东。

2019 年至 2020 年，张某东、陈某莉将涉案房屋予以出卖。该房屋属于

"房改房"性质，没有原值，交易时只需交纳1%的个人所得税即可。但2020年8月3日，张某东、陈某莉与该房屋买方在办理不动产转移登记时，在不动产登记大厅办理税务的第三税务所对张某东、陈某莉未按无原值房屋，即房屋价款的1%（中介公司计算总税款为22 500元）征收个人所得税，而直接按"有原值"房屋征收了20%（实际总税款为290 467.3元）的房屋差价个人所得税。经了解，对于按20%的房屋差价征收个税，第三税务所给出的理由是：该房屋曾经有过交纳契税的记录，虽然契税实际因不应征收而予以退回，但系统中留有了缴税的记录，属有原值房屋，因而不能按同类性质房屋（按经济适用住房管理房屋赠予配偶的，再出售的仍为无原值房屋计算个税）征收1%的个税，而应按有原值房屋征收房款差价20%的个税。

上述案件中，主要的问题在于系统中留有缴纳记录就能改变纳税人的税负，已经发生退税，进入系统的就不算，应恢复原状。另外，夫妻关系存续期间双方之间的财产转让不应负担任何税负。

案件中提到的1%核定征收，是各地方对未能提供房屋原值采取的通行的做法。对于很多房屋，确实不存在房屋原值的情况，尤其是早年置办的房屋。一般而言，转让房屋要根据收入减去原值计算应纳税额，并按20%的税率征税。但对于无房屋原值的，《个人所得税法实施条例》第16条第3款规定："纳税人未提供完整、准确的财产原值凭证，不能按照本条第一款规定的方法确定财产原值的，由主管税务机关核定财产原值。"核定房产原值，核定一定时间之前的房产，存在难度，更何况核定的房产原值亦不可能是原市场价格，可能会存在不公平问题。国家税务总局《关于个人住房转让所得征收个人所得税有关问题的通知》（国税发〔2006〕108号）第3条规定："纳税人未提供完整、准确的房屋原值凭证，不能正确计算房屋原值和应纳税额的，税务机关可根据《中华人民共和国税收征收管理法》第三十五条的规定，对其实行核定征税，即按纳税人住房转让收入的一定比例核定应纳个人所得税额。具体比例由省级地方税务局或者省级地方税务局授权的地市级地方税务局根据纳税人出售住房的所处区域、地理位置、建造时间、房屋类型、住房平均价格水平等因素，在住房转让收入1%-3%的幅度内确定。"这样的规定，才符合实际情况。

但是经济适用房，也是存在房屋原值的，如果确实不能核定，方能按照上述核定征收的方式征收。比如国家税务总局《关于个人住房转让所得征收个人所得税有关问题的通知》规定，经济适用房（含集资合作建房、安居工程住房）原值：原购房人实际支付的房价款及相关税费，以及按规定缴纳的土地出让金。如果实践中普遍按照上述1%的税率核定征收，既节省成本，便于操作，又利于纳税人，但与该规定会有冲突。

（二）购买回迁房不免证契税

一般来说，回迁房本质上就是商品房，产权的权能不受限。但是，实践中的回迁房，因各种原因总会存在诸多瑕疵，而这样的问题会在税法上得到反映，并最终影响回迁房的过户。

在霍某与当地税务机关税法纠纷一案（［2019］吉7103行初76号）中，原告霍某2017年4月4日在通化市东昌区法院淘宝网司法拍卖网络平台买受了被执行人王某位于通化市丽景三期房屋一套。原告持法院相关手续前往通化市不动产登记中心进行产权登记办理纳税时，被告派驻在不动产登记中心的税务工作人员告知其该房屋之前是回迁房屋，其回迁之前的房屋面积是买受而来，应由原告承担王某与原产权人之间的应交税费。具体纳税率及数额因没有具体数据，无法计算。原告认为其通过法院司法拍卖网购买的房产，交易价格清楚，不应对原产权人被法院执行前欠交的税费承担纳税义务。

最初回迁房的房产证办理，未缴纳税费，虽然房产证能够办理下来，但在未来的转让环节，其他个人如果要受让该回迁房，被要求不但要承担上家的本环节的税费，上家的上个环节的税费亦要承担，上个环节主要是房地产开发企业在不承担土地出让价款的土地上开发回迁房，那就是由拆迁业主自己承担，就会存在契税的问题。如果买受人承担本环节的税费，可能说得过去，被要求承担上个交易环节的税，则有失公平。通过本案能够反映出，回迁房与普通商品房还是存在诸多差异，容易出现问题。

在赵某威与税务机关税法纠纷一案（［2016］京02行终1194号）中，征纳双方就契税问题产生争议。赵某威认为，其回迁房是2002年进行危改的原崇文区新景家园项目，回迁居民没有一户被征收契税，却单对赵某威一户征税。根据《关于实施〈北京市加快城市危旧房改造实施办法（试行）〉宣传提纲和政策问答》中第32条的规定，危改居民购买就地安置用房的税费项目、税费标准以及交纳公共维修基金，均按本市职工购买公有住宅楼房的有关政策执行。1992年《北京市职工购买公有住宅楼房管理办法》第5条规定，职工第一次购买公有住宅楼房，免征契税。因此，危改就地安置居民不应征契税。赵某威之父在前往第五税务所地税大厅咨询时得到接待的工作人员答复称首次办理回迁不收税，同时在北京人民广播电台103.9所作关于税收宣传月活动的栏目中，朝阳地税局干部亦有同样观点。东城地税局支持第五税务所的征税行为并作出行政复议决定，没有事实依据和法律依据。

就上述案例可参考一些具体的规定。就危改区内居民赵某威购买就地安置住房是否应当免征契税的问题。北京市人民政府于1992年5月30日发布并于2007年11月23日修改的《北京市职工购买公有住宅楼房管理办法》第4条、第6条第2款规定，职工购买公有住宅楼房，实行准成本价。城镇职工按规定第一次购买公有住房的，免征契税。以上规定表明，个人购房依法应当缴纳契税，北京市的契税税率为3%。城镇职工按照国家房改政策以成本价第一次购买的公有住宅楼房，免征契税。

关于危改区内居民购买安置住房是否应当免征契税，我国现行法律、法规、规章并没有明确规定。对此，北京市人民政府办公厅《关于印发北京市加快城市危旧房改造实施办法（试行）的通知》（京政办发〔2000〕19号）第11条第1款第1项规定："危改区内居民应当按照以下规定购买安置房：（一）对被拆除的非成套住宅房屋和公有成套住宅房屋，属安置房建筑面积未超过原建筑面积以内的部分，应按照房改成本价格购买，并可享受规定的优惠政策；属安置房建筑面积超过原建筑面积，但未超过人均15平方米（含）以内的部分，应按照房改成本价格购买，不享受相关的优惠政策；属安置房建筑面积超过人均15平方米的部分，应按照当地经济适用住房价格购买。"北京市国土资源和房屋管理局、北京市人民政府房改办公室、北京市财政局、北京市地税局、北京市物价局、北京市城市建设综合开发办公室、北京市住房资金管理中心《关于北京市城市危旧房改造有关问题的通知》（京国土房管方字〔2000〕第484号）（以下简称《联合通知》）第1条规定："危改区内居民购买就地安置住房的税费项目、税费标准，以及交纳公共维修基金，均按本市职工购买公有住宅楼房的有关政策执行。……"

以上规定说明，危改区内居民购买安置住房可以参照《北京市职工购买公有住宅楼房管理办法》中关于城镇职工按照国家房改政策以成本价第一次购买的公有住宅楼房，免征契税的规定执行。本案中，根据危改区内居民赵某威与危改单位北京崇文·新世界房地产发展有限公司所签订的《危旧房改造回迁安置协议书》（以下简称《回迁协议》），能够证实赵某威所购回迁安置房的全部建筑面积都是以经济适用房价格购买的，不是执行房改成本价格，不属于《北京市职工购买公有住宅楼房管理办法》规定的免征契税情形。回迁房没有免征契税的规定，不属于公有住宅，不能适用公有住宅的规定。

（三）受让搬迁安置合同权利的两道税

搬迁安置房很多时候都会有一个限售期，比如一般会规定一个 5 年的限售期，在限售期内权利人不能转让安置房。一般满五年后，补缴土地出让金，变成商品房才可对外转让。安置房的权能受到限制。也正因为存在这样的限制，又加上安置房价格偏低，很多人还是会购买安置房，一种是直接购买，但是不能办理过户。还有一种是受让安置房的合同权利，待未来办理房屋产权证的过户，但此处的受让搬迁安置房合同权利，与受让一般的商品房预售合同权利不同。

在于某宏与税务机关税法纠纷一案（［2015］双流行初字第 318 号），原告于某宏于声称，其于 2007 年 10 月 16 日以 27500 元的价格购买任某林、罗某夫妻《邛崃征地搬迁安置合同》一份。2008 年 5 月 29 日原告持该拆迁安置合同，自行出资 67 644 元，直接向开发商购置位于邛崃××小区 20-1-7 房屋一套。2012 年 5 月 11 日，原告在办理该房登记手续时，按邛崃地税局下达的契税征收标准，依据分别缴纳 34.5 元的印花税和 0.10 元的契税。被告在该二项征税凭证上却载入"任某林"之名。要变更该房产权让原告名下，须另额外缴纳第二道房产税。为了证实原告购买的不是二手房，2013 年 8 月 9 日原告提供［2013］邛崃市初字 711 号调解书，但被告始终坚持以第一道房产税收据上是"任某林"之名为由，被定性为"任某林"转让给原告的就是"房屋"。硬将原告出资的购房款认定为"任某林"出资，并又以"任某林"的名字再次强行征收 4396.86 元的各种税费。同时，又以原告为名字购买"二手房"为由第二次征收房产契税 1014.66 元。

法院查明，2013 年 4 月 18 日，四川省邛崃市人民法院作出［2013］邛崃民初字第 711 号民事调解书，确认于某宏与任某林、罗某签订的《拆迁安置合同转让协议书》合法有效，任某林、罗某应于 2013 年 5 月 2 日前协助于某宏办理该房屋产权证和土地使用证等于某宏所有的变更登记手续。2013 年 8 月 9 日，于某宏提交相关材料及该调解书要求将房屋过户至其名下，被告邛崃地税局第一税务所开具《税收通用完税证》［2012 壹］川地涂完 4147062 号，收取纳税人名称为任某林、罗某的个人所得税、营业税、城市维护建设税、教育费附加、地方教育费附加收入共计 4396.86 元。开具《税收通用完税证》［2012 壹］川地涂完 4147061 号，收取纳税人名称为于某宏的房屋交易契税 1014.66 元。

本案中，双方签订的合同法院已经判决确认有效，并申请执行。安置房不能转让的限制，并不是法律或行政法规的效力级别。因此，无论是直接签订转让安置房的合同，还是转让合同权利，都不存在合同无效的问题。关键的问题在于履行会存在障碍，安置房不能转让的限制，虽然不能使得合同无效，但在履行过户时，不动产登记部门可能不给过户。案件中反映的税务机关一直坚持以"任某林"的名义办税，也是坚持限售的体现。当然，如果不动产登记部门准许该安置房过户，则税务机关的做法就不妥，合同主体发生变更，纳税义务人就应相应发生变更，此种情况下，不应对于某宏征收两道税。若不动产登记部门坚持限售的规定，则于某宏的缴税行为，则会被视为代任某林缴纳，但不应同时发生第二道税的缴纳，因为尚未满限售期，第二次转让不发生。从整体来看，税务机关同时征收两道税的做法存在一定问题，不存在满 5 年的限售期方可过户之前提下，于某宏只须按照第一次购买安置房缴纳契税即可。

三、合同与房屋登记之间的差异导致的税法后果

不动产权利的归属，主要依据基础法律关系判定。基础法律关系，要根据双方当事人之间的约定审查。基础法律关系对外公示，能够确定真正的权利归属主体，而当双方的基础法律关系未对外披露，则外界无法判定房屋的真实归属。基础法律关系与公示的差异，主要表现在时间上的差异，而时间上的差异会导致税法上的纳税义务发生时间无法确定，继而影响计税依据的确定。此外，合同关系与登记状态的不同，同样会导致纳税义务方面的争议。

（一）陈年旧屋经法院确权的纳税义务及发生时间

我国很多地方产权意识观念不强，包括农村、中小城市等，过去普遍存在没有产权意识的现状。加上过去房价还不像现如今这样离谱，转让房屋的双方并不太当回事。现如今房价上涨，时间久了，利益观念压倒诚信，纠纷就难免发生。与之伴随的是税法问题，而在处理许久以前的产权问题时，是依据现在的税法还是以前的税法处理，就成了问题。

在陈某华与税务机关税法纠纷一案（［2019］黑 0102 行初 63 号）中，原

告陈某华诉称，1994 年陈某华与陈某友两人买下哈尔滨市平房区新伟街 103 栋 7 号房屋（东北轻合金加工厂职工的个人民宅）。1997 年 6 月 11 日陈某友以 6000 元的价格把此房卖给陈某华居住，并签订协议并交付了 6000 元，因双方为姐弟关系便未办理过户手续。2010 年棚户区改造，陈某华以陈某友的名义签订了房屋拆迁补偿协议产权调换，并交纳了上靠户型的补偿款 21 632 元，选定户型后陈某华又交纳了超出面积差价款 17 334 元及其他费用 6370 多元，并进行了装修，后陈某华与陈某友发生纠纷，诉至法院，法院对产权归属问题审理后判决房屋归陈某华居住使用，待具备办理物权凭证条件时办理不动产权人为陈某华的不动产权证。2018 年 8 月 28 日哈尔滨市平房区人民法院下达了执行裁定书和协助执行通知书，裁定与协助执行事项如下：（1）为被执行人陈某友办理坐落于哈尔滨市平房区新疆南路×号南城首府 B 区 214 栋 1 单元 501 室房产（建筑面积 55.35 平方米）的不动产登记证书；（2）将被执行人陈某友名下的上述房产变更登记至申请执行人陈某华名下。

2018 年 9 月 18 日陈某华同法院执行人员去办理产权证时，陈某华以陈某友的名义缴纳了房屋产权调换差价 611.82 元的契税。2018 年 10 月 10 日陈某华去取产权证时，又征收陈某友按房产的评估价 257 472.75 元的 5% 的增值税 12 873.64 元、城市维护建设税 901.15 元、教育附加税 386.21 元、地方教育附加税 2577 元；按评估价的 1% 个人所得税 2574.73 元。同时征收陈某华按房产评估价 3% 的契税 7724.18 元，印花税 5 元。陈某华问为什么要交两个人的税，平房税务局的工作人员说这次房屋产权转移属于没超过 2 年的房屋买卖，所以双方都要征税。

陈某华认为："个人购买不足 2 年的住房对外销售的，按照 5% 全额缴纳增值税"，前提是："个人购买不足 2 年的住房对外销售的"，陈某友没有购买此住房屋，也没有对外销售，为何要征收评估价 257 472.75 元的 5% 的增值税 12 873.64 元。（黑地税发〔2016〕73 号）按转让住房所得收入的 1% 征税，前提是："转让住房所得收入的 1% 征税"，陈某友对这次变更登记没有任何所得收入，为何要按评估价的 1% 个人所得税 2574.73 元，平房税务局适用法律错误，不应征税。征收陈某华个人购买房房屋评估价 257 472.75 元 3% 的 7724.18 元契税也是错误的。退一步说在 22 年前 1997 年陈某友以 6000 元转卖给陈某华的房屋，那时政府和国家还没有对工厂的职工住房进行规范管理，只有东北轻合金加工厂的房管所发的简单的凭证，上千次的房屋买卖变更房主只是到工厂房管所办理一下更名完事，从没有交税的先例。

本案中，过户要缴税，这是最近几年开始的通行做法，先缴税再过户，当然是为了控税。但在早些年，过户并没有要求先缴税。陈某华拖至如今方才过户，税务机关的日常做法就是按照先缴税后过户的办法，征收税款。本案的问题就在于，是按照现如今的市场价格计税还是按照过去签订合同时的真实交易价格计税？本案是经过法院判决确权的，确权的效力就是确认陈某华自始对房屋享有所有权，也就意味着产权转让并不是发生在法院判决之后。即便双方之间的内部合意对外不具有对抗力，但税务机关必须依据双方之间的真实法律关系征税。就算征税，也应当依据当时的交易价格征税，更何况这样的陈年旧屋，根据当时的税法，是否属于征税对象都是个问题。

（二）卖方迟延过户的计税依据

二手房买卖，买方不宜在房屋过户前付清房款，尤其是现在的这种先缴税后过户，容易将各项风险转移至买方。当出现卖方迟延配合过户的情况，如果持续时间够长，则房价会发生变化。那么此时，税务机关应该按过户时的市场价还是按照原实际价格征税呢？

盖某治与当地税务机关税法纠纷一案（［2015］朝行初字第126号），盖某治于2007年1月24日经北京市我爱我家××桥门店业务员刘某推荐购买现住房，并与房主刘某某签订购房合同，双方约定的房价为87万元，最迟于2007年3月15日过户。然而刘某某一再推脱，不积极配合过户，直至2013年7月24日才办理过户手续。在办理过户时，被告税务机关不顾原告的再三申诉，坚持以当时的指导价，即网签价格187万元向原告征收契税。为此，原告共支付税费近36万元。被告以网签价格作为计税依据，而不是以实际成交价作为计税依据的征税方式，原告一直持有异议。

本案与上述经法院确权案件不同，法院确权案件，确权后能够确认自始权利人就对房屋享有权利。本案是双方之间的意思自治，为了防止逃避税，税务机关按照现行市场价格征收就不足为奇。否则，就会出现双方倒签合同，将合同签订在以前价格偏低的时间，以此达到逃避税的目的。本案卖方实际上构成严重违约，多缴纳的税款应由卖方承担，这需要按照合同纠纷通过民事诉讼解决。当然严格来讲，如果双方的房款支付记录发生在合同约定的期限内且能够证明交易是当时发生的，税务机关则应该按照当时的交易价格作为计税依据，但这可能面临滞纳金的问题。税法上没有规定财产转让所得必须从何时缴纳完毕个人所得税。税法只规定，财产转让所得，按月或者按次计算个人所得税。作为买受人，应及时办理过户。

（三）代持房屋过户不应征税

实践中，房屋由他人代持的情况亦比较普遍，从法律上讲，房屋、股权等代持，并不发生实质转让或交易行为，本身不是一个应税行为。

在郭某义与当地税务机关税法纠纷一案（［2018］冀10行终332号）中，上诉人郭某义与案外人徐某兰确认房屋所有权纠纷一案经河北省三河市人民法院作出［2017］冀1082民初3090号民事判决书。该判决书确认双方争议房屋归上诉人郭某义所有，并判令案外人徐某兰协助上诉人将涉案房屋过户登记至上诉人名下。上诉人于2018年3月12日依据三河市人民法院的上述协助执行通知书到廊坊三河市地税局燕郊二手房收税厅办理房产分割更名登记手续，税务机关在上诉人办理房屋产权转移登记过程中征收其契税、印花税。

郭某义上诉称，上诉人提供的《协议书》清楚表明涉案房产系郭某义与徐某兰共同出资购买，当时是以徐某兰名义办理的贷款，无法在后来办理房产证时登记在上诉人名下，办理房产证时徐某兰依法缴纳了契税、所得税，本次过户就是更名，既不是买卖，也不是赠与，也不是交换，不在契税征收范围；被上诉人让上诉人替徐某兰交个人所得税，再向徐某兰追缴，明显违法。

本案中，郭某义以他人名义购买房屋，如果有银行流水等证据证明，确权后过户行为并非所有权的转让行为。我国民商法对代持行为并不禁止，财产代持行为是合法行为。在确认代持成立的情况下，税务机关依然对其过户行为征税，则在税法上不成立。

同样，在魏某平、罗某与当地税务机关税法纠纷一案（［2018］津0103行初50号）中，原告魏某平、罗某夫妻二人与其子魏某鹏于2005年6月22日共同购置了天津市河西区解放南路西侧商品房一套。二原告出资装修后与其子共同居住了多年，期间二原告与其子共同偿还贷款。由于当时政策原因，由开发商统一办的产权证上只能写贷款人魏某鹏的名字，因此产生了权属证书上的权利人与事实上的权利人不一致的情况。2015年11月24日，天津市第二中级人民法院依法作出生效判决，确认了二原告与其子共同出资、共同还贷的事实，确认二原告共同享有该共同共有的房屋中34%的共同所有权。2017年1月16日，天津市不动产登记事务服务中心河西分部错按"转移登记"为二原告办理了不动产权属登记，并且缴纳了税费合计 20 221.06 元。区局以"二手房契税"的课税品种收缴了二原告契税 19 890 元、印花税 325.60元。生效判决书确认二原告 34% 的共同所有权份额，本来就是二原告原来就有的所有权份额，并且在当初购房时已缴纳了契税。因此，二原告不存在所有权受让的情况，也就不能按照转移房屋所有权属的行为向二原告征收契税。

笔者支持原告的主张，税务机关在此案中同样坚守了"国库主义原则"，只要过户就收税，对权利人的基础法律关系和税收事实置若罔闻，这样的方式过于机械，应予以纠正。

四、关于"满五唯一"的理解与适用

根据我国税法，家庭居住满 5 年且属于唯一生活住宅的，可享受税收优惠。《关于个人出售住房所得征收个人所得税有关问题的通知》（财税字〔1999〕278 号）第 4 条规定："对个人转让自用 5 年以上、并且是家庭唯一生活用房取得的所得，继续免征个人所得税。"国家税务总局《关于个人转让房屋有关税收征管问题的通知》（国税发〔2007〕33 号）第 3 条规定："根据《财政部、国家税务总局、建设部关于个人出售住房所得征收个人所得税有关问题的通知》（财税字〔1999〕278 号）的规定，个人转让自用 5 年以上，并且是家庭唯一生活用房，取得的所得免征个人所得税。"

我们通常所说的"满五唯一"，主要是指在免征个人所得税要满足适用的条件。实践中，对如何起算征纳双方容易产生争议。

（一）"满五唯一"的证明难题

国家税务总局《关于个人转让房屋有关税收征管问题的通知》（国税发〔2007〕33 号）明确"文件所称'自用 5 年以上'，是指个人购房至转让房屋的时间达 5 年以上。1. 个人购房日期的确定。个人按照国家房改政策购买的公有住房，以其购房合同的生效时间、房款收据开具日期或房屋产权证上注明的时间，依照孰先原则确定；个人购买的其他住房，以其房屋产权证注明日期或契税完税凭证注明日期，按照孰先原则确定。2. 个人转让房屋的日期，以销售发票上注明的时间为准。"

也就是说，纳税人只有提供房屋产权证、契税完税凭证以及销售发票方可证明"满五唯一"。这样的规定显然过于表面化，对于房屋视同销售等情形，没有销售发票又如何证明呢？而对于一些早年陈旧房屋，因早期幸免于

现在这样的管制力度导致的，没有房产证的情况，要求证明"满五唯一"会显得过于机械。

在黎某恒与当地税务机关税法纠纷一案（[2017] 粤71行终482号）中，2015年4月，原告黎某恒通过参加竞拍购得广州市白云区广花公路乐鸣二街56号房，成交价为1 612 236.16元。因没有提供涉案房屋的房产证、契税完税凭证、财产原值凭证以及家庭唯一生活用房的相关证据，不具有依照上述规定免征个人所得税的条件，因此被告白云区地税纳税服务分局按转让收入额的3%计征个人所得税。

原告黎某恒提供了原产权人罗某于2001年签订的房屋买卖合同及越秀法院在2003年作出确认该房屋原所有权人是罗某的执行裁定书，未被税务机关认可。

黎某恒认为，对涉案房屋进行征税的课税基础、税收优惠所依据的法律规定是国家税务总局《关于实施房地产税收一体化管理若干具体问题的通知》（国税发 [2015] 156号），财政部、国家税务总局《关于调整个人住房转让营业税政策的通知》（财税 [2015] 39号）等5个规定，均属于部门的规章。这些部门规章规定：个人购买住房以取得的房屋产权证或契税完税证明上注明的时间作为其购买房屋的时间。而《物权法》第28条规定：因人民法院、仲裁委员会的法律文书或者人民政府的征收决定等，导致物权设立、变更、转让或者消灭的，自法律文书或者人民政府的征收决定等生效时发生效力。黎某恒已在一审中提供了2003年广州市越秀区法院作出确认涉案房屋原所有权人是罗某的执行裁定书，按照《物权法》第28条规定，涉案房屋的物权确权时间是2003年，至本次拍卖成交时已超过10年，完全享有增值税和个人所得税的税收减免优惠。

法院认为，有关房屋转让营业税、所得税征税的专门规定确定转让房屋时减免增值税、所得税的基准日期为"个人购买房屋时间"，而该日期明确规定为"以其房屋产权证注明日期或契税完税凭证注明日期，按照孰先原则确定"。上述规定指的是减免计税的基准日期，而非取得物权的日期，上诉人提供的购房合同及法院裁定，不符合前述规定确定减免计税购房时间的证据的规定。黎某恒在办理税收申报缴纳时，并没有提供符合前述规定的转让人罗某购买涉案房屋的房屋产权证（亦无产权登记证明）及契税完税证明，也没有提供涉案两套房产系罗某家庭唯一生活用房的相关证据，故涉案房屋不符合免征个人所得税及营业税的条件。

上述案件搜集税法规定不细致。实际上，这种网络司法拍卖，黎某恒作为竞买人是无法取得房产证或契税完税凭证的。这种情况下，应由原拍卖法院依职权申请从不动产登记部门和税务部门调取。案件中，黎某恒提供了原产权人罗某于 2001 年签订的房屋买卖合同及越秀法院在 2003 年作出确认该房屋原所有权人是罗某的执行裁定书，国家税务总局《关于个人转让住房享受税收优惠政策判定购房时间问题的公告》（国家税务总局公告 2017 年第 8 号）明确："个人转让住房，因产权纠纷等原因未能及时取得房屋所有权证书（包括不动产权证书，下同），对于人民法院、仲裁委员会出具的法律文书确认个人购买住房的，法律文书的生效日期视同房屋所有权证书的注明时间，据以确定纳税人是否享受税收优惠政策。"黎某恒提供的裁判文书是可以作为证据的。笔者认为，即便没有法院的判决裁定等，对于一些明显的符合免税规定的情形，纳税人因客观原因不能提供，税务机关可自己调取。

（二）购买"满五唯一"房屋产生的税法纠纷

现阶段奉行先税后证，将税款的缴纳由买方兜底性承担，很多时候买方为了取得房产证，不得不代替卖方承担原本应由卖方承担的税款；买房人经过房屋中介购房，有时中介也会告知买房人要自己承担税款。如果买房人知道房屋符合"满五唯一"的条件，则更可能会选择购买。由于买房人对税法认识不到位，合同约定会存在漏洞，往往导致在履行过程中遇到各种麻烦，其中税法纠纷尤为棘手。

在都某涛与税务机关税法纠纷一案（［2020］京 0113 行初 126 号）中，都某涛与案外人范某燕于 2016 年 1 月 11 日就范某燕名下位于北京市顺义区×区×号楼×层×单元×号（以下简称"×号房屋"）出售给都某涛签订了《北京市房屋买卖合同》。合同签订后，因范某燕拒绝履行合同，都某涛诉至北京市顺义区人民法院（以下简称"顺义区法院"），顺义区法院判决范某燕继续履行合同。范某燕不服，提出上诉。2017 年 1 月 17 日，北京市第三中级人民法院作出［2016］京 03 民终 14059 号民事判决书，维持了顺义区法院作出的［2016］京 0113 民初 4617 号民事判决书。因范某燕拒不履行上述生效判决，都某涛依法申请强制执行。2017 年 3 月 31 日，都某涛依据法院协助执行通知书前往顺义区不动产权属登记中心办理房屋过户登记并依法纳税时，被告知×号房屋并不是范某燕名下唯一住房，因此需要多支付约 22 万元的个人所得税费。都某涛为避免给范某燕造成不必要的损失，故通过短信告知范某燕，其名下 2007 年在平谷区有一套房屋做了网签，请求其协助处理。但范某燕收到短信后，却不予理会。因数次协商无果，都某涛于 2017 年 4 月 17 日通过银行卡刷卡方式支付了×号房屋需多缴纳的个人所得税 219 375 元，第四税务所给都某涛出具了以范某燕为纳税人的完税凭证。因都某涛是基于范某燕保证×号房屋为家庭满五唯一住房且产权清晰才购买的，故都某涛在交纳个人所得税 219 375 元后，向顺义区法院提起诉讼，要求范某燕赔偿都某涛多支出的税费。后范某燕针对平谷房屋网签一事向北京市住房和城乡建设委员会（以下简称"市住建委"）核查，市住建委短信回复："您在售房缴税时，所遇家庭名下住房套数与实际不符一事，现已复核并更正，请至地税部门重新查询。"都某涛与范某燕签订的《北京市房屋买卖合同》已经被法院生效判决确认合法有效。在×号房屋办理过户登记时，因范某燕名下平谷房屋网签登记错误，导致都某涛多交纳税款。税务机关拒绝退还误收多收的税款。

本案中，原本房屋符合"满五唯一"的条件，都某涛才会选择购买。如果事后发现房屋并不符合"满五唯一"，从合同法的角度，都某涛可以选择解除合同，或提前约定多承担的税款则由出卖方范某燕承担。结果发现房屋网签登记错误导致，那么原缴纳的税款，理应予以退回。目前"先税后证"的做法，税务机关征税时，不管是谁缴付都接受，但是要求退税则又是另外一回事，税务机关可能会以代付方没有主体资格为由拒绝。这也提醒买受人，目前不动产转让税款由买方无条件兜底承担的情况下，在签订合同时，应明确卖方的一些责任，对这些责任的不履行或不配合，视为对合同的根本违约，并承担相应的违约责任。而对于那种"由买方承担税款的房屋"，不建议购买，比如承担的税款是 37 万元，将来买方如果转售，要对该 37 万元承担税款，而这 37 万元原本是成本，目前对个人支付的此类成本很多都不计算在购房成本内，开票中很多都不体现。

（三）公有住房"满五唯一"的起算时间

"满五唯一"中的"满五"，强调的是实际居住满 5 年，而如何证明，证明的方法，应尽可能的方便纳税人，要考虑居住的实际情况。公有住房，不应按照缴纳契税的日期计算"满五"。

在王某英与当地税务机关税法纠纷一案（[2019] 冀行申 952 号）中，王某英认为，其于 1994 年购买邯郸市房管局（城管所）的住房产权性质是"公有住房"，2018 年出售居住了 24 年的房子是事实，有合同发票为证，应享受"满五唯一"的优惠，多收税款应予退回。王某英于 2017 年 8 月缴纳了位于丛台区青年路休干所北院 2 单元 9 号房产的契税，随后办理了不动产权证书，其于 2017 年 10 月将房屋出售予他人。

本案中，对公有住房，如按照取得房产证之日起计算"满五"，则非正义，因为公有住房取得房产证之前，一般已经居住很长时间了。为此国家税务总局《关于个人转让房屋有关税收征管问题的通知》（国税发〔2007〕33号）明确，个人购房日期的确定，个人按照国家房改政策购买的公有住房，以其购房合同的生效时间、房款收据开具日期或房屋产权证上注明的时间，依照孰先原则确定。本案中，王某英应提交购房合同、房款收据等证明。税务部门在房屋买卖中征收税款时，以当事人缴纳契税或房屋所有权证书注明的时间为其购买时间，并以此作为基准点，认定房屋买卖时应否交纳税费，于法无据。早年的购房证明形式多种多样，不能让过去的做法适用如今的规定。

本案中，邯郸市住房保障和房产管理局城关房管处曾于 1994 年 2 月 2 日向原告王某英发放邯郸市商品房房产证。2018 年 3 月 12 日，被告国家税务总局邯郸市丛台区税务局就此向邯郸市住房保障和房产管理局发函，请邯郸市住房保障和房产管理局对原告丈夫汪某臣提供的城关房产管理处的房产证明是否合法有效等予以函告。2018 年 3 月 14 日，邯郸市住房保障和房产管理局作出《关于汪某臣问题的答复意见》"丛台区地税局：……一、汪某臣持有的王某英名下的《邯郸市商品房房产证》（以下称'小房证'）确为我局城关房管处出具。王某英于 1992 年和城关房管处签订了《危旧房改造集资建房协议》，约定王某英以 63 248.5 元的价格，购买城关房管处开发建设的青年路休干所北院 5 层 2 单元 9 号房产。城关房管处于 1994 年 2 月 2 日为王某英发放了城关房管处制作的小房证。王某英名下的小房证仅是交易双方履行合同的组成部分，用于证明王某英购房并交清相关费用，并非房屋登记部门颁发的证件，出具证明时也没有记载于不动产登记簿。按照《城市房地产管理法》第 61 条……按照《物权法》第二章、第一节、第 9 条……我局据此认定，只有不动产登记机构出具的不动产权属证书，才是产权人证明享有房屋权属的有效依据。"根据现在的物权法判定早年的案件事实，这样的做法是颠倒的。其实，上述一系列的证明足以证明王某英已经居住满 5 年，税法没有规定必须得依据房产证算 5 年。

（四）经济适用房"满五唯一"的认定

国家税务总局《关于个人转让房屋有关税收征管问题的通知》（国税发〔2007〕33 号）明确个人购房日期的确定，个人按照国家房改政策购买的公有住房，以其购房合同的生效时间、房款收据开具日期或房屋产权证上注明的时间，依照孰先原则确定；个人购买的其他住房，以其房屋产权证注明日期或契税完税凭证注明日期，按照孰先原则确定。经济适用房应该按照房屋产权证注明日期或契税完税凭证注明日期，按照孰先原则确定。

在方某友、史某亚与当地税务机关税法纠纷一案（〔2019〕浙 01 行终 560 号）中，方某友与史某亚原系夫妻，2013 年 7 月 10 日，方某友、史某亚与富阳市住房建设投资有限公司签订了《经济适用住房买卖合同》，购得面向军转干部的坐落于富阳市××春街道中水花××室的房屋，房屋面积为 73.15 平方米，2013 年 9 月 5 日，方某友、史某亚取得案涉房屋的契税完税凭证、契证及房屋所有权证，其中，房屋所有权证上载明案涉房屋的性质为经济适用住房。富阳税务局认为其取得案涉房屋未满 5 年交易，不符合免征个人所得税的条件。

关于方某友、史某亚主张案涉房屋符合"满五唯一"的条件，应免征个人所得税的问题，原审法院认为，个人转让自用 5 年以上的在全省范围内家庭唯一住房，才能免征个人所得税，按国家房改政策购买的公有住房其购房合同的生效时间可以作为购房日期，其他住房以房屋产权证或契税完税凭证注明日期为准。方某友、史某亚于 2013 年 7 月 10 日购买案涉房屋，2013 年 9 月 5 日取得契税完税凭证、契证、房产权证，于 2018 年 7 月 16 日缴纳土地收益等价款后取得案涉房屋的完全产权，2018 年 8 月 10 日转让房屋，因案涉房屋不属于按国家房改政策购买的公有住房，该自用 5 年的起算时间应以取得契税完税凭证或房产权证为准，方某友、史某亚在出售案涉房屋时尚未年满 5 年，其不符合免征个人所得税的条件。

本案中，方某友、史某亚出售的经济适用房，居住日期的起算应当从 2013 年 9 月 5 日起算。2013 年 9 月 5 日取得契税完税凭证，2013 年 7 月 10 日签订购买合同，2018 年 7 月 16 日取得产权证。签订购买合同的日期不考虑，只能按契税完税凭证和房产证载明日期孰先为准，那就是契税完税凭证的 2013 年 9 月 5 日，2018 年 8 月 10 日转让房屋，尚差 25 天左右，因此未满

5 年。

（五）"满五"不以商品房登记备案时间起算

居民购买商品房买卖合同，首先办理的是商品房备案登记，在办理房产证之前，可能已经居住很长一段时间了。按照一般人的观念，自己住进房子，房子就是自家的。税法上强调实际居住，实际上商品房备案登记后，如果最终买房人拿到了房产证，则应从商品房备案登记之日起计算"满五"的时间，但税法没有如此规定。

在陈某与当地税务机关税法纠纷一案（［2016］黔0330行初313号）中，原告陈某 2008 年与开发商签订《商品房买卖合同》并进行了备案，同年办理房屋抵押登记，开发商 2009 年交付了房屋，原遵义县地税局 2010 年开具了发票，原告 2010 年申请房屋所有权登记。因此，原告购买房屋 5 年以上，原告应享受免证个人所得税的政策，被告不应征收原告的个人所得税。税务机关认为，原告陈某 2008 年签订合同，但取得房屋所有权证的时间是 2016 年 5 月 10 日，契税完税证明上注明的时间是 2016 年 4 月 13 日，2016 年 5 月 25 日将房屋出售，故原告购房不足 5 年。

本案中，陈某已经实际居住多年，房屋也办理了抵押登记，从一般人角度看房子就是自己的，只是房产证办理下来的时间过晚，就无法按照现行规定享受税收优惠。现行规定实际上剥夺了相当数量纳税人的税收优惠权利，税法应尊重社会生活。居住满 5 年，是着眼于实际生活事实，而不应过度恪守法律上的所有权概念。

五、适用免征增值税的"满二年"之起算问题

关于免证增值税"满二年"的规定，依据《营业税改征增值税试点过渡政策的规定》规定："个人将购买不足 2 年的住房对外销售的，按照 5% 的征收率全额缴纳增值税；个人将购买 2 年以上（含 2 年）的住房对外销售的，免征增值税。上述政策适用于北京市、上海市、广州市和深圳市之外的地区。个人将购买不足 2 年的住房对外销售的，按照 5% 的征收率全额缴纳增值税；个人将购买 2 年以上（含 2 年）的非普通住房对外销售的，以销售收入减去购买住房价款后的差额按照 5% 的征收率缴纳增值税；个人将购买 2 年以上（含 2 年）的普通住房对外销售的，免征增值税。上述政策仅适用于北京市、上海市、广州市和深圳市。"

（一）"满二年"可依据裁判文书确定

不动产登记生效主义，将登记作为所有权生效的一般原则。但同时《民法典》第 229 条规定："因人民法院、仲裁机构的法律文书或者人民政府的征收决定等，导致物权设立、变更、转让或者消灭的，自法律文书或者征收决定等生效时发生效力。"那么，税法上对优惠政策从产权证记载日期起算，就会与民法规定脱节。为了保持法律的统一性，国家税务总局《关于个人转让住房享受税收优惠政策判定购房时间问题的公告》（国家税务总局公告 2017 年第 8 号）规定："个人转让住房，因产权纠纷等原因未能及时取得房屋所有权证书（包括不动产权证书，下同），对于人民法院、仲裁委员会出具的法律文书确认个人购买住房的，法律文书的生效日期视同房屋所有权证书的注明时间，据以确定纳税人是否享受税收优惠政策。"

在童某君与税务机关税法纠纷一案（［2018］浙 0602 行初 298 号）中，童某君诉称，2016 年 1 月，原告通过淘宝网司法拍卖以 103 万元的总价拍得黄某亮名下绍兴市阳明华都×幢××室（以下简称"××室"）两处普通住宅。该房产系黄某亮于 2008 年通过银行按揭购买，因不能按时归还贷款被法院公开拍卖。当时房屋的产权状态是：开发商未完成初始登记办理产权证（俗称"大证"），也未开具购房发票，黄某亮未交契税。原告多次向被告税务机关咨询，原告这种情况，若间隔两年办契税，是否免征所得税？皆回答：免。原告于 2016 年 4 月 21 日在本市便民服务中心被告所属地税窗口代黄某亮办理契税。原告于 2018 年 4 月代为办理了黄的不动产证。2018 年 4 月 23 日，原告又来到地税窗口为上述房产过户到原告名下完税。但被告以原告购房时间是 2016 年 1 月 15 日，距前道契税 2016 年 4 月 21 日是负数为由，要求原告为黄某亮交纳增值税及附加。

税务机关依据国家税务总局《关于个人转让住房享受税收优惠政策判定购房时间问题的公告》，告诉原告，按文件来买方购房时间是 2016 年 1 月 16 日，所以卖方销售房屋时间是 2016 年 1 月 16 日。

原告童某君认为，购买房屋的时间应该是 2018 年 4 月 25 日，黄某亮销售房屋的时间也应为 2018 年 4 月 25 日，而黄某亮的房屋购入时间应为 2016 年 4 月 21 日，两次交易时间间隔已超过 2 年。

本案中拍卖的标的是未取得房产证的房屋，那只能拍卖合同权利。可是实际的做法就是在拍卖房屋，只不过谁拍卖，谁负责代原购买人黄某亮办理过户，以便做到事后满足存在拍卖物的条件。这就有问题了，竞买人在法律上能否代为物权登记行为？法院能否判决或裁定由第三人代理黄某亮从事民事法律行为？民事法律行为是意思自治行为，一般的法律义务如义务人不履行，法院可强制执行。可是取得房屋是一项权利行为，法官能否强制权利人享有权利？在法律上不存在强制权利人享受权利的做法。所以本案中竞买人代为办理房屋登记取得房产证的行为，是不合法的，童某君的代理行为无效。实际上，本案中的房屋买卖同样是在变更合同主体，买方由黄某亮变为童某君，依然是一项单一的交易行为，商品房只发生了一次转让。那么也就无从谈起"满二年"的做法。黄某亮不负有转让房屋的个人所得税、增值税等的缴纳，其原先已经缴纳的契税应予以退还黄某亮。童某君作为新的买受人，应以纳税人的身份缴纳契税。

而对于本案中提到税务机关出示的国家税务总局《关于个人转让住房享受税收优惠政策判定购房时间问题的公告》，也就无适用的基础。因为童某君虽然依据该规定可以按照裁定书的生效日期作为"满二""满五"的起算日期，但此时并无纳税义务，童某君亦未转让所取得的房屋。代为黄某亮纳税，如上所述，根本就不成立，童某君不可能一边代为取得房屋同时自己购买，该案例中法院和税务机关的处理值得商榷。

（二）普通住房的认定标准

在征收增值税、契税时均会涉及区分普通住房和非普通住房，以便确认转让的房屋是否享受税收优惠。除了上面提到的满 2 年的普通住房免征增值税外，财政部、国家税务总局、住房和城乡建设部《关于调整房地产交易环节契税个人所得税优惠政策的通知》（财税〔2010〕94 号，已失效）规定："对个人购买普通住房，且该住房属于家庭（成员范围包括购房人、配偶以及未成年子女，下同）唯一住房的，减半征收契税。对个人购买 90 平方米及以下普通住房，且该住房属于家庭唯一住房的，减按 1%税率征收契税。"普通住房的认定标准很重要。

1. 住房享受契税优惠需要满足的条件

国务院办公厅转发建设部等部门《关于做好稳定住房价格工作意见的通知》（国办发〔2005〕26 号）中，享受优惠政策的住房原则上应同时满足以下条件：住宅小区建筑容积率在 1.0 以上、单套建筑面积在 120 平方米以下、实际成交价格低于同级别土地上住房平均交易价格 1.2 倍以下。各省、自治区、直辖市要根据实际情况，制定本地区享受优惠政策普通住房的具体标准。允许单套建筑面积和价格标准适当浮动，但向上浮动的比例不得超过上述标准的 20%。

在吴某琴诉北京市朝阳区地方税务局第六税务所契税征收行为上诉案（［2015］三中行终字第 135 号），2008 年 11 月 24 日，北京市建设委员会发布《关于公布北京市享受优惠政策住房平均交易价格的通知》（京建办［2008］732 号，以下简称"732 号文"），规定自该通知印发之日起，北京市享受优惠政策住房平均交易价格调整为：三环以内总价人民币 215 万元/套、三环至四环之间 175 万元/套、四环至五环之间 165 万元/套、五环以外100 万元/套。享受 1% 契税税率优惠政策普通住房的三个条件：住宅小区建筑容积率在 1.0（含）以上；单套建筑面积在 140（含）平方米以下；实际成交价低于同区域享受优惠政策住房平均交易价格 1.2 倍以下。

2011 年 11 月 22 日，北京市住房和城乡建设委员会、北京市地方税务局发布《关于公布本市享受优惠政策普通住房平均交易价格的通知》（京建法［2011］22 号，以下简称"22 号文"），对北京市享受 1% 契税税率优惠政策普通住房的基本条件进行重新规定，在 732 号文的基础上对房屋每平方米的价格作出上限规定：四环内北部地区为 38 880 元、南部地区为 34 560 元，四环至五环北部地区为 32 400 元、南部地区为 28 080 元，五环至六环北部地区为 25 920 元、南部地区为 21 600 元，六环外地区为 17 280 元。同时规定，购买新建商品住房的纳税人在 2011 年 12 月 10 日（含）以后申报缴纳契税的，按照 22 号文的规定认定是否享受相关税收优惠政策。

2010 年 12 月 27 日，上诉人吴某琴与京茂公司签订《商品房预售合同》，2011 年 1 月 7 日，上诉人支付了该房款。2012 年 4 月 12 日，上诉人与京茂公司签订《买卖合同面积补充协议》，协议中载明，经政府房地局测绘部门实测，该房屋实测面积 63.87 平方米，最终房款总价为 2 551 836 元（单价 39 953.59 元/平方米）。当日，上诉人吴某琴支付了增加的房款。2012 年 11 月 12 日，北京市房地产勘察测绘所就涉案房屋出具《房屋登记表》。

本案中，如果吴某琴按照 2010 年 12 月 27 日签订的商品房合同为准确定纳税义务发生时间，则可按照 2008 年 11 月 24 日，北京市建设委员会发布的732 号文之规定，享受税收优惠。如果是按照 2012 年 4 月 12 日签订《买卖合同面积补充协议》为准确定纳税义务，则根据新的规定 2011 年 11 月 22 日北京市住房和城乡建设委员会、北京市地方税务局发布 22 号文，则无法享受税收优惠。关键就在于吴某琴的购房行为能否享受普通住房应享有的优惠，在于判定纳税义务发生时间。案件中提到吴某琴提出的其于 2013 年 7 月 29 日才到第六税务所处申报缴纳契税，是由于第六税务所的原因造成的。那么到底以哪个时间点为准确定纳税义务发生呢。《买卖合同面积补充协议》并不是对原《商品房买卖合同》进行了实质性变更，案件提到《商品房预售合同》中的建筑面积是 63.86 平方米，实测建筑面积为 63.87 平方米，误差仅 0.01 平方米，这无法算作是对原合同各项条款的实质性变更，也就是说依然要依据原合同确定双方的权利义务关系。作为税务机关，依据补充协议的签订作为判定纳税义务发生时间不符合合同法规定。根据原《契税条例》以及《契税法》，契税的纳税义务发生时间，为纳税人签订土地、房屋权属转移合同的当日，或者纳税人取得其他具有土地、房屋权属转移合同性质凭证的当日。理应依照《商品房买卖合同》判定契税的纳税义务发生时间。至于吴某琴拖了那么久才缴纳契税，则可以按照《税收征收管理法》的规定，征收滞纳金。本案吴某琴实际上应当享受税收优惠，符合普通住房的条件。

2. 普通住房价格为含税价格

是否构成普通住房，很关键的一点在于判定房屋的价格。如果在该价格以内，则构成普通住房，否则不构成普通住房且不能享受税收优惠。对于那些价格与规定的价格界限比较相近的情况，往往都想方设法构成普通住房。对于缴纳增值税的不动产，如果适用一般税率，由于增值税一般为价内税，在计算增值税时要换算成不含增值税的价格。判定是否构成普通住房，能不能将房屋价款换算成不含税价款？

在米某华与国家税务总局深圳市税务局税务行政管理（税务）二审一案（〔2018〕粤 03 行终 1636 号）中，2017 年 11 月 28 日，原告米某华通过淘宝司法拍卖竞得标的物"深圳市罗湖区太白路南太阳新城 X 栋 1XF"，成交价格为 4 010 759 元。认为罗湖区普通住房价格标准 390 万元应当为不含税价格，故含税拍卖成交价 4 010 759 元扣除增值税计税扣除项后的价格 3 819 770.48 元（4 010 759÷1.05）低于普通住房价格标准，应享受税收优惠政策。被上诉人税务机关复议审查时，根据普通住房价格标准的政策依据和形成方法，认定普通住房价格标准为含税价格；根据司法拍卖文件，认定司法拍卖成交价格有明确约定为不含税价格。

本案中，米某华的拍卖价格刚好超过罗湖区的优惠标准，如果将拍卖价格换算成不含增值税的价格，则米某华就可以享受税收优惠。米某华拍卖的房屋适用的是 5% 的征收率，适用征收率则不存在换算成不含税价格的做法，只有适用一般税率方存在换成不含税价格的做法。米某华是通过拍卖取得房屋，一般拍卖后要负担代为原房主承担税款，如果有此约定，则拍卖价格之外，竞买人还要额外承担税款，包括增值税税款并不包含在拍卖价款中。如果没有约定税款承担条款，假如本案是适用一般税率 9%，是否需要换算成不含增值税的税率呢？需要明确的是，房屋买卖价格与享受税收优惠的房价要保持一致，如果享受税收优惠的价格未换算成不含增值税的价格，则房屋买卖价格亦不应换算成不含增值税的价格。一般的政策规定，就是含有增值税的价格，在具体案件中如果换算成不含增值税的价格判定是否能适用税收优惠，就违反了制定标准的统一性。

第二节　车位买卖税法争议

与房屋买卖相关联的，是车位买卖。尤其是在大中城市，车位已成了居民的一项重要财产。车位买卖相比一般的不动产价格比较小，但也经常发生税法纠纷。

一、售卖车位土地增值税的加计扣除

转让车位也可以享受土地增值税的税收优惠，财政部、国家税务总局《关于土地增值税若干问题的通知》（财税〔2006〕21 号）规定："纳税人转让旧房及建筑物，凡不能取得评估价格，但能提供购房发票的，经当地税务部门确认，《条例》第六条第（一）、（三）项规定的扣除项目的金额，可按发票所载金额并从购买年度起至转让年度止每年加计 5% 计算。……"国家税务总局《关于营改增后土地增值税若干征管规定的公告》（国家税务总局公告 2016 年第 70 号）第 6 条"关于旧房转让时的扣除计算问题"规定："营改增后，纳税人转让旧房及建筑物，凡不能取得评估价格，但能提供购房发票的，《中华人民共和国土地增值税暂行条例》第六条第一、三项规定的扣除项目的金额按照下列方法计算：（一）提供的购房凭据为营改增前取得的营业税发票的，按照发票所载金额（不扣减营业税）并从购买年度起至转让年度止每年

加计 5% 计算。（二）提供的购房凭据为营改增后取得的增值税普通发票的，按照发票所载价税合计金额从购买年度起至转让年度止每年加计 5% 计算。（三）提供的购房发票为营改增后取得的增值税专用发票的，按照发票所载不含增值税金额加上不允许抵扣的增值税进项税额之和，并从购买年度起至转让年度止每年加计 5% 计算。"

在李某荣与税务机关税法纠纷一案（［2020］桂 71 行终 346 号）中，原告李某荣认为，办理涉税业务所提供的《完税证明》是李某荣购买车位并缴纳契税的凭证；《商品房买卖合同登记备案证明》是李某荣购买了该车位的凭证；《不动产权证书》证实该车位是李某荣 2017 年 9 月购买，以上证据证明李某荣购买车位的时间是 2017 年 9 月。故，李某荣于 2019 年 11 月对该车位进行转让时已满 2 年，符合财税 21 号通知第 2 条第 1 款的规定，即符合土地增值税加计扣除条件。

李某荣于 2019 年 8 月 19 日签订《存量房买卖合同》出售案涉车位，于 2019 年 7 月 15 日收到广西桂盛房地产有限责任公司向其开具的购房发票。于 2019 年 11 月 19 日向良庆区税务局提供购房发票，购房发票载明的出具时间为 2019 年 7 月 15 日作为申报纳税依据，良庆区税务局根据前述有效的法规及规范性文件及李某荣提供的购房发票等申报材料，认定李某荣本次纳税申报扣除项目金额应包括与转让房地产有关的税金和取得房地产所支付的金额即购房发票所载明金额，且因从购买年度起（购房发票所载日期 2019 年 7 月 15 日起）到转让年度止（售房发票开具日期 2019 年 11 月 29 日止）未满 1 年，不符合转让旧房准予扣除项目加计扣除的法定条件。

法院认为，计算扣除项目时"每年"按购房发票所载日期起至售房发票开具之日止，每满 12 个月计 1 年；超过 1 年，未满 12 个月但超过 6 个月的，可以视同为 1 年。李某荣办理涉税事项所提供的购房发票上所载时间为 2019 年 7 月 15 日，距 2019 年 11 月 29 日转让当天开具的售房发票相差 4 个月零 14 天。根据国税函 220 号通知，涉案车位的土地增值税计征不符合加计扣除条件。

本案中李某荣虽然实际占有使用车位超过了两年，但国家税务总局规定转让车位加计扣除的依据是发票所载时间，国家税务总局《关于土地增值税清算有关问题的通知》（国税函［2010］220 号）"七、关于转让旧房准予扣除项目的加计问题《财政部 国家税务总局关于土地增值税若干问题的通知》

（财税［2006］21 号）第二条第一款规定'纳税人转让旧房及建筑物，凡不能取得评估价格，但能提供购房发票的，经当地税务部门确认，《条例》第六条第（一）、（三）项规定的扣除项目的金额，可按发票所载金额并从购买年度起至转让年度止每年加计 5%计算'。计算扣除项目时'每年'按购房发票所载日期起至售房发票开具之日止，每满 12 个月计一年；超过一年，未满 12 个月但超过 6 个月的，可以视同为一年。"所以李某荣提交的契税证明、房产证等均不能作为证据，必须提供购房发票。可是，契税证明也能证明购置房屋的成本或原价，严格要求购房发票不合理，尤其二手房无法取得购房发票，适用条件应该放宽为宜。

二、中奖车位缴纳个人所得税

居民获得车位，一般是取得了该产权，如果居民只是获得使用权，而不是享有产权，在法律上不属于居民个人的不动产，不应缴纳契税，但要缴纳个人所得税。

在洪某与当地税务机关税法纠纷一案（［2018］黔 0113 行初 276 号），原告洪某诉称，2017 年 11 月 25 日，原告在购买中天会展城 B 区西一塔 14 楼××号房屋后，取得中天金融集团公司举办的车位抽奖资格，经过公开摇号后原告取得一个车位使用权。原告在办理车位使用权过程中，被告知必须交纳个人所得税后才能凭完税证明取得车位使用权。原告认为既然法律规定个人所得税是个人取得所有权的财物才交税，而原告取得的仅是一个车位有偿使用权不符合无偿取得所有权的性质，且原告使用中奖车位每月要交纳 80 元管理费，也不能对中奖的车位转让、转租，不是对中奖车位所有权的占有、使用、处分。综上，被告对所得税任意扩大征收范围，对原告取得的中奖车位有限使用权征收所得税违反职权法定原则，故原告诉至法院。

本案中，洪某并未取得车位的产权，仅仅是使用权，该使用权与一般的土地使用权不能等同。洪某未取得产权，但是该使用权能否算作税法上的"所得"呢？这就要看相比洪某是否避免了额外的支出。相比自己购买车位，如果中奖车位能够使其减少为了使用车位的支出，则也算存在"所得"。

三、租赁车位 20 年被税务机关视为买卖行为

车位可以购买，也可以租赁。购买车位需要缴纳契税，而租赁车位则无

需缴纳契税，未来也不存在处置问题，不存在处置就不存在缴纳增值税、土地增值税、个人所得税等。如果租赁车位租赁期限为20年被视为买卖行为，则又是"实质重于形式原则"的滥用。无论租赁期限多长，只要符合合同法规定，税务机关就应当对其中的法律关系予以尊重。

在佛山鑫城房地产有限公司与佛山市顺德区国家税务局稽查局税法纠纷一案（［2015］佛顺法行初字第53号）中，对于《依云水岸人防工程车位使用合同》的性质，被告税务机关认定为"财产使用权转让合同"或"财产转让合同"，认定原告佛山鑫城房地产有限公司（以下简称"鑫诚公司"）出租人防车位的行为属于"销售行为"，所取得的收入为"销售收入"。因为鑫城公司与业主签订20年一次性收取租金且到期可续约的租赁合同。

原告鑫城公司认为，依云水岸一、二期人防车位《依云水岸人防工程车位使用合同》应为租赁合同而非买卖合同（财产转让合同），理由包括：从原告对人防车位享有的权利方面来看，原告对于所投资建设的依云水岸一、二期人防车位，仅拥有使用权、管理权和收益权，并不享有所有权，并不能将人防车位对外转让或买卖，只能对外进行出租（即有偿使用）。租赁合同本就是出租人将租赁物交付承租人使用，自己享有收益权的合同；买卖合同或财产转让合同则是出卖人转移标的物的所有权而非使用权的合同，且通常会列明"转让"或"买卖"等字样。合同序言中明确"该地下人民防空工程车位使用管理与收益归甲方所有。乙方已是依云水岸××房的业主，经甲乙双方友好协商一致，达成如下车位使用协议"。即在签订合同时，原告与业主均已知原告仅享有人防车位的使用管理和收益权，基于乙方系依云水岸的业主，为确保其享有配套的车位，原告将投资兴建的人防车位交由业主有偿使用，而有偿使用恰恰是租赁合同的重要标志。从使用期限方面来看，原《合同法》第214条规定："租赁期限不得超过二十年……"第236条规定："租赁期间届满，承租人继续使用租赁物，出租人没有提出异议的，原租赁合同继续有效，但租赁期限为不定期。"《依云水岸人防工程车位使用合同》明确约定："该车位的使用期限为20年……使用期限届满，甲方同意将该车位继续无偿提供给乙方使用至××年××月××日。"先付定金再付余款在租赁合同包括房屋租赁合同中均常见，并且租金可以分期支付也可一次性支付，并非被告及顺德区国税局所认定的属于买卖合同的特点。

本案中，税务机关按照自己的理解，认为鑫城公司名出租车位的行为是租赁合同，实为买卖合同。可问题是，当业主不能取得车位产权且实际上亦未取得车位产权，此种情况下，税务机关基于什么认定是销售行为呢。业主没有取得车位所有权、车位产权没有发生变更就是最大的实质。税务机关应对民事主体的民事行为予以尊重，应在法律范围内思考问题。

第六章

企业拆搬迁税法实务

企业拆迁、搬迁业务不可避免地会涉及房屋、土地的处置，处置产生的收入会发生纳税义务，对有些搬拆迁行为如果正常课税，会对企业造成不公平。搬迁过程中还会发生一些行为，是否属于应税行为亦会发生争议。本章对部分重点问题进行阐述。

第一节　企业搬迁不同行为的应税性问题

企业搬迁，有的时候都是由政府主导，企业按照政府的要求行事，企业往往以政府的各种许诺为由，拒绝缴税。而对于企业自行搬迁，因纯属自主行为，选择余地较大，可在事前进行充分的税务筹划。

一、企业搬迁向政府归还土地行为的应税性

企业搬迁，处置名下的土地，有时是转让给其他企业，大多数情况下，是转让给政府或被政府收回。企业将土地转让给政府，因情况不同，转让的法律性质可能就不同。大多数情况下，企业的土地是由政府回收，但是回收行为对应的法律行为，可能是土地转让行为，也可能是解除原土地出让合同。究竟是土地转让行为，还是土地出让合同解除行为，严格来讲，要结合企业与政府之间的约定进行判断。如果是土地转让协议，协议内容应符合土地使用权让渡条款、价格支付条款等，如果是解除合同行为，则是在原土地出让合同的基础之上，就原合同的解除进行约定，归还原土地出让金，同时可能会约定一定的补偿金。土地转让行为，根据现行税法要发生税法上的纳税义

务，而土地解除合同，则不发生税法上的纳税义务，仅就超出原土地出让金之外的补偿金发生税法上的纳税义务。很多时候，企业与政府之间的约定，是何种性质的法律行为显得模棱两可，到底属于哪种行为，并不好判断。

在吉林省机电设备股份有限公司与国家税务总局吉林省税务局稽查局行政处罚案（〔2020〕吉 0102 行初 10 号）中，原告吉林省机电设备股份有限公司 2010 年至 2011 年期间，因政府收回原告原经营土地及地上建筑物、构筑物，原告收到经济补偿款 17 680 万元，其中 2010 年收到 15 000 万元，2011 年收到 2680 万元。2011 年，经主管税务机关审批，分别减免了该收入应缴纳的营业税（营改增后为增值税）和土地增值税，企业所得税因符合当时仍有效的国家税务总局《关于企业政策性搬迁或处置收入有关企业所得税处理问题的通知》（国税函〔2009〕118 号）规定，暂未计入当年应纳税所得额。吉林省机电设备股份有限公司，最终被税务机关以符合特殊性税务处理未申报纳税，认定构成偷税。

本案中，吉林省机电设备股份有限公司因政府收回原告原经营土地及地上建筑物、构筑物，收到经济补偿款，与税务机关发生税法争议。政府回收土地及建筑物，给予补偿款，此种土地被政府收回的行为，是资产转让还是土地出让合同解除呢，双方的约定并不清楚，政府收回土地并不是一个法律概念，收回的方式有多种，可以是转让，也可以是征收，还可以是解除原土地出让合同。

在广东国兴农业高新技术开发有限公司诉当地税务机关税法纠纷一案（〔2018〕粤 06 行初 78 号）中，原告国兴农业高新技术开发有限公司（以下简称"国兴公司"）取得涉案三宗国有土地使用权时，该土地上大量农户和渔户的搬迁补偿工作尚未完成甚至尚未开始，土地状态基本上处于农用、渔用地状态。因此，原告投入了大量成本，对土地实施农户渔户补偿、填坑、填塘、修路、通电、通水等前期开发工作。在涉案地块基本达到可开发状态后，原告先后两次向佛山市顺德区国土资源局上报农产品综合中心项目的建设规划，但该局一直不予正面答复和批准。之后，顺德区政府与原告商谈收回涉案土地的建设用地使用权事宜。2010 年度原告国兴公司与顺德土储中心签订土地回收协议，被税务机关征税。

原告认为，2010 年度原告国兴公司与顺德土储中心之间的涉案土地交易实质系土地使用权的收回，不是土地使用权的转让。《物权法》《土地管理法》等明确规定了国有土地使用权的收回制度，即政府有权依照法律、法规的规定或土地使用权出让合同的约定收回国有土地使用权，土地使用权收回的类型主要包括征收、罚没、除权、契约合意等。在本案中，顺德区政府为了当地公共利益需要与原告通过契约合意的方式提前收回原告持有的尚未到期的涉案三宗国有土地使用权并办理了权证注销。该交易实质系土地所有权人收回其出让的土地使用权，即土地使用权的收回，而并非土地使用权的转让。《税务处理决定书》认定原告2010年与顺德土储中心之间的土地交易性质为转让土地使用权显属对涉税交易事实定性错误。原告国兴公司取得顺德土储中心支付的款项系收回土地使用权的补偿，并非转让土地使用权的收入。根据《物权法》第148条、《土地管理法》第58条的规定，政府为了公共利益的需要在土地使用权期间届满前收回的，应当对土地使用权人给予补偿并退还土地出让金。在本案中，顺德区政府依照合同约定向原告支付的土地补偿款的主要功能系补偿原告失去期限尚未届满的土地使用权的损失并为其异地重建或转变生产经营的搬迁进行补偿，该款项在性质上属于土地使用权收回的补偿，而并非土地使用权转让的对价。《税务处理决定书》中认定原告2010年取得顺德土储中心支付的款项为转让土地使用权的收入显属对涉税交易事实定性错误。

法院认为："虽然佛山市顺德区国土城建局顺建用地〔2010〕18号《关于同意收回国有建设用地的批复》和《收购国兴农产品综合物流中心土地合同》中也有部分内容使用'收回'的表述，也不能因此证明原告于2010年取得647 862 114元属于补偿性质，因此，涉案土地的交易性质应属于转让。"

可见，实践中企业归还土地给政府的行为，被认定为不动产转让并缴纳税款的风险很大。早先，国家税务总局《关于土地使用者将土地使用权归还给土地所有者行为营业税问题的通知》（国税函〔2008〕277号）规定："近接部分地区反映如何界定土地使用者将土地使用权归还给土地所有者行为的问题，经研究，现明确如下：纳税人将土地使用权归还给土地所有者时，只要出具县级（含）以上地方人民政府收回土地使用权的正式文件，无论支付征地补偿费的资金来源是否为政府财政资金，该行为均属于土地使用者将土地使用权归还给土地所有者的行为，按照《国家税务总局关于印发〈营业税税目注释（试行稿）〉的通知》（国税发〔1993〕149号）规定，不征收营业税。"税务总局的该规定不征收营业税，因不征收意味着该行为不属于应税行为，体现出税务总局将企业归还土地行为作为非应税行为对待。

企业向政府归还土地行为不属于应税行为，还要区分不同情况。归还土地不属于应税行为，不发生增值税、土地增值税等纳税义务。但是，企业获得了补偿款，该补偿款是否会单独发生企业所得税的纳税义务呢？从法律行为看，即便归还土地行为不属于应税行为，企业取得补偿款这一事项可以独立于土地归还行为，或者是企业取得补偿款并不是基于企业发生了不动产转让行为而产生，依然属于企业产生了收入。只要有收入，就会产生企业所得税的纳税义务。未发生不动产转让行为，不发生增值税、土地增值税纳税义务，但是企业取得补偿款，还是会发生企业所得税的纳税义务。

鉴于此，企业与政府达成归还土地的协议，应明确双方的归还，在法律上属于原土地出让合同解除行为，不但要归还土地，同时也要归还原土地出让金。对于超出原土地出让金的部分，可作为补偿金。这样，企业收回的原土地出让金不发生企业所得税的纳税义务，同时还能要求税务机关退还原受让土地时缴纳的契税。如果政府发放的补偿金，属于由国务院财政、税务主管部门规定专项用途并经国务院批准的财政性资金，还可作为不征税收入。

须注意的是，很多企业与政府达成协议，往往忽略从政府取得相应政策文件。根据国家税务总局《关于政府收回土地使用权及纳税人代垫拆迁补偿费有关营业税问题的通知》（国税函〔2009〕520号，已失效）第1条规定："《国家税务总局关于土地使用者将土地使用权归还给土地所有者行为营业税问题的通知》（国税函〔2008〕277号）中关于县级以上（含）地方人民政府收回土地使用权的正式文件，包括县级以上（含）地方人民政府出具的收回土地使用权文件，以及土地管理部门报经县级以上（含）地方人民政府同意后由该土地管理部门出具的收回土地使用权文件。"企业应根据该规定，取得相应正式文件。

二、联营股东从另一方取得的搬迁费用的应税性

联营经营模式，在《民法通则》施行后经常提到，现在称呼联营的已经很少见，一般都是叫合伙或共同投资。但是，联营过程中涉及散伙或结束合作时，以什么形式取回当初投入的资产，值得当下企业股东借鉴。联营一般分为法人型联营、合伙型联营和合同型联营，不同模式下的法律关系不一样。

在南京土壤仪器厂有限公司与税务机关税法纠纷一案（〔2016〕苏01行

终 776 号）中，南京土壤仪器厂有限公司（以下简称"土壤仪器厂"）与南京振宁实业总公司（以下简称"振宁公司"）曾于 1993 年 12 月签订《联营协议书》，该协议书规定振宁公司以 22 亩土地入股到土壤仪器厂联营。2011年双方因土地租赁合同发生纠纷，经南京市中级人民法院调解，双方于 2011年 10 月自愿达成协议并由南京市中级人民法院作出［2011］宁民终字第 1974号民事调解书：土壤仪器厂返还《联营协议书》中所涉 22 亩土地给振宁公司，地上所有构筑物归振宁公司所有；振宁公司补偿土壤仪器厂 2600 万元，根据腾空及返还情况分三笔给付。嗣后，土壤仪器厂于 2011 年收到搬迁补偿款 570 万元、于 2012 年收到 200 万元，以上 770 万元补偿款均记在"其他应付款-搬迁款"的账务科目中，由孝陵卫办事处为振宁公司代垫。基于前述事实，地税稽查局认为土壤仪器厂收取的 770 万元补偿款是根据江苏省南京市中级人民法院［2011］宁民终字第 1974 号民事调解书收取的补偿款，是振宁公司对返还土地及地上构筑物的补偿，该两笔款项应按照《企业所得税法》的规定于取得款项时确认收入。取得的 770 万元款项是基于合同纠纷取得的补偿款，不是预付给土壤仪器厂的搬迁费用。

土壤仪器厂答辩称：涉案的款项是预付的搬迁、劳务费用，款项由孝陵卫街道垫付，且是街道与其办理房屋交接手续，振宁公司从未参与，该款项不是当期收入，并不是两上诉人认为的其他收入，无须缴纳企业所得税。

本案中，双方的联营模式约定不清，联营协议提到振宁公司将土地入股到土壤仪器厂，双方却因土地租赁合同发生纠纷。土地是入股行为还是出租行为，直接决定最终的税务处理结果。从联营的角度，既然是联营，提供土地的一方就不能是出租形式，联营方提供的是土地，获取的应当是利润，而不是租金。如果仅仅收取租金，再收取利润，此利润本质上还是土地的使用费，依然是租金性质。所以，既然是联营，那么就只能是以投资入股的形式联营。一方将土地投资到另一方名下，实际上是股东出资行为。

根据案件事实，出资方振宁公司的土地可能没有过户到土壤仪器厂，那就是未完成出资。双方对其中的法律关系未能理顺，容易发生争议，且发生争议不易解决。如果土地是以出租方式提供，则土壤仪器厂在承租的土地上构建建筑物，双方不再合作时，将土地上的建筑物转让给振宁公司，那就是转让不动产行为，需要缴纳土地增值税、增值税等各项税负。

如果振宁公司将土地入股到土壤仪器厂，无论土地是否过户到土壤仪器厂名下，振宁公司取得地上建筑物，均涉及两个环节的应税行为：一是建筑物的视同销售行为；二是股东收回投资行为。振宁公司作为股东收回投资，原则上要经过另一方土壤仪器厂通过股东会决议的同意。而至于土壤仪器厂申辩其收到的是搬迁费用，则是其自身的理解。如果土壤仪器厂是拆料搬迁，不是将建筑物让渡给振宁公司，则不涉及视同销售问题。但是，对于其收到的补偿款，依然要缴纳企业所得税。

总之，双方约定不明确，导致发生争议比较难解决。既然是联营，振宁公司应当将土地过户到土壤仪器厂名下。双方要结束合作关系，可通过公司先分立，后由振宁公司吸收合并的方式取回土地。

第二节　房地产开发企业拆迁业务成本的扣除

实践中，房地产开发企业通过政府组织的原住民或企业拆迁，腾退后在原地开发房地产的方式比较普遍。房地产开发企业承担政府的拆迁业务，要负担原业主的安置等工作，作为补偿，房地产开发企业可以低于市场价的价格取得建设用地使用权，或者能够从政府那里取得补偿收入。

一、房企的拆迁补偿费按建筑面积法归集成本争议

房地产开发企业从事的拆迁项目，会建造一部分安置房，一部分商品房，房地产开发企业之所以愿意从事拆迁业务，就是为了在拆迁土地上开发商品房。但是，安置房和商品房的成本如何分配扣除，就成了一个问题。

在恩施市中大房地产开发有限公司与当地税务机关税法纠纷一案（〔2020〕鄂28行终201号）中，安置用房视同销售开发产品拆迁成本归集分摊的问题。恩施市中大房地产开发有限公司（以下简称"中大公司"）在计算"征用及拆迁补偿费"部分的分摊金额时，在"土地增值税清算申报表"中对"拆迁补偿费"项目的金额采用了建筑面积法进行分摊，对"拆迁还建收入归集成本"部分却采用了一一对应的方式进行分摊。"拆迁还建收入归集成本"是土地征用及拆迁补偿费的组成部分，处理方法不应有所区别。因此，市税务局对此作出了调整，将"拆迁还建收入归集成本"部分并入土地征用及拆迁补偿费，统一按建筑面积法在三类产品中分摊。

中大公司认为应按不同类型开发产品实际发生的拆迁费直接归集到普通

住宅、非普通住宅、其他产品相应的成本中,无需按建筑面积法先汇总后分摊,否则违背了会计制度中公平合理这一基本原则。就此,原恩施市地方税务局请示原州地方税务局,原州地方税务局又向原湖北省地方税务局作出请示,2018年4月20日,原湖北省地方税务局作出《关于房地产开发项目土地增值税清算拆迁补偿费扣除政策问题的批复》(鄂地税函〔2018〕42号),内容为:"根据《国家税务总局关于房地产开发企业土地增值税清算管理有关问题的通知》(国税发〔2006〕187号)规定,我省在开发项目土地增值税清算时按照普通住宅、非普通住宅和其他开发产品三类分别计算增值额(以下简称'三分法'),即应当按照'三分法'分别计算应税收入和扣除项目金额。并且,根据国家税务总局《土地增值税清算管理工作规程》(国税发〔2009〕91号)规定,在土地增值税清算中,扣除项目金额归集时应当遵循实际发生、分别归集的原则。采取实物补偿方式的,其拆迁补偿费应当按照《国家税务总局关于土地增值税清算有关问题的通知》(国税函〔2010〕220号)规定确定应税收入,并将实际列支的拆迁补偿费首先按照'三分法'分别归集到普通住宅、非普通住宅和其他开发产品的开发成本中,计入开发项目土地增值税扣除项目金额。如果确实无法合理、准确按照'三分法'分别归集时,可按照建筑面积法或者其他合理、合规方法进行分摊。"

中大公司不服,认为《清算审核通知书》及2019年5月7日作出的《行政复议决定书》计算的中大公司"中大御城"项目,应缴土地增值税5 910 205.41元违反了文件规定。中大公司采取实物补偿方式的拆迁补偿费按"三分法"分别归集,视为收入的同时视同成本,没有增值额,中大公司的还建收入及还建成本清晰明确,应该采用分别归集的方法,而不应该在三种产品类型中按建筑面积法分摊,且企业采用何种方法核算成本应由企业自主选择,税法强调的是合理的方法,并不限于建筑面积法。

《土地增值税暂行条例实施细则》(财法字〔1995〕6号)第9条规定:"纳税人成片受让土地使用权后,分期分批开发、转让房地产的,其扣除项目金额的确定,可按转让土地使用权的面积占总面积的比例计算分摊,或按建筑面积计算分摊,也可按税务机关确认的其他方式分摊。"国家税务总局《土地增值税清算管理规程》(国税发〔2009〕91号)第21条第5项规定:"纳税人分期开发项目或者同时开发多个项目的,或者同一项目中建造不同类型房地产的,应按照受益对象,采取合理的分配方法,分摊共同的成本费用。"

国家税务总局《关于土地增值税清算有关问题的通知》（国税函［2010］220号）第6条规定："房地产企业用建造的本项目房地产安置回迁户的，安置用房视同销售处理，……同时将此确认为房地产开发项目的拆迁补偿费。……"按照湖北省地方税务局《关于进一步规范土地增值税征管工作的若干意见》（鄂地税发［2013］44号，已失效）第5条"对于成片受让土地使用权后，分期分批开发、转让房地产的，原则上应按分期开发项目（以《建设工程规划许可证》为单位）占地面积占该成片受让土地总占地面积的比例计算分摊取得土地使用权所支付的金额和土地征用及拆迁补偿费（以下简称'土地成本'）。同一项目中建造不同类型房地产开发产品的，按不同类型房地产开发产品的建筑面积占该项目总建筑面积的比例计算分摊土地成本"的规定，对实物拆迁补偿应按"三分法"在普通住宅、非普通住宅和其他开发产品三类产品中进行归集。中大公司在清算处理中采取的是一一对应的原则；市税务局在清算审核中强调的是开发产品受益原则，认定中大公司拆迁补偿费的受益对象为本清算项目全部开发产品，在审核处理中将拆迁还建产品视同收入的同时，将拆迁补偿费列入为整体项目的开发成本，按建筑面积法和层高系数法在三类产品中进行了打通计算，州税务局认为对拆迁补偿费的归集，税法强调的是"三分法"中的受益性和合理性原则。申请人在开发中的拆迁行为，不仅仅是为了还建一一对应的同类产品，而是服务于整个项目，以拆迁还建相同产品取得开发需要的土地使用权等现实需要，"三分法"不是一一对应法，故州税务局同意市税务局关于拆迁补偿费的归集、分配方法。

税务机关认为，关于拆迁补偿费如何分摊。在房地产企业进行成本归集和分配时，若某项支出专门用于某一类开发产品，就是专属成本，反之，则是共同成本。因此，判断某项支出是属于共同成本还是专属成本，取决于其用途（即受益对象）。房地产行业在拿地时，根据所拿地块状态的不同，一般分为"毛地"和"净地"。"毛地"指地上存在需要拆迁的建筑物、构筑物等设施的土地。"净地"指已经完成拆除平整，不存在需要拆除的建筑物、构筑物等设施的土地。同样的情况下，拿"毛地"比"净地"支付的土地出让金少，但要额外支付拆迁和"三通一平"等支出，支付方式包括货币支付、实物支付及其他权益资产支付等。不管企业以何种方式支付土地价款，都属于取得土地的成本。本案中，中大公司拿的是"毛地"，不仅要支付土地出让金，还要对拆迁对象进行还建，按照拆迁合同的约定，既要还房，也要以现金支付房屋装修费、搬家费等费用。支付给拆迁对象的无论是货币补偿，还是实物还建补偿，从事实和性质上都属于土地成本。中大公司拿地后，在清算项目中开发了普通住宅、非普通住宅和其他类型房地产。该土地成本属于共同成本，应当遵循"收益原则"按建筑面积法予以分摊。中大公司无视其拿地后用于不同类型开发产品建设的事实，任意分配拆迁补偿费的做法，不符合《企业会计准则——基本准则》对于会计信息质量清晰性、可比性的要求。

法院认为，"专属成本法"与"建筑面积法是实现"三分"原则的具体方法。在选择具体方法的过程中，则应遵循受益性原则。按照受益性原则，在成本归集时，优先选择专属成本法，只有在专属成本法不具备适用条件时，才选择建筑面积法或者税务机关确定的其他方式。本案中，根据原告提供的《拆迁补偿协议》约定，以住宅补偿住宅，以商铺补偿商铺，这是补偿的一种方式，但并不能说明因为拆除住宅而发生的成本，专属于新建住宅，而与新建的商铺无关，也不能说明拆除商铺发生的成本，专属于新建商铺，而与新建的住宅无关。故应以事实为依据，以受益性为原则来判断实物补偿发生的拆迁成本是否是专属成本。拆迁补偿费属于土地成本，因此，实物拆迁补偿费计入土地成本在拆迁时点，不论拆迁协议如何约定，拆迁的目的是整片土地的进一步开发，受益的是整块土地。本案中，没有证据证明因为拆除住宅而获得的用于进一步开发的地块只用来开发住宅，也没有证据证明因为拆除商铺而获得的用于进一步开发的土地只用来开发商铺，因此，没有证据证明实物补偿方式的拆迁补偿费属于专属成本。故应将实物拆迁补偿的拆迁补偿费视为非专属成本按照建筑面积法进行分摊。

上述案件中，中大公司之所以将实物拆迁补偿费在三个项目中按一一对应的方法分配，是因为这样可以使产生收入的项目成本充分利用，其他两个项目因没有足够的收入利用成本，将该部分成本用在收入较多的项目上，可以不用纳税或少纳税。税务机关按照建筑面积分配成本的做法，使得最终中大公司的一个项目没有足够的成本税前扣除，就要缴纳大额的所得税。中大公司在案件中的说理比较缺乏，中大公司并没有就该拆迁补偿费是否属于专有成本进行举证说明。笔者认为，作为开发商，应在与政府洽谈拆迁补偿费或与业主洽谈拆迁补偿费时，应提前就不同功能区的土地补偿分别谈判，分别取得拆迁补偿费，这样的提前预设在于开发商能够比较准确预判不同项目的用地面积和未来收入总额，根据需要税前抵扣的成本，提前安排拆迁的范围和区域。

二、房企拆迁补偿开发产品被按非货币性资产交换处理

房地产开发企业负责拆迁业务，如果是代行政府的职责，要摆正自己的角色，工作可以由房地产企业具体负责，但最终的法律文本需要政府亲自签订。实务中，很多不规范的操作，法律关系纠缠不清导致税务机关找上门来，对原本可避免的税收付出额外的税负。

在焦作市新发展房地产开发有限公司与当地税务机关税法纠纷一案（〔2019〕豫0811行初66号）中，2006年3月18日，原告焦作市新发展房地产开发有限公司（以下简称"新发展公司"）与东王褚村委会签订征地协议书，征用该村位于人民路北侧土地49.25亩，征地补偿费27万元/亩，同时约定该村将上述征地补偿费折抵门面房6200平方米，由原告新发展公司负责办理房产手续。同年7月28日，双方又签订协议约定在人民路北侧龙泽苑小区开发三栋综合楼，原告新发展公司提供开发建设的资金，东王褚村委会提供位于人民路北侧可供用地，面积约50亩。

2007年10月8日，焦作市国土资源局与原告新发展公司签订前述土地国有土地使用权出让合同。10月30日原告新发展公司缴纳土地出让金5 602 416元。2008年8月7日，原告新发展公司与东王褚村委会签订补充协议："增扩建（一、二层）方面：凡是在原规划图上增加、扩建的部分，双方共同协商由新发展公司提供图纸，双方盖公章后新发展公司方可施工。增加扩建部分不论方向朝哪儿，东王褚村委会都应无偿获得增扩部分的30%（包括房产证、土地证等手续）；质量要求（略）；房屋的分配情况：（1）按原规划东王褚村委会应得门面房为西楼（一、二层）约2100平方米，东楼（一、二层）约2100平方米，中间楼（一、二层）应得约2000平方米，（2）增、扩建（一、二层）房屋东王褚村委会获得房屋情况：按实际建筑面积结合原规划建筑面积，算出东王褚村委会应得房屋面积（另见表格），具体位置双方协商，超出部分双方协商解决。"

税务机关认为新发展公司上述实物补偿行为属于非货币性资产交换，应视同销售纳税。原告新发展公司已按双方协议将4084.82平方米的商铺实际交付给东王褚村委会，并在2014年度企业所得税汇算清缴时，将交付东王褚

村委会的 4084.82 平方米门面房按市场价 44 283 480 元确认为拆迁补偿费计入了开发成本，并在已售、未售面积之间分摊，确认已售面积应分摊的主营业务成本金额，而未按照收入与成本相配比的原则将交付的商铺确认收入 44 283 480 元来合并计入收入总额计算缴纳企业所得税。

新发展公司认为税务机关将其分给东王褚村委会的开发产品（4084.82 平方米的商铺）认定为是以转让土地使用权而换得的开发产品是错误的。因为原告新发展公司在开发龙泽苑二期工程项目时，使用的开发土地是先经过政府收储，按照招拍挂的最高价格从政府手中取得的土地使用权，并未从东王褚村委会手中取得土地使用权，该决定中认为用开发产品换取东王褚村委会的土地使用权来作为非货币交易的依据是不成立的；在 2006 年开发龙泽苑小区时应上缴国土局的征地补偿费为 783.75 万元，包含在国土局的拍卖地款中，主要补偿东王褚村村委会。本来应该由原告新发展公司上缴国土局再由国土局支付给东王褚村委会，然而国土局通知让原告新发展公司代其直接将该征地费付给东王褚村委会，不用再上缴国土局。为了解决失地农民今后的生存问题，经市区乡三级政府协调，东王褚村委会与其达成联合开发龙泽苑二期工程的协议，即由东王褚村委会将应得的土地补偿费 783.75 万元作为资金投入，待小区开发完成后，原告新发展公司将小区 4084.82 平方米商铺的所有权（房产过户）作为开发产品分配给东王褚村委会。原告新发展公司质证后认为其取得土地使用权是通过政府出让取得，向政府交纳过土地出让金，东王褚村对涉案土地就不拥有所有权，不存在以地换房问题。

就上述案件原告新发展公司之所以遭遇这样的不利局面，在于其合同签订一方面跟村委会商定交付土地，另一方面又与政府签订土地使用权出让合同。给税务机关的印象就是，新发展公司是在跟村委会进行交易。如果新发展公司被认定是以商铺换取土地使用权，按照税法上"非货币性资产交换"规则，则可拆解为两个税法行为，该商铺一方面被视同销售处理，另一方面视为以现金购买土地使用权。同时，否定了"商铺"的实物类拆迁补偿的性质，该部分支出不能在税前作为成本予以扣除，因为根据国家税务总局《关于土地增值税清算有关问题的通知》（国税函〔2010〕220 号）第 6 条："房地产企业用建造的本项目房地产安置回迁户的，安置用房视同销售处理，……同时将此确认为房地产开发项目的拆迁补偿费。……"就本案中的法律关系看，村委会虽然签订了协议，但并未履行协议，新发展公司实际上是按照与国土局签订的土地出让协议受让土地，并非从村委会那里受让协议。只不过新发展公司就实物补偿问题，不是与政府签订协议，而是与当地村委会签订协议，但这并未发生村委会转让土地的行为，村委会与政府间存在土地征收法律关系，政府与新发展公司存在土地出让法律关系。村委会与新发展公司之间就土地不存在直接的法律关系。只是在洽谈实物补偿时，村委会与新发展公司绕过了政府，双方直接对话。按理说，政府应承诺给予村委会多少补偿，并以此作为新发展公司的受让土地后的义务。但是，无论如何，本案中都不存在非货币性资产交换，土地是政府交付的。本案只能按照安置房处理，对安置用房视同销售处理，同时将此确认为房地产开发项目的拆迁补偿费。无论是视为实物补偿还是视为非货币性交换，区别在于能否作为拆迁补偿费在税前扣除。新发展公司有权将其作为拆迁补偿费在税前扣除。

三、公司人格混同致使拆迁补偿费不能税前列支

有的企业家分不清股东与公司之间的独立人格关系，将名下不同的公司彼此不分，资产和收入在不同公司间随意支配，这样不但容易被债权人追究无限连带责任，还会在税法上导致不利后果。

在绍兴神舟置业有限公司（原浙江神舟置业有限公司）与当地税务机关税法纠纷一案（［2018］浙06行终440号）中，税务机关认为绍兴神舟置业有限公司（以下简称"神舟置业公司"）申请企业所得税，不能税前扣除鼎峰水泥有限公司发生的拆迁补偿费。杨汛桥镇政府委托绍兴鼎峰水泥有限公司（以下简称"鼎峰水泥公司"）对江桥第二建筑工程公司地块进行拆迁，期间，杨汛桥镇政府与绍兴县江桥第二建筑工程公司于2006年2月25日签订了《房屋拆迁补偿协议》，因当时有部分拆迁户未签订补偿合同而搁置，该协议并未实际履行。此后，杨汛桥镇政府协助鼎峰水泥公司做了拆迁户的大量工作，至2007年9月底，拆迁安置补偿协议全部签订完成。2007年3月12日，原告神舟置业公司成立。2007年9月27日，杨汛桥镇党委财经工作领导小组就鼎峰地块拆迁补偿的有关问题进行商讨，并作出"关于鼎峰地块拆迁补偿问题的会议纪要"。

到了土地出让环节，却是由原告绍兴神舟置业公司受让。2007年10月28日，杨汛桥镇政府向原绍兴县国土局、原绍兴县招投标中心出具《关于杨汛桥鼎峰住商地块拆迁安置的情况说明》，同年10月31日，原绍兴县国土局

作出国有土地使用权挂牌出让公告，对杨汛桥鼎峰住商地块进行公开出让，同年 11 月 14 日，原告神舟置业公司通过公开竞拍获得杨汛桥镇鼎峰住商用地。同日，原告与原绍兴县国土资源局签订《国有土地使用权出让合同》，合同约定土地条件以现状为准，总成交价为 2818 万元，另约定受让人在受让宗地时的其他要求，杨汛桥鼎峰住商地块有拆迁安置户 28 户属产权调换原地安置，土地竞得人必须按杨汛桥镇政府的安置方案实施安置；该地块土地开发竞得人，建成后必须将该小区的六层及以下优先用于原地拆迁安置，回购给杨汛桥镇政府，由杨汛桥镇政府用于 28 户拆迁户的原地拆迁安置。

与国有土地受让主体不同，拆迁主体约定的是鼎峰水泥公司，政府将拆迁补偿款打给鼎峰水泥公司而不是原告神舟置业公司。12 月 20 日，杨汛桥镇政府与鼎峰水泥公司签订《鼎峰住商地块拆迁补偿协议》，协议约定鼎峰住商地块由杨汛桥镇政府委托鼎峰水泥公司组织拆迁，杨汛桥镇政府应支付鼎峰水泥公司拆迁补偿款 2085.7375 万元，实际结算时扣除杨汛桥镇畜牧兽医站补偿款 53.4915 万元以及按挂牌公告设置回购条件鼎峰水泥公司应支付给杨汛桥镇政府的 363.9674 万元后，最终杨汛桥镇政府应付给鼎峰水泥公司的款项合计为 1668.2786 万元。12 月 21 日，鼎峰水泥公司收到杨汛桥镇政府上述拆迁补偿款。

实际控制人同时利用鼎峰水泥公司公司和原告神舟置业公司支付拆迁补偿款，在拆迁过程中，鼎峰水泥公司共应支付 39 户居民补偿总额 8 723 612.24 元和 1 户法人洪峰大酒店补偿总额 4 241 854.86 元，合计 12 965 467.10 元。2011 年 8 月 31 日，原告神舟置业公司公司以现金方式支付两名拆迁户安置款合计 312 291.40 元。

法院认为 12 965 467.10 元拆迁安置补偿费应由鼎峰水泥公司支付，原告神舟置业公司公司作为独立企业不能作为成本列支。

神舟置业公司在二审庭审中承认"镇政府认为'江桥二建'与鼎峰水泥公司的法定代表人都是洪某根，因此让鼎峰水泥公司负责拆迁，鼎峰水泥公司不是受委托拆迁，只是实施拆迁行为，鼎峰水泥公司与拆迁户签订拆迁补偿协议并支付拆迁费用，在神舟置业公司还没有成立的情况下由鼎峰水泥公司实施，且得到镇政府认可。上诉人神舟置业公司在 2017 年 3 月成立，上诉人与鼎峰水泥公司之间是承继关系，法定代表人都是洪某根。上诉人是开发商，应当由开发商承担费用，目前法律并未禁止鼎峰水泥公司所产生拆迁成本不能由神舟置业公司公司来列支。"由此可以看出，在上述补偿协议签订之前，鼎峰水泥公司已经事实上实施了部分拆迁工作，并且支付了部分拆迁费用。上诉人主张其成立之后，拆迁职责从鼎峰水泥公司转移给神舟置业公司公司的说法，并未在上述协议中有所体现。事实上，在上诉人成立之后，其法定代表人仍然与杨汛桥镇政府以鼎峰水泥公司名义签订上述协议，恰恰说明上诉人法定代表人本人也认可具体实施拆迁工作的单位是鼎峰水泥公司，而非上诉人神舟置业公司公司。神舟置业公司公司和鼎峰水泥公司系两个独立存在的法人，上诉人认为两者存在承继关系，更是缺乏法律上的依据。在上诉人与原绍兴县国土资源局签订的《国有土地使用权出让合同》中确实约定土地受让人必须按杨汛桥镇政府的方案，将建成后的六层及以下优先用于28户拆迁户的原地安置，通过回购给杨汛桥镇政府，由杨汛桥镇政府安置该28户拆迁户。但上诉人对该28户的安置行为，与争议的12 965 467.10元没有关联性。上诉人对该28户存在的安置行为也不能作为12 965 467.10元在其土地开发成本中列支的理由。

上述案件，实际控制人利用手中控制的不同公司，将本应由一个公司负责的拆迁业务，分配给两个具有独立法人资格的公司分别实施，最终导致其中鼎峰水泥公司发生的拆迁补偿费因没有收入无法充分使用，又不能在神舟置业公司的税前扣除。而神舟置业公司有收入，却无足够的成本税前扣除，导致最终要多缴税。这是典型的"业务混同"，将成本和收入分属不同的公司，犯了税法上的大忌，本案虽然法人是同一人，但公司的业务成本不能相互转让。神舟置业公司主张将鼎峰水泥公司发生的成本放在神舟置业公司的纳税申报中税前列支，被拒绝是显而易见的。笔者认为，从鼎峰水泥公司来讲，当年成本大于收入，产生了亏损。神舟置业公司可以吸收合并鼎峰水泥公司，吸收合并鼎峰水泥公司的资产、负债、劳动力等，待未来神舟置业公司产生收入，可在规定期限内弥补鼎峰水泥公司等亏损。

第三节　企业政策性搬迁税法实务

企业一般情况下发生的搬迁，就产生的搬迁收入和支出需在正常纳税年度内就应税所得申报纳税。如果符合政策性搬迁，则可享受递延纳税等税收优惠，这突破了企业必须在一个纳税年度内申报纳税的规定。《企业政策性搬迁所得税管理办法》（国家税务总局公告 2012 年第 40 号）第 16 条规定："企业的搬迁收入，扣除搬迁支出后的余额，为企业的搬迁所得。企业应在搬迁完成年度，将搬迁所得计入当年度企业应纳税所得额计算纳税。"第 17 条规定："下列情形之一的，为搬迁完成年度，企业应进行搬迁清算，计算搬迁所得：（一）从搬迁开始，5 年内（包括搬迁当年度）任何一年完成搬迁的。（二）从搬迁开始，搬迁时间满 5 年（包括搬迁当年度）的年度。"

通常来讲，符合政策性搬迁对企业而言是有利的。有时候，如果商业性搬迁收入更高，综合比对发现较政策性搬迁更优，企业也可能选择商业性搬迁。另外，政策性搬迁，除给予企业所得税方面的专门优惠措施外，土地增值税等税种亦对搬迁给予优惠政策。

一、合并资产重组自行转让房地产免征土地增值税

《土地增值税暂行条例实施细则》（财法字〔1995〕6 号）第 11 条第 4 款规定："因城市实施规划、国家建设的需要而搬迁，由纳税人自行转让原房地产的，比照本规定免征土地增值税。"相对纳税人的房地产被政府征收，自行转让房地产亦可享受免征土地增值税的规定。

在额敏县安鑫热力有限公司与当地税务机关税法纠纷案（〔2014〕额行初字第 4 号）中，原告安鑫热力被取消了免征待遇，在"额地税通〔2013〕QX—004 号"《税务事项通知书》中，取消减免土地增值税的理由是：你单位与众禾热力有限公司是通过合并资产重组而进行的土地转让，不适用财税〔2006〕21 号文第 4 款规定的因城市实施规划而搬迁自行处置资产条件，不应享受减免税。税务机关取消减免土地增值税事实依据是原告与众禾公司是通过合并资产重组而进行的土地转让。

法院认为，《土地增值税暂行条例实施细则》第 11 条和财政部、国家税务总局《关于土地增值税若干问题的通知》第 4 条规定：因"城市实施规划"而搬迁，是指因旧城改造或因企业污染、扰民，而由政府或政府有关主管部门根据已审批通过的城市规划确定进行搬迁的情况；因"国家建设的需要"而搬迁，是指因实施国务院、省级人民政府、国务院有关部委批准的建设项目而进行搬迁的情况。2011 年 1 月 18 日原告安鑫公司与案外人塔城地区西部房地产开发有限责任公司签订协议书，原告安鑫公司自行转让城镇国有土地使用权应缴纳土地增值税。即原告安鑫公司不是因城市实施规划、国家建设

的需要而搬迁，其自行转让国有土地使用权不符合免征土地增值税的规定。

上述案件中，首先安鑫热力要想享受免征土地增值税的优惠，前提是能够举证自己是因"城市实施规划"而搬迁。根据财政部、国家税务总局《关于土地增值税若干问题的通知》（财税〔2006〕21号）："四、关于因城市实施规划、国家建设需要而搬迁，纳税人自行转让房地产的征免税问题 《中华人民共和国土地增值税暂行条例实施细则》第十一条第四款所称：因'城市实施规划'而搬迁，是指因旧城改造或因企业污染、扰民（指产生过量废气、废水、废渣和噪音，使城市居民生活受到一定危害），而由政府或政府有关主管部门根据已审批通过的城市规划确定进行搬迁的情况；……"安鑫热力应提出由政府或政府有关主管部门根据已审批通过的城市规划。

而通过企业合并资产重组，是否属于自行转让原房地产呢？自行转让房地产，是相对于被政府征收而言的，企业通过合并资产重组，将资产转让出去，当然属于自行转让房地产。

二、企业隐瞒搬迁收入对适用政策性搬迁所得税优惠的影响

企业符合政策性所得税处理政策，但在纳税申报中少申报搬迁收入，被税务机关发现后是按照搬迁所得税政策处理呢，还是按照自行搬迁处理呢？

在邵阳华力机械制造有限责任公司与税务机关税法纠纷案（〔2018〕湘0523行初36号）中，邵阳华力机械制造有限责任公司（以下简称"华力机械公司"）诉称，税务机关的处理决定及复议决定均认定事实错误：因邵阳县老城区改造项目的需要，经邵阳县人民政府决定，发布了邵政通字（2017）32号通告，原告厂房位于老城区改造的拆迁范围内，应当整体搬迁。2018年1月5日，原告开始搬迁，10日后腾空厂房，已不能在原地继续生产，但并未注销工商登记，因而该补偿款是原告的搬迁收入，用于原告的搬迁。税务机关将原告的搬迁收入认定为应纳税所得额，明显认定事实错误。被告的处理决定及复议决定适用法律不当：根据国家税务总局发布的《企业政策性搬迁所得税管理办法》（以下简称《办法》）第3条第5项的规定，原告拆迁是政策性搬迁，拆迁补偿是帮助原告异地重建费用，应当适用《办法》的规定计算应税所得。二被告在原告搬迁开始就将其搬迁收入全额征税，明显适用法律不当。

被告税务机关辩称，2017年12月14日，原告与邵阳县房产局签订《房

屋征收货币补偿协议书》，拆迁补偿总金额为 27 001 046 元，第一批发放金额为 17 214 680 元，已于协议签订之日收到，在会计上作为"营业外收入"入账的条件已成立。税务人员在日常税收检查中，经案头审计比对《房屋征收货币补偿协议书》和会计报表，发现原告未将取得的拆迁补偿款 17 214 680 元在会计报表中进行列报。《办法》第 3 条第 1 款规定："企业政策性搬迁是指由于社会公共利益的需要，在政府主导下企业进行整体搬迁或部分搬迁。……"《办法》第 4 条规定："……政策性搬迁过程中涉及的搬迁收入、搬迁支出、搬迁资产税务处理、搬迁所得等所得税征收管理事项。单独进行税务管理和核算。不能单独进行税务管理和核算，应视为企业自行搬迁或商业性搬迁……"

上述案例，税务机关认为，华力机械公司将与邵阳县房产局签订《房屋征收货币补偿协议书》中拆迁补偿总金额为 27 001 046 元未在拆迁收入中列示，属于未单独管理和核算，不应按照拆迁所得税优惠政策处理。税务机关的此种理解，属于误解。华力机械公司已经将整体拆迁业务单独核算和管理，只是缺漏了其中一项收入，缺少一项收入不能等同于不能单独进行税务核算和管理。从华力机械公司的角度看，缺漏在拆迁核算外的收入，对其在税法上是不利益。并不能因为仅仅一项收入未计算进去，就视为该笔收入不能单独核算。单独核算是就整个搬迁业务而言的，而不是针对某个收入。

三、企业政策性搬迁资产置换计税成本的确定

企业政策性搬迁中，可能发生资产置换，企业换得的资产计税基础如何确定，关系到征纳双方之间的利益。国家税务总局《关于企业政策性搬迁所得税有关问题的公告》（国家税务总局公告 2013 年第 11 号）第 2 条规定："企业政策性搬迁被征用的资产，采取资产置换的，其换入资产的计税成本按被征用资产的净值，加上换入资产所支付的税费（涉及补价，还应加上补价款）计算确定。"

对此，国家税务总局《关于〈企业政策性搬迁所得税有关问题的公告〉的解读》解释说："企业政策性搬迁凡涉及土地置换的，其换入土地计税成本可按被征用土地的净值，加上换入土地应支付的税费（涉及补价，还应加上补价款）计算确定。对于其他资产置换如何进行税务处理，该公告未作规定。鉴于土地置换与其他资产置换性质相同，可采取同一原则进行相关的税务处理，因此，新公告规定：企业政策性搬迁被征用的资产，采取资产置换的，

其换入资产的计税成本按被征用资产的净值,加上换入资产所支付的税费(涉及补价,还应加上补价款)计算确定。"

上述规定总的原则是,以保持搬迁企业原有的计税基础为原则。如果资产置换不是按照公允价格确定,若换入资产的价值低估,则未来处置资产或使用资产过程中,搬迁企业不能获得足够的税收利益,但因属于资产低估,搬迁企业总的来说处于获利状态;若换入资产的价值高估,搬迁企业未来处置资产或使用资产则相对低估则能获得较多税收利益。

第七章

不动产金融税法实务

　　不动产作为企业的一项重要资产，如果直接交易将面对巨额税负，若以不动产进行融资活动，一旦过户就要按照正常交易纳税，这可能会阻碍金融业务的开展。要不要给予各项不动产交易活动税收优惠，须遵从税法逻辑，而不是一味地要满足信托制度、基金制度等的现实需要。不动产金融税法实务，实际上是各利益相关方之间利益博弈的问题，对于税务机关而言，无非早收税还是晚收税的问题。对交易各方的税收优惠，待是在上一交易环节暂且不收税，待下一环节再收取，直接免税的情况比较少。而上一环节无非委托方或出让方将不动产转让给金融机构的环节，此一环节面临的法律性质，将决定税法上是否给予税收优惠待遇。

第一节　不动产私募投资基金的几个税法问题

　　2023 年 2 月 20 日，根据中国证券监督管理委员会关于开展不动产私募投资基金试点的要求，中国证券投资基金业协会发布了《不动产私募投资基金试点备案指引（试行）》（中基协发〔2023〕4 号，以下简称"4 号指引"），协会在私募股权投资基金类型项下增设"不动产私募投资基金"产品类型。与以往的私募股权投资基金相比，4 号指引对不动产私募投资基金设定了不同的规则，这些规则的变化必然会在税收结果上得到呈现，其中对投资结构的影响是重点。私募投资基金活动中的募、投、管、退四个阶段，会涉及非常多的税法问题，本书只对其中涉及的三大主要税务问题进行分析。

一、私募股权投资基金不同组织形式下的所得税

兵马未动，粮草先行，私募投资基金募集之前，要先做好税务筹划，要将税法后果体现在投资方案和交易合同之中，而不是在收入已经实现的情况下，再去处理税收后果，那样会构成偷税。实务中，私募股权投资基金有三种类型，包括合伙型、公司型以及契约型，基金类型不同，税收规则也就不一样。本书从投资人的角度对所得税进行简要介绍，限于篇幅未对管理人的税负进行介绍。

（一）合伙型私募股权基金所得税的多样性

私募股权投资基金采用合伙企业的形式最为常见，但合伙企业不是纳税主体。根据财政部、国家税务总局《关于合伙企业合伙人所得税问题的通知》（财税［2008］第159号）第2条和第3条，合伙企业以每一个合伙人为纳税义务人。合伙企业合伙人是自然人的，缴纳个人所得税；合伙人是法人和其他组织的，缴纳企业所得税。合伙企业生产经营所得和其他所得采取"先分后税"的原则。具体应纳税所得额的计算按照《关于个人独资企业和合伙企业投资者征收个人所得税的规定》（财税［2000］91号）及财政部、国家税务总局《关于调整个体工商户个人独资企业和合伙企业个人所得税税前扣除标准有关问题的通知》（财税［2008］65号）的有关规定执行。

合伙人如果是企业，适用25%的企业所得税税率，合伙人如果是自然人，按照生产经营所得应税项目，适用5%至35%的个人所得税税率。具体到股权投资业务，合伙企业的税率更具有多样性。国家税务总局《关于〈关于个人独资企业和合伙企业投资者征收个人所得税的规定〉执行口径的通知》（国税函［2001］84号）第2条"关于个人独资企业和合伙企业对外投资分回利息、股息、红利的征税问题"规定："个人独资企业和合伙企业对外投资分回的利息或者股息、红利，不并入企业的收入，而应单独作为投资者个人取得的利息、股利、红利所得，按'利息、股息、红利'所得，按'利息、股息、红利所得'应税项目计算缴纳个人所得税。以合伙企业名义对外投资分回利息或者股利、红利的，应按《通知》所附规定的第五条精神确定各个投资者的利息、股利、红利所得，分别按'利息、股息、红利所得'应税项目计算缴纳个人所得税。"而"利息、股息、红利"应税项目的税率为25%，就是说，合伙企业如果从事股权投资业务，取得的利息、股息和红利所得，不属

于生产经营所得，不适用5%至35%的税率，这就突破了一般合伙企业的所得都是生产经营所得的界限，对股权投资业务来说，具有税率优惠。

与利息、股息、红利所得的税率不同，合伙企业转让股权，企业合伙人适用25%的企业所得税税率。自然人合伙人却要按照生产经营所得应税项目纳税，自然人合伙人适用5%至35%的税率。但是，具体到了各个地方，对合伙企业的股权转让所得，也可能存在优惠，比如北京市金融服务工作领导小组办公室等部门联合发布的《关于促进股权投资基金业发展的意见》（京金融办〔2009〕5号）第4条规定："合伙制股权基金中个人合伙人取得的收益，按照'利息、股息、红利所得'或者'财产转让所得'项目征收个人所得税，税率为20%。"不只是利息、股息、红利所得适用20%的税率，股权转让也可以按照财产转让所得适用20%的税率，提供了税率优惠。

有限合伙人（LP）和普通合伙人（GP）适用的应税项目是否应当有别？重庆市人民政府办公厅印发的《重庆市进一步促进股权投资类企业发展实施办法》第23条第2款规定："合伙人应缴纳的个人所得税应由投资者向合伙企业实际经营管理所在地主管税务机关申报缴纳。其中，不执行企业合伙事务的自然人有限合伙人，其从有限合伙企业中取得的股权投资收益，按照《中华人民共和国个人所得税法》及其实施条例的规定，按'利息、股息、红利所得'应税项目，适用20%的税率计算缴纳个人所得税。"已经废止的深圳市人民政府《关于促进股权投资基金业发展的若干规定》（深府〔2010〕103号）原规定："合伙制股权投资基金和股权投资基金管理企业，执行有限合伙企业合伙事务的自然人普通合伙人，按照'个体工商户的生产经营所得'项目，适用5%—35%的五级超额累进税率计征个人所得税。不执行有限合伙企业合伙事务的自然人有限合伙人，其从有限合伙企业取得的股权投资收益，按照'利息、股息、红利所得'项目，按20%的比例税率计征个人所得税。"从LP和GP的性质上看，二者具有不同的特点，有限合伙人承担有限责任，不参与合伙企业的经营管理，普通合伙人承担无限连带责任，负责合伙企业的经营管理活动。有限合伙人与有限公司的股东责任基本相同，所以不按照生产经营所得征税，才符合有限合伙人本身的性质。

企业合伙人持有收益能否享受股息、红利等投资收益免税政策？目前的政策是，居民企业投资其他居民企业取得的股息红利，可享受免征企业所得税的待遇，但该投资仅限于直接投资。有人认为，有些地方会给予免税待遇，比如《关于促进股权投资基金业发展的意见》（京金融办〔2009〕5号）第5条规定："合伙制股权基金从被投资企业获得的股息、红利等投资性收益，属于已缴纳企业所得税的税后收益，该收益可按照合伙协议约定直接分配给法人合伙人，其企业所得税按有关政策执行。"所以，根据该规定企业合伙人也可以享受免税待遇。可是这样的规定语焉不详，"按有关政策执行"如何理解？是不是意味着不按《企业所得税法》执行呢？这里的"有关政策"指的是什么？既然是政策就不是法律和行政法规，可除了《企业所得税法》及其实施条例，目前并不存在针对此类情况的具体税收政策。"按有关政策执行"可能是在表达，可以按照《企业所得税法》及其实施条例的免税待遇执行，因为从"属于已缴纳企业所得税的税后收益"的表述看，此处是为了消除重复征税，企业合伙人取得的股息红利等投资收益，理应享受免税待遇，具体操作层面应与主管税务机关提前沟通。

除了税率适用外，还要关注几个问题。首先是合伙企业发生所得，就算没有给合伙人分配，合伙人也发生了纳税义务？立即要缴税？没有分配要不要纳税？认为合伙企业即便没有实际分配所得，合伙人也要计算缴税的依据，是159号通知所称生产经营所得和其他所得，包括合伙企业分配给所有合伙人的所得和企业当年留存的所得（利润）。包括"当年留存的所得（利润）"，就是说没有实际分配，合伙人也要缴税？什么是留存的所得？笔者理解，留存的所得是以发生分配利润为前提，留存的所得意味着该部分留存的所得是不会分配给合伙人的，或者说已经分配完之后留存的所得。所以从法律渊源的角度，按字面意思理解，合伙企业没有进行实际分配，合伙人就不用缴纳所得税，纳税义务不发生。

但在实践操作中，对该规定曲解较多，《企业所得税年度纳税申报表（A类，2017年版）》第41行叫作"合伙企业法人应分得的应纳税所得额"。对此，《企业所得税年度纳税申报表（A类，2017年版）》部分表单及填报说明（2022年修订）"《纳税调整项目明细表》填报说明"第48点解释为，第41行"（五）合伙企业法人合伙人分得的应纳税所得额"：第1列"账载金额"填报合伙企业法人合伙人本年会计核算上确认的对合伙企业的投资所得。第2列"税收金额"填报纳税人按照"先分后税"原则和财政部、国家税务总局《关于合伙企业合伙人所得税问题的通知》（财税〔2008〕159号）文件第4条规定计算的从合伙企业分得的法人合伙人应纳税所得额。若第1列≤

第 2 列，第 3 列"调增金额"填报第 2-1 列金额。若第 1 列>第 2 列，第 4 列"调减金额"填报第 2-1 列金额的绝对值。

上述"合伙企业法人应分得的应纳税所得额"中，"应分得"的表述本身就说明没有实际分配，也要按照应分得的部分计算应纳税所得额，这就对"当年留存的利润"进行了界定，明确没有实际分配的所得，所以企业合伙人必须按照应分得的利润纳税。而填表说明进一步区分了会计所得和税法所得，这样就使得企业合伙人即使没有获得实际分配，也要按照应分配的所得纳税。虽然有违纳税必要资金原则，但企业不得不照做。

所以，先分后税要求合伙企业当年度必须得在税法上进行利润分配。那么分得是什么？是收入？还是利润？笔者理解，这里的"先分"的对象应该是应纳税所得额。根据财政部、国家税务总局《关于调整个体工商户个人独资企业和合伙企业个人所得税税前扣除标准有关问题的通知》（财税〔2008〕65 号），合伙企业实际支付的工资薪金、工会经费、职工教育经费、职工福利费用等成本和费用可在税前扣除。那么，这些成本和费用是由合伙企业扣除还是由合伙人各自扣除？笔者理解只能是由合伙企业扣除，成本和费用没法进行分配，合伙人无法各自将合伙企业的成本和费用进行入账。只能由合伙企业进行分配，然后将各自的应纳税所得额分配给各合伙人。这就要求合伙企业应主动做好应纳税所得额的分配工作，主要是对各项成本和费用提前进行税前扣除，否则如果是税务机关主动确定应纳税所得额，可能会对合伙人不利。这就会出现一个问题，合伙企业虽然不是纳税主体，但成本扣除的工作要在合伙企业的层面完成，应纳税所得额又属于各个合伙人，所以合伙企业的所得税逻辑不通。需要注意的是，这里要避免重复征税，如果没有实际分配，下次再次分配，要区分清楚已经交完税的这部分所得。

还有转让合伙基金份额的应税性问题，根据《个人所得税法实施条例》，财产转让所得，是指个人转让有价证券、股权、合伙企业中的财产份额、不动产、机器设备、车船以及其他财产取得的所得，适用 20% 的税率。合伙企业的基金份额，就是合伙企业中的财产份额。所以转让合伙基金的份额也要按照 20% 的税率纳税。这里存在矛盾之处，转让合伙份额按 20% 的税率，合伙企业转让股权的纳税人也是合伙人，税率却是 5% 至 35%，这就留下了税务筹划的空间。

另外，需要特别关注创投合伙企业的税率，《关于创业投资企业个人合伙人所得税政策问题的通知》（财税〔2019〕8 号）第 2 条规定："创投企业选择按单一投资基金核算的，其个人合伙人从该基金应分得的股权转让所得和股息红利所得，按照 20% 税率计算缴纳个人所得税。创投企业选择按年度所得整体核算的，其个人合伙人应从创投企业取得的所得，按照'经营所得'项目、5%—35% 的超额累进税率计算缴纳个人所得税。"如果没有其他税收上的考量，单一核算适用 20% 的税率更为划算。

（二）公司型私募投资基金所得税的利弊

公司型或企业型私募股权投资基金，组织形式为公司，只能按照《企业所得税法》的规定缴纳企业所得税。相对上述合伙企业的"先分后税"纳税规则，公司型基金具有如下优势：一是，不用每年都计算所得并纳税，合伙人可以等到将来收到现金分配时再纳税，这是一大税收利好；二是，作为居民企业的公司，投资公司型基金取得的股息红利等投资收益，可以免征企业所得税，而合伙型基金则不能免税。如果投资人为公司，且计划按照收取股息、红利的方式赚取收益，则采用公司型基金较为合适；三是，公司型基金可以对产生的未弥补亏损在未来 5 年内进行利用，合伙型基金如果适用该规定，缺乏税法依据，对于那些高风险的投资基金，选择公司型基金，可能是一个合适的选择。

而采用公司型基金的弊端也显而易见，那就是公司层面和股东层面的双重征税问题，公司层面要负担 25% 的企业所得税，而股东要缴纳个人所得税。

（三）契约型私募股权基金的所得税问题

契约型私募基金，是投资人与基金管理人之间形成的委托代理法律关系，所以《证券投资基金法》第 8 条规定："基金财产投资的相关税收，由基金份额持有人承担，基金管理人或者其他扣缴义务人按照国家有关税收征收的规定代扣代缴。"实践中，这里的代扣代缴仅指所得税，而增值税的纳税义务人是基金管理人，不是投资人。《关于明确金融、房地产开发、教育辅助服务等增值税政策的通知》（财税〔2016〕140 号）第 4 条规定："资管产品运营过程中发生的增值税应税行为，以资管产品管理人为增值税纳税人。"这就存在一个问题，投资人的应纳税所得额，要不要税前扣除基金管理人负担的增值税呢？这就要看基金协议中，有没有约定明确基金管理人作为纳税义务人缴纳的增值税，要由投资人承担。如果基金协议明确约定由投资人承担管理人缴纳的增值税，则投资人可就承担的增值税在税前扣除；如果基金协议中没有约定，基金管理人可否依据上述第 8 条"由基金份额持有人承担"主张由投资人承担呢？笔者理解不可以，根据上述第 8 条代扣代缴的规定，可推知"由基金份额持有人承担"，是将基金份额持有人视作纳税义务人看待，如果增值税的纳税义务人是管理人，就不适用上述第 8 条的规定。所以如果基金协议中没有约定，就不能主张由投资人或基金份额持有人承担增值税。当然，如果投资人承担了管理人缴纳的增值税，管理人还需要就该承担的部分金额，并入管理费，由基金管理人计算并缴纳增值税和企业所得税，所以这种增值税的纳税义务规定为基金管理人的做法，明显不合理。

（四）嵌套式私募股权基金的所得税问题

实务中存在合伙型私募基金（母基金）投资另外一个合伙型私募基金（子基金）（FOF）的情况，而该被投资合伙基金，还可以再次投资另一个合伙型基金，以此类推，此种情况被称作嵌套式私募基金。

首先一个问题是，各层级的合伙型基金的纳税义务何时发生？对此有两种理解，一种理解认为，最前端的子基金发生所得，后端的母基金便同时发生所得，最终的合伙人便发生纳税义务，与单一基金形式并无区别。理由是合伙企业不是纳税主体，无论中间嵌套了多少合伙企业，都是由最终的合伙人负担纳税义务。还有一种理解是，最前端的合伙企业也就是子基金分得利润后，如果没有实际分配，中间嵌套的各级母基金不发生所得，穿透后的合伙人的纳税义务就不发生。如果能这样嵌套式基金就起到了阻却纳税义务发生的作用。这里的关键问题是，合伙企业投资另一合伙企业，或母基金投资子基金，被投资一方没有分配利润，投资的一方能否计算所得？笔者理解，从税法上会视同分配，嵌套式基金结构，在税法上不具有任何意义。实务中的难点在于，各级母基金和穿透后的合伙人，可能无法获取最前端子基金的收入信息，如果错过纳税期限，合伙人可能会面临税收滞纳金等税收责任，所以合伙人应在基金协议中约定由管理人对滞纳金承担的条款。

嵌套式私募基金，各级母基金如果分配的是应纳税所得额，那就各自层级都可以扣除工资薪金这样的成本和费用，这种层层扣除成本，可能是避税的一个手段。

其次，子基金取得的股息红利所得，分配给母基金，母基金取得的依然是利息股息红利性质的所得吗？还是说母基金要按照经营所得，适用 5% 至35% 的所得税率？对此目前没有明确的规定。子基金对外投资的股权，基于该股权收取的股息红利所得，子基金取得的所得按"利息、股息、红利"所得应税项目纳税，这没有问题。但母基金投资子基金，对子基金享有的是合伙份额，不是股权投资，母基金不是基于股权从子基金分配的股息红利，从这个意义上说，母基金分配的股息红利就应当按照生产经营所得缴纳所得税。但问题是，非嵌套式私募基金中，合伙人取得的股息红利，也不是基于股权而得到的，是基于合伙份额，所以同理，嵌套式私募基金，无论中间嵌套层级有多少，最终的合伙人均可基于合伙份额，就取得的股息、红利等投资收益，按照"利息、股息、红利"应税项目适用20%的税率纳税。

如果嵌套中间层如果以公司作为合伙人，那是不理智的，总体税负会相当高。如果前端的子基金股权投资的项目公司投资了合伙企业，总体税负也会相当高，所以这种一环扣一环的投资架构，要特别注意税收问题。

（五）基本养老金、社会保障基金、年金基金等机构投资者的税收优惠

根据4号指引，以合伙企业、契约等非法人形式，通过汇集多数投资者的资金直接或者间接投资于不动产私募投资基金的，应当穿透核查，但包括基本养老金、社会保障基金、年金基金等养老基金在内的主体除外。而对于基本养老金、社会保障基金、年金基金等养老基金的投资业务，税收政策上国家给予了一定的优惠。

财政部、国家税务总局《关于基本养老保险基金有关投资业务税收政策的通知》（财税〔2018〕95号）第2条规定："对社保基金会及养老基金投资管理机构在国务院批准的投资范围内，运用养老基金投资取得的归属于养老基金的投资收入，作为企业所得税不征税收入；对养老基金投资管理机构、养老基金托管机构从事养老基金管理活动取得的收入，依照税法规定征收企业所得税。"根据《关于个人养老金有关个人所得税政策的公告》（财政部、税务总局公告2022年第34号）的规定，在投资环节，计入个人养老金资金账户的投资收益暂不征收个人所得税；在领取环节，个人领取的个人养老金，不并入综合所得，单独按照3%的税率计算缴纳个人所得税，其缴纳的税款计入"工资、薪金所得"项目。

社会保障基金投资不动产私募基金，属于不征税收入，《关于全国社会保障基金有关投资业务税收政策的通知》（财税〔2018〕94号）第2条规定："对社保基金取得的直接股权投资收益、股权投资基金收益，作为企业所得税不征税收入。"

年金基金方面，个人所得税享有优惠待遇，《关于企业年金、职业年金个人所得税有关问题的通知》（财税［2013］103 号）第 2 条"年金基金投资运营收益的个人所得税处理"规定："年金基金投资运营收益分配计入个人账户时，个人暂不缴纳个人所得税。"

二、不动产私募基金股+债投资结构的节税优势

4 号指引准许不动产私募基金向被投资企业（不动产项目公司）提供借款，一般认为债权投资相较股权投资，在节税方面更有利，主要体现在项目公司向私募投资基金支出的利息，在项目公司层面可在税前扣除，减少项目公司的应纳税所得额。但从作为投资方的私募基金的角度，收取的利息要按照贷款收入应税项目缴纳增值税，税率为 6%，而股息红利等投资收益却不需要负担增值税。总的来说，私募基金选择股+债投资结构，利用利息的节税优势，相对可使的项目公司的税后利润最大化。

根据目前的税法规定，利息支出的税前扣除要受到两个方面的限制：一是，根据是否属于向金融企业借款而在扣除额度方面有别。《企业所得税法实施条例》第 38 条规定："企业在生产经营活动中发生的下列利息支出，准予扣除：（一）非金融企业向金融企业借款的利息支出、金融企业的各项存款利息支出和同业拆借利息支出、企业经批准发行债券的利息支出；（二）非金融企业向非金融企业借款的利息支出，不超过按照金融企业同期同类贷款利率计算的数额的部分。"那么，私募基金是否属于金融企业？基金管理公司属于金融企业，基金管理公司名下管理的合伙型基金、公司型基金是不是金融企业？税法对此没有明确规定，笔者理解这些都是金融企业，根据上述规定，不动产私募基金的放贷，项目公司可以按照"非金融企业向金融企业借款的利息支出"计算扣除，而不用受同期同类贷款利率的限制。二是要受到债资比例的限制。财政部、国家税务总局《关于企业关联方利息支出税前扣除标准有关税收政策问题的通知》（财税［2008］121 号，以下简称"121 号通知"）第 1 条规定："在计算应纳税所得额时，企业实际支付给关联方的利息支出，不超过以下规定比例和税法及其实施条例有关规定计算的部分，准予扣除，超过的部分不得在发生当期和以后年度扣除。企业实际支付给关联方的利息支出，除符合本通知第二条规定外，其接受关联方债权性投资与其权益性投资比例为：（一）金融企业，为 5:1；（二）其他企业，为 2:1。"不动

产私募股权投资基金中，作为项目公司，接受私募基金的债权投资不能超过公司权益投资的 2 倍。

但是，上述债资比例是否可以突破呢？上述 121 号通知第 2 条接着规定："企业如果能够按照税法及其实施条例的有关规定提供相关资料，并证明相关交易活动符合独立交易原则的；或者该企业的实际税负不高于境内关联方的，其实际支付给境内关联方的利息支出，在计算应纳税所得额时准予扣除。"对此，有两种理解：一种理解认为该规定不能突破上述债资比例的限制，理由是这条规定并没有表达不受上述债资比例的限制的意思表示，该条规定是说，当在上述限定的债资比例范围之内，还要满足"能够按照税法及其实施条例的有关规定提供相关资料，并证明相关交易活动符合独立交易原则的；或者该企业的实际税负不高于境内关联方的"，满足此二者条件之一，方可税前扣除。并不是说支付的利息只要是在 2∶1 或 5∶1 范围之内就可以随意税前扣除，如果是不符合独立交易原则，或者是该企业的实际税负不高于境内关联方的情形，则即使在限定的债资比例范围之内，也不能税前扣除。还有一种理解是，上述第 2 条的规定是对限定的债资比例的突破，如果符合独立交易原则，或者实际税负不高于境内关联方，则可不受上述限定的债资比例的限制，支出的利息可以直接在税前扣除，毕竟有的行业利息成本可能具有特殊性，不应一刀切的限定交易双方约定的利息。

上述两种理解均具有合理性，之所以出现这种情况，在于税收政策的制定缺乏严谨性，条文语言不周延。结合网络上"2010 年度国家税务总局纳税服务司有关房地产专业税收答疑"，可知上述政策的真实意思更符合第一种理解。

116. 有关财税〔2008〕121 号的疑问

问题内容：财税〔2008〕121 号第 2 条规定："企业如果能够按照税法及其实施条例的有关规定提供相关资料，并证明相关交易活动符合独立交易原则的；或者该企业的实际税负不高于境内关联方的，其实际支付给境内关联方的利息支出，在计算应纳税所得额时准予扣除。"其中所说的企业的实际税负是怎么算的？是指当年度纳税调整并已扣除关联方的利息支出后的应纳税所得额乘以税率（25%）计算的实际应缴纳的所得税额除以营业收入这样一个税负率？还是未扣除利息支出的应纳所得税额除以营业收入？或者实际税负具体又指的什么？

回复意见：首先关联企业之间融资利息，必须符合税法实施细则有关规定。其次，实际税负的比较，是指同期关联企业双方税收负担的比较。由于当前我国企业所得税设定了许多地区优惠税率，定期减免税等，为防止关联企业借融资转移利润，减少税负。所以，121号通知作出了限定。

从上述回复意见看，121号通知第2条是在对债资比例范围内的利息支出进一步限定，也就是说第2条的规定本质上属于反避税条款，不是要突破第一条规定的债资比例。这也符合税务机关的一贯风格，一定是严防死守而不是宽宏大量。所以，不动产私募投资基金如果根据第2条的约定来突破债资比例的限制，会存在税收风险。而这种反避税的意思表示，在国家税务总局《特别纳税调整实施办法（试行）》（国税发［2009］2号）第88条的规定中，也得到了印证，该条规定明确："所得税法第46条规定不得在计算应纳税所得额时扣除的利息支出，不得结转到以后纳税年度；应按照实际支付给各关联方利息占关联方利息总额的比例，在各关联方之间进行分配，其中，分配给实际税负高于企业的境内关联方的利息准予扣除；直接或间接实际支付给境外关联方的利息应视同分配的股息，按照股息和利息分别适用的所得税税率差补征企业所得税，如已扣缴的所得税税款多于按股息计算应征所得税税款，多出的部分不予退税。"再次说明，企业的利息支出，不但要受到债资比例的限制，还要受到第2条"相关交易活动符合独立交易原则的；或者该企业的实际税负不高于境内关联方"的限制。

对于实际税负如何认定，可结合税法的规定来确定。《企业所得税法实施条例》第118条规定："企业所得税法第四十五条所称实际税负明显低于企业所得税法第四条第一款规定税率水平，是指低于企业所得税法第四条第一款规定税率的50%。"根据该规定，实际税负不低于或不高于，就是根据税率而定。而利息的范围也有限定，国家税务总局《特别纳税调整实施办法（试行）》（国税发［2009］2号）第87条规定："所得税法第四十六条所称的利息支出包括直接或间接关联债权投资实际支付的利息、担保费、抵押费和其他具有利息性质的费用。"

具体到不动产私募投资基金，债权和股权二者之间的比例不受4号指引的限制。4号指引第8条第1、2款规定："不动产私募投资基金为被投企业提供借款或者担保的，应当符合下列条件：……（三）有自然人投资者的，不动产私募投资基金应当持有被投企业 75% 以上股权；（四）全部为机构投资者的，不动产私募投资基金应当持有被投企业 75% 以上股权，或者持有被投企业 51% 以上股权且被投企业提供担保，可实现资产控制。不动产私募投资基金向被投企业的股权出资金额，属于前款第（三）项的，不得低于对该被投企业总出资金额的三分之一；属于前款第（四）项的，可由基金合同约定。"

根据上述规定，不动产私募股权投资基金投资项目公司，并不是要受股权投资达到 75% 这一比例的限制，上述规定要求私募基金对项目公司持股 75%，在持股 75% 的前提下，另外要投入多少债权投资，也不受"不动产私募投资基金向被投企业的股权出资金额，属于前款第（三）项的，不得低于对该被投企业总出资金额的三分之一"之限制。4 号指引仅仅是对股权出资的部分进行了部分限制，对于股权之外的债权出资并没有明确限制。所以不动产私募股权投资基金投资结构中，债权比例占据多大，由交易双方自主约定，只是利息支付部分要受到税法上的限制。

最后要关注的问题是，根据国家税务总局《关于企业投资者投资未到位而发生的利息支出企业所得税前扣除问题的批复》（国税函〔2009〕312 号）就关于企业由于投资者投资未到位而发生的利息支出扣除问题，根据《企业所得税法实施条例》第 27 条规定，凡企业投资者在规定期限内未缴足其应缴资本额的，该企业对外借款所发生的利息，相当于投资者实缴资本额与在规定期限内应缴资本额的差额应计付的利息，其不属于企业合理的支出，应由企业投资者负担，不得在计算企业应纳税所得额时扣除。

企业投资者投资未到位，包括出资认缴期限未届期满和出资期限已满后未履行出资义务，支出的利息相应的部分，都不能在税前扣除。但对于嗣后发现股东出资不实的情况，支出的利息能不能税前扣除，缺乏明文规定。笔者认为，嗣后发现出资不实的事实，如果能够补足出资，应当准许相应的利息予以税前扣除，而对于不能补足的，对应的利息支出部分，则不应准予税前扣除。从这一点看，如果股东出资不实，影响了公司的税后利润，负有出资义务的股东也应当承担违约责任和赔偿责任。

虽然债权出资存在上述节税优势，但不一定就绝对比股权出资更能节税。类似公司制基金，因符合条件的居民企业投资居民企业获得的股息红利等投资收益免税，所以会比债权投资就利息按照 25% 的所得税纳税更为有利，而且股息、红利不用负担增值税，而利息收入却要负担 6% 的增值税。所以不动产私募股权投资基金要根据具体情况确定股权出资和债权出资的比例。

三、不动产私募基金收购底层资产的特殊性税务处理之展望

不动产私募投资基金，要将资金投入不动产项目公司，而不动产项目公司必须持有底层资产也就是不动产。一般不动产持有人需要将名下的不动产转入不动产项目公司。不动产私募基金可以先成立不动产项目公司，再以项目公司的名义收购不动产所有人名下的资产，也可以是不动产所有人以投资或公司分立等方式，设立不动产项目公司，再将不动产项目公司的股权转让给不动产私募基金。无论是何种方式，都将面临高额税负，不动产交易除了要负担所得税、增值税和印花税外，更要负担土地增值税和契税，税负之重，如果不能给予递延纳税待遇，不动产私募基金业务将很难开展。虽然财政部、国家税务总局《关于企业重组业务企业所得税处理若干问题的通知》（财税〔2009〕59 号，简称"59 号文"）给予了递延纳税待遇，且已实行了比较长的时间，但由于苛刻的条件限制，导致很多交易事项难以符合其适用条件。59 号文要求的股权支付比例不少于 85%，单这一项不动产私募投资基金就无法满足，私募基金投资用的是现金，产权人转让不动产是为了融资。59 号文要求的资产收购比例为 50%，有时候也可能无法满足。而要求企业重组中取得股权支付的原主要股东，在重组后连续 12 个月内，不得转让所取得的股权，更会阻碍不动产私募基金的设立，不动产私募基金的股权转让如果要等待 12 个月的期限，会对私募投资基金产生不利，夜长梦多，不可能等待那么长期限。所以不动产私募基金设立不动产项目公司，无法适用 59 号文关于特殊性税务处理的政策。因此，建议国家税务总局出台专门的政策性文件，给予不动产私募投资基金特殊性税务处理的待遇。可参照财政部、国家税务总局《关于基础设施领域不动产投资信托基金（REITs）试点税收政策的公告》（财政部、国家税务总局公告 2022 年第 3 号），对不动产转让至不动产项目公司的行为，应给予递延纳税待遇，同时保持不动产的原计税基础不变。值得注意的是，如果届时的政策在要求不动产的计税基础保持不变的前提下，又同时要求项目公司的股权也以不动产的计税基础为准保持不变，则会构成重复征税，应当将股权的计税基础按照公允价值确定，方能符合交易各方的利益。

第二节　不动产信托税法问题

房地产信托存在两种产品类型：一种是不动产信托，另一种是房地产资金信托。不动产信托由于税负问题，实践中很少存在，可以说几乎没有。实务中的房地产信托，基本上都是通过信托公司作为通道，进行放贷活动，此类信托并不在信托阶段转让不动产的所有权，不符合《信托法》关于信托行为的定义。还有一种房地产信托，也不能称之为真正意义上的不动产信托，只转移收益权，不转让不动产本身的所有权，也不能称之为真正意义上的不动产信托。

一、不动产信托"实然"之税

我国《信托法》实施后，税法规则没有匹配，导致目前的财产信托偏少。如果委托人要设立财产信托，就要按照目前的一般财产转让规则纳税，此为"实然"之税。

（一）不动产信托环节视同销售的不可避免

我国《信托法》第2条规定："本法所称信托，是指委托人基于对受托人的信任，将其财产权委托给受托人，由受托人按委托人的意愿以自己的名义，为受益人的利益或者特定目的，进行管理或者处分的行为。"同时第10条规定："设立信托，对于信托财产，有关法律、行政法规规定应当办理登记手续的，应当依法办理信托登记。未依照前款规定办理信托登记的，应当补办登记手续；不补办的，该信托不产生效力。"

《信托法》的上述规定与传统物权法规定有如下几个不同：一是未使用"转让给"，而用的是"委托给"；二是使用的是"财产权"的概念，与所有权、产权相区分；三是要求"办理信托登记"，与物权登记相区分。此类规定为的是与一般物权转让行为相区分。遗憾的是，《信托法》上的信托登记制度一直未实行，目前的财产信托只能通过物权登记的方式转移财产给信托公司。在税务方面，自然会在增值税、所得税、土地增值税以及契税方面，均将信托行为视为一项应税行为。

不动产信托作为财产信托，与资金类信托相比，所有权转移环节会适用相关资产处置税法规则。不动产信托财产的转移，包括信托设立环节和信托公司处置信托财产两个环节，会造成同一财产对契税的重复征税问题，以及信托财产的提前纳税问题，包括增值税、土地增值税、所得税等。信托设立环节的信托转移财产，"信托给"会被视同销售等征税各项税款，且纳税义务同步发生。而提前纳税不同于双重征税，因为从信托公司最终处置信托财产后的整体税负看，是要扣除前一环节的计税基础或扣税成本。如果在信托环节不纳税，信托公司处置财产，仅发生一次转让税负；如果发生两次税负，与一次税负的总额相等，只不过前一环节的税负延迟缴纳，享受了递延纳税待遇。信托环节的纳税，可能会阻碍所有权人的不动产信托意愿，但是选择在信托环节征税，客观上有利于不具有判断能力的投资人。

不动产信托设立环节应负担的具体税种构成如下：增值税方面。《营业税改征增值税试点实施办法》第14条规定："下列情形视同销售服务、无形资产或者不动产：……（二）单位或者个人向其他单位或者个人无偿转让无形资产或者不动产，但用于公益事业或者以社会公众为对象的除外。……"具体税率为9%。委托人将不动产委托给信托公司，办理的不是信托登记，按物权登记被按照资产转让行为对待，虽然是无偿，但要评估作价作为计税依据。

所得税方面，《企业所得税法实施条例》第25条规定："企业发生非货币性资产交换，以及将货物、财产、劳务用于捐赠、偿债、赞助、集资、广告、样品、职工福利或者利润分配等用途的，应当视同销售货物、转让财产或者提供劳务，但国务院财政、税务主管部门另有规定的除外。"委托人将不动产过户给信托公司，要缴纳企业所得税。是个人的，要按财产转让所得税缴纳个人所得税。

土地增值税方面，《土地增值税暂行条例实施细则》第2条规定："条例第二条所称的转让国有土地使用权、地上的建筑物及其附着物并取得收入，是指以出售或者其他方式有偿转让房地产的行为。不包括以继承、赠与方式无偿转让房地产的行为。"另外，根据财政部、国家税务总局《关于土地增值税一些具体问题规定的通知》（财税字〔1995〕48号）第四点进一步明确："细则所称的'赠与'是指如下情况：（一）房产所有人、土地使用权所有人将房屋产权、土地使用权赠与直系亲属或承担直接赡养义务人的。（二）房产所有人、土地使用权所有人通过中国境内非营利的社会团体、国家机关将房屋产权、土地使用权赠与教育、民政和其他社会福利、公益事业的。上述社会团体是指中国青少年发展基金会、希望工程基金会、宋庆龄基金会、减灾委员会、中国红十字会、中国残疾人联合会、全国老年基金会、老区促进会以及经民政部门批准成立的其他非营利的公益性组织。"委托人设立信托环节要负担土地增值税。

契税方面，根据《契税法》，土地使用权转让，包括出售、赠与、互换，房屋买卖、赠与、互换，均属于转移房屋、土地行为，要缴纳契税。虽然无对价，但作为信托公司接受不动产，要按照3%至5%的税率缴纳契税，目前各地一般将契税税率设定为3%。

（二）信托环节视同销售的受让方是谁？

按照《信托法》，信托公司不是物权法意义上的所有权人。比如，《信托法》第14条第1、2款规定："受托人因承诺信托而取得的财产是信托财产。受托人因信托财产的管理运用、处分或者其他情形而取得的财产，也归入信托财产。"第27条规定："受托人不得将信托财产转为其固有财产。受托人将信托财产转为其固有财产的，必须恢复该信托财产的原状；造成信托财产损失的，应当承担赔偿责任。"第28条第1款规定："受托人不得将其固有财产与信托财产进行交易或者将不同委托人的信托财产进行相互交易，但信托文件另有规定或者经委托人或者受益人同意，并以公平的市场价格进行交易的除外。"

作为受托人的信托公司，依法不能取得物权法意义上的所有权，而是享有信托财产的管理处分权。如果存在信托登记制度，信托公司虽然取得了信托登记上的形式所有权，但是并不取得物权法上的所有权。目前如果按照物权登记过户，则信托公司在物权法上就取得了物权，受让方就是信托公司。如果信托公司视为受让方，信托公司就有权按照计税价格确认受让资产的计税基础。

（三）不动产信托无效、被撤销及解除的税法后果

信托行为与一般意义上的合同行为不能完全等同，信托合同是合同的一种，属于非典型合同，发生信托纠纷，首先要依据《信托法》的规定作为法院的审理依据。但是《信托法》没有规定的，依然要依据《民法典》合同编的规定进行处理。需要注意的是，信托法上的"信托"和"信托合同"并不能完全等同，《信托法》第8条第2款和第3款的规定，书面形式包括信托合同、遗嘱或者法律、行政法规规定的其他书面文件等。采取信托合同形式设立信托的，信托合同签订时，信托成立。采取其他书面形式设立信托的，受

托人承诺信托时，信托成立。信托强调的是行为，该行为可以是双方行为，也可以是单方行为。另外，即便一项信托不符合合同法制度的规定，也可以成立。如果仔细盘点，综合整个《信托法》，我们会发现信托到底是个什么呢？信托可能是民事法律行为的结果，可是法律行为的结果又如何涉及效力呢？结果能无效？结果被撤销，解除结果？所以说我国《信托法》内在逻辑较乱，不具有一个严密的法律体系，又想具有一定的独立性，结果与传统的法律不兼容。原因在于《信托法》是模仿英美法系上的做法成立，而我国的法律传统是所谓的大陆法系，大陆法系强调法律行为。所以《信托法》的规定显得很别扭，理解起来就有问题。

如此反映到税法上，信托无效、被撤销及解除，也不能完全等同于合同的无效、被撤销及解除。从税法上，应当紧扣信托税收事实，来判定是否发生纳税义务，以及纳税事实是否已经消失。信托不复存在或产生信托的民事行为不复存在，并不等于税收事实一定不复存在。同时也要根据信托内部法律关系和对外关系，分别来看待税收法律事实的处理。

1. 不动产信托无效对税收事实的冲击

我国《信托法》第11条规定："有下列情形之一的，信托无效：（一）信托目的违反法律、行政法规或者损害社会公共利益；（二）信托财产不能确定；（三）委托人以非法财产或者本法规定不得设立信托的财产设立信托；（四）专以诉讼或者讨债为目的设立信托；（五）受益人或者受益人范围不能确定；（六）法律、行政法规规定的其他情形。"信托无效的法律后果是什么，《信托法》没有规定。信托无效与合同无效、无效的民事行为，还不能等同，信托无效，是否导致民事行为无效？信托无效，不是产生信托的民事行为无效的依据。根据《信托法》第8条的规定，信托是个行为后果。根据《信托法》第2条："本法所称信托，是指委托人基于对受托人的信任，将其财产权委托给受托人，由受托人按委托人的意愿以自己的名义，为受益人的利益或者特定目的，进行管理或者处分的行为。"信托可能是个委托法律行为，也可能既包括委托法律行为，也包括受益人的管理和处分行为，可能是各种法律行为的综合。

不管信托是个民事行为还是民事结果，信托无效，能不能导致税法后果的逆转？比如设立信托一年后，发现信托的受益人不能确定，信托无效，已经过户的不动产要还给委托人，还得再过户一次。此时，不动产已经过户缴纳的契税、所得税、增值税、土地增值税，能否视为税收事实已经不复存在，并退税呢？尤其是当不动产已经产生了收益的情况下，委托人和信托公司能否要求税务机关退税？如果不能逆转或回转，信托公司将信托财产再过户给委托人，遇到不动产价格上涨，还得继续缴纳所得税，增值税，土地增值税以及契税，其中，契税的税额会比设立信托环节还要高，这显然不合理。根据目前的规定无法得出一个法律结论，从税法逻辑判断，当信托公司以自己的名义，利用信托的不动产获得了收益，此时信托被判断无效，收益行为不能认定无效，收益是从第三人处获得，税收法律事实不受影响，该税收法律事实，可以脱离信托行为单独存在，主要是因为善意第三人的善意期待受法律保护，就是说信托无效，不影响信托期间的税法后果。那么信托无效，能否影响信托设立环节的税收法律事实呢？这就涉及信托无效后，将不动产返还给委托人，在税法上如何看待的问题。在信托设立环节，税法上将其视同不动产的销售征税，当信托的基础不存在，信托公司将不动产返还给委托人，是基于原信托不复存在，税务机关视同销售征税的税收事实就不存在，此时税务机关不应再次视同销售并征税，而是应将先前征收的税款予以退还，这是信托内部关系导致税收撤销。而对外关系上，因对善意第三人的保护，信托撤销，信托存续期间发生的法律关系，并依此产生的收益，并不无效，已经缴纳的税收不撤销，比如信托公司出租不动产收取的租金发生的所得税，并不因信托无效而返还税款。

2. 不动产信托被撤销、解除后的第二次视同销售

信托在一定情形下，也可以被撤销，甚至可以解除信托。《信托法》第12条第1款规定："委托人设立信托损害其债权人利益的，债权人有权申请人民法院撤销该信托。"第50条规定："委托人是唯一受益人的，委托人或者其继承人可以解除信托。信托文件另有规定的，从其规定。"第51条："设立信托后，有下列情形之一的，委托人可以变更受益人或者处分受益人的信托受益权：（一）受益人对委托人有重大侵权行为；（二）受益人对其他共同受益人有重大侵权行为；（三）经受益人同意；（四）信托文件规定的其他情形。有前款第（一）项、第（三）项、第（四）项所列情形之一的，委托人可以解除信托。"

不同于信托无效，当发生信托撤销和终止时，《信托法》规定了相应的法律后果。《信托法》第53条规定："有下列情形之一的，信托终止：……

（五）信托被撤销；（六）信托被解除。"第 54 条规定："信托终止的，信托财产归属于信托文件规定的人；信托文件未规定的，按下列顺序确定归属：（一）受益人或者其继承人；（二）委托人或者其继承人。"从《信托法》此类规定看，信托终止不涉及民事行为的效力问题，信托设立环节也是有效的，《信托法》对此并未否定。也就是说先前的税收法律事实依然存在，信托设立环节负担的各项税负不发生税款退还的问题。同时，不动产信托中，不动产无论归属受益人还是委托人，均会在税法上发生第二次视同销售，这次视同信托公司转让了不动产，依据税法应当再次缴纳增值税、土地增值税及企业所得税，受益人或委托人缴纳契税。这是目前不动产信托面临的一个现状，不止信托设立环节要负担税款，其他环节也要负担税款，只要涉及过户，就可能需要负担税款，虽然有的地方可能实际上在过户环节免于征收，但在税法上这类风险都是存在的。

（四）不动产信托多次征税受益人的收益大幅缩水

信托公司作为受托人取得不动产后，管理和处分该信托财产产生的收益和对价，要按照一般税收规则缴纳各项税款，这些税款均由信托财产负担。每过户一次都要负担一次各种税款，从信托成立到信托财产处置，负担的各项税款累加起来，可能导致税后的收益大幅缩水，这也是不动产信托不受青睐的一个原因。

如果受益人是企业，那就更麻烦，企业还要缴纳一次企业所得税。受益人若是个人，有时税务机关也会要求信托公司代收代缴个人所得税。

即便是自益信托，当下的各环节税负亦不免除。我国《信托法》第 43 条第 2 款规定："委托人可以是受益人，也可以是同一信托的唯一受益人。"如此，按照现行税收做法，委托人将不动产转移至信托公司，委托人要负担不动产转让或转移所负的各项税，主要是增值税、所得税、土地增值税，信托公司负担契税。再次转回委托人，信托公司要负担增值税、土地增值税以及企业所得税，由信托财产承担，委托人负担契税。当然这里涉及的重复征税，主要是契税，其他税种因计税成本每次都会更新，不会产生重复征税问题。

（五）不动产收益权信托份额的税后价值

正因为不动产信托存在的严重税负问题，不动产收益权信托模式便成了一个替代选择。按照《信托法》对信托的定义，不动产收益权信托不属于不动产信托，因为《信托法》要求委托人要将信托财产"信托给"受益人，由受托人以自己的名义处分。收益权信托中，作为受托人的信托公司对不动产本身不具有处分权，那就不构成不动产信托。

不动产收益权信托，作为受托人的信托公司不能处分信托财产，又如何能处分收益权份额呢？收益权一般分为持有收益和处分收益，受托人可以控制持有收益，处分收益则要依赖于委托人。如果委托人失约，信托公司只能追究委托人的违约责任，而不能直接处分信托财产。收益权份额即便能够处分，也可能会成为空头支票。所以，购买收益权份额的同时，为了确保收益权不成为空头支票，为收益权对价设定抵押担保就显得尤为重要。需要注意的是，这里是为收益权的对价设定担保，而不是为收益权设定担保，担保是为债权而设定，不是为财产而设定，所以将收益权的对价返还设定为委托人的一项债务，就显得很关键。下面笔者就收益权税收问题，结合具体案例进行分析。

在大业信托有限责任公司与河南兴达投资有限公司、河南兴达商业管理有限公司信托纠纷一案（［2020］豫01民初484号）中，2012年5月23日，受托人大业信托有限责任公司（以下简称"大业信托公司"）与委托人夏邑县农村信用合作联社签订《大业信托-名门国际商业物业收益权投资集合资金信托计划信托合同》，通过大业信托公司集合与夏邑县农村信用合作联社具有共同投资目的的其他委托人的资金，按照本合同约定进行管理运用，以获得收益。信托计划规模为信托单位的份数不少于10 000万份（含10 000万份），且不超过10 200万份（含10 200万份），委托人所交付的每1元信托资金对应1份信托受益权。

2013年5月23日，大业信托公司与兴达投资公司及兴达商业公司签订《商业物业收益权转让及受让协议》。约定：兴达商业公司以10200万元的价格向大业信托公司转让名下位于郑州市农业路名门国际广场3849.2平方米的商业物业的收益权。大业信托公司以其管理的《大业信托-名门国际商业物业收益权投资集合资金信托》的信托资金用以支付转让价款。兴达投资公司应当于信托计划期限届满之日，再以《商业物业收益权转让及受让协议》约定计算的价款、约定受让的日期，无条件受让上述商业物业收益权。

而根据2013年5月23日，甲方大业信托公司与乙方兴达商业公司、丙方兴达投资公司签订的《转让受让协议》载明，兴达商业公司依法持有位于郑州市农业路名门国际广场3849.2平方米的商业物业（以下简称"标的物业")取得的全部收益,即基于该物业而产生的所有收益,包括但不限于租金收益、出让收益、基于持有标的物业而产生的其他任何现金收入及财产性收益等。

2018年,大业信托公司与兴达商业公司、兴达投资公司、宋某兴四方签订编号为DY2012JXT026-6的《关于提高商业物业收益权收益的约定书》,经各方协商就增值税及附加税税费的承担事宜达成如下约定:(1)自2018年1月1日起,兴达投资公司愿意通过提高商业物业收益权年化收益率的方式承担上述增值税及附加税税费,即自2018年1月1日起,标的股权收益权年化收益率变更为14.1413%/年……

本案中就体现了不动产收益权转让的一般操作方式,信托公司在其中起到的是一个资金通道的作用,信托过程中收益率等决定权掌握在兴达投资公司等手中,并未体现出信托公司所具有管理和处分信托财产的职能。那么这里的信托财产就是收益权,收益权根本上是一项无形资产,管理和处分无形资产实在是没有多少含金量,能够产生收益并决定收益产生的是委托人,要是将收益权作为信托财产,形式上也能符合信托的定义。但有的信托合同约定是由信托公司管理、运用信托财产,比如在长安国际信托股份有限公司与湖南汇美天下经贸有限责任公司、张某信托纠纷案(〔2018〕湘13民初545号)中,2012年5月21日,原告长安国际信托股份有限公司与湖南汇美天下经贸有限责任公司签署《湖南汇美天下经贸有限责任公司物业收益权信托合同》(以下简称"信托合同"),约定被告湖南汇美天下经贸有限责任公司将其合法享有的财产收益权(经营和处置汇美天下家居建材城、金泰花园及金色家园14户临街门面物业所产生的所有收入而获得未来收益的权利)设立信托,由原告信托公司按照信托合同约定进行管理、运用、处分,为受益人获取收益。还有在陕西金源石油有限责任公司与陈某香、××洪、霍某荣等营业信托纠纷案(〔2020〕陕民终859号)中,2013年12月9日,信托公司作为受托人与作为委托人的陕西金源石油有限责任公司(以下简称"金源公司")签订编号为西信委资〔2013〕85号的《陕西金源石油有限责任公司加油站特定综合财产收益权信托合同》,金源公司自愿将其合法所有的经营和处置其拥有的加油站特定综合财产收益权而获得未来收益的权利(包括但不限于加油站租赁收入和经营收入)作为信托财产设立信托,委托信托公司以信托公司自己的名义进行管理、运用和处分。这些案件中各方就没有区分收益权信托和不动产信托的区别。如果不动产本身比如加油站、门面物业没有过户给信托公司，信托公司管理和运用这些财产就不构成《信托法》上的信托。

相应地，转让收益权是否也应当发生纳税义务就成了一个问题。信托份额的价值，取决于两个方面的税负：一个方面是，收益权转让应当负担的所得税。收益权虽然不像不动产转让需要负担增值税、土地增值税以及契税，但作为无形资产或信托财产，依然要负担所得税。委托人要申报缴纳所得税，信托公司转让收益权份额，也要计算是否要缴纳所得税。这部分所得税会减少不动产收益权份额的价值；另一方面，委托人不是将不动产交由信托公司管理，而是由委托人自己管理和处分，产生的收益依照合同约定交给信托公司。进行管理无论是持有收益比如租金，还是处置收益，均会发生各项税负，而这不可避免会影响收益权的税后收益。本案中各方就增值税约定由委托人这一方承担，就是为了提高实际税后收益。这两个方面的税收会最终影响投资者持有的信托份额价值，作为投资者不可不察。

就委托人和信托公司而言，与直接成立不动产信托相比，转让收益权的信托是否节省了税收呢？如果商业物业等不动产最终处置产生的收益也归信托计划，整个过程下来的税负总量，增值税、土地增值税、所得税总量基本一致，只是减少了契税的缴纳，不会产生契税的重复征税，将原本早缴纳的税比如增值税、土地增值税和所得税，予以迟延缴纳，相当于获得了等同于相应税款的无息贷款。但如果将转让收益权的所得税考虑进去，综合下来委托人是否获取了税收利益呢？收益权的转让金额也是相当之大，事后再处置不动产申报纳税，由于税收政策的不明确性，可能会造成重复征税问题。所以不动产收益权转让未必是避税的好方法，如果收益权仅限于持有收益，采取该方法可行。

二、不动产信托"应然"之税

业界呼吁对不动产信托给予税收优惠政策，不应严格按照一般资产转让规则对信托进行征税，应根据不动产信托的经济实质征税，比如信托设立环节不动产所有权未发生转让，此谓"应然"之税，要解决的是不动产信托存在的税法瓶颈问题。

（一）受益人实质课税原则辨析

鉴于不动产信托多环节征税的不合理性，很多人就觉得不公平，主张应当采取受益人实质课税原则。信托成立环节所有权没有发生物权法上的转移，或者仅仅是形式上发生了转移，信托成立环节不应当课税，应当在受益环节由受益人承担税款。

交易各方的理解是在设立环节给予免税，受益人受益环节承担税款，这是一种误读。应当理解为全部由受益人承担，受益人在受益环节只收取税后收益。信托设立环节不收税，只是暂时不收税，计税基础或计税成本依然保持不变，比如原本计税基础1000万元，信托设立环节市场价格5000万元，计税基础依然是1000万元，计税基础不能按照5000万元计算，待将来处置不动产时，按照1000万元的计税基础扣除，等于是说信托设立环节为缴纳的税，将来转让会一并计算。所以信托设立环节实行免税不现实，只能是暂不征税。

很多人主张的受益人实质课税原则，也不太准确。受益人实质课税原则并不是说只在受益环节课税，也不可能只在受益环节课税。不动产信托受益环节之前，存在收益环节和处置环节，此时纳税义务就已经发生。所谓的受益人实质课税原则，仅仅是指暂时免除委托人的纳税义务，最终的税法后果由受益人承担，收益分配前的收益环节和处分环节，纳税义务并不能改变，也不可能改变。

受益人实质课税原则，还会让人产生误解，就是受益人需要负担所得税等税款。就不动产信托而言，作为受托人的信托公司就信托财产已经负担了税款，包括处分不动产已经申报缴纳了增值税、土地增值税以及所得税，待分配收益给受益人时，受益人不应再负担所得税。根据我国《企业所得税法》的规定，符合条件的居民企业投资其他居民企业取得的股息红利所得，给予免税的优惠。受益人如果要承担所得税，尤其受益人是公司等企业主体，如果要对受益人征收所得税，对于受益人来说，税负同样很重。所以在受益环节给予受益人免税优惠，才是真正的免税。

（二）不动产信托所有权悬置与实质课税

委托人设立信托，并未将不动产的所有权让与作为受托人的信托公司，信托公司不享有物权法上的所有权，信托过户也就被称之为形式上的转让。就不动产信托来说，"信托给"与"转让给"是否具有区别？从《信托法》的立法看，这个问题是非常含糊的。如果"信托给"不属于所有权转让，那么受托人又如何能够"以自己的名义"，"进行管理或者处分"呢？一旦设立信托，委托人也不能随意处分信托财产。税法上看重的是产权是否发生了转移，如果信托设立意味着产权转移，各项纳税义务就告成立，如果产权没有转移，纳税义务便不发生。

我国《信托法》使用的是"委托给受托人"，以此来区分不动产转让交易与不动产信托之间的区别。有人将其称之为一种委托法律关系，既然是委托法律关系，委托人就还保留着物权法上的所有权。可是结合信托设立后委托人享有的权利，并非如此。委托人设立信托后，享有的权利与公司法上的股东权利相似。根据《信托法》第20条，委托人享有知情权，但《信托法》上的知情权保护要远远弱于公司法对股东知情权的保护。根据《信托法》第21条和22条委托人享有对信托公司的监督权。根据《信托法》第23条委托人享有解认权。除此之外，委托人并不对信托财产享有所有权，委托人除非具有法定情形出现，不能撤销信托，只要受托人没有过错，信托与股权投资一样，均脱离了委托人或股东的掌控。有人主张设立不动产信托，并未丧失所有权，可是相比股东的不动产投资，委托人同样丧失了所有权。从这个意义上讲，设立不动产信托环节，委托人的各项纳税义务就已经发生，如同股东以不动产投资入股发生所有权转移一样。

从信托目的看，信托财产的管理和运用，要受信托合同的目的约束，受托人秉承的是委托人的目的和意志，受托人不具有自己的目的。但是，信托与一般的民事委托行为具有很大的不同，信托具有更强的独立性，受托人在管理和运用信托财产的过程中，将更多地依靠自己的意志。委托人之所以设立信托，很重要的一个原因在于，受托人比委托人自身具有更高的管理和经营水平，这就决定了受托人必然存在不同于委托人的意志。这也与公司法上的意思表示机关的意志独立于股东的意志相似。所以从实质所有权脱离委托人的角度看，设立信托就已经产生增值税、土地增值税、所得税以及契税的纳税义务。

这种转移只是形式上转移了不动产所有权，受托人并没有实质上取得不动产所有权。但是既然已经达到了风险隔离效果，仅仅是形式转移很难说得过去。有一种处理方法认为，在意定信托中，委托人只是进行了一个财产处分行为，委托人把欲设立信托的不动产从其一般责任财产中分离出来，进行风险隔离。相当于利用委托人的特定财产设定担保物权，使该特定财产成为不同于自己普通财产的特殊目的财产，这种委托行为进行对外公示也能产生破产隔离的效果，并不丧失所有权，所以受托人也未取得所有权。《信托法》第16条第1款规定："信托财产与属于受托人所有的财产（以下简称固有财产）相区别，不得归入受托人的固有财产或者成为固有财产的一部分。"《信托法》第14条第1、2款规定："受托人因承诺信托而取得的财产是信托财产。受托人因信托财产的管理运用、处分或者其他情形而取得的财产，也归入信托财产。"信托财产还是他人财产。信托财产自然也不属于受托人的所有权财产，所以信托财产的所有权处于一种悬置状态。

对此，有人提出信托是一项新型的用益物权，信托制度本身就是从土地的用益权制度中演变而来的，比如抵押权制度、质押权制度，权利人取得的权利仅仅是权利的个别权能，所有权实际上是保留的。让渡财产的用益权的本身不是一项应税行为，所有权人设定抵押权和质权，均不产生纳税义务。同理，信托作为类似用益权的设定，亦不是税法上的应税行为。这样的逻辑具有一定的合理性。问题在于，信托与抵押权、质权尚不能等同，信托中的受托人可以以自己的名义处分信托财产，而无需借助委托人的协助。当信托公司处置信托财产时，既不需要委托人的附加同意，也不需要委托人的签字认可，就算委托人明确表示反对信托公司与第三人之间签订的合同，亦不能得到法院的支持。从内核看，委托人与受托人之间的不动产信托与一般的不动产转让并无太大的差异，而这又正好是税法关注的重点。也就是说，虽然表面上看，信托仅仅是形式上的所有权转让，但从权能的转移看，委托人转移了占有、使用、收益、处分四项关键权能，且委托人亦不能再以该财产设定其他负担，这就不属于形式转让了，而是实质上转移了所有权，实现了"真实出售"，根据税法上的"实质重于形式"原则，信托设立行为具有课税性。

信托计划，实际上将所有权处于悬置状态。信托财产既不是信托公司的，也不是委托人的，也不是受益人的。从某一个方面看待这个问题，应当纳税，从另一个方面看待，又不应该纳税。这就取决于税收政策的态度，税法上对信托无论给予优惠，还是不给予优惠，都是合理的，纯粹要看立法的价值取向。如果从纳税资金必要原则出发，因委托人设立不动产信托时，并不产生现金流入，不具备缴纳税款的资金实力，而当信托公司处置信托财产时，方会产生现金流入，此时缴纳税款从促进交易的角度，更能体现制度价值。

(三) 信托财产连带纳税义务人的确定

从应然的层面，作为受托人的信托公司不是纳税义务人，信托财产或信托计划是纳税主体。那么当信托计划或信托财产没有纳税或财产不足以缴纳税款、存在欠税时，谁应当代替信托计划承担连带纳税义务呢？

信托计划的责任是有限责任还是无限责任，目前没有规定。尤其当委托人对受托人的约束不清楚，或者受托人超出约定的财产使用范围、严重过失，很可能导致信托计划出现资不抵债的情况。我国《信托法》并未详细规定信托计划的责任界限，各项规定都很简陋，至于信托计划的责任到底是有限责任还是无限责任，根本未做考虑。《信托法》第 18 条规定："受托人管理运用、处分信托财产所产生的债权，不得与其固有财产产生的债务相抵销。受托人管理运用、处分不同委托人的信托财产所产生的债权债务，不得相互抵销。"可知《信托法》明知信托财产是能够产生债务的。既然能够产生债务，债务的数额就有可能大于信托财产本身，《信托法》回避了信托财产可能出现的资不抵债的情况，也就没有规定信托财产是有限责任还是无限责任。从实践情况看，信托公司将信托财产败光并存有债务这种情况已经有发生。当信托计划或信托财产负有债务，很可能就存有欠税。对于信托财产，连带纳税义务人该如何确定？换言之，委托人、受托人和受益人，到底谁该为信托财产承担连带纳税义务。

我国没有连带纳税义务人制度，也不存在第二次纳税义务制度。由于信托计划这一特殊存在，连带纳税义务制度就显得尤为重要。《信托法》没有规定信托财产的责任性质，信托计划就不存在破产的问题，信托财产所产生的债务，就不能归于消灭。当然，即便信托财产承担有限责任，也还是存在连带纳税义务的问题，即便信托破产，该连带纳税义务也不归于消灭。连带纳税义务，对税收债权起到一个担保作用，类似承担了保证义务。

从委托人的角度，信托设立后便不再对信托财产承担权利和义务，但这是有条件的。如果委托人对信托保持了足够的控制，可根据信托合同很大可能撤销或撤回信托，或者能够决定信托归于无效等情形，说明委托人享有很大的权利，理应承担该承担相应的债务。如果信托财产欠税，此时信托财产可能会返回到委托人，可由委托人承担纳税连带责任。

最应当成为连带纳税义务人的，应当是作为受托人的信托公司，毕竟资不抵债是信托公司或其他受托人所造成。《信托法》第 27 条规定："受托人不得将信托财产转为其固有财产。受托人将信托财产转为其固有财产的，必须恢复该信托财产的原状；造成信托财产损失的，应当承担赔偿责任。"第28条规定："受托人不得将其固有财产与信托财产进行交易或者将不同委托人的信托财产进行相互交易，但信托文件另有规定或者经委托人或者受益人同意，并以公平的市场价格进行交易的除外。受托人违反前款规定，造成信托财产损失的，应当承担赔偿责任。"第37条："受托人因处理信托事务所支出的费用、对第三人所负债务，以信托财产承担。受托人以其固有财产先行支付的，对信托财产享有优先受偿的权利。受托人违背管理职责或者处理信托事务不当对第三人所负债务或者自己所受到的损失，以其固有财产承担。"当发生《信托法》规定的情形，可主张由作为受托人的信托公司或其他主体承担，这里的债务应当包括税收债务。

若受托人未违反相关规定，不存在违背管理职责或者处理信托事务不当的行为，或者不能证明受托人存在上述过错，就不能依据《信托法》的上述几个规定追究受托人的责任。对于一些市场风险，无论是个别风险还是系统性风险所导致的亏损，都不能追究受托人的责任。如果要将受托人纳入连带纳税义务人，就不能根据过错责任来确定。信托不同于公司，公司可能会存在股东的连带纳税义务问题。信托只有受益人，没有股东，无论是委托人还是受益人，对信托财产的控制权均不能和信托公司相提并论，所以可根据无过错责任原则，确定受托人的连带纳税义务。

最后，受益人也可能被确定为连带纳税义务人，但仅限于受益人已经收到了分配的收益这一前提。如果受益人本来就没有受益，将其纳为连带纳税义务人，有失公平。

（四）对受益人课税的特殊情形

受益人享有的信托受益权，在法律上是其拥有的一项财产。根据《信托法》，受益权可以转让。《信托法》第48条规定："受益人的信托受益权可以依法转让和继承，但信托文件有限制性规定的除外。"如果受益人将受益权转让，应当缴纳所得税。这里的问题是，受益权的计税基础如何确定？如果就受益人取得的全部转让价款全额征税，明显会对受益人不公平。受益人的受益权，在取得时应当是有价值的，应当根据当时的价值确定受益权的计税基础。

受益人还有一种取得收入的情形，《信托法》第46条规定："受益人可以放弃信托受益权。全体受益人放弃信托受益权的，信托终止。部分受益人放弃信托受益权的，被放弃的信托受益权按下列顺序确定归属：（一）信托文件规定的人；（二）其他受益人；（三）委托人或者其继承人。"受益人也可能取得其他受益人放弃的受益权，从受益人的角度，这也是一项财产性收入，根据税法应当承担所得税，除非税法明确给予免税的税收优惠。目前税法关于这一点，也是一项空白。

三、信托财产的纳税地位问题

信托设立，从民商法角度，信托财产未发生物权法上的转让，概因信托财产本身不具有民事主体资格地位。如果从委托人的角度看，纳税义务确实发生了，可是税法上的受让人是谁呢？并不存在一个受让人。那么从税法的角度，可否将信托财产归类为纳税主体呢？纳税主体与民事主体并不存在必然的联系。这样一来，问题就来了，如果信托计划是一个纳税主体，信托计划享有税法上的财产权，委托人转让不动产存在税法上的受让人，不就更应该在转让时点承担各项纳税义务吗？当然，解决信托财产的纳税地位问题，主要的意义在于解决信托设立后的税收问题，受托人管理、运用和处分信托财产，伴随而生的税务问题才是重中之重。

（一）从信托在《民法典》中的地位看信托财产的纳税地位

根据我国《民法典》，信托财产本身不具有民事主体地位，不享有民事权利能力，也不具有民事行为能力。信托与公司、合伙、契约不同，其不存在一个独立的组织形式，《民法典》没有将信托作为一个非法人组织对待。我国《民法典》规定了法人主体和非法人组织两类民事主体。《民法典》第102条规定："非法人组织是不具有法人资格，但是能够依法以自己的名义从事民事活动的组织。非法人组织包括个人独资企业、合伙企业、不具有法人资格的专业服务机构等。"第103条第1款规定："非法人组织应当依照法律的规定登记。"第104条规定："非法人组织的财产不足以清偿债务的，其出资人或者设立人承担无限责任。法律另有规定的，依照其规定。"信托财产作为一项资产管理计划，并非以信托财产自己的名义从事民事活动，而是由受托人以委托人的名义从事民事活动。所以，信托在《民法典》中不具有地位。财产虽然能够确定，但是脱离所有权的独立，这种财产独立还是个实际控制的概念，解决的是事实上的独立，而非法律上的独立。

可是在税法上，不是民事主体并不是无法成为纳税主体的理由。《税务登记管理办法》第2条第1、2款规定："企业，企业在外地设立的分支机构和从事生产、经营的场所，个体工商户和从事生产、经营的事业单位，均应当按照《税收征管法》及《实施细则》和本办法的规定办理税务登记。前款规定以外的纳税人，除国家机关、个人和无固定生产、经营场所的流动性农村小商贩外，也应当按照《税收征管法》及《实施细则》和本办法的规定办理税务登记。"《信托法》第29条规定："受托人必须将信托财产与其固有财产分别管理、分别记帐，并将不同委托人的信托财产分别管理、分别记帐。"据此，信托财产作为纳税登记，并无税法上的障碍。

从税收管理上看，信托的收益方式可能与一般的生产经营不同，主要表现在纳税周期可能不是一般的纳税年度，比照我们目前的政策性搬迁税收优惠可能比较合适。就是说，将一个信托项目，看作是一个完整的纳税事项，统一纳税，而不是分年度纳税。在信托终止后纳税，可以减少税收征管的成本，也能为信托计划带来税收利益。

（二）不同信托产品税务事项的相互抵消的问题

信托财产不具有独立的纳税地位，不同信托产品间的盈亏能不能互相抵销呢？信托终止后，信托财产的税务事项能不能与委托人或受益人的税收事项抵销？如果是同一委托人或同一受益人的信托产品，税务事项比如扣税成本能不能互相使用？《信托法》第18条规定："受托人管理运用、处分信托财产所产生的债权，不得与其固有财产产生的债务相抵销。受托人管理运用、处分不同委托人的信托财产所产生的债权债务，不得相互抵销。"《信托法》的该规定，是出于保护信托财产的独立性之考虑。所以从税法上看，一些税务事项，比如甲信托财产存在亏损未弥补、折旧未利用完，乙信托财产在计算缴纳税款时，就不能利用甲信托财产的未弥补亏损和未利用的折旧，即使同一委托人或同一受益人的不同信托财产之间，以及信托财产与受益人或委托人固有财产之间，也不能相互利用和抵销。

第三节　政府与社会资本合作项目（PPP）税法实务

根据国家发展改革委员会《关于开展政府和社会资本合作的指导意见》（发改投资［2014］2724号），政府和社会资本合作（PPP）模式是指政府为增强公共产品和服务供给能力、提高供给效率,通过特许经营、购买服务、股权合作等方式,与社会资本建立的利益共享、风险分担及长期合作关系。PPP模式主要适用于政府负有提供责任又适宜市场化运作的公共服务、基础设施类项目。燃气、供电、供水、供热、污水及垃圾处理等市政设施,公路、铁路、机场、城市轨道交通等交通设施,医疗、旅游、教育培训、健康养老等公共服务项目,以及水利、资源环境和生态保护等项目均可推行PPP模式。各地的新建市政工程以及新型城镇化试点项目,应优先考虑采用PPP模式建设。

实践中,PPP项目种类繁多,不同的项目涉及不同的资产交易方式,相应地就具有不同的税法问题。从政府的角度,PPP项目是政府利用社会资本的一项融资活动,故将PPP相关税法实务置于本章予以介绍。

一、政府和社会资本合作项目(PPP)的会计认定

财政部于2021年发布了《企业会计准则解释第14号》(财会〔2021〕1号,以下简称"14号解释")。14号解释将符合条件的PPP项目,根据不同的特征分别作为无形资产或金融资产处理。在财政部发布14号解释之前,实务中社会资本方或项目公司普遍的做法是,将PPP项目作为固定资产处理。社会资本方或项目公司将PPP项目作为无形资产处理还是作为固定资产处理,税法后果将有很大的差异。遗憾的是,在14号解释发布之后,截至目前财政部、国家税务总局均未就PPP项目涉税问题作出明确规定,导致不同地方的税务机关根据14号解释对税法的影响之理解,存在很大的差异。

符合14号解释规定的PPP项目,遵照14号解释的相关会计规定处理,不符合的则按照一般处理规定进行处理。从实务中的PPP项目情况看,基本都符合14号解释对PPP项目合同双特征、双控制的规定。

(一)PPP项目合同"双特征"的认定

14号解释"一、关于社会资本方对政府和社会资本合作(PPP)项目合同的会计处理"规定:"本解释所称PPP项目合同,是指社会资本方与政府方依法依规就PPP项目合作所订立的合同,该合同应当同时符合下列特征(以下简称'双特征'):(1)社会资本方在合同约定的运营期间内代表政府方使用PPP项目资产提供公共产品和服务;(2)社会资本方在合同约定的期间内就其提供的公共产品和服务获得补偿。"

双特征的界定意思表述不是太清楚，社会资本方代表政府从事什么呢？是代表政府使用 PPP 项目资产还是代表政府提供公共产品和服务？这涉及提供公共产品和服务的主体是谁。如果主体是政府，社会资本方仅就从政府收取的代理收入纳税；如果是社会资本方，社会资本方应就提供公共产品和服务收取的全部价款纳税。根据第一个特征无法确定提供公共产品和服务的主体是谁，表述语言不明确，尤其是 14 号解释将社会资本方分为主要责任人和代理人这一做法，且未明确双方的界限，使得社会资本方的法律地位更难判断，这就要求社会资本方在与政府签署 PPP 项目合同时，要注意合同条款的意思表示更清楚。其中"获得补偿"又该如何理解？获得补偿是否属于合同对价？获得补偿从字面意思理解，这不是对价。获得补偿是说除了社会资本方取得的收入以外，还可以从政府方获得额外补偿，这就涉及该部分收入是否纳入增值税等的征税范围问题。

正是存在上述歧义问题，财政部于 2021 年 8 月 10 日发布了 PPP 会计处理实施问答，对相关概念进行了进一步的界定。

问：社会资本方执行《企业会计准则解释第 14 号》时，应当如何应用"双特征"？

答："合同约定的运营期间"，指的是社会资本方对 PPP 项目资产的使用期或运营期，通常在 PPP 项目合同中有明确约定。"社会资本方代表政府方使用 PPP 项目资产提供公共产品和服务"，指的是根据合同约定或政府方授权，社会资本方享有建设、运营、管理、维护本项目设施等权利，同时承担代表政府方提供公共产品和服务的义务。社会资本方至少需要负责基础设施管理和相关服务中的一部分工作，而不能仅为政府方的代理人。"社会资本方就其提供的公共产品和服务获得补偿"，指的是社会资本方就其在运营期内运营或维护项目资产等按照合同约定获得回报。

根据财政部的上述实施问答，社会资本方不仅代表政府使用 PPP 资产，同时也代表政府提供公共产品和服务。财政部使用的"代表"，不是严格意义上的法律术语。法律上有代表，也有代理。代表的情况下，往往是以被代表人的名义签订合同。代理制度下，双方可以约定可以按照代理人名义签订合同，也可以约定按照被代理人名义签订合同。对社会资本方而言，这一点非常关键，如果不是限制必须以社会资本方名义签订合同，那么产生收入的发票以政府的身份开具，尤其营改增后，如果社会资本方开票，其税收成本将大幅上升。

（二）PPP 项目合同"双控制"的认定

我们结合双控制的规定，从法律上界定社会资本方和政府的角色，基本上能够认定，社会资本方在法律上就是一个代理人角色，如果社会资本方以政府名义对外签订合同并开具发票，无法律上的限制，当然还得经过税务机关的同意。

14 号解释规定："本解释规范的 PPP 项目合同应当同时符合下列条件（以下简称'双控制'）：（1）政府方控制或管制社会资本方使用 PPP 项目资产必须提供的公共产品和服务的类型、对象和价格；（2）PPP 项目合同终止时，政府方通过所有权、收益权或其他形式控制 PPP 项目资产的重大剩余权益。对于运营期占项目资产全部使用寿命的 PPP 项目合同，即使项目合同结束时项目资产不存在重大剩余权益，如果该项目合同符合前述'双控制'条件中的第（1）项，则仍然适用本解释。除上述情况外，不同时符合本解释'双特征'和'双控制'的 PPP 项目合同，社会资本方应当根据其业务性质按照相关企业会计准则进行会计处理。"

双控制的规定将社会资本方界定为"为政府做事"的这么一个角色，关键的价格等合同条款须由政府决定，社会资本方不享有产权人的权利。财政部 2021 年 8 月 10 日发布的 PPP 会计处理实施问答关于双控制进行了进一步的界定。

问：社会资本方执行《企业会计准则解释第 14 号》时，应当如何应用"双控制"条件（1）"政府方控制或管制社会资本方使用 PPP 项目资产必须提供的公共产品和服务的类型、对象和价格"？

答："控制"，指的是政府方通过具有法律效力的合同条款等方式，有权决定社会资本方提供的公共产品和服务的类型、对象和价格。通常情况下，政府方和社会资本方在 PPP 项目合同中应当明确规定社会资本方提供的公共产品和服务的类型、对象和价格。"管制"指的是社会资本方提供的公共产品和服务的类型、对象和价格，虽未在 PPP 项目合同中进行明确规定，但受有关法律法规或监管部门规章制度的约束。如果某 PPP 项目合同涉及政府方及与政府方相关联的代表公共利益的监管方，则在应用"双控制"条件（1）时应当将这些主体一起考虑。

"政府方控制或管制社会资本方使用 PPP 项目资产必须提供的公共产品和服务的类型、对象和价格"的情形，既包括由政府方购买项目资产的全部产出，也包括由其他使用者购买项目资产的全部或部分产出。

如果定价的基础或框架受到监管约束，政府方对价格的"控制或管制"不需要完全控制价格，这种情况下仍然符合控制或管制标准。如设定政府调价机制，社会资本方进行调价前应当经过政府方审核同意，或者设定有实质性的价格上限机制，即满足"双控制"条件（1）中的价格控制或管制要求。如果项目合同条款给予社会资本方自主定价权，但约定超额收益全部归政府方所有，社会资本方的收益被限定，则仍然满足"双控制"条件（1）中的价格控制或管制要求。

问：社会资本方执行《企业会计准则解释第 14 号》时，应当如何应用"双控制"条件（2）"PPP 项目合同终止时，政府方通过所有权、收益权或其他形式控制 PPP 项目资产的重大剩余权益？

答："重大剩余权益"，指的是 PPP 项目合同终止时，在项目资产剩余使用寿命内使用、处置该项目资产所能获得的权益。社会资本方应当按照假定 PPP 项目资产已经处在 PPP 项目合同期末时预期的寿命和状况，对其现值进行估计，以确定项目资产的剩余权益。

政府方对"重大剩余权益"的控制具体表现为以下两种情形：一是 PPP 项目合同终止时，社会资本方应当将项目资产移交给政府方或者政府指定的第三方，且移交的项目资产预期仍能为政府方带来经济利益流入或者产生服务潜力。二是政府方能够通过合同条款限制社会资本方处置或抵押项目资产，并拥有在合同期内持续控制项目资产使用的权利，保障重大剩余权益不受损害。

对于运营期占项目资产全部使用寿命的 PPP 项目合同，即使项目合同结束时项目资产不存在重大剩余权益，如果项目合同符合"双控制"条件（1）的，仍符合"双控制"条件。

当政府方满足了"双控制"条件（1）规定的控制条件并保留了 PPP 项目资产的重大剩余权益时，表明社会资本方只是代表政府方管理 PPP 项目资产，尽管很多情况下社会资本方有一定管理自主权，但是此时社会资本方的

"管理"不应视为"双控制"条件中的"控制"。

在合同约定的运营期间，社会资本方对不可分离的 PPP 项目资产进行更新改造的（包括更换部分设施设备等），应当将更新改造前后的项目资产视为一个整体来考虑。如果政府方控制了更新改造后项目资产的重大剩余权益，则该项目合同整体满足"双控制"条件（2）。

问：社会资本方执行《企业会计准则解释第 14 号》时，当 PPP 项目资产部分受到政府方控制时，应当如何应用"双控制"条件？

答：PPP 项目资产部分受政府方控制的，分为以下两种情形：

一是项目资产在功能设置和空间分布上可分割且能独立运营，并且满足《企业会计准则第 8 号——资产减值》（财会 [2006] 3 号）中资产组的定义，应当单独进行分析。如果政府方不能控制该部分资产，则该部分资产不适用《企业会计准则解释第 14 号》（财会 [2021] 1 号）。

二是社会资本方使用 PPP 项目资产提供不受政府方控制的辅助性服务，并不减损政府方对 PPP 项目资产的控制，在应用"双控制"条件时不应当考虑该项服务。

社会资本方如果有权使用上述情形一中不受政府控制的项目资产组成部分，或者有权使用情形二中用于提供不受政府方控制的辅助性服务的项目资产时，应当根据其业务性质判断适用的企业会计准则，例如对于实质上构成政府方对社会资本方的租赁，则应按照《企业会计准则第 21 号——租赁》（财会 [2018] 35 号）进行会计处理。

二、政府和社会资本合作项目（PPP）设立项目公司之税

在 PPP 项目中，社会资本方只是一个政府的代理人角色，社会资本方在会计处理时，项目资产被认定为无形资产或金融资产。PPP 项目公司设立环节，不动产投资入股会被税务机关认定为视同销售，很多人认为 PPP 项目具有特殊性，项目公司（SPV）只是一个融资载体而已，土地使用权投资入股项目公司不应承受税收负担。对此，需要结合具体情况看待。

（一）社会资本方以土地使用权入股项目公司的税法实质

很多 PPP 项目都可能涉及土地使用权和房屋等投资入股问题，比如公共交通设施、火车站等的建设，就需要利用土地、房屋等不动产的投资入股。

以土地使用权入股的可能是政府方，也可能是社会资本方，笔者主要观察社会资本方的投资入股问题。

PPP 项目的特殊流程，往往导致社会资本方先进行土地招拍挂，再成立项目公司，将土地入股到项目公司。这会涉及土地使用权投资入股的缴税问题，如果能够合法避税，也会改变社会资本方的出资方式。PPP 项目从开始到实施，要经过一个特殊的阶段，各地政府部门要先编制 PPP 项目实施方案，然后经过项目审批、核准或备案、PPP 项目实施方案审查审批、合同草案起草、社会资本方遴选、PPP 合同确认谈判和签订以及项目公司设立等程序。而在 PPP 项目实施方案审查审批环节，按照"多评合一，统一评审"的要求，由发展改革部门和有关行业主管部门牵头，会同项目涉及的财政、规划、国土、价格、公共资源交易管理、审计、法制等政府相关部门，对 PPP 项目实施方案进行联合评审。也就是说，PPP 项目在确定社会资本方时，就已经确定了土地等招拍挂的使用主体，此时项目公司尚未成立，只能由作为股东的社会资本方先取得土地使用权，然后再设立项目公司进行开发。为了保障社会资本方能够中标建设用地，国家发展改革委《传统基础设施领域实施政府和社会资本合作项目工作导则》（发改投资〔2016〕2231 号）第 13 条第 3 款规定："各地要积极创造条件，采用多种方式保障 PPP 项目建设用地。如果项目建设用地涉及土地招拍挂，鼓励相关工作与社会资本方招标、评标等工作同时开展。"土地使用权招拍挂，先确定项目公司或社会资本方，再进行招拍挂，如何确保社会资本方中标呢，有些地方政府或土地管理部门出具承诺函，在承诺和保障条款约定社会资本方为中标方。这就决定在项目公司尚未成立时，社会资本方就已经取得了土地使用权。待项目公司成立后，社会资本方会将取得的土地投资入股到项目公司。社会资本方先参与土地竞标，取得土地再与其他主体设立项目公司，造成土地的权属主体与建设主体不一致。这就会涉及社会资本方将土地投资入股是否需要按照"视同销售"进行纳税的问题，需要缴纳增值税、土地增值税、企业所得税、印花税和契税。

实务中为了解决这个问题，想出了各种办法。有的社会资本方尝试选择租赁的方式将土地给项目公司使用。选择租赁方式，不转让土地使用权的所有权，就不会发生纳税义务。可是，PPP 项目中最终的建造产品要移交给政府，社会资本方保留土地使用权在自己名下不现实。项目公司的立项以及建造程序，均需要项目公司以自己合法拥有土地为前提，就算社会资本方能够避免建设过程的手续麻烦,最终还是存在将土地从自己名下转让给政府方的问题。所以租赁方式行不通。

还有一种想法,就是土地的出资入股由政府承担,直接由政府将土地使用权给项目公司即可。此种方法也存在困难,一方面,社会资本方不会答应,一旦政府以土地使用权出资,政府方在项目公司的股权占比就可能会比较大,即使不超过50%的比例,社会资本方也不愿意看到这种情况。政府方可能也不愿接受这种方式,除非是符合划拨用途用地,否则政府方不会作为国有土地使用权的受让方,政府方作为土地受让方也不符合规定,政府用地一般都是划拨用地。

也有的社会资本方选择将土地使用权划转给项目公司,选择此种操作的根据是,国家税务总局《关于企业所得税应纳税所得额若干问题的公告》(国家税务总局公告2014年第29号,以下简称"29号公告")有相关规定,其第2条规定:"企业接收股东划入资产的企业所得税处理 (一)企业接收股东划入资产(包括股东赠予资产、上市公司在股权分置改革过程中接收原非流通股股东和新非流通股股东赠予的资产、股东放弃本企业的股权,下同),凡合同、协议约定作为资本金(包括资本公积)且在会计上已做实际处理的,不计入企业的收入总额,企业应按公允价值确定该项资产的计税基础……"

也就是说,如果社会资本方选择将土地使用权赠予项目公司,根据上述29号公告,项目公司不需要纳税,所以社会资本方可以选择划入或划转的方式。这是对税法的错误理解,上述公告解决的是接受赠与的公司是否需要纳税的问题,不是针对公司的股东是否需要纳税。社会资本方根据上述公告划入项目公司土地使用权,不适用上述29号公告的规定,依然要按照视同销售的规定缴纳各项税负,划转的方式显然也行不通。

还有的做法是,社会资本方进行公司分立,根据特殊性税务处理的规定,分立出项目公司,可暂不纳税。可是公司分立的方式,政府方无法参与,如果社会资本方将分立出的公司股权转让给政府方,依然涉及股权转让所得税问题,且程序繁杂,要满足股东权益持续性要求,整体下来保守估计要等待一年的时间,政府方和社会资本方都不太可能等待如此慢长的期限。

14号解释出来以后,实务中有人提出,既然社会资本方建造的PPP项目资产,不属于社会资本方和项目公司的固定资产,最终是移交给政府方,届时的移交是无偿移交,那么就不应该对社会资本方的投资入股征税。这就涉及社会资本方以土地使用权投资入股的经济实质或税法实质问题。根据税法上的"实质重于形式的原则",判断 PPP 项目的土地使用权投资入股行为,是否发生了税法上的财产转让行为。税务机关往往根据该原则对避税行为进行纳税调整。同样,税务机关亦应根据实质原则确定那些形式上符合征税要件,实质上不符合征税要件的情形。具体到 PPP 项目,社会资本方和项目公司,不是在为自己建造资产,而是替政府建造 PPP 项目资产,社会资本方是作为政府方的代理人,替政府做事。对于政府而言,社会资本方建造完成的 PPP 项目,是政府方通过原始取得的一项资产。那么,社会资本方取得土地,将土地使用权投资入股,这一系列行为亦为一项代理行为。项目公司对 PPP 项目最终是要按照无形资产核算,不能算作固定资产便是体现。《政府会计准则第 10 号——政府和社会资本合作项目合同》第 5 条规定:"符合本准则第二条、第三条规定的 PPP 项目资产,在同时满足以下条件时,应当由政府方予以确认:(一)与该资产相关的服务潜力很可能实现或者经济利益很可能流入;(二)该资产的成本或者价值能够可靠地计量。"第 7 条规定:"由社会资本方投资建造或从第三方购买形成的 PPP 项目资产,政府方应当在 PPP 项目资产验收合格交付使用时予以确认。使用社会资本方现有资产形成的 PPP 项目资产,政府方应当在 PPP 项目开始运营日予以确认。政府方使用其现有资产形成 PPP 项目资产的,应当在 PPP 项目开始运营日将其现有资产重分类为 PPP 项目资产。社会资本方对政府方现有资产进行改建、扩建形成的 PPP 项目资产,政府方应当在 PPP 项目资产验收合格交付使用时予以确认,同时终止确认现有资产。"

简言之,PPP 项目中,政府与社会资本方之间的资产转移,不属于一项交易行为,类似于代建。从物权法上看,政府属于原始取得物权的一个行为。此处需要注意的是,根据国务院办公厅《关于政府向社会力量购买服务的指导意见》(国办发〔2013〕96 号),政府和社会资本合作项目,属于政府的一项购买服务活动,购买的服务包括建造服务和运营等服务,不包括不动产的购买。PPP 项目资产的转让不属于资产转让,那么建造 PPP 项目资产的土地使用权算不算是一项转让行为呢?

从形式上看,看不出社会资本方将土地转让给政府方的这一过程,实质上社会资本方确实将自己名下的土地最终转让给了政府方。从社会资本方的角度,是出借资本的行为,其代替政府买办土地使用权,所以说就算社会资本方将土地转让给项目公司不具有经济实质，但是转让给政府方这个经济实质是不能规避的。如果将社会资本方的土地投资入股行为也视为一项代理行为，这样可避税，这样的话就成了政府方提供的土地出资，而不是社会资本方的土地出资。总之，无论是将社会资本方的出资行为，作为税法上的直接视同销售，还是视为直接转让给了政府方，土地从社会资本方名下转移走，就发生了税法上的纳税义务。

鉴于此，对于社会资本方通过招拍挂受让取得的土地使用权用于出资，应考虑如何改变税收法律事实，能否在符合法律规定的前提下，将税收法律事实予以改变，使得社会资本方不发生税法上的纳税义务。可借鉴房地产开发项目中的做法。《招标拍卖挂牌出让国有土地使用权规范（试行）》第10条第2款第6项规定："申请人竞得土地后，拟成立新公司进行开发建设的，应在申请书中明确新公司的出资构成、成立时间等内容。出让人可以根据招标拍卖挂牌出让结果，先与竞得人签订《国有土地使用权出让合同》，在竞得人按约定办理完新公司注册登记手续后，再与新公司签订《国有土地使用权出让合同变更协议》；也可按约定直接与新公司签订《国有土地使用权出让合同》。"同时，财政部《PPP项目合同指南（试行）》亦提到的"在项目初期阶段，项目公司尚未成立时，政府方会先与社会资本（即项目投资人）签订意向书、备忘录或者框架协议，以明确双方的合作意向，详细约定双方有关项目开发的关键权利义务。待项目公司成立后，由项目公司与政府方重新签署正式PPP项目合同，或者签署关于承继上述协议的补充合同。"

所以，社会资本方可以根据上述规定在签订土地出让合同时，明确相关合同条款，先不急于过户，待项目公司成立后，再重新签订合同或签订补充合同，将土地使用权的受让主体变为项目公司，这样社会资本方就不会发生税法上增值税、土地增值税和企业所得税等纳税义务，项目公司受让土地使用权需要缴纳契税，按照土地成交总价款征收契税。另外，其中的土地前期开发成本项目公司以后不得扣除。

上述做法整体来看，相较于社会资本方自己拿地再投资，主要节省了一道契税和印花税。而至于土地增值税、增值税以及企业所得税，如果社会资本方拿地时间距离成立项目公司时间不是那么长，地价未上涨或上涨幅度不大，增值税、土地增值税以及企业所得税，由于收入和成本差距不是太大，能够按照平价转让的话，也不会产生税负或产生的税负比较小。但如果拿到地后时间过长才投资，或者地价上涨幅度过大，社会资本方就要多缴纳额外的增值税、土地增值税以及企业所得税。或者土地受让金偏低，用以投资入股，可能遭遇税务机关按照市场价格调整转让价款的问题。所以根据上述规定，将项目公司作为土地使用权的受让方，可避免税收风险。

另外需要考虑的一点是，如果社会资本方选择用项目公司受让土地，社会资本方可以将资金直接作为出资，由项目公司自己支付土地受让金。如果是社会资本方提前代垫支付了土地出让金，要想转化成对项目公司的出资，此时的出资方式不再是货币出资，而是债权出资，具体是债权转股权出资，社会资本方应清楚此二者出资方式之间的差别。

如果社会资本方用于建造 PPP 项目资产的土地不是通过招拍挂取得，而是自己原有的土地，要成立项目公司发生的纳税义务，没法免除，除非将来国家税务总局等部门明文规定可以给予免税待遇。

如果 PPP 项目建设土地是通过政府划拨取得，则不属于征税行为，政府划拨取得土地的情况仅限于一些公共利益的必入交通水利等项目，其他项目不可以划拨取得土地。

（二）前期费用的增值税抵扣的破解之道——差额征税

我国营改增以后，建设工程类包括 PPP 项目均要适用购进扣税法，而此类领域的业务支出的成本往往不能取得进项增值税专用发票，导致进项成本不能在增值税税前抵扣，PPP 项目公司会减少利润甚至产生亏损。不能抵扣的项目主要是一些前期费用，这些前期费用可能是社会资本方负担的，也可能是政府方支付的，一般发生在项目公司成立之前。具体包括可行性研究报告、地质勘查报告、初步设计、施工图设计的编制费用、土地征用及拆迁补偿费。有的 PPP 项目是由政府提供土地，比如划拨用地或者征收农用地，上述土地如涉及征地、拆迁和安置，通常由政府方负责完成该土地的征用补偿、拆迁、场地平整、人员安置等工作，并向项目公司提供没有设定他项权利、满足开工条件的净地作为项目用地。项目公司成立前，一般由实施机构负责，实施机构一般取得的都不是增值税专用发票，而是资金往来结算票据等收据类凭证，根据增值税相关管理规定，这些收据不能作为增值税进项凭证，更何况开具的受票对象是实施机构。其中的拆迁补偿等项目，也不能取得增值税专用发票。

就上述存在的进项税额抵扣难题，截止目前尚无现成的税法优惠政策。

可借鉴房地产开发项目中的差额征税法，笔者认为符合条件的 PPP 项目可直接适用相关优惠规定。《关于明确金融、房地产开发、教育辅助服务等增值税政策的通知》（财税〔2016〕140 号）第 7 条规定："《营业税改征增值税试点有关事项的规定》（财税〔2016〕36 号）第一条第（三）项第 10 点中'向政府部门支付的土地价款'，包括土地受让人向政府部门支付的征地和拆迁补偿费用、土地前期开发费用和土地出让收益等。房地产开发企业中的一般纳税人销售其开发的房地产项目（选择简易计税方法的房地产老项目除外），在取得土地时向其他单位或个人支付的拆迁补偿费用也允许在计算销售额时扣除。纳税人按上述规定扣除拆迁补偿费用时，应提供拆迁协议、拆迁双方支付和取得拆迁补偿费用凭证等能够证明拆迁补偿费用真实性的材料。"而《营业税改征增值税试点有关事项的规定》（财税〔2016〕36 号）第 1 条第 3 项第 10 点第 1 段规定："房地产开发企业中的一般纳税人销售其开发的房地产项目（选择简易计税方法的房地产老项目除外），以取得的全部价款和价外费用，扣除受让土地时向政府部门支付的土地价款后的余额为销售额。"此为营改增后的差额征税法，根据差额扣税法，对于一些无法取得进项发票的业务，可以直接在税前扣除，这就极大地为相关纳税人提供了方便，照顾纳税人的利益，使得增值税能在原营业税的领地落地生根，据说差额征税法是我国的一大特有发明，这是对增值税法链条制度的一个突破。应出台政策容许此种方法应当在 PPP 等项目中广泛适用。

同时，《关于明确金融、房地产开发、教育辅助服务等增值税政策的通知》（财税〔2016〕140 号）第 8 条规定："房地产开发企业（包括多个房地产开发企业组成的联合体）受让土地向政府部门支付土地价款后，设立项目公司对该受让土地进行开发，同时符合下列条件的，可由项目公司按规定扣除房地产开发企业向政府部门支付的土地价款。（一）房地产开发企业、项目公司、政府部门三方签订变更协议或补充合同，将土地受让人变更为项目公司；（二）政府部门出让土地的用途、规划等条件不变的情况下，签署变更协议或补充合同时，土地价款总额不变；（三）项目公司的全部股权由受让土地的房地产开发企业持有。"根据该条规定，房地产开发企业支付的土地价款或土地受让金，可以由项目公司在计算增值税时予以税前扣除。一般情况下，股东的支付是不能由公司扣除的，该条规定是一大进步，不但项目公司的前期费用可以在增值税前扣除，股东支付的前期费用也可以由项目公司在计算增值税前扣除。PPP项目也一样，对于有些房产、基础设施建设类PPP项目，项目公司也应有权利适用该规定。

至于说有些税务机关能不能准许PPP项目公司适用该规定，可能存在的问题是，上述明确是针对房地产开发企业而定的规则，没有明确是PPP项目。实际上，PPP项目的社会资本方，很多都是房地产开发企业在担任。房地产开发的范围可能更大，国家税务总局《房地产开发经营业务企业所得税处理办法》第3条规定："企业房地产开发经营业务包括土地的开发，建造、销售住宅、商业用房以及其他建筑物、附着物、配套设施等开发产品……"PPP项目建设很多都属于"其他建筑物"。《城市房地产管理法》第2条第3款规定："本法所称房地产开发，是指在依据本法取得国有土地使用权的土地上进行基础设施、房屋建设的行为。"《城市房地产开发经营管理条例》第2条规定："本条例所称房地产开发经营，是指房地产开发企业在城市规划区内国有土地上进行基础设施建设、房屋建设，并转让房地产开发项目或者销售、出租商品房的行为。"而基础设施的范围很大，《民法典》第254条规定："国防资产属于国家所有。铁路、公路、电力设施、电信设施和油气管道等基础设施，依照法律规定为国家所有的，属于国家所有。"《国务院关于加强城市基础设施建设的意见》（国发〔2013〕36号）规定，城市基础设施包括：供水、供气、供热、电力、通信、公共交通、物流配送、防灾避险等与民生密切相关的基础设施；……

在国家税务总局未给予PPP项目相关优惠时，如何适用该项规定，能不能将社会资本方作为房地产开发企业对待，或社会资本方没有房地产开发资质的，可申请领取房地产开发经营资质。如果社会资本方不具有房地产开发资质，建议与当地税务机关沟通。房地产开发企业都能享受此类差额征税的优惠，举重以明轻，作为公共利益建设领域的PPP项目公司，更应享受此类优惠。

三、14号解释对政府和社会资本合作项目（PPP）的税法影响

2021年1月26日财政部发布的14号解释对PPP项目的会计确认进行了规范。倒不是说会计准则能够直接影响税法处理规则，也不是说税务处理要与会计处理保持一致，而是说会计准则会决定税收法律事实，一旦当事人会依据会计准则设定合同条款时，会产生相应的税法上的法律事实。在税收政

策不明确的情况下，当事人可通过合同条款决定相应的税收法律事实，进而增加税收处理的可控性。

（一）项目公司确认建造收入的税收问题

14号解释明确社会资本方就建造服务要确认收入。在14号解释之前，财政部《企业会计准则解释第2号》（财会〔2008〕11号），其中"五、企业采用建设经营移交方式（BOT）参与公共基础设施建设业务应当如何处理？""答：企业采用建设经营移交方式（BOT）参与公共基础设施建设业务，应当按照以下规定进行处理：……项目公司未提供实际建造服务，将基础设施建造发包给其他方的，不应确认建造服务收入，应当按照建造过程中支付的工程价款等考虑合同规定，分别确认为金融资产或无形资产。"社会资本方并不需要就建造服务确认收入，尤其是当社会资本方将PPP项目外包的情况下，通常都不需要确认收入，除非社会资本方亲自负责施工可以确认收入。而14号解释以后，社会资本方或项目公司将PPP项目外包的情况下，也要确认提供建造服务的收入，相比之前收入确认就大幅提前。

1. 建造服务的纳税义务发生时间

根据14号解释，社会资本方提供建造服务（含建设和改扩建，下同）或发包给其他方等，应当按照《企业会计准则第14号——收入》确定其身份是主要责任人还是代理人，并进行会计处理，确认合同资产。

社会资本方或项目公司是作为主要责任人还是代理人，在税法上是有差别的。增值税方面，如果是主要责任人，应按照已收或应收的对价总金额作为收入，按照建筑服务业9%的税率缴纳增值税，进项税额允许抵扣；如果是代理人，应按照合同对价总额扣除应支付给其他服务方的净额确认收入，税法上属于代理服务收入，按照现代服务业6%税率缴纳增值税，进项税额允许抵扣。在企业所得税方面，均按照25%的税率缴纳企业所得税，但应纳税额不同，如果是主要责任人，应按照已收或应收的对价总金额作为收入，如果是代理人，应按照合同对价总额扣除应支付给其他服务方的净额确认收入。

实务中的社会资本方，基本上都是主要责任人，要按照9%的税率缴纳增值税，很少有纯粹代理人的情况。如果按照9%的税率，对社会资本方来说，税负明显偏重。我们会发现14号解释的规定，一方面将建造服务视为社会资本方和政府之间的建筑服务，另一方面又将社会资本方视为主要责任人，主要责任人的规定，使得社会资本方表面上是在出售PPP项目资产。而且忽略了社会资本方与项目公司在公司法上的主体区分。这样的操作可能是为了会计处理的便利，未能考虑公司法、税法在内的法律规范。但作为社会资本方和政府，应理清三方之间的法律逻辑，力争避免税法上不必要的税负。

社会资本方在会计上确认建造服务的收入，并不等于从政府方获得了现实的支付。如果社会资本方在项目建造完成后不能及时取得收入，纳税义务发生时间又如何确定呢？必须严格按照税法的规定进行确认，而不是依据会计确认纳税义务发生时间。

增值税方面，《营业税改征增值税试点实施办法》第45条规定："增值税纳税义务、扣缴义务发生时间为：（一）纳税人发生应税行为并收讫销售款项或者取得索取销售款项凭据的当天；先开具发票的，为开具发票的当天。收讫销售款项，是指纳税人销售服务、无形资产、不动产过程中或者完成后收到款项。取得索取销售款项凭据的当天，是指书面合同确定的付款日期；未签订书面合同或者书面合同未确定付款日期的，为服务、无形资产转让完成的当天或者不动产权属变更的当天。（二）纳税人提供建筑服务、租赁服务采取预收款方式的，其纳税义务发生时间为收到预收款的当天。……"所以，当社会资本方或项目公司在会计上确认收入时，并不依据会计处理确认的收入产生增值税纳税义务。

企业所得税方面，《企业所得税法》第6条规定："企业以货币形式和非货币形式从各种来源取得的收入，为收入总额。……"这里的收入是已经取得的收入，会计上确认而未实际取得的收入不发生纳税义务。如果不是实际取得的收入，税法上会有规定，比如股息、红利等权益性投资收益，除国务院财政、税务主管部门另有规定外，按照被投资方作出利润分配决定的日期确认收入的实现；利息收入，按照合同约定的债务人应付利息的日期确认收入的实现；租金收入，按照合同约定的承租人应付租金的日期确认收入的实现；特许权使用费收入，按照合同约定的特许权使用人应付特许权使用费的日期确认收入的实现等，此类收入虽然没有是假发生，但已经确定产生了支付请求权。也就是说，如果社会资本方没有实际收到支付，税法会做出专门规定。税收法律事实不是依据会计处理，而是根据纳税人的具体行为而定。

如果社会资本方在建造服务的初期就收到了政府方的部分支付，则要对部分支付确认收入。《企业所得税法实施条例》第23条规定："企业的下列生产经营业务可以分期确认收入的实现：（一）以分期收款方式销售货物的，按照合同约定的收款日期确认收入的实现；（二）企业受托加工制造大型机械设备、船舶、飞机，以及从事建筑、安装、装配工程业务或者提供其他劳务等，持续时间超过 12 个月的，按照纳税年度内完工进度或者完成的工作量确认收入的实现。"相比之下，社会资本方提供的是建造服务，不属于"销售货物"的情形，按理可适用分期付款的规定，对此建议社会资本方与当地税务机关沟通，主张建造服务按照分期付款各自确认相应时段的收入实现。

2. 识别合同中的单项履约义务存在的税负差异

14 号解释规定，社会资本方根据 PPP 项目合同约定，提供多项服务（如既提供 PPP 项目资产建造服务又提供建成后的运营服务、维护服务）的，应当按照《企业会计准则第 14 号——收入》的规定，识别合同中的单项履约义务，将交易价格按照各项履约义务的单独售价的相对比例分摊至各项履约义务。

根据财政部 PPP 会计处理实施问答，识别合同中的单项履约义务，将交易价格按照各项履约义务的单独售价的相对比例分摊至各项履约义务。如果单独售价无法直接观察的，或者缺少类似的市场价格的，企业可以考虑市场情况、企业特定因素以及与客户有关的信息等相关信息，采用市场调整法、成本加成法、余值法等方法合理估计单独售价。实务中多使用的是成本加成法确定各自的价格。

对应到税法上也要区分不同产品和服务的价格，增值税方面的税率有13%、9%以及 6%，如果社会资本方与政府合同没有约定各自不同服务或交易的价格，笼统地确认统一价格，税务机关可能最终会按照最高税率 13%进行征税。如果社会资本方与政府合同中商定，将低税率的服务设定较高的价格，高税率的服务或产品约定较低的价格，从整体层面规避税负，可能会招致税务机关从高适用税率。社会资本方提供的多项服务或产品，在企业所得税方面无差异。但如果具体服务享有所得税的相关税收优惠，应将各项业务的价格区分开来。

3. 借款费用与弥补亏损、税前摊销问题

根据 14 号解释，在 PPP 项目资产的建造过程中发生的借款费用，社会资本方应当按照《企业会计准则第 17 号——借款费用》的规定进行会计处理。对于本部分第 4 项和第 5 项中确认为无形资产的部分，社会资本方在相关借款费用满足资本化条件时，应当将其予以资本化，并在 PPP 项目资产达到预定可使用状态时，结转至无形资产。除上述情形以外的其他借款费用，社会资本方均应予以费用化。

《企业所得税法实施条例》第37条规定："企业在生产经营活动中发生的合理的不需要资本化的借款费用，准予扣除。企业为购置、建造固定资产、无形资产和经过12个月以上的建造才能达到预定可销售状态的存货发生借款的，在有关资产购置、建造期间发生的合理的借款费用，应当作为资本性支出计入有关资产的成本，并依照本条例的规定扣除。"第28条第1、2款规定："企业发生的支出应当区分收益性支出和资本性支出。收益性支出在发生当期直接扣除；资本性支出应当分期扣除或者计入有关资产成本，不得在发生当期直接扣除。企业的不征税收入用于支出所形成的费用或者财产，不得扣除或者计算对应的折旧、摊销扣除。"

而对社会资本方来说，当期费用化的部分当期扣除，建造期和运营的早期往往因为没有收入，无法利用这部分费用抵税，会产生亏损。如果社会资本方是按照五年的亏损弥补期限，明显对社会资本方不利，尤其是大型基础设施项目，建设周期长，费用化会损坏社会资本方的利益。对于资本化的部分，无形资产摊销不是从基建期间开始，而是达到预定可使用状态方可摊销，亦存在早期收入过少无法利用摊销成本减税的问题。考虑到目前税务总局给予高薪技术企业，以及疫情纾困措施中都含有10年的亏损弥补期限优惠，对于一些运营周期长的PPP项目，亦应给予10年甚至更长的亏损弥补期限。对社会资本方来说，当PPP项目由政府方付费或含有政府保底的部分时，可在合同中商定提前实现一部分收入，以充分利用未弥补亏损带来的税收成本。对于借款费用，社会资本方可以考虑合理安排建造服务和运营服务所使用资金的结构，但由于PPP项目主要的资金来源为借款的情况下，资金结构的安排可能效果有限。

4. 对PPP项目建造中的非货币性资产交换的否认

14号解释规定，社会资本方根据PPP项目合同约定，在项目运营期间，有权向获取公共产品和服务的对象收取费用，但收费金额不确定的，该权利不构成一项无条件收取现金的权利，应当在PPP项目资产达到预定可使用状态时，将相关PPP项目资产的对价金额或确认的建造收入金额确认为无形资产，并按照《企业会计准则第6号——无形资产》的规定进行会计处理。

社会资本方确认的无形资产，是一项原始取得行为，不属于应税行为。实务中也有人提出，项目公司是用自己名下的固定资产换取了无形资产，应按照非货币性资产交换进行税务处理。可问题是，此种行为属于项目公司内部资产的转换行为，关键点在于项目公司建造的PPP项目资产归属于政府方，虽然挂在项目公司名下，但类似于一种所有权代持行为，法律并没有否定所有权的代持。无形资产的确认，只是会计上的规则处理，政府方不存在转让无形资产的行为。要说政府方授予项目公司或社会资本方特许经营权，纳税义务人也只能是政府方，而不应该是项目公司。涉及政府的一些交易，比如国土部门出让土地使用权，国土部门的出让行为不算税法上的视同销售。同理，政府授予社会资本方的特许经营权，也不视为税法上的应税行为。笔者认为，从实质重于形式的角度，这里不存在非货币性资产交换的情形。社会资本方取得的无形资产，本质上属于为政府方提供建造服务获取的对价，确认的无形资产，可能是政府方付费，也可能是消费者付费。当然，对于项目公司名下的资产所有权为什么属于政府方而不属于项目公司，社会资本方、政府方以及项目公司应在相关合同中进行明确约定，这也能够为接下来的项目资产移交打好一个基础。

（二）收费性PPP运营服务使用者付费相关税法规则

根据14号解释，PPP项目资产达到预定可使用状态后，社会资本方应当按照《企业会计准则第14号——收入》确认与运营服务相关的收入。PPP项目的收入比较特殊，既包括政府支付的收入，也包括使用者付费。政府付费是指政府直接付费购买公共产品和服务。在政府付费机制下，政府可以依据项目设施的可用性、产品或服务的使用量以及质量向项目公司付费。根据《PPP项目合同指南》，政府付费是公用设施类和公共服务类项目中较为常用的付费机制，在一些公共交通项目中也会采用这种机制。政府付费中，既可能是为社会资本方运营维护PPP项目资产所付出的代价，也可能是替使用者购买服务代付的费用。使用者付费是指由最终消费用户直接付费购买公共产品和服务。项目公司直接从最终用户处收取费用，以回收项目的建设和运营成本并获得合理收益。高速公路、桥梁、地铁等公共交通项目以及供水、供热等公用设施项目通常可以采用使用者付费机制。此二类服务的税率税目不同，税负不一样。

不同行业的PPP项目以使用者付费产生的收入，对应的税负也不同，导致无法就PPP项目提供公共产品服务制定统一的税收优惠政策。如果给予PPP收入的税收优惠，可能会违反税收中性原则，不同的行业具有不同的税率，基于 PPP 身份获得优惠，对其他市场主体会产生不公。

1. 收费公路 PPP 项目通行费收入税负规避问题

传统公共基础设施是政府和社会资本合作的重点领域，其中收费公路近年来采取 PPP 模式的逐渐增多。《收费公路政府和社会资本合作操作指南》第 4 条规定："收费公路 PPP 项目，是指社会资本方按照市场化原则出资，独资或与政府指定机构共同成立项目公司，通过特许经营等方式，参与收费公路投资、建设、运营和维护。政府通过授予特许经营权、合理定价、财政补贴等事先约定的收益规则，使社会资本方获得合理回报……"社会资本方经营收费公路主要的收入来源为车辆通行费收入。

而在收费公路 PPP 模式推出之前，收费公路的收入基本都是行政事业性收费，属于非税收入，后来虽经过"费改税"，但保留了对融资类公路的收费规定。《交通和车辆税费改革实施方案》规定："保留的规费包括各级交通部门利用贷款或按照国家规定有偿集资修建公路、桥梁、隧道、渡口，以及各级建设部门利用贷款或按照国家规定有偿集资修建大型桥梁、隧道等，在还款期间收取的车辆通行费（过路费、过桥费、过隧道费、过渡费……）"政府与社会资本合作模式出现以后，PPP 模式也是一项融资方法，收费不存在法律障碍，只是社会资本方收费的性质是否还属于行政事业性收费，就存在疑问了。

根据现行税法规定，车辆通行费要缴纳增值税和企业所得税。根据《营业税改征增值税试点实施办法》，车辆停放服务、道路通行服务（包括过路费、过桥费、过闸费等）等按照不动产经营租赁服务缴纳增值税，税率为9%。公路经营企业中的一般纳税人收取试点前开工的高速公路的车辆通行费，可以选择适用简易计税方法，减按 3% 的征收率计算应纳税额。试点前开工的高速公路，是指相关施工许可证明上注明的合同开工日期在 2016 年 4 月30 日前的高速公路。而现在基本都是 9% 的税率，进项税额可以扣除。

另外，除了企业所得税（税率 25%）以外，经营高速公路，一般的城镇土地使用税也不免除，各高速公路运营管理机构（包括服务区）凡在城市、县城、建制镇、工矿区范围内的房产和土地，均应缴纳房产税和城镇土地使用税。这就使得经营高速公路面临着巨额税负。

实务中有客户咨询，是否可以将收费公路 PPP 按照行政事业性收费处理，这样就可以不用缴税。其主要理由是：

第一，《营业税改征增值税试点实施办法》第10条规定："销售服务、无形资产或者不动产，是指有偿提供服务、有偿转让无形资产或者不动产，但属于下列非经营活动的情形除外：（一）行政单位收取的同时满足以下条件的政府性基金或者行政事业性收费。1. 由国务院或者财政部批准设立的政府性基金，由国务院或者省级人民政府及其财政、价格主管部门批准设立的行政事业性收费；2. 收取时开具省级以上（含省级）财政部门监（印）制的财政票据；3. 所收款项全额上缴财政。……"

第二，《企业所得税法》第7条规定："收入总额中的下列收入为不征税收入：……（二）依法收取并纳入财政管理的行政事业性收费、政府性基金；……"又根据《企业所得税法实施条例》第26条第2款："企业所得税法第七条第（二）项所称行政事业性收费，是指依照法律法规等有关规定，按照国务院规定程序批准，在实施社会公共管理，以及在向公民、法人或者其他组织提供特定公共服务过程中，向特定对象收取并纳入财政管理的费用。"

如果社会资本方或项目公司将收入设定为行政事业性收费，就能够规避所有税负。可是，社会资本方直接适用上述规定几乎不可能，增值税方面，要求非经营活动，且要求全额上缴财政。非经营活动如何理解？同样是收费，同样是车辆通行费，政府收费属于非经营活动，社会资本方收费就属于经营活动，所以社会资本方不适用这一条规定。相较之下，《企业所得税法》对行政事业性收费的定义较为科学，但也要求将收费纳入财政管理。

实务中将车辆通行费划分为行政事业性收费的是政府收费。比如，北京市财政局、北京市发展和改革委员会《关于同意京秦高速公路车辆通行费列入行政事业性收费管理的函》（京财综〔2017〕2834号）规定："一、根据《中华人民共和国公路法》、国务院《收费公路管理条例》以及《国务院批转财政部、国家计委等部门〈交通和车辆税费改革实施方案〉的通知》（国发〔2000〕34号）的规定，经市政府批准，同意将京秦高速公路车辆通行费列入我市行政事业性收费项目管理，执收单位为市路政局道路建设工程项目管理中心，收费期限自正式收取通行费之日起不超过15年。二、京秦高速公路车辆通行费的收缴按照北京市非税收入收缴改革有关规定执行，使用市财政部门统一印（监）制的非税收入专用票据。"执收单位市路政局道路建设工程项目管理中心系北京市路政局下属机构，不属于企业性质，行政机构收费应属于非经营活动。

国有企业收取的车辆通行费是否可以算作行政事业性收费呢？首先国有企业也可以作为社会资本方参与 PPP 项目，但有一定的限制。根据《关于进一步推动政府和社会资本合作（PPP）规范发展、阳光运行的通知》（财金〔2022〕119 号，已失效），鼓励国有企业、民营企业、外资企业等各类市场主体作为社会资本方平等参与 PPP 项目。地市级、县区级地方人民政府实际控制的国有企业（上市公司除外）可以代表政府方出资参与 PPP 项目，不得作为本级 PPP 项目的社会资本方。拟采用转让-运营-移交（TOT）等方式盘活存量资产的项目，应具有长期稳定经营性收益，严格履行国有资产评估、转让程序，合理确定转让价格。TOT 项目不得由本级政府实际控制的国有企业作为社会资本方搞"自我循环"，不得通过将无经营性收益的公益性资产有偿转让或者分年安排财政资金支付资产转让成本等方式虚增财政收入。

但国有企业作为收费主体取得的收费，与其国有企业的性质并无直接关系。无论是国有企业，还是民营企业，收取的费用能否申请作为行政事业性收费，关键在于是否可以判定为代为履行政府行为。根据相关规定，非税收入也是可以代行的。财政部《政府非税收入管理办法》第 3 条规定："本办法所称非税收入，是指除税收以外，由各级国家机关、事业单位、代行政府职能的社会团体及其他组织依法利用国家权力、政府信誉、国有资源（资产）所有者权益等取得的各项收入。具体包括：（一）行政事业性收费收入；（二）政府性基金收入；（三）罚没收入；（四）国有资源（资产）有偿使用收入；（五）国有资本收益；（六）彩票公益金收入；（七）特许经营收入；（八）中央银行收入；（九）以政府名义接受的捐赠收入；（十）主管部门集中收入；（十一）政府收入的利息收入；（十二）其他非税收入。"

也就是说，国有企业或民营企业可以代政府收取车辆通行费。但是社会资本方只能以政府机构的名义收费，且要全额上缴财政，社会资本方应该不会倾向于采取这样的方式。如果采取全额上缴财政，再由政府支付社会资本方代理费或其他类型的收入补助，社会资本方就该等收入依然要负担各项税负，尤其是要求政府方全额或大部分返还的情况下，采取这种迂回的方式没有多大意义。社会资本方享有的高速公路特许经营权，收入一般都归社会资本方，项目期满后政府方只要求移交 PPP 项目资产，社会资本方收取的车辆通行费是要涵盖建造运营的成本，且要盈利，这就决定社会资本方不可能上缴收入给政府财政,更何况上缴后不能保证还能拿得回来。所以企图利用行政事业性收费的办法规避税收,法律上不具有可行性。

通过上述可以看出,与政府的收费可以归类为行政事业性收费相比,无论是国有企业还是民营企业作为社会资本方,都存在一个不公平的问题。同样是运营高速公路,政府收费可以免税,而社会资本方收费却要负担沉重的税负,这也有违税收中性原则。从公平的角度考虑,社会资本方收取的通行费标准不应与政府收取的费用相一致,如果社会资本方收取高于政府收费标准的通行费,无疑会增加社会公众的通行成本,等于是最终由社会公众承担了相应的税收。从这个意义上说,对通行费给予免税的税收优惠是有必要的。

2. 供水、灌溉类 PPP 项目税负差异对投资方向的影响

供水、灌溉类 PPP 项目涉及不同的领域,供水和灌溉类 PPP 项目,可能存在上下游不同的环节,在上下游各个环节均可采用 PPP 模式。水利部《关于推进水利基础设施政府和社会资本合作(PPP)模式发展的指导意见》(水规计〔2022〕239 号)第 11 条规定:"供水、灌溉类项目。对于重点水源和引调水工程,通过向下游水厂等产业链延伸、合理确定供水价格等措施,保证社会资本合理收益。……积极引入社会资本参与投资运营,鼓励农民用水合作组织等受益主体投资入股。水费收入能够完全覆盖投资成本的项目,应采用'使用者付费'模式;水费收入不足以完全覆盖投资成本的项目,可采用'使用者付费+可行性缺口补贴'模式;也可根据项目实际情况,在一定期限内采用'使用者付费+可行性缺口补贴'模式,逐步过渡到'使用者付费'模式,确保工程良性运行。"城市生产生活供水和农村生产用水经营业务,在税收方面不完全一样,这就会对社会资本方决定投资的方向可能产生影响。

城市和农村的自来水供水和非自来水供水,增值税税率不一样。自来水税率为 9%,但财政部、国家税务总局《关于部分货物适用增值税低税率和简易办法征收增值税政策的通知》(财税〔2009〕9 号)规定:"一般纳税人销售自产的下列货物,可选择按照简易办法依照 6%征收率计算缴纳增值税:……自来水……""三、对属于一般纳税人的自来水公司销售自来水按简易办法依照 6%征收率征收增值税,不得抵扣其购进自来水取得增值税扣税凭证上注明的增值税税款。"其他非自来水供水服务比如一般的水厂销售自来水的增值税税率为 13%。提供物业管理服务的纳税人,向服务接受方收取的自来水水费,以扣除其对外支付的自来水水费后的余额为销售额,按照简易计税方法,依

3%的征收率计算缴纳增值税。

相比之下，农村的自来水供水服务税收优惠更实惠。《关于继续实行农村饮水安全工程税收优惠政策的公告》（财政部、国家税务总局公告 2019 年第 67 号）规定："……四、对饮水工程运营管理单位向农村居民提供生活用水取得的自来水销售收入，免征增值税。五、对饮水工程运营管理单位从事《公共基础设施项目企业所得税优惠目录》规定的饮水工程新建项目投资经营的所得，自项目取得第一笔生产经营收入所属纳税年度起，第一年至第三年免征企业所得税，第四年至第六年减半征收企业所得税。六、本公告所称饮水工程，是指为农村居民提供生活用水而建设的供水工程设施。本公告所称饮水工程运营管理单位，是指负责饮水工程运营管理的自来水公司、供水公司、供水（总）站（厂、中心）、村集体、农民用水合作组织等单位。……"

相比供水服务，灌溉服务具有更彻底的税收优惠措施。增值税方面，《营业税改征增值税试点过渡政策的规定》规定："一、下列项目免征增值税：……（十）农业机耕、排灌、病虫害防治、植物保护、农牧保险以及相关技术培训业务，家禽、牲畜、水生动物的配种和疾病防治。"排灌，是指对农田进行灌溉或者排涝的业务。

企业所得税方面，《国务院关于促进农业机械化和农机工业又好又快发展的意见》（国发〔2010〕22 号）第 19 条提道："继续免征农机机耕和排灌服务营业税、农机作业和维修服务项目的企业所得税。"《企业所得税法实施条例》第 86 条规定："企业所得税法第二十七条第（一）项规定的企业从事农、林、牧、渔业项目的所得，可以免征、减征企业所得税，是指："（一）企业从事下列项目的所得，免征企业所得税：……7. 灌溉、农产品初加工、兽医、农技推广、农机作业和维修等农、林、牧、渔服务业项目；……"

农村供水服务和灌溉 PPP 项目，能够占据更明显的税收优势，而城市供水服务相对具有劣势，也包括排灌业务的上游企业，比如作为自来水销售公司上游企业的水厂，同样不能享受相应的税收优惠。

3. 公共租赁住房 PPP 项目的免税范围

公共租赁住房也是 PPP 项目的一个重要领域，根据《关于运用政府和社会资本合作模式推进公共租赁住房投资建设和运营管理的通知》（财综〔2015〕15 号），项目公司与政府签订合同，负责承担设计、投资建设、运营、维护管理任务，在合同期内通过"承租人支付租金"及必要的"政府政策支持"

获得合理投资回报。对公共租赁住房建设按照国家现行有关规定免收各项行政事业性收费和政府性基金；落实现行有关公共租赁住房购建和运营管理税收优惠政策。

财政部和国家税务总局给予了专门的税收优惠，但这样的税收优惠并未覆盖所有税种，主要免征的税种有：城镇土地使用税、印花税、契税、符合条件的土地增值税、增值税以及房产税，而企业所得税和其他收入的增值税则不在免税范围内。根据《关于公共租赁住房税收优惠政策的公告》（财政部、国家税务总局公告2019年第61号），可以免税的税种有：

（1）对公租房建设期间用地及公租房建成后占地，免征城镇土地使用税。在其他住房项目中配套建设公租房，按公租房建筑面积占总建筑面积的比例免征建设、管理公租房涉及的城镇土地使用税。

（2）对公租房经营管理单位免征建设、管理公租房涉及的印花税。在其他住房项目中配套建设公租房，按公租房建筑面积占总建筑面积的比例免征建设、管理公租房涉及的印花税。

（3）对公租房经营管理单位购买住房作为公租房，免征契税、印花税；对公租房租赁双方免征签订租赁协议涉及的印花税。

（4）对企事业单位、社会团体以及其他组织转让旧房作为公租房房源，且增值额未超过扣除项目金额20%的，免征土地增值税。

（5）企事业单位、社会团体以及其他组织捐赠住房作为公租房，符合税收法律法规规定的，对其公益性捐赠支出在年度利润总额12%以内的部分，准予在计算应纳税所得额时扣除，超过年度利润总额12%的部分，准予结转以后三年内在计算应纳税所得额时扣除。

个人捐赠住房作为公租房，符合税收法律法规规定的，对其公益性捐赠支出未超过其申报的应纳税所得额30%的部分，准予从其应纳税所得额中扣除。

（6）对符合地方政府规定条件的城镇住房保障家庭从地方政府领取的住房租赁补贴，免征个人所得税。

（7）对公租房免征房产税。对经营公租房所取得的租金收入，免征增值税。公租房经营管理单位应单独核算公租房租金收入，未单独核算的，不得享受免征增值税、房产税优惠政策。

上述优惠规定里提到的免征增值税，仅限于经营公租房所取得的租金收入，那么必要的"政府政策支持"获得合理投资回报，算不算租金收入呢？因为项目公司取得的收入不仅包含租金收入，也包括政府补助以及可行性缺口补助，当 PPP 项目公司收到政府补助或可行性缺口补助，如果免征增值税的范围仅限于租金收入，其他收入就不能按照租金收入的规定免征增值税。

根据增值税相关规定，不动产租赁服务的增值税税率为 9%。《纳税人提供不动产经营租赁服务增值税征收管理暂行办法》（国家税务总局公告 2016 年第 16 号）第 3 条规定："一般纳税人出租不动产，按照以下规定缴纳增值税：（一）一般纳税人出租其 2016 年 4 月 30 日前取得的不动产，可以选择适用简易计税方法，按照 5% 的征收率计算应纳税额。不动产所在地与机构所在地不在同一县（市、区）的，纳税人应按照上述计税方法向不动产所在地主管税务机关预缴税款，向机构所在地主管税务机关申报纳税。不动产所在地与机构所在地在同一县（市、区）的，纳税人向机构所在地主管税务机关申报纳税。（二）一般纳税人出租其 2016 年 5 月 1 日后取得的不动产，适用一般计税方法计税。不动产所在地与机构所在地不在同一县（市、区）的，纳税人应按照 3% 的预征率向不动产所在地主管税务机关预缴税款，向机构所在地主管税务机关申报纳税。不动产所在地与机构所在地在同一县（市、区）的，纳税人应向机构所在地主管税务机关申报纳税。一般纳税人出租其 2016 年 4 月 30 日前取得的不动产适用一般计税方法计税的，按照上述规定执行。"就是说，项目公司收到的各种作为回报的政府补助，均要承担 9% 的增值税。另外，项目公司要按照 25% 的税率，缴纳企业所得税。

4. 旅游业 PPP 项目税收优惠的时效性和区域性

文化和旅游部、财政部《关于在旅游领域推广政府和社会资本合作模式的指导意见》（文旅旅发〔2018〕3 号）第 3 条规定："通过在旅游领域推广政府和社会资本合作模式，推动项目实施机构对政府承担的资源保护、环境整治、生态建设、文化传承、咨询服务、公共设施建设等旅游公共服务事项与相邻相近相关的酒店、景区、商铺、停车场、物业、广告、加油加气站等经营性资源进行统筹规划、融合发展、综合提升，不断优化旅游公益性服务和公共产品供给，促进旅游资源保护和合理利用……"旅游业的目的主要不在于旅游的本身，而是意图通过旅游带动周边行业的发展。广义上看，受旅游业带动的相关行业也可以算作是旅游业，但税法上不关注受旅游业带动的其他行业，相关税收优惠仅限于旅游，旅游带动的其他行业，能够为当地带来大额税收。

一般情况下，旅游业按照生活服务按 6% 的税率缴纳增值税。根据国家税务总局发布的《销售服务、无形资产、不动产注释》，生活服务是指为满足城乡居民日常生活需求提供的各类服务活动。包括文化体育服务、教育医疗服务、旅游娱乐服务、餐饮住宿服务、居民日常服务和其他生活服务。旅游服务，是指根据旅游者的要求，组织安排交通、游览、住宿、餐饮、购物、文娱、商务等服务的业务活动。所以旅游服务的税率即为 6%。试点纳税人提供旅游服务，可以选择以取得的全部价款和价外费用，扣除向旅游服务购买方收取并支付给其他单位或者个人的住宿费、餐饮费、交通费、签证费、门票费和支付给其他接团旅游企业的旅游费用后的余额为销售额。选择上述办法计算销售额的试点纳税人，向旅游服务购买方收取并支付的上述费用，不得开具增值税专用发票，可以开具普通发票。根据《企业所得税法实施条例》，旅游服务属于提供劳务收入，税率为 25%。

旅游业不存在专门的统一税收优惠政策，关于旅游业的增值税税收优惠非常有限，可以纳入生活性服务业享受一定的税收优惠，这样的税收优惠具有时效性，国家税务总局等给予生活性服务业一定期限内的优惠，不具有长期性。具体依据是财政部、国家税务总局、海关总署《关于深化增值税改革有关政策的公告》第 7 条的规定："自 2019 年 4 月 1 日至 2021 年 12 月 31 日，允许生产、生活性服务业纳税人按照当期可抵扣进项税额加计 10%，抵减应纳税额（以下称加计抵减政策）。（一）本公告所称生产、生活性服务业纳税人，是指提供邮政服务、电信服务、现代服务、生活服务（以下称四项服务）取得的销售额占全部销售额的比重超过 50% 的纳税人。四项服务的具体范围按照《销售服务、无形资产、不动产注释》（财税〔2016〕36 号印发）执行。……"根据《关于促进服务业领域困难行业纾困发展有关增值税政策的公告》上述第 7 条执行期限延长至 2022 年 12 月 31 日。

《关于明确生活性服务业增值税加计抵减政策的公告》（财政部、国家税务总局公告 2019 年第 87 号）第 1 条规定："2019 年 10 月 1 日至 2021 年 12 月 31 日，允许生活性服务业纳税人按照当期可抵扣进项税额加计 15%，抵减应纳税额（以下称加计抵减 15% 政策）。"根据《关于促进服务业领域困难行业纾困发展有关增值税政策的公告》，上述规定的生产、生活性服务业增值税加计抵减政策，执行期限延长至 2022 年 12 月 31 日。

另外，各地会为当地的旅游业争取到税收优惠政策，但是根据税法规定，地方无权制定相关税收优惠政策，如果各个地方政府想要给予当地旅游业一定的税收优惠政策，必须由财政部和国家税务总局发文。虽然体现出很强的区域性特征，但坚持了税法的统一性。比如《关于海南自由贸易港企业所得税优惠政策的通知》（财税〔2020〕31号）第2条规定："对在海南自由贸易港设立的旅游业、现代服务业、高新技术产业企业新增境外直接投资取得的所得，免征企业所得税。本条所称新增境外直接投资所得应当符合以下条件：（一）从境外新设分支机构取得的营业利润；或从持股比例超过20%（含）的境外子公司分回的，与新增境外直接投资相对应的股息所得。（二）被投资国（地区）的企业所得税法定税率不低于5%。本条所称旅游业、现代服务业、高新技术产业，按照海南自由贸易港鼓励类产业目录执行。"还比如，《关于横琴粤澳深度合作区企业所得税优惠政策的通知》（财税〔2022〕19号）第2条规定："对在横琴粤澳深度合作区设立的旅游业、现代服务业、高新技术产业企业新增境外直接投资取得的所得，免征企业所得税。……"财政部和国家税务总局仅给予了部分地方旅游业的税收优惠，主要因为这些地方的旅游业是当地的支柱产业。其他地方的旅游业，则不能享受相关税收优惠。

5. 养老服务 PPP 项目税收优惠的选择性

社会资本经营养老设施的情况很多，政府推出 PPP 项目经营养老服务，对社会资本而言是更大的机会。笔者发现一些社会资本介入养老服务，醉翁之意不在酒，而是挂羊头卖狗肉，主要是利用养老服务的机会，配套从事一些房地产开发等经营性项目。

在税收优惠方面，社会资本投资养老可享受一定的税收优惠，考虑到养老服务占用的不动产属性，养老机构占用土地所负持有税较重，养老服务不仅仅是要考虑增值税和所得税。增值税方面，养老服务可享受无差别免税待遇，根据《营业税改征增值税试点过渡政策的规定》："一、下列项目免征增值税……（二）养老机构提供的养老服务。养老机构，是指依照民政部《养老机构设立许可办法》（民政部令第48号）设立并依法办理登记的为老年人提供集中居住和照料服务的各类养老机构；养老服务，是指上述养老机构按照民政部《养老机构管理办法》（民政部令第49号）的规定，为收住的老年人提供的生活照料、康复护理、精神慰藉、文化娱乐等服务。"而养老服务的其他配套服务则不能享受该等优惠。

持有税方面，仅仅规定了非营利性的养老服务和社区养老方可享受税收优惠，社会资本方一般具有营利性。财政部、国家税务总局《关于对老年服务机构有关税收政策问题的通知》（财税〔2000〕97号）第1条规定："对政府部门和企事业单位、社会团体以及个人等社会力量投资兴办的福利性、非营利性的老年服务机构，暂免征收企业所得税，以及老年服务机构自用房产、土地、车船的房产税、城镇土地使用税、车船使用税。"

从投资方向看，如果社会资本方选择投资社区养老，可享受一定的税收优惠，考虑到社区养老的盈利比较薄，社会资本方可能不具有强烈的意愿。《关于养老、托育、家政等社区家庭服务业税费优惠政策的公告》（财政部、税务总局、发展改革委、民政部、商务部、卫生健康委公告2019年第76号）规定的税收优惠政策如下：

（1）为社区提供养老、托育、家政等服务的机构，按照以下规定享受税费优惠政策：①提供社区养老、托育、家政服务取得的收入，免征增值税。②提供社区养老、托育、家政服务取得的收入，在计算应纳税所得额时，减按90%计入收入总额。③承受房屋、土地用于提供社区养老、托育、家政服务的，免征契税。④用于提供社区养老、托育、家政服务的房产、土地，免征不动产登记费、耕地开垦费、土地复垦费、土地闲置费；用于提供社区养老、托育、家政服务的建设项目，免征城市基础设施配套费；确因地质条件等原因无法修建防空地下室的，免征防空地下室易地建设费。

（2）为社区提供养老、托育、家政等服务的机构自有或其通过承租、无偿使用等方式取得并用于提供社区养老、托育、家政服务的房产、土地，免征房产税、城镇土地使用税。

（3）本公告所称社区是指聚居在一定地域范围内的人们所组成的社会生活共同体，包括城市社区和农村社区。

上述给予社区养老的税收优惠，在新冠疫情期间扩展到所有养老服务领域，《养老托育服务业纾困扶持若干政策措施》（发改财金〔2022〕1356号）规定："（四）2022年，各地对符合条件的养老托育服务机构按照50%税额顶格减征资源税、城市维护建设税、房产税、城镇土地使用税、印花税（不含证券交易印花税）、耕地占用税和教育费附加、地方教育附加等'六税两费'。（五）养老托育服务机构可按规定享受《关于养老、托育、家政等社区家庭服务业税费优惠政策的公告》（财政部、税务总局、发展改革委、民政部、商务部、卫生健康委公告2019年第76号）规定的税费优惠政策。"其中关于统一准用社区养老服务优惠政策的规定，能否在疫情结束后延续享受，不得而知。

（三）PPP政府可行性缺口补助的纳税争议

根据财政部发布的《PPP项目合同操作指南》，可行性缺口补助（Viability Gap Funding，VGF）是指使用者付费不足以满足项目公司成本回收和合理回报时，由政府给予项目公司一定的经济补助，以弥补使用者付费之外的缺口部分。可行性缺口补助是在政府付费机制与使用者付费机制之外的一种折中选择。在我国实践中，可行性缺口补助的形式多种多样，具体可能包括土地划拨、投资入股、投资补助、优惠贷款、贷款贴息、放弃分红权、授予项目相关开发收益权等其中的一种或多种。

1. 不同类型可行性缺口补助的可税性

根据实际情况，可行性缺口补助具有不同的类型，这其中并不是所有的可行性缺口补助均构成社会资本方或项目公司的收入。

项目公司取得政府划拨土地。根据《〈企业会计准则——无形资产〉指南》，企业取得的政府划拨土地使用权，要按照无形资产核算。《企业所得税法实施条例》第12条第2款规定："企业所得税法第六条所称企业取得收入的非货币形式，包括固定资产、生物资产、无形资产、股权投资、存货、不准备持有至到期的债券投资、劳务以及有关权益等。"企业取得的无形资产要缴纳企业所得税。

通过划拨方式取得的土地使用权，在会计上计入无形资产，取得划拨用地是否要缴税？是否属于企业取得收入的事实发生了呢？税法上不同税种关注的角度不一样。按照我国《契税法》规定，土地使用权转移行为仅限于土地出让行为，土地划拨行为不属于契税征收范围。契税是行为税，也有人将其称为财产。划拨土地行为不属于交易行为，不征收契税是因为其不符合行为税的特征，如果将契税认为是财产税却不对划拨用地征收契税，说明其不是一项财产。可是根据我国《民法典》，划拨方式取得土地使用权也属于物权，具体为用益物权。所以综合来看，契税不对划拨用地征税，主要还是因为契税是一项行为税，没有交易行为就不征收契税。与之相反，所得税的侧重点则不同，其并不太关注交易行为本身，而是行为的结果，就是关注收入的发生。我国《企业所得税法》并没有对"收入"进行严谨的界定，如果直接按照无形资产属于收入直接征收所得税，显得不太合适。

参照《城市房地产管理法》第23条："土地使用权划拨，是指县级以上人民政府依法批准，在土地使用者缴纳补偿、安置等费用后将该幅土地交付其使用，或者将土地使用权无偿交付给土地使用者使用的行为。依照本法规定以划拨方式取得土地使用权的，除法律、行政法规另有规定外，没有使用期限的限制。"实务中根据该规定，对有偿取得划拨用地，作为无形资产，能够按照无形资产进行摊销，摊销期限不能税前扣除，支付对价取得财产不算收入。如果是无偿取得，不算做收入，也不能在税前摊销或计提折旧，如果企业计划摊销，可能会被认定存在收入。取得划拨用地能否视为存在收入，关键不在于是有偿还是无偿，而是无偿方式取得没有支付对价，与接受捐赠比较相似，没有支付对价就意味着取得了收入。

笔者认为，必须从经济实质把握这个问题，企业通过划拨方式取得建设用地使用权，虽然会计上也作为无形资产处理，但仅具有使用权，企业不享有处分权，也不享有受益权，这与一般意义上的无形资产不一样。对不享有受益权的问题，参照《城市房地产管理法》第56条："以营利为目的，房屋所有权人将以划拨方式取得使用权的国有土地上建成的房屋出租的，应当将租金中所含土地收益上缴国家。具体办法由国务院规定。"从该规定可以侧面印证，划拨方式取得的财产，划拨用地的用益权能，只限于使用权，那就不属于用益物权，因为不具有"益"权，只有使用权，本质上属于租借行为，不能算作是一项物权行为。租借行为取得财产，不能视作税法上的收入，不属于应税行为，所以，取得划拨用地不应负担企业所得税。

投资入股是一项资本投入行为，不属于企业取得的一项收入，投资补助是给社会资本方投入项目公司的投入进行补助，补助符合一定条件社会资本方要缴纳企业所得税。优惠贷款、贷款贴息，如果不是政府代垫，也不用缴纳企业所得税。政府方放弃分红权，社会资本方分红依然要缴税，公司法上并不限制股东间的自由约定，当然根据公司法政府方也不能完全放弃分红。授予项目相关开发收益权，要根据具体情况判断社会资本方或项目公司享有的开发收益权是否构成"收入"，对于一般的允许开发酒店等开发收益权，本身不属于产生了收入，而经营酒店产生的收入需要缴纳企业所得税。

所以可行性缺口补助如果要纳税，一般是对项目的收入缺口进行补助，社会资本方或项目公司就此类补助需要承担企业所得税和增值税的税负。

2. 可行性缺口补助的例外——政府补助

PPP 领域外的有些政府补助，属于不征税收入，不征收增值税也不征收企业所得税。而对于政府给予社会资本方的可行性缺口补助，要作为社会资本方或项目公司的收入缴纳增值税和企业所得税。实务中，有一种做法，将凡是政府发放的补助，一律作为可行性缺口补助进行征税。尤其是根据 14 号解释出台后，社会资本方根据 PPP 项目合同，自政府方取得其他资产，该资产构成政府方应付合同对价的一部分的，社会资本方应当按照《企业会计准则第 14 号——收入》的规定进行会计处理，不作为政府补助。实务中很多人，尤其是会计师事务所的人员，据此认为只要是政府发放的，均构成可行性缺口补助，要缴纳增值税和企业所得税。此种理解存在问题，这是一种误解，以"一刀切"的方式将社会资本方和项目公司的税法权利予以剥夺。

社会资本方或项目公司取得政府补助，在企业所得税方面，符合条件的作为不征税收入处理。依据便是《关于专项用途财政性资金企业所得税处理问题的通知》（财税〔2011〕70 号）第 1 条，该条规定："企业从县级以上各级人民政府财政部门及其他部门取得的应计入收入总额的财政性资金，凡同时符合以下条件的，可以作为不征税收入，在计算应纳税所得额时从收入总额中减除：（一）企业能够提供规定资金专项用途的资金拨付文件；（二）财政部门或其他拨付资金的政府部门对该资金有专门的资金管理办法或具体管理要求；（三）企业对该资金以及以该资金发生的支出单独进行核算。"根据该规定，所得税法上并不否认政府补助是企业取得的一项收入，只是对该等收入不征所得税。与政府可行性补助相比，此处的政府补助是基于单方行政行为而发生，而可行性缺口补助是基于双方的协议行为，是基于双方的民事行为而发生。政府补助中政府不是在履行合同义务，社会资本方或项目公司一般无权请求政府作出给付的行为；而可行性缺口补助中，政府支付给社会资本方或项目公司的可行性缺口补助，是政府方必须履行的一项合同义务，社会资本方或项目公司可以依法请求政府方强制履行义务。可行性缺口补助与政府补助具有根本性的不同，二者不能混为一谈。

增值税方面，国家税务总局《关于取消增值税扣税凭证认证确认期限等增值税征管问题的公告》（国家税务总局公告 2019 年第 45 号）第 7 条规定："纳税人取得的财政补贴收入，与其销售货物、劳务、服务、无形资产、不动产的收入或者数量直接挂钩的，应按规定计算缴纳增值税。纳税人取得的其他情形的财政补贴收入，不属于增值税应税收入，不征收增值税。"增值税的处理逻辑与企业所得税有所不同，更接近于 14 号解释的规定，社会资本方取得的财政补贴收入，与其销售货物、劳务、服务、无形资产、不动产的收入或者数量直接挂钩，意味着这是合同价款的一部分。如果是发生在销售货物、劳务、服务、无形资产、不动产的交易行为以外，所取得的财政补助，则不属于合同对价部分。一言以蔽之，根据合同约定所取得的财政补助，就属于增值税征税对象，不是根据合同约定所获得的财政补助，就不属于增值税征税对象，这与 14 号解释所作出的规定基本一致。

根据财政部 PPP 会计准则实施问答，"社会资本方就其提供的公共产品和服务获得补偿"，指的是社会资本方就其在运营期内运营或维护项目资产等按照合同约定获得回报。根据该解释，如果政府补助不是按照合同约定获得回报，比如政府部门基于国家或地方政策，对特定产业或行业的补助，则不属于可行性缺口补助，尤其是不属于 PPP 合同主体的相关机构以外的政府机构发放的补助，不应纳入可行性缺口补助进行征税。简而言之，一是，如果是基于合同而发生的补助，就是可行性缺口补助，如果不是基于合同，则是一般政府补助，不发生纳税义务。二是，要看发放补助的主体是否为合同主体，比如签订 PPP 项目合同主体的是交通运输管理部门，支付补贴的是其他部门且不为合同主体代付，则不属于可行性缺口补助，就不应当纳税。

3. 可行性缺口补助的例外——政府违约金

政府向社会资本方支付款项或财产的情况很多，除了政府补助和可行性缺口补助外，还有一些情况也构成政府支付款项，但不构成合同对价。比如 PPP 项目合作失败的案例非常之多，政府方支付的违约金就不应按照可行性缺口补助进行税务处理。

在眉山市彭山区金鑫工程项目管理有限责任公司、眉山市彭山区住房和城乡规划建设局建设工程施工合同纠纷案（［2020］川 14 民初 70 号）中，原告眉山市彭山区金鑫工程项目管理有限责任公司与被告眉山市彭山区住房和城乡规划建设局签订《迎宾大道等六条道路城市品质提升 PPP 项目合同》，该合同第 38 条"终止后的处理"第 45.2 款约定："因本合同第 44.1 条、44.3 条规定以及政治不可抗力致使本合同提前终止的，甲方应当对乙方进行补偿"，同时明确约定了补偿原则和补偿范围。项目建成通过验收后，在项目实施过程中，被告通知原告，原告投资建设的迎宾大道等六条道路城市品质提升 PPP 项目因政策变化不能按 PPP 模式继续履行合同，双方需解除 PPP 合同，原告也同意解除合同。随后双方就 PPP 合同解除后补偿相关事宜进行多次磋商，但未能达成一致。

上述案例中的违约金属于补偿性违约金。违约金分为补偿性违约金和赔偿性违约金，PPP 项目合同纠纷中补偿性违约金居多。比如在岳阳北控水质净化有限公司与临湘市人民政府特许经营合同纠纷一审民事案（〔2019〕湘06 民初 10 号）中，原告岳阳北控水质净化有限公司要求被告临湘市人民政府向原告支付提前终止合同补偿金 194 536 998 元（其中固定资产净值 69 748 400元、当期库存价值 94 198 元、剩余经营期限内可得利益 124 000 000 元、原告为实现权利产生的律师费 250 000 元。）

上述两例案例中体现出的违约金请求，政府方构成违约要承担支付违约金的义务，该义务不属于政府补助义务。违约金不属于 PPP 项目合同对价，也不能按照可行性缺口补助对待。但这并不是说政府方支付给社会资本方的违约金，社会资本方没有纳税义务。社会资本方收到政府方支付的违约金，无论是补偿性违约金还是惩罚性违约金，均要依据税法的规定纳税。

《企业所得税法实施条例》第 22 条，《企业所得税法》第 6 条第 9 项所称其他收入，是指企业取得的除《企业所得税法》第 6 条第 1 项至第 8 项规定的收入外的其他收入，包括违约金收入。社会资本方就取得的违约金需要按照 25% 的税率缴纳企业所得税，如果是补偿性违约金，存在的损失可以税前扣除。这也是为什么要对补偿性违约金征税并不会对企业产生不公的原因。当然，如果企业无法证明损失的产生，则对其不利。

增值税方面，违约金虽然不构成合同价款，但会构成增值税法上的价外费用，如果没有合同价款只有价外费用，不用缴纳增值税。《增值税暂行条例》第 6 条第 1 款规定："销售额为纳税人发生应税销售行为收取的全部价款和价外费用，但是不包括收取的销项税额。"《增值税暂行条例实施细则》第12 条规定："条例第六条第一款所称价外费用，包括价外向购买方收取的手续费、补贴、基金、集资费、返还利润、奖励费、违约金、滞纳金、延期付款利息、赔偿金、代收款项、代垫款项、包装费、包装物租金、储备费、优质费、运输装卸费以及其他各种性质的价外收费。……"如果社会资本方在向政府提供相关服务或货物的同时，收取了违约金，社会资本方需要根据项目的类别分别适用 6%、9% 和 13% 的税率将违约金合并到销售价格计算增值税。《增值税法》同样没有区分补偿性和惩罚性违约金，因为补偿性违约金对应损失的货物或财产其进项税额可以抵扣，如果没有相应进项税额，则对社会资本方不利。如果社会资本方没有提供服务，仅仅要求支付违约金，这种情况下收取的违约金不负担增值税，增值税不会仅对价外费用征税，只有当存在合同价款的情况下，才会对价外费用合并征税，正所谓皮之不存毛将焉附。

但有一种情况比较特殊，就是 PPP 项目合同中会约定对价，同时约定违约金条款。当政府方支付了部分对价的情况下，后来再发生违约行为要不要承担增值税？这就要看后来发生的违约金支付违约金，是否与前面支付合同对价直接挂钩，如果不挂钩则不负担增值税。当社会资本方已就合同对价缴纳了增值税，后面再收到违约金，该违约金与前面的合同对价不直接挂钩，因为另外的事由发生，则不应当负担所得税。

4. 可行性缺口补助的例外——政府作为股东划入资产

政府投资入股不具有可税性，如果政府选择将资产划入项目公司或社会资本方，则要根据不同情况判定是否发生了纳税义务。PPP 项目中，政府划入资产至项目公司，一般都是基于合同约定履行合同义务，但这种履行合同义务，是否构成合同对价，将决定项目公司是否发生企业所得税的纳税义务。并不是说只要是政府根据 PPP 项目合同划入的资产，均要按照可行性缺口补助处理。

国家税务总局《关于企业所得税应纳税所得额若干问题的公告》（国家税务总局公告 2014 年第 29 号）"一、企业接收政府划入资产的企业所得税处理"规定："（一）县级以上人民政府（包括政府有关部门，下同）将国有资产明确以股权投资方式投入企业，企业应作为国家资本金（包括资本公积）处理。该项资产如为非货币性资产，应按政府确定的接收价值确定计税基础。（二）县级以上人民政府将国有资产无偿划入企业，凡指定专门用途并按《财政部国家税务总局关于专项用途财政性资金企业所得税处理问题的通知》（财税〔2011〕70 号）规定进行管理的，企业可作为不征税收入进行企业所得税处理。其中，该项资产属于非货币性资产的，应按政府确定的接收价值计算不征税收入。县级以上人民政府将国有资产无偿划入企业，属于上述（一）、（二）项以外情形的，应按政府确定的接收价值计入当期收入总额计算缴纳企业所得税。政府没有确定接收价值的，按资产的公允价值计算确定应税收入。"PPP 项目合同中，当发生上述规定的例外情形，就构成可行性缺口补助；情形之一是，政府划入的资产不是作为股权投资，项目公司就相应的所得要缴纳企业所得税；情形之二是，政府划入的财政补贴未指定专门用途，且不符合财政部、国家税务总局《关于专项用途财政性资金企业所得税处理问题的通知》的规定，则属于可行性缺口补助，项目公司要缴纳企业所得税。反之，如果符合上述规定的条件，则不应作为可行性缺口补助处理。

四、社会资本方对项目资产移交的税法视角判断

PPP 项目合同经营期满后，社会资本方和项目公司要将项目资产移交给政府方。根据《关于印发〈政府和社会资本合作项目财政管理暂行办法〉的通知》（财金〔2016〕92 号），项目期满移交时，项目公司的债务不得移交给政府。根据《PPP 项目合同操作指南》，"移交的范围通常包括：（一）项目设施；（二）项目土地使用权及项目用地相关的其他权利；（三）与项目设施相关的设备、机器、装载、零部件、备品备件以及其他动产；（四）项目实施相关人员；（五）运营维护项目设施所要求的技术和技术信息；（六）与项目设施有关的手册、图纸、文件和资料（书面文件和电子文档）；（七）移交项目所需的其他文件"。

上述规定中的"移交"不是一个法律概念，在法律上如何确定其性质，将决定在税法上是否应视同销售对其征税的问题。从移交的范围看，移交方式一般不包括项目公司的股权转让，只移交资产。且不能移交债务，劳动力也不能移交。项目公司作为有限责任公司，项目资产关切到众多利益关系方的情况下，如何能够从根本上解决这个问题，关键在于项目资产的权属界定问题。在以往的 BOT 模式项目完成后移交，有些地方税务机关要求按照视同销售缴纳各项税负。要解决这些问题，就是要解决 PPP 项目资产的所有权问题。14 号解释出台以后，总体来看是否定社会资本方和项目公司对项目资产的所有权，将社会资本方提供的服务视为建造服务，是社会资本方替政府代建项目资产。所以 14 号解释规定，社会资本方不得将本解释规定的 PPP 项目资产确认为其固定资产。问题是，很多项目公司建造 PPP 项目资产，是以项目公司自己的名义建造项目资产，项目资产挂在项目公司名下。如果项目资产的权属归政府方，在移交时自然不会发生视同销售需要纳税的问题。所以从法律的角度，要从事实上将项目资产的权属状态符合 14 号解释规定的不得

确定为固定资产的要求。那么在 PPP 项目合同中，政府方和社会资本方就应当明确项目资产的权属归属于政府方的基础法律事实，达成社会资本方代替政府方代持项目资产的基础法律关系，从根本上解决被税务机关认定为视同销售的隐患。当项目资产登记状态与基础法律事实不一致时，应以基础法律事实为准。所以移交，指的是将属于政府方的项目资产移交给政府方，这就能够避免不必要的高昂税负。

也有的社会资本方不愿意将 PPP 项目资产确定为无形资产，直接确认为自己所拥有的固定资产。其中的考虑之一，主要是出于资产重组的考量。如果社会资本方确认为无形资产，项目公司的资产重组将不能享受免税的待遇。《营业税改征增值税试点有关事项的规定》规定："（二）不征收增值税项目。……5. 在资产重组过程中，通过合并、分立、出售、置换等方式，将全部或者部分实物资产以及与其相关联的债权、负债和劳动力一并转让给其他单位和个人，其中涉及的不动产、土地使用权转让行为。"社会资本方的无形资产不属于"不动产、土地使用权"的情形，所以如果确定为固定资产、土地使用权等，就可以享受重组的免税待遇。

从 PPP 项目的本质属性看，社会资本方是代政府方建造并持有项目资产，社会资本方对项目资产的处置行为应受到政府方的制约，一般无权将项目资产私自处置。资产重组就是处置项目资产的一种方式。但碍于现实中社会资本方的困境，尤其是不能从政府方那里获得原定的支持，使得社会资本方不得不将其名下的项目资产通过重组等方式寻求出路，以便盘活项目资产，这就可能会发生资产重组等事项。如果发生必须要经过资产重组的问题，应由政府方主导或取得政府方的完全认可，且应符合国有资产转让的相关规定，否则投资人在权属无法保障的情况下，可能会遭遇法律障碍。

实务中，PPP 项目资产确实发生由社会资本方直接处置的情况。甚至可以在资产交易所公开处置。比如天津金融资产交易所 2019 年 9 月 11 日发布的《政府和社会资本合作（PPP）资产交易规则》第 5 条规定："本规则所称的 PPP 资产，包括以下依法可转让的：（一）PPP 项目的设施、设备、建筑物、构筑物等资产；……"第 11 条规定："本规则所称的转让方，是指自行或者委托会员专业机构通过 PPP 平台转让其合法拥有的 PPP 资产的自然人、法人或其他组织。"能够看出，实务中确实很多社会资本方将项目资产看作为自己的资产对待，社会资本方如要将项目资产入市交易，要解决"依法可转让"

的问题，买受人亦应关注这个问题。无论是否解决了项目资产转让的合法性问题，只要社会资本方或项目公司转让了项目资产，就要承担各项税负问题，如果不符合相关税法规定，转让项目资产税负巨大。

第四节　不动产融资租赁税法实务

《民法典》第 735 条规定："融资租赁合同是出租人根据承租人对出卖人、租赁物的选择，向出卖人购买租赁物，提供给承租人使用，承租人支付租金的合同。"融资租赁合同包含租赁物买卖法律关系和租赁法律关系。

根据税法规定，融资租赁服务，是指具有融资性质和所有权转移特点的租赁活动。即出租人根据承租人所要求的规格、型号、性能等条件购入有形动产或者不动产租赁给承租人，合同期内租赁物所有权属于出租人，承租人只拥有使用权，合同期满付清租金后，承租人有权按照残值购入租赁物，以拥有其所有权。不论出租人是否将租赁物销售给承租人，均属于融资租赁。

按照标的物的不同，融资租赁服务可分为有形动产融资租赁服务和不动产融资租赁服务。其中，融资性售后回租不按照融资租赁服务缴纳增值税，按照贷款服务税目缴税，税负较轻。有形动产租赁业务适用一般税率，税率为13%，不动产融资租赁业务税率为9%，而售后回租业务包括不动产售后回租业务，按照贷款服务征税，税率为6%。

一、不动产融资租赁业务的一般税收政策

不动产融资租赁，租赁法律关系发生前，会产生不动产的转让法律关系。不动产售后回租业务，承租人转让不动产能享受一定的税收优惠。除此之外，出租人从第三方购买不动产，以及第三方转让不动产的行为没有税收优惠，包括出租人承担的契税目前也不免除，这也从根本上阻止了不动产融资租赁业务的开展，实务中的不动产融资租赁大多都是售后回租业务，这跟税收政策有关。不动产融资租赁业务的一般税收规则，主要是依据租赁法律关系产生的税收事实而制定。

（一）融资租赁业务差额征收增值税的适用

融资租赁业务原先缴纳的是营业税，营业税不适用购进扣税法，不需要进项增值税专用发票，征收相对比较简单。"营改增"落地后，如果严格按照

货物买卖，要求融资租赁业务按照进项增值税专用发票抵扣销项税额，会导致融资租赁业务大量企业没有进项凭证的问题，尤其是进项税额中的成本以贷款利息巨多，根据税法规定，贷款利息不能开具增值税专用发票。因此，为了增值税在融资租赁业务中落地和推行，对融资租赁业务的增值税适用差额征税法。所谓差额征税法，就是将一部分营业成本从销售额和价外费用中减掉，该部分成本不需要增值税专用发票，这样就避免了对纳税人那部分成本进行课税。

1. 融资租赁业务差额征税的税法规定

差额征税法须严格依照税法规定适用，税法没有规定的情形则不能适用差额征税。财政部、国家税务总局《关于全面推开营业税改征增值税试点的通知》（财税〔2016〕36号，以下简称"36号文"）附件2：《营业税改征增值税试点有关事项的规定》第1条"（三）销售额。"之"5. 融资租赁和融资性售后回租业务。"规定：

（1）经人民银行、银监会或者商务部批准从事融资租赁业务的试点纳税人，提供融资租赁服务，以取得的全部价款和价外费用，扣除支付的借款利息（包括外汇借款和人民币借款利息）、发行债券利息和车辆购置税后的余额为销售额。

（2）经人民银行、银监会或者商务部批准从事融资租赁业务的试点纳税人，提供融资性售后回租服务，以取得的全部价款和价外费用（不含本金），扣除对外支付的借款利息（包括外汇借款和人民币借款利息）、发行债券利息后的余额作为销售额。

（3）试点纳税人根据2016年4月30日前签订的有形动产融资性售后回租合同，在合同到期前提供的有形动产融资性售后回租服务，可继续按照有形动产融资租赁服务缴纳增值税。

继续按照有形动产融资租赁服务缴纳增值税的试点纳税人，经人民银行、银监会或者商务部批准从事融资租赁业务的，根据2016年4月30日前签订的有形动产融资性售后回租合同，在合同到期前提供的有形动产融资性售后回租服务，可以选择以下方法之一计算销售额：

①以向承租方收取的全部价款和价外费用，扣除向承租方收取的价款本金，以及对外支付的借款利息（包括外汇借款和人民币借款利息）、发行债券

利息后的余额为销售额。

纳税人提供有形动产融资性售后回租服务，计算当期销售额时可以扣除的价款本金，为书面合同约定的当期应当收取的本金。无书面合同或者书面合同没有约定的，为当期实际收取的本金。

试点纳税人提供有形动产融资性售后回租服务，向承租方收取的有形产价款本金，不得开具增值税专用发票，可以开具普通发票。

②以向承租方收取的全部价款和价外费用，扣除支付的借款利息（包括外汇借款和人民币借款利息）、发行债券利息后的余额为销售额。

（4）经商务部授权的省级商务主管部门和国家经济技术开发区批准的从事融资租赁业务的试点纳税人，2016年5月1日后实收资本达到1.7亿元的，从达到标准的当月起按照上述第（1）、（2）、（3）点规定执行；2016年5月1日后实收资本未达到1.7亿元但注册资本达到1.7亿元的，在2016年7月31日前仍可按照上述第（1）、（2）、（3）点规定执行，2016年8月1日后开展的融资租赁业务和融资性售后回租业务不得按照上述第（1）、（2）、（3）点规定执行。

上述关于差额征税的规定体现了如下几个方面：一是，本金也就是租赁成本不征收增值税，全部价款就是租金或租息部分，并扣除利息等成本部分，计算销售额并计算销项税额。二是，享受差额征税的不是所有融资租赁企业，必须是人民银行、银监会或者商务部批准的企业或者商务部授权的省级商务主管部门和国家经济技术开发区批准的从事融资租赁业务的试点纳税人符合上述第（4）项实收资本的标准。值得一提的是，《关于明确金融、房地产开发、教育辅助服务等增值税政策的通知》（财税〔2016〕140号）第6条规定："《财政部　国家税务总局关于全面推开营业税改征增值税试点的通知》（财税〔2016〕36号）所称'人民银行、银监会或者商务部批准'、'商务部授权的省级商务主管部门和国家经济技术开发区批准'从事融资租赁业务（含融资性售后回租业务）的试点纳税人（含试点纳税人中的一般纳税人），包括经上述部门备案从事融资租赁业务的试点纳税人。"三是，根据上述第（1）项，不动产融资租赁业务，以取得的全部价款和价外费用，扣除支付的借款利息（包括外汇借款和人民币借款利息）、发行债券利息后的余额为销售额。四是，融资性售后回租业务，承租人取得的贷款服务进项发票不能抵扣销项税额，其他业务均可抵扣。

国家税务总局纳税服务司《关于下发营改增热点问题答复口径和营改增培训参考材料的函》（税总纳便函［2016］71号）附件规定："融资租赁仍维持原来的差额征税政策，变化的是售后回租。按照财税［2013］106号文规定，售后回租是按照融资租赁征税的，当时不动产还未纳入增值税征税范围，所以之前有形动产的售后回租是按照融资租赁征税，税率是17%，但是36号文规定售后回租按照贷款业务征税，税率为6%，税目归属和适用税率都有比较大的变化。36号文规定售后回租要区分新老合同处理：对于新合同，融资性售后回租是按照贷款业务征税的，税率是6%，仍然给予了差额征税的规定，但全部价款和价外费用的口径跟原来按融资租赁征税的时候相比有所不同，老合同按照融资租赁征税时，全部价款、价外费用包含本金，新合同按贷款服务征税时，收取的全部价款、价外费用不含本金，同时允许扣除付出的利息。对于4月30日前签订的有形动产售后回租合同，第一，还是按照融资租赁征税，适用税率17%；第二，差额征税政策给了纳税人一个选择，计算销售额时，可以差额扣除向承租方收取的本金，也可以不扣除本金；第三，实际税负超过3%的部分实行增值税即征即退，针对的也是有形动产的售后回租，不动产的售后回租不适用这一条。"

2. 融资租赁差额征税的有效凭证

根据差额征税计算销售额扣除的部分，不需要提供进项增值税专用发票，但还是需要提供合法有效的凭据。根据36号文附件2：《营业税改征增值税试点有关事项的规定》规定，试点纳税人按照上述4-10款的规定从全部价款和价外费用中扣除的价款，应当取得符合法律、行政法规和国家税务总局规定的有效凭证。否则，不得扣除。

上述凭证是指：（1）支付给境内单位或者个人的款项，以发票为合法有效凭证。（2）支付给境外单位或者个人的款项，以该单位或者个人的签收单据为合法有效凭证，税务机关对签收单据有疑议的，可以要求其提供境外公证机构的确认证明。（3）缴纳的税款，以完税凭证为合法有效凭证。（4）扣除的政府性基金、行政事业性收费或者向政府支付的土地价款，以省级以上（含省级）财政部门监（印）制的财政票据为合法有效凭证。（5）国家税务总局规定的其他凭证。

纳税人取得的上述凭证属于增值税扣税凭证的，其进项税额不得从销项税额中抵扣。

同时，有些地方可能有特殊规定，比如福建省国家税务局《关于营业税改征增值税试点纳税人差额征税有关事项的公告》（闽国税公告〔2012〕第7号）第6条规定："试点纳税人上一年度应税服务扣除项目实际扣除金额累计超过100万元的，应在次年的第一季度内向主管国税机关报送经注册税务师事务所出具的符合福建省注册税务师管理中心业务规范的差额征税鉴证报告。"对于融资租赁纳税人来说，进项融资租赁纳税申报，基本都要符合这个要求，需要提供差额征税鉴证报告。

3. 增值税征即退政策对不动产融资租赁排除适用

36号文规定了增值税的即征即退政策，但不适用于不动产融资租赁业务。根据36号文附件3：《营业税改征增值税试点过渡政策的规定》第2条"增值税即征即退"之规定："……（二）经人民银行、银监会或者商务部批准从事融资租赁业务的试点纳税人中的一般纳税人，提供有形动产融资租赁服务和有形动产融资性售后回租服务，对其增值税实际税负超过3%的部分实行增值税即征即退政策。商务部授权的省级商务主管部门和国家经济技术开发区批准的从事融资租赁业务和融资性售后回租业务的试点纳税人中的一般纳税人，2016年5月1日后实收资本达到1.7亿元的，从达到标准的当月起按照上述规定执行；2016年5月1日后实收资本未达到1.7亿元但注册资本达到1.7亿元的，在2016年7月31日前仍可按照上述规定执行，2016年8月1日后开展的有形动产融资租赁业务和有形动产融资性售后回租业务不得按照上述规定执行。（三）本规定所称增值税实际税负，是指纳税人当期提供应税服务实际缴纳的增值税额占纳税人当期提供应税服务取得的全部价款和价外费用的比例。"这样的优惠未能惠及不动产融资租赁业务，令人费解，有违税收中性原则。

4. 四大资产管理公司融资租赁业务免征增值税的规定

我国税法对融资租赁行业很少有免征的规定，仅对个别公司作出了针对性的免税规定。财政部、国家税务总局《关于营业税改征增值税试点若干政策的通知》（财税〔2016〕39号）第9条规定："中国信达资产管理股份有限公司、中国华融资产管理股份有限公司、中国长城资产管理公司和中国东方资产管理公司及各自经批准分设于各地的分支机构（以下称资产公司），在收购、承接和处置剩余政策性剥离不良资产和改制银行剥离不良资产过程中开展的以下业务，免征增值税：（一）接受相关国有银行的不良债权，借款方以货物、不动产、无形资产、有价证券和票据等抵充贷款本息的，资产公司销售、转让该货物、不动产、无形资产、有价证券、票据以及利用该货物、不动产从事的融资租赁业务。……"

上述规定并非赋予了四大资产管理公司从事融资租赁可免征增值税的权利，仅限于处理坏账的过程中，利用抵债不动产可以从事融资租赁业务，冲抵坏账损失，方可免征增值税。

（二）融资租赁合同条款所决定的税负

实务中的融资租赁合同条款，除了可能对税负承担进行约定外，一些合同条款的达成，会最终影响税负轻重。

1. 合同约定的租赁开始日与会计规定的租赁开始日不同

我们注意到，实务中的融资租赁合同的租金支付日期可能会五花八门，合同条款中，出租人往往不会将租赁物交付使用才算租赁开始日，这个日期可能早于租赁物的交付日期，这个日期可能是取得不动产之日，也可能是购买之日，或者是付款之日。另一方面，会计上对租赁开始日又有规定，《〈企业会计准则第 21 号——租赁〉应用指南》第 1 条规定："本准则第四条和第十一条规定了租赁开始日和租赁期开始日。租赁开始日，是指租赁协议日与租赁各方就主要租赁条款作出承诺日中的较早者。在租赁开始日，承租人和出租人应当将租赁认定为融资租赁或经营租赁。租赁期开始日，是指承租人有权行使其使用租赁资产权利的日期，表明租赁行为的开始。在租赁期开始日，承租人应当对租入资产、最低租赁付款额和未确认融资费用进行初始确认；出租人应当对应收融资租赁款、未担保余值和未实现融资收益进行初始确认。"

实务中就有人提出过质疑，如果合同约定的租金支付日期早于租赁期开始日，早于的这部分期间对应的租金，在税法上如何纳税申报？换言之，还能不能视作是租金？有一种观点认为，早于租赁期开始日的租金，应按照贷款利息处理，不算做租金。贷款利息适用 6% 的税率，承租人不能抵扣进项税额，出租人不能开具增值税专用发票，总体来说对出租人有利。另一种观点认为，该部分租金依然是税法上的租金，应按照不动产融资租赁申报纳税，适用 9% 的税率。承租方可以抵扣进项税额，出租方能够开具增值税专用发票。

究竟如何看待这个问题，首先我们要明确，会计处理不代表税收法律事实，税收法律事实可能依据会计准则发生，也可能不会依据会计准则发生。当会计准则的规定与纳税人签订的合同约定不一致时，税收法律事实一般依据合同约定而产生。税法应当尊重纳税人之间形成的税收法律事实，不应加以改变。再者，增值税的纳税义务，具有统一规定，一般不会深究每项业务的特殊情况。36 号文附件 1：《营业税改征增值税试点实施办法》第 45 条规定："增值税纳税义务、扣缴义务发生时间为：（一）纳税人发生应税行为并收讫销售款项或者取得索取销售款项凭据的当天；先开具发票的，为开具发票的当天。收讫销售款项，是指纳税人销售服务、无形资产、不动产过程中或者完成后收到款项。取得索取销售款项凭据的当天，是指书面合同确定的付款日期；未签订书面合同或者书面合同未确定付款日期的，为服务、无形资产转让完成的当天或者不动产权属变更的当天。（二）纳税人提供建筑服务、租赁服务采取预收款方式的，其纳税义务发生时间为收到预收款的当天。……"具体到融资租赁业务，只要书面合同约定了付款日期，就视为租金收入，并不区分租金的性质。如果是预售款，收到款项就发生增值税的纳税义务。

2. 融资租赁差额扣除的成本区分问题

同一家融资租赁企业，可能兼营有形动产租赁、不动产融资租赁以及融资性售后回租业务，而企业支付的借款利息，往往并未区分是属于哪个类型业务的成本，借款有短期借款，也有长期借款，借款利息有高有低，如果没有限制，不能精确匹配，那么融资租赁企业可能会将利息高的借款作为成本匹配给税率高的融资业务多一些，比如税率为 13% 的有形动产租赁业务和 9% 的不动产融资租赁业务。这是否在税法的允许范围之内呢？同一类型的融资租赁业务，比如不动产融资租赁有多项业务，差额扣除是否有具体成本匹配的限制呢？换言之，纳税人是否可以自由决定每项业务的成本是多少。

会计处理上，《企业会计准则第 21 号——租赁》（财会〔2018〕35 号）第 9 条规定："合同中同时包含多项单独租赁的，承租人和出租人应当将合同予以分拆，并分别各项单独租赁进行会计处理。合同中同时包含租赁和非租赁部分的，承租人和出租人应当将租赁和非租赁部分进行分拆，除非企业适用本准则第十二条的规定进行会计处理，租赁部分应当分别按照本准则进行会计处理，非租赁部分应当按照其他适用的企业会计准则进行会计处理。"

会计处理要求对不同的业务以及多项租赁，分别进行会计处理。在处理时也要按照收入与成本相匹配的原则进行。会计处理中对成本的匹配不合理，会造成各项业务的利润不准确，但对企业总的利润并不会产生太大影响。但是，当考虑的税负对利润表的影响，这种成本匹配不当，会影响总体税负，进而对利润表产生积极影响。

参照青岛市国家税务局《关于营业税改征增值税简易计税方法和销售额差额扣除备案事项有关问题的通知》（青国税函〔2014〕12号）第2条"销售额差额扣除的要求"部分第3项："纳税人兼有多项差额征税应税服务经营项目的，应根据适用的差额征税政策按具体应税服务项目、免税和免抵退税应税服务项目分别核算含税销售额、扣除项目金额和计税销售额。需分别核算的上述扣除项目金额包括：期初余额、本期发生额、本期可抵减金额、本期实际抵减金额和期末余额。"不同差额征税的项目理应分别核算，但在具体操作层面，当各项业务的支出从同一个账户支出，很多情况是无法做到某笔借款就一定匹配某种业务，此时纳税人有权自由匹配各项成本。当然，对于同一类型业务范围内，比如存在多项不动产融资租赁业务，差额扣除时如何匹配，总额上不会产生税负的不同，只能是通过提早确认成本，可以享受货币时间价值带来的好处。

3. 融资租赁租金分拆的避税方法

实务中，有企业通过融资租赁合同，将有形动产租赁业务和不动产租赁业务约定的租金，一部分以提供其他服务的名义收取。主要是根据《金融租赁公司管理办法》（中国银行业监督管理委员会令2014年第3号）、《融资租赁公司监督管理暂行办法》（银保监发〔2020〕22号），融资租赁企业可以经营租赁交易咨询业务、经济咨询业务，在税法属于现代服务业，税率为6%。纳税人可能会签订两份合同，约定不同的合同价款。这样的做法，对于出租方当然是有利的，但对于承租人而已则不利。一般合同价款或租金总额是一定的，按照交易习惯，承租人付款后，是按照9%的税率还是6%的税率，都不会影响其支付的对价，但是承租人如果取得的是6%税率而不是9%税率的增值税专用发票，则减少了3%部分的进项抵扣利益。某种程度上，出租人获取的利益由承租人承担了。

（三）不动产融资租赁的所得税和持有税

三大融资租赁业务类型中，不动产融资租赁业务的税负最重。主要表现为持有税方面，包括房产税和土地使用税，对于承租人来说，这是仅次于租金的又一固定负担。企业所得税方面，出租方就租金缴纳企业所得税，承租方就租金成本可税前扣除。

1. 承租人企业所得税折旧扣除

根据不动产融资租赁合同约定，租赁物交付承租人使用，出租人就收取的租金按照25%的税率负担企业所得税，已经出租的不动产不能折旧。承租人就利用不动产经营所得按照25%的税率缴纳企业所得税，可就负担的租金进行折旧并税前扣除。根据《企业所得税法》第11条第2款第3项，以融资租赁方式租出的固定资产不得计算折旧扣除。《企业所得税法实施条例》第58条规定："固定资产按照以下方法确定计税基础：……（三）融资租入的固定资产，以租赁合同约定的付款总额和承租人在签订租赁合同过程中发生的相关费用为计税基础，租赁合同未约定付款总额的，以该资产的公允价值和承租人在签订租赁合同过程中发生的相关费用为计税基础；……"承租人可根据该计税基础进行折旧扣除。《企业所得税法实施条例》第47条规定："企业根据生产经营活动的需要租入固定资产支付的租赁费，按照以下方法扣除：……（二）以融资租赁方式租入固定资产发生的租赁费支出，按照规定构成融资租入固定资产价值的部分应当提取折旧费用，分期扣除。"第59条规定："固定资产按照直线法计算的折旧，准予扣除。企业应当自固定资产投入使用月份的次月起计算折旧；停止使用的固定资产，应当自停止使用月份的次月起停止计算折旧。企业应当根据固定资产的性质和使用情况，合理确定固定资产的预计净残值。固定资产的预计净残值一经确定，不得变更。"

2. 出租人风险准备金企业所得税的税前扣除

出租人也就是融资租赁公司，可就应收融资租赁款提取的风险准备金进行税前扣除。根据《关于金融企业贷款损失准备金企业所得税税前扣除有关政策的公告》（财政部、国家税务总局公告2019年第86号）第1条："准予税前提取贷款损失准备金的贷款资产范围包括：……（二）银行卡透支、贴现、信用垫款（含银行承兑汇票垫款、信用证垫款、担保垫款等）、进出口押汇、同业拆出、应收融资租赁款等具有贷款特征的风险资产；……"未经核定的准备金支出不得在税前扣除，《企业所得税法实施条例》第55条规定："企业所得税法第十条第（七）项所称未经核定的准备金支出，是指不符合国务院财政、税务主管部门规定的各项资产减值准备、风险准备等准备金支出。"

又根据国家税务总局《关于企业所得税执行中若干税务处理问题的通知》

（国税函［2009］202号）第2条"2008年1月1日以前计提的各类准备金余额处理问题"规定："根据《实施条例》第五十五条规定，除财政部和国家税务总局核准计提的准备金可以税前扣除外，其他行业、企业计提的各项资产减值准备、风险准备等准备金均不得税前扣除。2008年1月1日前按照原企业所得税法规定计提的各类准备金，2008年1月1日以后，未经财政部和国家税务总局核准的，企业以后年度实际发生的相应损失，应先冲减各项准备金余额。"严格来讲，融资租赁公司不能从事放贷业务，但是应收融资租赁款可比照贷款业务提取风险准备金，这对融资租赁企业来说是一大利好。但提取风险准备金须经过财政部和国家税务总局的核准。

3. 承租人的房产税和城镇土地使用税

不动产融资租赁中，承租人负责房产税和城镇土地使用税的缴纳。财政部、国家税务总局《关于房产税城镇土地使用税有关问题的通知》（财税［2009］128号）第3条"关于融资租赁房产的房产税问题"规定："融资租赁的房产，由承租人自融资租赁合同约定开始日的次月起依照房产余值缴纳房产税。合同未约定开始日的，由承租人自合同签订的次月起依照房产余值缴纳房产税。"此处的房产余值是原出租人的余值，不应按照承租人的计税基础作为房产原值。

《城镇土地使用税暂行条例》第2条第1款规定："在城市、县城、建制镇、工矿区范围内使用土地的单位和个人，为城镇土地使用税（以下简称土地使用税）的纳税人，应当依照本条例的规定缴纳土地使用税。"承租人作为使用人，负责城镇土地使用税的缴纳。

二、融资性售后回租模式的税收政策

实务中大多数融资租赁业务选择融资性售后回租模式，主要是因为售后回租在税法上享有一定的税收优惠政策。出租人经营售后回租服务，可以按照贷款服务6%纳税，整体税负更优。

（一）承租人出售资产的流转税和所得税

融资性售后回租业务，承租人要先将资产出售给融资租赁公司，出售不动产需要承担流转税和所得税。承租人作为转让方，应承担所得税、土地增值税、增值税和印花税，出租人也就是融资租赁公司需要承担契税和印花税。与出租人向第三方购买资产不同，售后回租模式下，因为承租人本身为出卖人，所以税法给予了一定的优惠政策。即便如此，基于相同的实质，却又未完全免税，对一些税种不免税。

1. 承租人转让不动产免除增值税和企业所得税

承租人作为出卖人，转让不动产要缴纳增值税和企业所得税。考虑到售后回租业务的实质在于融资，承租人回租后往往是使用了租赁物的几乎全部寿命，使得承租人的出售资产行为更具有担保属性。基于此经济实质的考虑，税法上有必要给予免税待遇。国家税务总局《关于融资性售后回租业务中承租方出售资产行为有关税收问题的公告》（国家税务总局公告 2010 年第 13 号）规定："融资性售后回租业务是指承租方以融资为目的将资产出售给经批准从事融资租赁业务的企业后，又将该项资产从该融资租赁企业租回的行为。融资性售后回租业务中承租方出售资产时，资产所有权以及与资产所有权有关的全部报酬和风险并未完全转移。"

因此，就融资性售后回租业务中承租方出售资产行为有关税收问题公告如下：

（1）增值税和营业税。根据现行增值税和营业税有关规定，融资性售后回租业务中承租方出售资产的行为，不属于增值税和营业税征收范围，不征收增值税和营业税。

（2）企业所得税。根据现行《企业所得税法》及有关收入确定规定，融资性售后回租业务中，承租人出售资产的行为，不确认为销售收入，对融资性租赁的资产，仍按承租人出售前原账面价值作为计税基础计提折旧。租赁期间，承租人支付的属于融资利息的部分，作为企业财务费用在税前扣除。

2. 出租人的契税和双方的印花税税收政策

上面提到承租人出售资产的行为，资产所有权以及与资产所有权有关的全部报酬和风险并未完全转移，但在契税方面却未给予彻底的免除。也许是考虑到契税的行为税属性，只要有过户行为就征税。但也增加了交易成本，实践中很多融资合同都会约定，过户所承担的契税由承租人即出卖人承担，这就大大增加了承租人的租赁成本。根据财政部、国家税务总局《关于企业以售后回租方式进行融资等有关契税政策的通知》（财税〔2012〕82 号）第 1 条："对金融租赁公司开展售后回租业务，承受承租人房屋、土地权属的，照章征税。对售后回租合同期满，承租人回购原房屋、土地权属的，免征契税。"给予承租人回购时的免税，这又遵守了售后回租的经济实质。另外，给予回购免税的政策，多少有些空头人情的意味，因为租期结束，回购的价格本身就很低甚至没有，不可能是原价回购，此时本就不应再按照市场价格征收契税。换言之，回购时属于不征税情形，而不应是免税。

而承租方和出租方均要承担的印花税方面，《关于融资租赁合同有关印花税政策的通知》（财税〔2015〕144号）规定："一、对开展融资租赁业务签订的融资租赁合同（含融资性售后回租），统一按照其所载明的租金总额依照'借款合同'税目，按万分之零点五的税率计税贴花。二、在融资性售后回租业务中，对承租人、出租人因出售租赁资产及购回租赁资产所签订的合同，不征收印花税。"

3. 承租人承担的土地增值税未有明确规定

承租人出售不动产，目前并未规定可以免征或不征收土地增值税。在没有明确规定的情况下，实践中对于税务机关可不可以征收承租人的土地增值税存在争议。认为不应当征土地增值税的人认为，国家税务总局都澄清了售后回租的经济实质，资产所有权以及与资产所有权有关的全部报酬和风险并未完全转移，并基于此不征收增值税和土地增值税，同理，土地增值税亦不应征收。有些地方对此的理解就是不征收土地增值税，比如全面营改增之前，舟山市人民政府办公室《关于促进我市融资租赁业发展的若干意见》（舟政办发〔2015〕3号）就规定："各类融资租赁公司开展不动产、无形资产售后回租业务，出售资产的行为不属于营业税和土地增值税征收范围，不征收营业税和土地增值税，以其向承租者收取的全部价款和价外费用扣除出租方承担的出租不动产、无形资产的实际成本（包括对外支付的借款利息、发行债券利息）后的余额为营业税计税营业额。"这就是将售后回租中的出售资产行为，看作是非应税行为的体现。

税务机关认为应当征收土地增值税，理由是不动产过户了，只要过户了就征税。况且根据《融资租赁公司监督管理暂行办法》（银保监发〔2020〕22号）第14条："融资租赁公司应当合法取得租赁物的所有权。"售后回租中的出售不动产行为，在法律上是所有权转让行为，承租人作为出卖人理应负担土地增值税。

笔者认为，在目前对该问题缺乏明确规定的情况下，只能尽可能地根据土地增值税的构成要件，来判定是否要缴纳土地增值税。《土地增值税暂行条例》第2条规定："转让国有土地使用权、地上的建筑物及其附着物（以下简称转让房地产）并取得收入的单位和个人，为土地增值税的纳税义务人（以下简称纳税人），应当依照本条例缴纳土地增值税。"除了要判断是否转让不动产的所有权，还应判断出卖人是否取得了收入，这是非常关键的一点。融资性售后回租业务中的出售不动产行为，承租人作为出卖人获得的融资租赁公司的支付款项，是收入还是融资款？融资租赁公司从承租人处购买资产，与其从第三方处购买资产，二者本质上是否有区别？从二者之间的结构看，都存在前一环节的资产买卖行为，第三方出售不动产要缴纳土地增值税，承租人出售不动产如果不缴纳土地增值税，就说不过去。但是，既然将融资性售后回租和一般的融资租赁相区别，本身就说明二者之间存在性质上的区别。我们应当借鉴增值税法对二者的性质界定，36号文附件《销售服务、无形资产、不动产注释》规定，融资性售后回租，是指承租方以融资为目的，将资产出售给从事融资性售后回租业务的企业后，从事融资性售后回租业务的企业将该资产出租给承租方的业务活动。同时规定：贷款，是指将资金贷与他人使用而取得利息收入的业务活动。各种占用、拆借资金取得的收入，包括金融商品持有期间（含到期）利息（保本收益、报酬、资金占用费、补偿金等）收入、信用卡透支利息收入、买入返售金融商品利息收入、融资融券收取的利息收入，以及融资性售后回租、押汇、罚息、票据贴现、转贷等业务取得的利息及利息性质的收入，按照贷款服务缴纳增值税。既然融资性售后回租属于出租人提供的贷款服务，不是按照融资租赁服务对待，贷款收入就是贷款利息，与利息相对应的就是贷款本金。所以承租人出售不动产收取的款项，并不属于"收入"，而是贷款本金。贷款本金不是收入，就不符合上述第2条征收土地增值税的构成要件。这也提醒融资租赁合同双方，在拟定合同条款时，应对合同对价的性质进行明确。

（二）不动产售后回租业务的增值税问题

根据36号文附件《销售服务、无形资产、不动产注释》，融资性售后回租，是指承租方以融资为目的，将资产出售给从事融资性售后回租业务的企业后，从事融资性售后回租业务的企业将该资产出租给承租方的业务活动。融资性售后回租业务取得的利息及利息性质的收入，按照贷款服务缴纳增值税。贷款，是指将资金贷与他人使用而取得利息收入的业务活动。贷款服务的税率为6%，有利于融资租赁公司开展业务。

对于承租人而言，购进的贷款服务进项税额不得从销项税额中抵扣，承租人接受贷款服务向贷款方支付的与该笔贷款直接相关的投融资顾问费、手续费、咨询费等费用，其进项税额不得从销项税额中抵扣。

1. 不动产融资性售后回租的认定

融资性售后回租因存在上述各项税收优势，如果不是售后回租业务，就不能按照售后回租的税收政策进行处理，实务中对是否构成售后回租的争议比较常见。

（1）融资性售后回租中对"真实出售"的判断

不动产融资性售后回租模式下，虽然"融资"的性质高于"融物"，不动产所有权没有完全转移，但并不是说不动产不要求过户给出租人。严格意义而言，承租人将不动产过户至出租人，主要的意义在于担保作用。所以售后回租中的真实出售，与信托业务、资产证券化业务中的 SPV 设置中的真实出售要求，在性质上存在本质区别。不动产融资性售后回租，不要求一般意义上的真实出售，但也要求完成不动产的过户登记。如果没有完成过户登记，仅凭售后回租合同的约定，能不能享受相应的税收优惠，是存有疑问的。笔者认为，不动产售后回租，必须具有要式性，如果不能完成不动产的过户，融资租赁公司的行为与一般金融机构的放贷业务就无本质的区别，而融资租赁公司被禁止从事放贷业务。《融资租赁公司监督管理暂行办法》（银保监发〔2020〕22 号）第 8 条规定："融资租赁公司不得有下列业务或活动：（一）非法集资、吸收或变相吸收存款；（二）发放或受托发放贷款；……"融资租赁公司从合规的角度，也不会允许承租人不过户不动产，否则可能会构成变相放贷，所以融资租赁公司应注重不动产作为租赁物的过户问题。

在河北省金融租赁有限公司与北京金宝街净雅餐饮股份有限公司融资租赁合同纠纷一案（〔2017〕冀 01 民初 962 号）中，金融租赁公司请求判令被告向其履行《融资租赁合同》约定的办理租赁物产权转移登记手续的义务；判令被告支付原告租赁物产权转移登记契税、印花税及实现债权的费用共计2551 万元，其中契税为 2460 万元。

2014 年 8 月 23 日原告河北省金融租赁有限公司（以下简称"河北金租公司"）与被告北京金宝街净雅餐饮股份有限公司（以下简称"净雅公司"）双方分别签订了冀金租〔2014〕回字 0107 号《融资租赁合同》、冀金租〔2014〕回字 0108 号《融资租赁合同》、冀金租〔2014〕回字 0109 号《融资租赁合同》及三份《商品房买卖合同》等相关合同。租赁合同分别约定，原告河北金租公司向被告净雅公司购买被告自有的位于北京市东城区朝阳门外南小街×××号华嘉金宝综合楼，共计 20 547.85 平方米的房产及对应土地使用权作为租赁物。同时原告河北金租公司将该租赁物出租给被告净雅公司使用，被告净雅公司向原告河北金租公司依约支付租金。其中第 5 条约定，河北金租公司除向净雅公司支付租赁物转让价款及河北金租公司因从事融资租赁业务应自行缴纳的税款外，双方需缴纳的与履行本合同有关的一切其他税款（包括房产过户税费及此后国家新开征的税种）及费用全部由净雅公司承担。

净雅公司辩称，（1）本案名为融资租赁，实为企业拆借，因为融资租赁的标的仅限于动产，不动产不能进行融资租赁，原告的第一项诉讼请求要求按照融资租赁合同的约定办理不动产过户登记的诉讼请求不能成立。（2）退一步讲，即使本案所涉及的融资租赁合同是有效合同，由于融资租赁的标的物涉案房屋上存在第三人的抵押，法院的查封，因此本案所涉及的房产也无法过户。

从河北金租公司向法庭提供的融资租赁合同对应的支付凭证看，净雅公司于 2014 年 9 月 9 日收到河北金租公司支付的租赁物转让价款 8.2 亿元，净雅公司向河北金租公司开具了 0331623、0391627、0391630 号收据，收据上加盖有净雅公司的账务专用章。那么本案中的融资租赁法律关系，在租赁物未完成过户就已经发放贷款的情况下，融资租赁法律关系是否成立？我国《民法典》及最高人民法院的司法解释，均未明确不动产融资租赁合同的成立和生效，是否以过户为要件。如果承租人拿到合同款项后，却拒绝过户不动产，出租人如果继续按照合同约定收取租金，可能构成违法发放贷款。对出租人即融资租赁公司而言，未过户却支付对价是存在风险的。本案中，河北金租公司首要面临的问题便是要求承租人过户不动产，否则租赁关系双方依据融资性售后回租的税目申报纳税，缺乏事实依据，就是说不存在相应的税收法律事实，承租人作为出卖人也不能享受相应的税收优惠。融资性售后回租业务中，租赁双方应将"真实出售"作为合同成立或生效的一个条件，如果只有合同没有过户不动产，享受税收优惠存在风险。

（2）不动产融资租赁和有形动产租赁的区分

不动产融资租赁过程中，也可能包括有形动产租赁，有形动产租赁的税率为一般税率13%，而不动产融资租赁的税率为9%。当不动产融资租赁和有形动产一同出租时，融资租赁公司对此应分别予以核算。通常情况下，区分二者比较容易，但有时候也不太容易区分，比如一些租赁物本身就属于组合式财产，功用一体化，还比如一些房屋可以移动，能不能按照不动产融资租赁或不动产融资性售后租赁处理，就不是那么容易判断。对于售后回租来说，有形动产和不动产的出售，主要在契税和土地增值税方面有区别，有形动产不涉及契税和土地增值税问题。

比如在核建租赁（天津）有限公司等与天津市政建设集团有限公司等融资租赁合同纠纷案（［2021］京民终132号）中，作为租赁物的不动产，是可拆卸、能移动的不动产。上诉人核建租赁（天津）有限公司认为租赁物不属于不动产，而是动产。一审法院认为银信评报字［2018］沪第1092号资产评估报告中所备注构筑物的评估价值占租赁物全部评估价值的91.4%以上，据此认定本案租赁物不动产所占比例为91.4%是错误的。（1）针对动产租赁物而言，为发挥使用功能的需要，虽将动产组装成温室大棚，但温室大棚本身可以随时拆卸、重复组装的，因此不能因使用方式而改变原租赁物的动产属性，也不能因在评估报告中被标注为构筑物即否认租赁标的物的动产属性。（2）本案所涉的标的物并非是常规房产所涉及的构筑物，其主要包含可以拆卸并可以重复利用的设备、设施等，而常规房产所涉及的构筑物在拆卸后即无重复利用的价值。

温室大棚通常来说，属于不动产的范畴。可是本案中的温室大棚，可以随时拆卸、重复组装，并且能够移动。上诉人认为，即使租赁物中部分构筑物为不动产，没有办理不动产变更登记手续，但并非双方不愿意办理，而是目前并无办理的相应行政机关。因此，不能将合格的租赁物因目前政策原因无法办理变更登记手续为由，来否认本案的融资租赁法律关系。本案中的租赁物原属于承租人所有，属于典型的售后回租业务，所有权交付比较特别，双方通过签署《所有权转移证明》来代替不动产的过户登记，以占有改定方式实现所有权的转移。那么本案中的温室大棚，到底属于有形动产还是不动产？如果属于有形动产，则不涉及契税和土地增值税等问题。

参照《增值税暂行条例实施细则》第23条第2款规定："前款所称不动产是指不能移动或者移动后会引起性质、形状改变的财产，包括建筑物、构筑物和其他土地附着物。"财政部、国家税务总局《关于固定资产进项税额抵扣问题的通知》（财税［2009］113号）又明确："《中华人民共和国增值税暂行条例实施细则》第二十三条第二款所称建筑物，是指供人们在其内生产、生活和其他活动的房屋或者场所，具体为《固定资产分类与代码》（GB/T14885-1994）中代码前两位为"02"的房屋；所称构筑物，是指人们不在其内生产、生活的人工建造物，具体为《固定资产分类与代码》（GB/T14885-1994）中代码前两位为"03"的构筑物；……"从国家税务总局对构筑物的定义看，温室大棚是属于建筑物，属于能够为生产服务的场所。《不动产登记暂行条例》第2条第2款规定："本条例所称不动产，是指土地、海域以及房屋、林木等定着物。"所以增值税法上规定的不动产和不动产登记条例规定的不动产，范围不一致。本案中的温室大棚不属于定着物，因为可移动可拆卸。房屋属于定着物，那么增值税法上的场所是否就不属于定着物呢？笔者认为，本案中的温室大棚不属于不动产，虽然从功用上与建筑物无异，但不属于定着物，增值税法规定的场所，亦属于定着物。类似的比如房车，具有居住用的功能，但不属于不动产。所以本案售后回租业务，属于有形动产售后回租业务。

另外，不动产售后回租业务中，还包括楼宇设备等配套设施的问题，这部分的价值也会推高承租人出售不动产的契税和土地增值税。根据财政部、国家税务总局《关于固定资产进项税额抵扣问题的通知》，以建筑物或者构筑物为载体的附属设备和配套设施，无论在会计处理上是否单独记账与核算，均应作为建筑物或者构筑物的组成部分，其进项税额不得在销项税额中抵扣。附属设备和配套设施是指：给排水、采暖、卫生、通风、照明、通讯、煤气、消防、中央空调、电梯、电气、智能化楼宇设备和配套设施。也就是说，不动产负担的税种，附属设备和配套设施均要负担，而不能作为有形动产售后回租处理。

（3）不动产融资租赁与金融借贷的区分

实务中的不动产售后回租纠纷，很多都是名为售后回租式的融资租赁合同，实为企业借贷合同。二者在增值税方面均为贷款服务，税率均为6%。但在企业所得税折旧处理、契税、土地增值税等方面的处理均不同。当然，如果被认定为金融借贷，融资租赁公司还将面临合规风险。上文提到，不动产融资租赁，承租人出售不动产环节必须经过登记，否则还可能会构成金融借贷。实务中，法院判决对此的理解存在差异。

在长城国兴金融租赁有限公司、郑州市郑东新区热电有限公司等融资租赁合同纠纷案（［2022］新0102民初5号）中，法院认为，长城国兴金融租赁有限公司（以下简称"长城国兴公司"）以融资租赁合同纠纷提起本案诉讼，郑州市郑东新区热电有限公司（以下简称"郑州东电公司"）以租赁物没有转移所有权、买卖未经过董事会、股东会决议为由进行抗辩，认为不构成融资租赁关系，应为借贷融资关系。法院认为，郑州东电公司以租回使用为目的，向长城国兴公司出售案涉租赁物，长城国兴公司应郑州东电公司要求，向郑州东电公司支付相应价款购买租赁物并租回给郑州东电公司使用，由郑州东电公司支付租金，符合融资租赁合同的构成要件，合同系双方真实意思表示，不违反法律、法规强制性规定。《回租租赁合同》第3-1条、第4-1条、《回租买卖合同》第7-1条均约定自合同生效之日起租赁物所有权转让给长城国兴公司，租赁物不发生移交，该约定符合法律规定。

上述案例中，法院判决的依据主要是合同约定租赁物的所有权转让给长城国兴公司，租赁物不发生转移。法院做出如此判决，在没有明确法律规定的情况下，也无可厚非。

而在成都沃沐置业有限公司、天津渤海租赁有限公司等融资租赁合同纠纷一案（［2020］最高法民终173号）中，最高人民法院认为："融资租赁交易具有融资和融物的双重属性，缺一不可，如租赁物所有权未从出卖人处转移至出租人就无法起到对租赁债权的担保，该类融资租赁合同没有融物属性，系以融资租赁之名行借贷之实，应认定为借款法律关系。本案中，渤海租赁与沃沐公司签订融资租赁合同，支付了合理对价，双方约定的租赁物所有权亦转移至渤海租赁名下，具备融资租赁法律关系应具备的融资和融物双重属性，故本案构成融资租赁法律关系。"

最高人民法院认为如租赁物所有权未从出卖人处转移至出租人就无法起到对租赁债权的担保，该类融资租赁合同没有融物属性，系以融资租赁之名行借贷之实，应认定为借款法律关系。那么，不是融资租赁法律关系，就一定是借贷法律关系吗？最高人民法院《关于审理融资租赁合同纠纷案件适用法律问题的解释》第1条第2款规定："对名为融资租赁合同，但实际不构成融资租赁法律关系的，人民法院应按照其实际构成的法律关系处理。"根据该条规定，是否构成借贷法律关系，要看合同中双方是否具有借款的意思表示。很多情况下，并不一定要按照借款法律关系处理，而是应该按照合同未成立或合同无效处理。从融资租赁公司的角度，无论是会计处理，还是税法处理，一般并不是按照借款的处理方法处理日常业务，如果法院将其认定为借款法律关系，会给融资租赁公司的税务处理带来难题。当然，就算融资租赁公司具有借款的真实意思表示，从监管的角度存在合规风险，违反该监管规定也不影响租赁双方的合同效力。如果没有转让不动产的所有权，自然不会产生契税和土地增值税等问题，当然承租人也不能提取折旧。且根据《企业所得税法实施条例》第38条："企业在生产经营活动中发生的下列利息支出，准予扣除：（一）非金融企业向金融企业借款的利息支出、金融企业的各项存款利息支出和同业拆借利息支出、企业经批准发行债券的利息支出；（二）非金融企业向非金融企业借款的利息支出，不超过按照金融企业同期同类贷款利率计算的数额的部分。"融资租赁公司因不能放贷，其提供的借款服务，应属于非金融企业提到的借款，承租人支付的利息，不超过按照金融企业同期同类贷款利率计算的数额的部分，可在税前扣除，而不是所有租金都可以税前扣除。

2. 售后回租中保证金冲抵本金和租息的税法区别

不动产售后回租合同中，一般会约定保证金条款，违约事件时有发生，当承租人违约时，出租人可按照约定用保证金冲抵本金。很多时候，承租人拖欠的不仅是本金，还有拖欠租金或租息，如果保证金不足以冲抵全部本金和租息，就存在是优先冲抵本金还是优先冲抵租息的问题。为什么要从税法角度关注这个问题呢？本金就是租赁成本，在计算融资性售后回租的销售额时，不用包含本金，就是说本金不负担纳税。如果优先冲抵本金，租息不能收回，就存在租息不用纳税的问题，已经申报纳税的租息可以对增值税未开票申报做红冲。保证金冲抵本金和租息的优先顺序问题，就决定出租人和国家税款的利益优先问题。

这里面还存在一个问题，就是在租息无法收回的情况下，要不要缴纳增值税还有企业所得税？因为根据《营业税改征增值税试点实施办法》第45条第1项规定："纳税人发生应税行为并收讫销售款项或者取得索取销售款项凭据的当天；先开具发票的，为开具发票的当天。收讫销售款项，是指纳税人销售服务、无形资产、不动产过程中或者完成后收到款项。取得索取销售款项凭据的当天，是指书面合同确定的付款日期；未签订书面合同或者书面合同未确定付款日期的，为服务、无形资产转让完成的当天或者不动产权属变更的当天。"另外，《企业所得税法实施条例》第19条规定："企业所得税法第六条第（六）项所称租金收入，是指企业提供固定资产、包装物或者其他有形资产的使用权取得的收入。租金收入，按照合同约定的承租人应付租金的日期确认收入的实现。"合同确定的付款日期或应付租金的日期，就是纳税义务发生时间，就要缴纳增值税和企业所得税，而不问是否实际收到租金。如果是这样理解的话，无论保证金是优先冲抵本金还是优先冲抵租息或租金，都不影响出租人的纳税义务之存在。

笔者认为，按照付款日期作为纳税义务发生时间，是在优先保证税款的入库，这是国库优先主义的又一体现。到了付款日期，出租人就应申报纳税，无论是否已经收到款项。但是，事后无论是发生违约行为还是发生合同解除情形，都会导致税收法律事实的消灭，虽然合同约定了租金的付款日期，当承租人确定发生违约，税收法律事实都将不复存在，这里的不存在，就是要对作为纳税义务发生时间的付款日期重新审视，约定的付款日期的付款义务就不复存在。所得税方面，出租人事后可以利用该部分损失在税前抵扣。增值税方面，出租人无法从成本角度减少增值税，出租人只能开具红字增值税专用发票。《营业税改征增值税试点实施办法》第42条规定："纳税人发生应税行为，开具增值税专用发票后，发生开票有误或者销售折让、中止、退回等情形的，应当按照国家税务总局的规定开具红字增值税专用发票；未按照规定开具红字增值税专用发票的，不得按照本办法第三十二条和第三十六条的规定扣减销项税额或者销售额。"发生折让，收回的款项减少，可以开具红字增值税专用发票，发生违约一分不支付，更应该允许开具红字发票，这是保护纳税人利益的唯一方法。如果不这样做，还会出现这样一个问题，缴纳增值税必然伴随着开具增值税专用发票的问题，有发票流无资金流，就会导致虚开增值税发票的后果。对于承租人而言，没有支付租金却能够利用收取的增值税专用发票享受税收利益，这不合理也不公平。当然，出租人只能确定在无法收回租金的情况下才能这样做，比如承租人已破产等情形。

所以，用保证金优先冲抵本金还是优先冲抵租金，在税法上是有意义的。笔者认为，如果租赁合同双方明确约定了冲抵的优先顺序，这本身就决定了税收法律事实，税务机关应对此予以尊重。只有当合同中未约定保证金的冲抵优先顺序，方才存在税务机关的介入问题。当未约定保证金的冲抵范围和优先顺序，如上所述，如果优先冲抵本金，则对税务机关不利，如果优先冲抵租息或租金，则对税务机关有利。在没有约定的情况下，这是个难题，没有税法依据能够解决这个问题。笔者认为，可依据《民法典》的规定破解这个问题，《民法典》第561条规定："债务人在履行主债务外还应当支付利息和实现债权的有关费用，其给付不足以清偿全部债务的，除当事人另有约定外，应当按照下列顺序履行：（一）实现债权的有关费用；（二）利息；（三）主债务。"如果当事人没有约定保证金的冲抵顺序，应根据该规定，利息优先于本金优先受偿。当然，纳税人无约定的情况下，利息优先于本金这个顺序并不是绝对的，破产案件中，利息和本金的受偿顺序就不一样。最高人民法院在《关于〈破产分配中本金与利息清偿顺序疑问〉的回复》中认为："您来信中所称本金、利息和违约金等债权，属同一顺序普通债权。除非法律有明确规定，法院不能在普通债权内部根据债权类型确定不同清偿比例。对于本金、利息和违约金能够足额清偿的，予以足额清偿；不足清偿的，按照债权额在普通债权总额中所占比例进行清偿。"破产案件中，本金和利息按照在债权总额中的比例清偿，这与《民法典》的规定不一致。如果按照《民法典》的规定，保证金优先冲抵利息，那么这部分利息所负担的增值税和企业所得税必须要缴纳，优先保护了税务机关代表的国家税收利益。从公平的角度讲，本金和利息按比例清偿，对纳税人和税务机关更公平一些。如果纳税人没有进入破产案件，更大可能还是要按照利息优先于本金的顺序确定。所以从出租人的角度出发，最好还是在合同中明定本金优先于利息的条款，避免约定不明带来的被动处理。

3. 不动产融资性售后回租中的几个发票开具问题

鉴于税收成本的扣除问题，主要是营改增后，合同各方对增值税专用发票的重视程度今非昔比，很多时候增值税专用发票能否取得，可能会决定交易的成败。不动产售后回租中典型的发票开具问题，有如下几个：

第一个问题是，承租人在出售不动产环节，作为融资租赁公司要求承租人开具增值税专用发票。从融资租赁公司的角度，如果承租人能够就出售不动产开具增值税专用发票，对融资租赁公司有利，融资租赁可享受抵扣带来的税收利益。承租人如果开具专用发票，问题在于承租人出售不动产不征收增值税，不征税收入按规定不能开具增值税专用发票，这是确定无疑的。那么能不能开具普通发票呢？根据36号文附件2：《营业税改征增值税试点有关事项的规定》，试点纳税人提供有形动产融资性售后回租服务，向承租方收取的有形动产价款本金，不得开具增值税专用发票，可以开具普通发票。同理，不动产亦可开具普通发票。实务中，通过增值税发票管理新系统，在"商品编码-税务编码"一栏，有"未发生销售行为的不征税项目"，其中"606 融资性售后回租业务中承租方出售资产"并未限制普通发票只能有形动产融资租赁可开具,不动产售后回租并未被排除在范围之外。所以承租人出售不动产,不能向融资租赁公司开具增值税专用发票,可开具增值税普通发票。

第二个问题是,融资租赁包括售后回租,适用的是差额征税法,差额扣除的成本部分就不能开具增值税专用发票,也就是不能全额开具增值税专用发票。《关于全面推开营业税改征增值税试点有关税收征收管理事项的公告》(国家税务总局公告2016年第23号,已失效)第4条第2款规定"按照现行政策规定适用差额征税办法缴纳增值税,且不得全额开具增值税发票的(财政部、国家税务总局另有规定的除外),纳税人自行开具或者税务机关代开增值税专用发票时,通过新系统中差额征税开票功能"开具增值税发票。

第三个问题是,不动产融资性售后回租中,待租期届满,承租人按约定回购不动产时,融资租赁公司,即出租人可否向承租人开具9%的增值税专用发票?前面提到,承租人出售时不能开具增值税专用发票,那么当承租人回购时,出租人能否开具增值税专用发票?对此有两种看法:一种观点认为,融资租赁公司账目上不确认固定资产,根据实质重于形式的原理,不享有所有权,不能开具增值税专用发票,否则会构成虚开增值税专用发票;另一种观点认为,会计上不确认固定资产,但出租人享有法律上的所有权,可以开具增值税专用发票,不构成虚开增值税专用发票。笔者认为,承租人回购不动产,出租人可以开具增值税专用发票。根据目前的税法规定,并未规定承租人回购属于增值税范围内的不征税收入,相反税务机关会要求出租人缴纳增值税。既然要缴纳增值税,出租人就应当有权开具增值税专用发票。至于"实质重于形式",并不限制出租人享有法律上的所有权,当承租人要按照合同约定进行回购的情况下,更加说明出租人事实上享有一定的所有权。融资租赁公司作为出租人向承租人开具增值税专用发票,无可厚非。

第五节　不动产证券化(ABS)税法概略

目前实务中的资产证券化,主要有信贷资产证券化,企业资产证券化和资产支持票据三种。《证券公司及基金管理公司子公司资产证券化业务管理规定》(以下简称《管理规定》)第2条第1款对资产证券化的定义是:"本规定所称资产证券化业务，是指以基础资产所产生的现金流为偿付支持，通过结构化等方式进行信用增级，在此基础上发行资产支持证券的业务活动。"不动产证券化属于企业资产证券化，是以不动产产生的现金流为偿付支持，发行证券的一项融资活动。

实务中存在的大量不动产信托投资基金（REITs），也被看作不动产证券化产品。实务中有观点认为，不动产是否发生所有权的转移，是判断是否属于资产证券化的根本标志，REITs是基金，不发生所有权的转移，不动产证券化要求不动产所有权必须转移。REITs是以被投资企业的整体收入作为向投资支付收益的来源，其体现的是企业信用。不动产证券化以不动产产生的收益作为向投资者支付收益的来源，体现的是资产的信用，与企业信用不同。

参照中国证监会、住房和城乡建设部《关于推进住房租赁资产证券化相关工作的通知》（证监发〔2018〕30号）第2条"住房租赁资产证券化业务的开展条件及其优先和重点支持领域"第6项规定："重点支持住房租赁企业发行以其持有不动产物业作为底层资产的权益类资产证券化产品，积极推动多类型具有债权性质的资产证券化产品，试点发行房地产投资信托基金（REITs）。"该通知又提到"对于在租赁住房用地上建设的房屋，允许转让或抵押给资产支持专项计划等特殊目的载体用于开展资产证券化"。该通知所称的住房租赁证券化，包括转让不动产所有权的情况，也包括不转移不动产所有权的情况，比如权益类资产证券化产品，债权性质的资产证券化产品，不动产投资信托基金（REITs）都属于证券化的范畴。

不动产证券化中，不动产有时候是作为基础资产，有时候不是基础资产，而是底层资产。以不动产作为基础资产的证券化产品，除了基础实施领域的基础资产转移给予了税收优惠以外，其他领域均要面临高额税负。所以目前的不动产证券化，大多是以不动产作为底层资产，以股权、收益权或债权作为基础资产的证券化产品。

一、不动产证券化（ABS）基础资产转移涉税问题

资产证券化中的基础资产的范围很广，《关于发布〈资产支持专项计划备案管理办法〉及配套规则的通知》（中基协函〔2014〕459号）附件2:《资产证券化业务基础资产负面清单指引》——附件:《资产证券化基础资产负面

清单》第 4 条规定："有下列情形之一的与不动产相关的基础资产：1. 因空置等原因不能产生稳定现金流的不动产租金债权；2. 待开发或在建占比超过 10% 的基础设施、商业物业、居民住宅等不动产或相关不动产收益权。当地政府证明已列入国家保障房计划并已开工建设的项目除外。"除了上述负面清单外，其他与不动产或权益相关的，均可作为基础资产。

根据《管理规定》，原始权益人，要依照法律、行政法规、公司章程和相关协议的规定或者约定移交基础资产。其第 23 条第 1 款规定："法律法规规定基础资产转让应当办理批准、登记手续的，应当依法办理。法律法规没有要求办理登记或者暂时不具备办理登记条件的，管理人应当采取有效措施，维护基础资产安全。"这就涉及资产转让计税规则，不同的资产将适用不同的计税规则。

（一）不动产证券化（ABS）不动产过户计税规则

如果直接将不动产作为基础资产，必须将不动产过户到资产管理计划，将面临高额的税负。本身来讲，原始权益人是以融资为目的，将不动产转让给特殊目的载体（SPV），如果要承担高额的税负，对原始权益人来说，很多时候会得不偿失。基础资产的转移，与信托财产的转移相同，都不是一般意义上的财产交易行为，但目前的税收政策对此尚未给予优惠，能否套用现有规定，要视情况而定。

1. 转移基础资产所得税的特殊税务处理之困境

基于原始权益人的融资实质，如果原始权益人将作为基础资产的不动产转让给专项计划（SPV），能够享受特殊性税务处理的待遇，对原始权益人就会显得公平。但是，根据财政部、国家税务总局《关于企业重组业务企业所得税处理若干问题的通知》（财税〔2009〕59 号）第 5 条、第 6 条及相关规定，专项计划收购的资产不低于转让原始权益人全部资产的 50%，且专项计划在该资产收购发生时的股权支付金额不低于其交易支付总额的 85%，方能享受特殊性税务处理的待遇。原始权益人基于融资，获得的支付基本上都是现金；转移的基础资产也未必能够符合全部资产 50% 的要求，显然不能适用所得税的特殊性税务处理规则。

另外，财政部、国家税务总局《关于促进企业重组有关企业所得税处理问题的通知》（财税〔2014〕109 号）第 3 条"关于股权、资产划转"部分规定："对 100% 直接控制的居民企业之间，以及受同一或相同多家居民企业

100%直接控制的居民企业之间按账面净值划转股权或资产，凡具有合理商业目的、不以减少、免除或者推迟缴纳税款为主要目的，股权或资产划转后连续12个月内不改变被划转股权或资产原来实质性经营活动，且划出方企业和划入方企业均未在会计上确认损益的，可以选择按以下规定进行特殊性税务处理：1. 划出方企业和划入方企业均不确认所得。2. 划入方企业取得被划转股权或资产的计税基础，以被划转股权或资产的原账面净值确定。3. 划入方企业取得的被划转资产，应按其原账面净值计算折旧扣除。"根据该规定的条件，能否适用该规定的规则处理呢？答案是否定的。该规定用的是"划转"，划转是一项无偿行为，划入方是不用支付对价的，或者说是不存在现金支付。而不动产证券化过程中，原始权益人和SPA之间的不动产转移行为，存在现金支付，实务中往往会签署《资产转让协议》，约定转让对价和支付方式等，形式上具有交易的性质，不属于划转。如果从商业实质角度看，原始权益人的融资抵押行为也可以算作是划转，但这只是法理上的理解，如果目前直接适用该规定，依然存在相当的难度。

2. 创造条件享受增值税的免税优惠

原始权益人如果转移基础资产，同样涉及出售不动产的增值税问题，税率为9%。原始权益人可选择通过分立、出售等方式，将与不动产相关的债权、负债和劳动力一并转入SPV。通常来讲，作为基础资产的不动产，须有营利能力方可获得稳定的现金流，原始权益人可安排少数负债，再加哪怕是1个劳动力，一并转移至SPV，争取获得增值税方面的优惠。具体可参考《营业税改征增值税试点有关事项的规定》"（二）不征收增值税项目"部分第5项的规定："在资产重组过程中，通过合并、分立、出售、置换等方式，将全部或者部分实物资产以及与其相关联的债权、负债和劳动力一并转让给其他单位和个人，其中涉及的不动产、土地使用权转让行为。"

3. 原始权益人转让不动产的土地增值税

原始权益人可选择改制重组的方式，将不动产转移到SPV名下，可适用不征收土地增值税的税收优惠。根据财政部、国家税务总局《关于继续实施企业改制重组有关土地增值税政策的公告》（财政部、国家税务总局公告2023年第51号）第3条规定："按照法律规定或者合同约定，企业分设为两个或两个以上与原企业投资主体相同的企业，对原企业将房地产转移、变更到分立后的企业，暂不征土地增值税。"第4条规定："单位、个人在改制重组时以房地产作价入股进行投资，对其将房地产转移、变更到被投资的企业，暂不征土地增值税。"

但是，根据该公告第 5 条："上述改制重组有关土地增值税政策不适用于房地产转移任意一方为房地产开发企业的情形。"如果原始权益人为房地产企业，则不能享受该等优惠。实务中进行资产证券化的，相当一部分企业为房地产企业，这就有赖于国家税务总局进一步明确专门性的政策。

4. 专项计划（SPV）受让不动产的契税问题

专项计划接收不动产的所有权，按照规定应缴纳契税，税率为 3% 至 5%。对于专项计划或项目公司而言，尚未产生收益就要负担契税，存在不公平问题。根据财政部、税务总局《关于继续执行企业事业单位改制重组有关契税政策的公告》（财政部、国家税务总局公告 2021 年第 17 号）第 4 条"公司分立"规定："公司依照法律规定、合同约定分立为两个或两个以上与原公司投资主体相同的公司，对分立后公司承受原公司土地、房屋权属，免征契税。"转移基础资产可考虑公司分立的方式，争取免征契税。

（二）原始权益人转让股权的特殊性税务处理

原始权益人剥离基础资产至项目公司，转让项目公司股权给私募基金/信托计划，能否享受特殊性税务处理中的延迟纳税优惠，也是决定资产证券化可行性的一个问题。另外，鉴于直接转让不动产面对的高额税负及操作麻烦，原始权益人可选择转让股权而不是转让不动产的方式设立项目公司。一般情况下，股权对应的是不动产在内的净资产价值，就是税务机关确定股权公允价格的参照基础，当原始权益人的不动产计税基础偏低，即便是转让股权，也要按照评估增值部分缴纳企业所得税，如果不能享受税收优惠，也可能否决资产证券化的废立。根据财政部、国家税务总局《关于企业重组业务企业所得税处理若干问题的通知》（财税〔2009〕59 号）第 5 条、第 6 条及其他相关规定，收购的私募基金/信托计划购买的股权不低于原始权益人全部股权的50%，且私募基金/信托计划在该股权收购发生时的股权支付金额不低于其交易支付总额的85%。资产证券化中同样不能达到该等要求。总体而言，目前除了基础设施领域的资产证券化外，其他领域的资产证券化适用所得税特殊性税务处理，均存在障碍。

（三）原始权益人转让收益权的可税性问题

实务中，原始权益人选择不转让不动产，也不转让股权的前提下，选择转让股权收益权的做法越来越多。以股权收益权作为基础资产进行转让，能不能适用一般的财产转让计税规则，目前尚不确定。目前很多情况下，都是将其作为一种非税行为对待。当然，收益权不限于资产证券化领域，包括信托、基金等领域也普遍存在转让收益权的问题，这就涉及收益权的可税性。

而收益权是否具有可税性，在于其是否具有财产属性。现如今财产权以各种方式存在，排污权、空间权等权利形态不断涌现，这些都是财产权。与这些权利不同的是，收益权属于股权的一项所有权的权能，那么问题就变成了，权能是否属于财产，笔者认为要区分不同的情况。如果股权的收益权仅限于持有收益，获取股息红利的收益，则可视为财产，就具有可税性。如果收益权对应的是股权的转让收益，因股权本身未发生转让，受让人仅享有期待利益，此时不便将其归类为财产，不具有可税性。鉴于税收法定原则，收益权是否具有可税性，应由税法明确规定，目前税法尚未就该问题进行明确，对股权收益权的转让进行征税，也就缺乏规范性基础。

二、不动产投资信托基金（REITs）中的税收利益平衡

不动产投资信托基金 REITs（Real Estate Investment Trusts）分为过户型和抵押型两种类型。过户型 REITs 也将面临上述不动产转让所面对的高额税负问题，参照上述分析，此处不再赘述。此处仅对常见的 REITs 实务中的利益平衡问题进行简要介绍。很多时候我们会发现，交易各方为了规避税收，往往会将己方所负担的利益，转移至相关利益方承担，这也是一种税负转嫁。作为交易相对方，亦应警惕看不见的税负承担，此类问题在多种类型的资产证券化产品中均存在，本书以 REITs 为例，进行简要分析。

（一）REITs 税务筹划对交易各方的传导效应

实务中的税务筹划，仅仅是解决眼前的税务问题，即便眼前的税务问题能够得到解决，也只是暂时性的，并不是彻底的解决，往往是把问题暂时隐藏起来，交易对方因不具备法律素质往往不易察觉。如同本书第一章所述，会存在税负转嫁。

1. 不征收增值税的税负转嫁

实务中有很多不征税发票，比如《营业税改征增值税试点有关事项的规定》"（二）不征收增值税项目"部分第 5 项的规定："在资产重组过程中，通过合并、分立、出售、置换等方式，将全部或者部分实物资产以及与其相

关联的债权、负债和劳动力一并转让给其他单位和个人，其中涉及的不动产、土地使用权转让行为。"此种情况就可以开具不征税发票，不得开具增值税专用发票，受票方不能抵扣。所以当原始权益人将不动产转让给 SPV 或项目公司，虽然原始权益人的税负减轻了，但是对 SPV 或项目公司而言，待将来处置不动产时，因取得该不动产不存在进项税额，将来的销项税额就是应纳税额，会大大增加增值税税额。实务中容易发生两个问题，一是，原始权益人的转让行为属于不征税收入，最终该部分增值税会由 SPV 或项目公司承担；二是，原始权益人转让不动产属于不征税收入，则该不动产原有的进项税额并未禁止抵扣，原始权益人可能已经使用了该进项税额的发票，这部分利益原始权益人已经享受的情况下，SPV 或项目公司又要承担一次。举例说明，原始权益人购置不动产的进项税额为 500 万元，转让给 SPV 或项目公司公允价值 7000 万元，不征收增值税，不得向 SPV 或项目公司开具增值税专用发票。待将来 SPV 或项目公司处置不动产时，假如售价 1 亿元，销项税额 900 万元。那么 SPV 或项目公司就得纳税 900 万元，不能扣除进项 630 万元（7000×9%），也不能使用原始权益人的 500 万元进项税额，因原始权益人已经使用了该部分。等于 SPV 或项目公司代替原始权益人承担了 130 万元（630 万元−500 万元）的损失，同时又遭受了 500 万元的损失。如果 SPV 或项目公司不处置该不动产，不会发现存在的问题，一旦将来 SPV 或项目公司选择处置不动产偿还债务，则会发现将承担额外的成本，最终影响对投资者的偿付责任能力。之所以会出现这样的问题，原因在于该等税收优惠针对集团内部的资产重组，不考虑第三方加入后对第三方所造成的影响，管理人受托管理资产证券化产品，对此应尽到合理的注意义务，做到事前防范，事前对房地产的转让价格进行调整。

2. 暂不征收土地增值税何人负担的问题

《关于继续实施企业改制重组有关土地增值税政策的公告》规定的暂不征收土地增值税，暂不征收土地增值税，并不是免税规定，如果是免税，会直接说明是免税待遇。暂不征收土地增值税，待 SPV 或项目公司将来转让土地时，就要征收土地增值税，此时原始权益人没有缴纳的土地增值税，就要由 SPV 或项目公司负担。那么 SPV 或项目公司在计算土地增值税时，能否将受让原始权益人的支付的不动产对价，计入扣除项目金额呢？如果能够将支付给原始权益人的对价进行土地增值税前扣除，则 SPV 或项目公司不会承担原始权益人的税负。如此，就是变相认可原始权益人当初的转让行为给予了免于土地增值税的待遇。所以暂不征收，将来 SPV 或项目公司转让不动产，只能扣除原始权益人的原扣除项目金额，等于原始权益人将税负转嫁给了 SPV 或项目公司。笔者认为，暂不征收，待未来 SPV 或项目公司转让不动产，原始权益人应承担自己的那部分土地增值税，方才符合暂不征收的规定，暂不征收的纳税主体并为发生变化，一旦 SPV 或项目公司转让不动产，原始权益人的土地增值税纳税义务便重新启动。对此尚未有明确的规定，有待有关部门进一步明确操作的方法。作为管理人，亦应在合同条款中明确，待未来需要就前一环节一同纳税时，双方各自如何承担。

（二）REITs 产品股债结构的税收利益平衡

REITs 和类 REITs 产品，出于税务筹划的目的，私募基金或信托计划投资项目公司或 SPV 有时采用股权加债权的形式。之所以会采取附加债权的方式，在于从 SPV 或项目公司的角度，对外支付利息可在所得税前扣除，最终能够增加项目公司的税后净利润。

《企业所得税法实施条例》第 38 条规定："企业在生产经营活动中发生的下列利息支出，准予扣除：……（二）非金融企业向非金融企业借款的利息支出，不超过按照金融企业同期同类贷款利率计算的数额的部分。"国家税务总局《关于企业所得税若干问题的公告》（国家税务总局公告 2011 年第 34 号）第 1 条进一步明确："鉴于目前我国对金融企业利率要求的具体情况，企业在按照合同要求首次支付利息并进行税前扣除时，应提供'金融企业的同期同类贷款利率情况说明'，以证明其利息支出的合理性。"

鉴于项目公司或 SPV 与股东之间的利息支付属于关联方交易，财政部、国家税务总局《关于企业关联方利息支出税前扣除标准有关税收政策问题的通知》（财税〔2008〕121 号）第 1 条规定："在计算应纳税所得额时，企业实际支付给关联方的利息支出，不超过以下规定比例和税法及其实施条例有关规定计算的部分，准予扣除，超过的部分不得在发生当期和以后年度扣除。企业实际支付给关联方的利息支出，除符合本通知第二条规定外，其接受关联方债权性投资与其权益性投资比例为：（一）金融企业，为 5 : 1；（二）其他企业，为 2 : 1。"根据该规定，投资项目公司或 SPV 的股权和债权的比例为 2 : 1。

国家税务总局《特别纳税调整实施办法（试行）》（国税发〔2009〕2

号）第 86 条规定："关联债资比例的具体计算方法如下：关联债资比例 = 年度各月平均关联债权投资之和/年度各月平均权益投资之和　其中：各月平均关联债权投资 =（关联债权投资月初账面余额+月末账面余额）/2　各月平均权益投资 =（权益投资月初账面余额+月末账面余额）/2　权益投资为企业资产负债表所列示的所有者权益金额。如果所有者权益小于实收资本（股本）与资本公积之和，则权益投资为实收资本（股本）与资本公积之和；如果实收资本（股本）与资本公积之和小于实收资本（股本）金额，则权益投资为实收资本（股本）金额。"第 87 条规定："所得税法第四十六条所称的利息支出包括直接或间接关联债权投资实际支付的利息、担保费、抵押费和其他具有利息性质的费用。"这是能够选择债权投资的最大限度之限制。

上述通过增加债权投资的方式，实际上是作为股东的私募基金或信托计划，对项目公司做出的让利计划。但这样的让利计划，是否真的规避了相应的税收，需要综合考量。如果股东是合伙企业等非公司类股东，可考虑采用。如果在税收上最终负责纳税的是公司，则需要综合考虑。我们知道，如果是债权投资，项目公司支付的是利息而不是股息，从项目公司角度看，支出的利息可以在税前扣除，而从股东的角度看，收到的利息是要缴纳企业所得税的，根据《企业所得税法实施条例》第 6 条，《企业所得税法》第 3 条所称所得，包括利息所得。相反，如果是股权投资，根据《企业所得税法》第 26 条第 2 项，符合条件的居民企业之间的股息、红利等权益性投资收益，属于免税收入。所以选择债权投资，会付出两个方面的代价：一是股权投资少了，利息虽然征税可在项目公司内部税前扣除，但相应的利息股息红利免税就不能享有；二是，投资人将来退出时，股权成本少，导致没有足够的成本进行税前扣除，除非在退出时项目公司能够分配给股东或投资人的财产不会过多超出股权投资成本。资产证券化产品的管理人需要对此等利益之间的均衡做出提前预判。

（三）REITs 资管产品 3% 的征收率和 6% 的税率之优劣

REITs 产品以及其他证券化产品，是否属于资管产品，基本上没有什么疑问。实务中有人认为，如果各类证券化产品不构成资管产品，就不用缴纳增值税，这是一种误解。如果不构成资管产品，可能会被税务机关按照其他金融服务税目进项征税。目前资管产品按照 3% 的征收率征税，一般的金融服务，按照 6% 的税率征税，如果没有进项发票，税负要高很多。

根据《关于资管产品增值税有关问题的通知》（财税〔2017〕56号）第1条："资管产品管理人（以下称管理人）运营资管产品过程中发生的增值税应税行为（以下称资管产品运营业务），暂适用简易计税方法，按照3%的征收率缴纳增值税。资管产品管理人，包括银行、信托公司、公募基金管理公司及其子公司、证券公司及其子公司、期货公司及其子公司、私募基金管理人、保险资产管理公司、专业保险资产管理机构、养老保险公司。资管产品，包括银行理财产品、资金信托（包括集合资金信托、单一资金信托）、财产权信托、公开募集证券投资基金、特定客户资产管理计划、集合资产管理计划、定向资产管理计划、私募投资基金、债权投资计划、股权投资计划、股债结合型投资计划、资产支持计划、组合类保险资产管理产品、养老保障管理产品。……"包括REITs产品在内的资产证券化产品，无论是资产支持证券还是基金，均会被认定为资管产品。税务机关会认为，以信托公司、证券公司等自身名义开展的证券化业务均属于资管产品，资产证券化业务也需按照资管产品缴纳增值税。

目前对资管产品按3%的征收率征税，是对管理人的一项税收优惠。按征收率征税，是考虑到管理人没有进项税额用来抵扣，用征收率的方式，可以减轻此类管理人的税负。证券化产品是典型的资管类产品，如果不构成资管产品，则要按照其他税目征税，面临6%的适用税率，可能会对管理人不利。

3%的征收率，也可以开具增值税专用发票，只是对于受票方而言，能够抵扣的进项税额就偏少，其宁可索要6%的适用税率发票，也不要3%的征收率发票。对此，管理人可否放弃适用3%的征收率，选择适用6%的税率呢？

《营业税改征增值税试点实施办法》第48条第1款规定："纳税人发生应税行为适用免税、减税规定的，可以放弃免税、减税，依照本办法的规定缴纳增值税。放弃免税、减税后，36个月内不得再申请免税、减税。"按征收率征税，不属于免税，也不属于减税，管理人不能依据该条放弃按征收率征税。

再看该办法第18条："一般纳税人发生应税行为适用一般计税方法计税。一般纳税人发生财政部和国家税务总局规定的特定应税行为，可以选择适用简易计税方法计税，但一经选择，36个月内不得变更。"特定应税行为包括哪些呢？36号文没有明确。笔者理解，特定应税行为，是指规定了适用征收率的应税行为。按体系解释的方法对36号文进行解释，只有给予了选择权的应税行为，方可放弃按征收率的方式征税，可选择一般适用税率征税。比如36号文附件2：《营业税改征增值税试点有关事项的规定》规定："房地产开发企业中的一般纳税人，销售自行开发的房地产老项目，可以选择适用简易计税方法按照5%的征收率计税。"给予了选择权，纳税人就可以选择。再比如"房地产开发企业中的小规模纳税人，销售自行开发的房地产项目，按照5%的征收率计税"。此处没有规定纳税人可以选择简易方法，就不能放弃征收率而实用一般税率。同理，资管产品增值税规定"暂适用简易计税方法，按照3%的征收率缴纳增值税"。意味着管理人无权选择6%的适用税率或放弃3%征收率的方法纳税，必须按照3%的征收率纳税。

（四）抵押型REITs中迟延纳税的税负转嫁

过户型REITs因存在高额税负，为了避免转让不动产所产生的各项税负，交易各方选择抵押型REITs，在不过户不动产的情况下，利用不动产产生的现金流支持发行证券化产品。这样的产品，管理的资产只是无形资产，如何确保资产的现金流稳定，就成了问题。没有过户，意味着作为底层资产的不动产，在税务事项方面，难以与原始权益人的其他业务或资产独立，不动产的折旧或摊销（土地使用权作为无形资产需要摊销）可能会被其他业务或资产利用，管理人应对该等情况进行关注。另外一个方面就是，既然是抵押型REITs，就要办理抵押登记，一旦协议中约定的实现抵押的条件成就，管理人就有权就抵押的不动产处置。这个时候处置不动产产生的税负应由谁承担？也就是说在设立环节原始权益人虽然不用纳税，但到了实现抵押权环节，税负可能就转嫁到了项目公司甚至管理人这边。如果由项目公司承担，就意味着当初的对价支付过高。鉴于此，管理人应在签订合同时，对处置抵押财产所发生的税负承担进行明确约定，或者提早对基础资产所对应的合同价款预先进行调整，将未来的税负考虑在内。从这个角度看，抵押型REITs可能最终并未规避掉各项税负，只是在前期隐而不发。

三、关于基础设施领域不动产投资信托基金所得税政策的理解和适用

不动产证券化产品中，目前国家税务总局仅对基础设施领域的不动产投资信托基金产品，给予了税收优惠。在《关于基础设施领域不动产投资信托基金（REITs）试点税收政策的公告》（财政部、国家税务总局公告2022年第3号，以下简称"3号公告"）中，财政部和国家税务总局给予了相应的递延

纳税待遇。基础设施领域比如产业园区、高速公路、污水处理、仓储物流、垃圾焚烧发电，符合有关部门规定的，均可适用 3 号公告中的优惠政策。

（一）设立基础设施 REITs 前划转资产的不征税处理

考虑到原始权益人转让基础设施资产的融资担保实质，并基于纳税必要资金原则，3 号公告第 1 条规定："设立基础设施 REITs 前，原始权益人向项目公司划转基础设施资产相应取得项目公司股权，适用特殊性税务处理，即项目公司取得基础设施资产的计税基础，以基础设施资产的原计税基础确定；原始权益人取得项目公司股权的计税基础，以基础设施资产的原计税基础确定。原始权益人和项目公司不确认所得，不征收企业所得税。"对此，可从如下几个方面理解：

1. 将划转资产看作免税是一种误解

3 号公告出台以后，不少人将其理解为给予资产划转行为的免税待遇，这是一种误解。该公告第 1 条的规定，是基于将基础资产的剥离，视作原始权益人的内部事项，没有看作是交易，就是说在税法上不存在税收法律事实，税收法律事实未发生。所以一切照原，项目公司取得基础设施资产的计税基础，以基础设施资产的原计税基础确定；原始权益人取得项目公司股权的计税基础，以基础设施资产的原计税基础确定。计税基础保持不变，意味着国家的税收利益未流失，将来处置这些财产，将由项目公司一并承担，只不过纳税义务主体不再是原始权益人。

虽然条文的表述是"不征收企业所得税"，但是并不意味着是免税。对此处的"不征税"该如何理解？这恰恰是将原始权益人划转资产视为未发生税收法律事实的体现，一项行为不属于应税行为，就不属于征税对象。从这个角度理解，3 号公告的政策制定把握的内在机理是很到位的。

当然，也有人认为这是从原始权益人的角度理解，是对原始权益人永久不征税，也就是免税。"免税"的前提是符合纳税义务的各项构成要件，只是税法给予免税的待遇。而"不征收"，是说该事实压根就不符合纳税义务的各项构成要件，"不征收"与"免税"完全不同。

"不征收"与"暂不征税"也有区别。暂不征收有两个含义，一是对原始权益人现在不征收，将来某个时点要缴纳，意味着纳税义务已经发生，只是入库时间推后了。二是，对此类情形，现行税收政策暂不征收，不属于征收对象，若以后政策变了，对政策变化之日起的行为要开始征收。不征收所得税，与此两种暂不征收的含义均不同。

可见，与之相对应，原始权益人在签署资产转让合同的时候，就不宜使用"转让"二字，保险起见，应使用"资产划转协议"较为稳妥。

2. 3号公告的特殊性税务处理与59号文的关系

3号公告出台之前，实务中的特殊性税务处理要遵从59号文的规定。3号公告出台以后，有公司为了享受3号公告的税收待遇，依然在准备"不改变实质性经营活动""具有合理的商业目的"等材料给税务机关。3号公告中的特殊性税务处理，是否要遵循59号文？换言之，是否要符合59号文规定的5项条件？答案是，二者毫无相干，3号公告与59号文属于平行的关系，二者互不遵从。59号文规定的五个条件，资产不低于50%，股权支付金额不少于85%，连续持股期限不少于12个月，具有合理的商业目的，不改变实质性经营活动，在3号公告中均未要求。3号公告对"特殊性税务处理"的界定为："即项目公司取得基础设施资产的计税基础，以基础设施资产的原计税基础确定；原始权益人取得项目公司股权的计税基础，以基础设施资产的原计税基础确定。"基础设施REITs划转资产，即便不符合59号文的任一条件，也可以适用特殊性税务处理，无需遵从59号文的规定。

3. 对"划转"如何理解？

有人理解"划转"必须是无偿的才能叫做划转，如果划转是有偿的，则不能称之为"划转"，3号公告"原始权益人向项目公司划转基础设施资产相应取得项目公司股权"，是一项有偿行为，与一般的交易行为无异。确切地说，"划转"并无一个固定的含义，"划转"只是个政策性术语，而不是一个法律术语，用来与"转让"相区别，否定划转资产的交易属性。基础设施REITs产品，原始权益人虽然取得了项目公司的股权，从公司法的角度属于资本投入行为，资本投入行为亦为有偿方式，但此处的有偿亦非一般交易行为中的有偿，而是视为公司集团内部的资产置换处理。如果严格按照所得税法的原理看，此种划转在所得税法上视同销售。

对照国家税务总局《关于企业处置资产所得税处理问题的通知》（国税函〔2008〕828号）第1条规定："一、企业发生下列情形的处置资产，除将资产转移至境外以外，由于资产所有权属在形式和实质上均不发生改变，可作为内部处置资产，不视同销售确认收入，相关资产的计税基础延续计算。（一）将资产用于生产、制造、加工另一产品；（二）改变资产形状、结构或性能；（三）改变资产用途（如，自建商品房转为自用或经营）；（四）将资产在总机构及其分支机构之间转移；（五）上述两种或两种以上情形的混合；（六）其他不改变资产所有权属的用途。"该条规定的情形，均属于在事实不发生税收法律事实的情形，不属于应税行为，不是法律所授予。

上述规定对于有些情况不适用，国家税务总局上述规定基础之上，根据实践中的经济实质，对不视同销售的情形进行了扩展。比如，财政部、国家税务总局《关于促进企业重组有关企业所得税处理问题的通知》（财税〔2014〕109号）规定："三、关于股权、资产划转"部分规定："对100%直接控制的居民企业之间，以及受同一或相同多家居民企业100%直接控制的居民企业之间按账面净值划转股权或资产，凡具有合理商业目的、不以减少、免除或者推迟缴纳税款为主要目的，股权或资产划转后连续12个月内不改变被划转股权或资产原来实质性经营活动，且划出方企业和划入方企业均未在会计上确认损益的，可以选择按以下规定进行特殊性税务处理：……"我们可以将该等规定理解为是对现行所得税法的矫正。"可以选择"，意味着"划转"也可以等同于"转让"，发生了税收法律事实，也可以不等同于"转让"，未发生税收法律事实。但此处的"不确认所得"尚不能与"不征收企业所得税"等同视之，"不确认所得"含义比较模糊，笔者理解其前提是存在"所得"，有"所得"就是一项税收法律事实，只不过对其在政策上网开一面，这又与"可以选择"体现的含义不一致，与上述不视同销售的规定尚不同类。

相比之下，基础设施REITs产品原始权益人剥离资产的行为，发生在独立的法人主体之间（虽然是关联关系），按照税法上的独立交易原则，投资入股行为会改变资产所有权的归属，本当视同销售。但根据3号公告，"不征收企业所得税"的表述，将基础设施REITs产品原始权益人剥离资产的行为，看作不属于视同销售的应税行为，不属于征税对象，更能体现税收优惠的彻底性。

4. 原始权益人的范围问题

原始权益人是否必须为企业法人？合伙企业、个人独自企业能否成为原始权益人？3号公告仅就企业所得税作出了规定，缴纳企业所得税的主体均可适用，而合伙企业和个人独自企业不属于企业所得税中的"企业"，也就不能适用3号公告。

实务中关注最多的是，原始权益人是否可以有多个？3号公告之前的

"划转"一般多见于"100%直接控制的居民企业之间，以及受同一或相同多家居民企业100%直接控制的居民企业之间"，3号公告是否受此限制？两家或多家原始权益人共同持有项目公司股权的情况，是否适用3号公告？而这其中，两家或多家原始权益人是否要求必须是关联方之间，或是否要求100%直接控制或受同一方或多方控制？

3号公告的制定，是基于将原始权益人与项目公司视为一个整体的考虑，将资产划转看作是企业内部的资产形态的变化，此过程中没有交易的发生。如果不是100%直接控制，甚至不是关联方，就会出现这样一个问题，即各方将资产划转到项目公司，换取的股权比例可能与各自划转的资产不匹配，尤其各方有意通过股权比例的让利，达到关联方和非关联方之间的利益输送问题。如果发生这种情况，就已经发生了税收法律事实，如果对此也给予不征税的待遇，3号公告的优惠可能会被滥用。所以，共同原始权益人的范围，有待于财政部和国家税务总局进一步明确为宜。

还有一个需要明确的问题是，原始权益人划转的资产，是否必须要求原始持有人直接持有？或者说原始持有人必须是最近的直接所有人？很多时候，原始权益人可能会将子公司的财产划转给项目公司，根据3号公告的字面含义，只有子公司才能成为原始权益人。因为划转资产要换取股权，换取的股权也只能在子公司名下，在国家税务总局未明确这个问题之前，只能对此进行限缩解释。也就是说，原始权益人仅限于直接持有资产的企业，间接持有资产不视为原始权益人。

（二）基础设施REITs设立阶段转让股权的递延纳税待遇

3号公告第1条规定，原始权益人取得项目公司股权的计税基础，以基础设施资产的原计税基础确定。第2条在此基础上，基于纳税必要资金原则，继续给予了原始权益人的二次优惠。3号公告第2条规定："基础设施REITs设立阶段，原始权益人向基础设施REITs转让项目公司股权实现的资产转让评估增值，当期可暂不缴纳企业所得税，允许递延至基础设施REITs完成募资并支付股权转让价款后缴纳。其中，对原始权益人按照战略配售要求自持的基础设施REITs份额对应的资产转让评估增值，允许递延至实际转让时缴纳企业所得税。原始权益人通过二级市场认购（增持）该基础设施REITs份额，按照先进先出原则认定优先处置战略配售份额。"对该条规定，我们从如下几个方面进行理解：

1. 原始权益人转让股权至基础设施 REITs 内含两道交易

与 3 号公告第 1 条的划转不同，此处用的是"转让"，就是说，这里是将其看作是独立主体之间的交易对待。如果对该交易进行解构，实际上第一次"划转"资产行为，也已经实现了交易。所以包含两个阶段的交易，一个是以基础设施资产投资入股视同销售未缴纳的所得税，此时要补交。二是，从取得项目公司股权到转让股权至基础设施 REITs 或资产支持计划名下，股权转让所得要缴税。实际上从原始权益人取得股权，到转让股权至基础设施 REITs 名下，中间间隔时间并不长，在资产未发生增值的情况下，股权的评估价格就是投资入股时的评估价格，即便发生变动也不会变化太大。就是说，转让股权环节，内含着划转资产视同销售缴纳所得税的问题，上一环节未缴纳的税，在这一环节实现了。所以 3 号公告第 1 条规定的"不征收企业所得税"，既不是免税，也不是不征税。准确的理解，应当还是递延纳税，只是当初资产形态发生了变化，不能再对资产征税，征税对象发生了变化，只能对股权在转让时征税。

2. 原始权益人的股权评估增值，项目公司的资产计税基础是否应同时提高？

原始权益人将股权转让至基础设施 REITs 名下，基础设施 REITs 取得股权的计税基础就是股权评估价格，且不受原始权益人迟延纳税的影响。那么，项目公司的资产计税基础是否同步前移并提高呢？如果仅从股权转让的角度，股权转让，不会影响目标公司资产的计税基础，概因股权和资产分属不同的主体，资产的所有权归项目公司，股权的所有权归原始权益人。3 号公告规定两项资产的计税基础保持不变，在转让股权的同时，资产的计税基础却不能随之提高。

3. 纳税义务发生附有条件？

3 号公告规定"允许递延至基础设施 REITs 完成募资并支付股权转让价款后缴纳"，对此该如何理解？纳税义务何时发生？对此可以有两种理解：一是转让股权的时候，纳税义务已经发生，只是先欠着，待 REITs 完成募资并支付股权转让价款后，方须缴纳税款；二是，REITs 完成募资并支付股权转让价款后，纳税义务才发生，REITs 完成募资并支付股权转让价款是纳税义务发生的条件。

笔者理解，纳税义务在股权转让后，纳税义务就已经发生。国家税务总局《关于贯彻落实企业所得税法若干税收问题的通知》（国税函［2010］79

号）第 3 条规定："企业转让股权收入，应于转让协议生效、且完成股权变更手续时，确认收入的实现。……"考虑到基础设施 REITs 的特殊性，未完成募资，无法支付股权转让款，股权转让的目的并未实现，完成募资并支付股权转让款与签订股权协议完成股权变更，是一个连续性行为，这与一般的股权转让不同，将纳税义务发生时间界定为完成募资并支付股权转让价款，也无可厚非。但 3 号公告用的"递延"一次，显然不是说纳税义务的递延，而是税款缴纳时间的递延。税款入库时间的递延，是在纳税义务已经发生为前提。

有人理解，如果募资失败就不用纳税了。基础设施 REITs 可能因各种原因失败，市场行情不好、相同产品众多且同类化、基金经理营销能力欠缺等均可能导致募集失败。既然纳税义务已经发生，募资失败没有支付股权转让款为什么能够导致不用继续纳税了呢？3 号公告并未规定募资失败能够纳税义务就消灭了，未支付对价也不可能成为不用纳税的理由。所以，不用纳税只能依据其他事实而定，而这个事实就是股权转让协议的解除或撤销，且已经变更的股权返还给原始权益人，否则该纳税义务将一直存在。这也提醒交易各方，交易各方应在股权转让协议中约定，如基础设施 REITs 未能完成募资，不能支付股权转让价款，任何一方有权解除或撤销合同，并及时将股权变更到原始权益人名下。如此，税收法律事实不复存在，纳税义务便告消灭。

4. 基础设施 REITs 资产支持计划的纳税主体地位问题

3 号公告规定原始权益人向基础设施 REITs 转让项目公司股权，股权受让方是基础设施 REITs。3 号公告作出的该规定比较模糊，这也是无奈之举。目前各项资产管理计划，包括信托计划均不具有纳税主体地位，3 号公告只能做这样的表述。3 号公告也不可能通过公告的形式明确资产支持计划的纳税主体地位。实务中资产管理人可能代为受让股权并作为纳税主体，将股权转让给管理人，可能会引起办税人员的误解，以为管理人不是基础设施 REITs。为了顺利适用 3 号公告，可在股权转让协议中注释清楚二者之间的关系。

5. 原始权益人或其同一控制下的关联方参与基础设施基金份额战略配售
   递延纳税

3 号公告规定"对原始权益人按照战略配售要求自持的基础设施 REITs 份额对应的资产转让评估增值，允许递延至实际转让时缴纳企业所得税"。原始权益人参与基础设施基金份额战略配售，是一项强制性政策规定。《公开募集基础设施证券投资基金指引（试行）》 （中国证券监督管理委员会公告 [2020] 54 号）第 18 条第 1 款规定："基础设施项目原始权益人或其同一控制下的关联方参与基础设施基金份额战略配售的比例合计不得低于本次基金份额发售数量的 20%，其中基金份额发售总量的 20% 持有期自上市之日起不少于 60 个月，超过 20% 部分持有期自上市之日起不少于 36 个月，基金份额持有期间不允许质押。原始权益人或其同一控制下的关联方拟卖出战略配售取得的基础设施基金份额的，应当按照相关规定履行信息披露义务。"

原始权益人转让项目公司股权至基础设施 REITs，可能会有一部分对价不是现金，而是基础设施 REITs 份额。股权转让发生溢价，原始权益人所持的基金份额价格也随之增高，但未发生转让行为，本就不发生所得税的纳税义务。所以 3 号公告规定等到转让时再缴税。

6. 原始权益人通过二级市场认购（增持）该基础设施 REITs 份额

3 号公告第 2 条第 2 款规定："原始权益人通过二级市场认购（增持）该基础设施 REITs 份额，按照先进先出原则认定优先处置战略配售份额。"该规定对谁有利？一般来说，战略配售份额持有的时间比较早，价格比较低，计税基础也就比较低。按照"先进先出法"的规定，原始权益人的成本扣除少，就会先多交税，优先保证了税收的优先入库，这实际上不属于递延纳税优惠，而是恰恰相反，属于提前纳税待遇。

7. 重复征税的问题

结合 3 号公告第 2 条，再来审视 3 号公告第 1 条计税基础两头保持不变的规定，就会发现问题，关于这一点，是实务界的一个理解痛点，往往容易被忽视。基础设施 REITs 或资产支持计划持有项目公司的股权计税基础，按照评估价格或公允价格确定，此时对应的项目公司所持有的资产的计税基础却依然维持不变。我们假设一种情形，是资产支持计划将基础设施资产投资入股到项目公司，资产支持计划的投资入股行为视同销售，按评估价格计量计税基础，同时，项目公司取得基础设施资产的计税基础，也是公允价值。通过比对后发现，当股权转让后，股权的计税基础前移了，而资产的计税基础却依旧保持不变。那就是说，原始权益人取得的股权和项目公司接受划转的资产计税基础不变，导致将来处置时，会多缴纳一次所得税的问题。笔者认为，正确的处理方法应当是，原始权益人取得股权的计税基础应当保持不变，而项目公司取得基础设施资产的计税基础，应当按照评估价格确定。起码在原始权益人转让股权至资产支持计划时，项目公司所持的资产计税基础就应当前移，以公允价值确定，否则最终损害的是投资者的利益。

举例说明，原始权益人的资产计税基础为1亿元，划转时评估价格为1.5亿元。转让股权的评估价格为1.7亿元（保持1.5亿元的概率很大）。原始权益人可选择两种处理方式：

第一，选择缴税（假设不考虑增值税等相关税费），划转资产缴纳企业所得税0.125亿元（［1.5-1］×25%），项目公司取得资产的计税基础是1.5亿元。转让股权再缴纳企业所得税0.05亿元（［1.7-1.5］×25%）。总计缴纳企业所得税0.175亿元。

第二，选择特殊性税务处理，原始权益人取得股权的计税基础为1亿元，项目公司取得基础设施资产的计税基础为1亿元。转让股权至资产支持计划，缴纳企业所得税0.175亿元（［1.7-1］×25%）。与选择缴税相比，总的税负一致，但项目公司名下资产的计税基础依然是1亿元，少掉的0.5亿元的计税基础，最终会在折旧和处置时产生税收利益损失，影响利润表并最终影响投资者的利益，原始权益人未受损，受益的是税务机关。

第六节 金融机构不良资产抵债不动产税收问题

银行、信用社、资产管理公司等金融机构，开展信贷业务和不良资产处置业务过程中，不可避免地要接受和处置不动产，不良资产原本就是亏损资产，金融机构如果处理不动产忽略税收问题，结果只能是雪上加霜，尤其是不良资产业务中，直接转让不动产的情形比较多，没有太多的税务筹划，税负就在所难免。

一、接受不动产担保和抵债的税法风险

金融机构在接受不动产发生的税收争议，主要发生在不动产让与担保和抵债两个方面。一般而言，不动产发生所有权的转移，就要发生纳税义务。这其中要确定两个方面的问题：一是是否应当纳税；二是税款谁承担以及如何少缴。

（一）不动产让与担保登记过户的涉税风险

金融机构出借资金，要求贷款人提供抵押等担保是不可或缺的安排。不

动产的抵押不转移所有权，也就不属于税法上的应税行为。但是，实务中让与担保却频频发生税法争议，究其原因，有纳税人自身理解和认识的原因，也有税收执法中对税法的理解过于机械的原因。

让与担保是否转移了所有权，可参照最高人民法院《关于印发〈全国法院民商事审判工作会议纪要〉的通知》（法〔2019〕254 号，以下简称《九民纪要》）第 71 条之规定，根据该规定，财产过户登记并不是判断所有权转移的依据。法律人都知道，物权法律制度也并没有规定登记是判断所有权转让的依据，当对外公示的所有权状态与基础法律关系不一致时，要依据基础法律关系确定所有权归属，而不是依据财产的登记状态。第 71 条分不同情况对所有权的归属进行了处理。

《九民纪要》第 71 条第 1 款前半部分规定："债务人或者第三人与债权人订立合同，约定将财产形式上转让至债权人名下，债务人到期清偿债务，债权人将该财产返还给债务人或第三人，债务人到期没有清偿债务，债权人可以对财产拍卖、变卖、折价偿还债权的，人民法院应当认定合同有效。"

我们可以从四个方面对其理解：一是，让与担保并不让渡财产的所有权，就算过户了也不转让所有权归债权人，自然也就不属于应税行为；二是，就算债务人到期没有偿还债务，已经登记过户到金融机构名下的不动产，所有权也不归金融机构；三是，金融机构等债权人可以对过户登记在其名下的财产进行拍卖、变卖、折价，并进行受偿。但这里会存在一个问题，在拍卖、变卖、折价时，对外以谁的名义签订合同？从民法上说，金融机构等债权人，可提前约定到时可以代理人的身份替债务人处置财产。值得一提的是，金融机构等债权人处置让与担保下的不动产，会面临计税基础或扣税成本如何确定的难题，尤其是当债务人不配合的情况下。保险起见，同时应约定由金融机构等债权人代理债务人申报纳税。四是，如果债务人到期清偿债务，债权人将该财产返还给债务人或第三人，也未发生所有权的转让，也就未发生应税行为。

《九民纪要》第 71 条第 1 款后半部分规定："合同如果约定债务人到期没有清偿债务，财产归债权人所有的，人民法院应当认定该部分约定无效，但不影响合同其他部分的效力。"根据该规定，即便借贷双方在借款合同中，明确约定不动产或其他财产的所有权归金融机构，这种约定也是无效的，这便是流质条款无效的体现。同理，税务机关无权依据该所有权转让的双方约定，主张视同销售对其征税。

话虽如此，面对实务中只要登记过户就要缴税的做法，往往会陷于"秀才遇见兵，有理说不清"之困境，此时将案件提交法官裁决，是唯一的办法。中国农业银行股份有限公司甘肃省分行、中国农业银行股份有限公司兰州城关支行等合同纠纷民事一审案（［2019］甘0102 民初13134 号），便是对税收法律事实认识不清，导致纠结难解的典型。

2001 年 8 月 3 日，中国农业银行股份有限公司兰州城关支行（以下简称"农行城关支行"）与兰州市供销合作社联合社（以下简称"供销社"）以及兰州金达（集团）股份有限公司（以下简称"金达公司"）三方，签订了《资产置换协议》，由于不动产抵押问题，双方约定由供销社将房产过户至农行城关支行名下作为抵押，以租赁形式交付供销社及金达公司实际控制，租金用于偿还贷款利息。待贷款全部偿还后，将前述房产过户回供销社名下。后续金达公司并未按时足额还款，导致贷款逾期，农行城关支行将贷款作为不良资产剥离后由中国农业银行股份有限公司甘肃省分行（以下简称"农行甘肃省分行"）清收。2016 年 7 月 29 日，农行甘肃省分行与供销社达成《委托资产批量转让协议》，将前述包括金达公司在内的共 6 户市供销社企业债权本金 8314 万元、利息 7895 万元（其中金达公司本金 6795 万元、利息 5751 万元）组包实施批转，转让价格总额为 4510 万元（其中金达公司债权分配 4360 万元）。

2018 年经原告核实，前述房产价值现在经评估每平米约为 5.3 万元，总价值 4.13 亿元；房屋产权过户税收经核算预计为卖方（农行城关支行）承担 1.8 亿元（其中包括：增值税 2067 万元、土地增值税 3720 万元、增值税附加 546 万元、契税 1240 万元、印花税 41 万元、所得税 8896 万元、房产税及土地使用税还需另行核算，预计 1000 余万元），买方税费还未核算。原告认为，依据《委托资产批量转让协议》税费的分担，原告不仅不能收回贷款，还需要倒贴 1.4 亿元，实质上不符合双方签订合同的目的，遂请求解除合同。

被告市供销联社、第三人金达公司辩称中提道："……5、根据甘肃省高级人民法院［2021］甘民终 759 号民事判决书、甘肃省兰州市中级人民法院［2021］甘 01 民初 591 号民事判决书中的认定，市供销联社将金达大厦 1—4 层建筑面积共计 7798.91 平方米营业用房过户至第二原告名下的行为属让与担保行为，而原告在诉状中预测需交纳的增值税、土地增值税、企业所得税等税费是其依据不动产买卖交易方式办理转移登记时所产生的税费，故原告预测的税费依据错误。另外，目前实行的《不动产登记暂行条例》等法律规定，尚未对让与担保如何进行不动产登记作出明确的规定，我国相关税法中也未规定让与担保登记行为是否应该纳税，以及如何纳税。而且目前双方尚未以让与担保形式申请将案涉房屋返还登记至市供销联社名下，故是否会产生税费现尚不得而知。"

本案中，双方约定的是典型的让与担保行为，双方就让与担保行为是否属于应税行为，并未与税务机关交涉。上述案例，无论是供销社将房产过户至农行城关支行名下，还是十几年后农行城关支行将房产再返还给供销社，均不发生应税行为，这是典型的让与担保行为，根据上述《九民纪要》，让与担保受民法所认可，税务机关不应仅凭过户登记这一行为对其征税。

（二）接受抵债不动产的扣税成本之确定

以物抵债在税法上视同销售，财产所有权会从债务人转移至债权人。相应地，计税基础或扣税成本会发生前移，尤其是不动产所有权发生改变，涉及诸多税种，税收成本的更新将决定各项税负的高低。

1. 抵债不动产过户代垫税款的追偿问题

金融机构接受抵债资产，无论是协议转让还是根据法院的判决接受抵债不动产，都将面临过户环节的税负问题。有的金融机构出于风险考虑，会选择在最短时间内，将不动产及时过户到自身名下。不动产过户环节要缴纳大量的税款，这是金融机构过户不动产面临的一大障碍，很多时候不得不选择替债务人代垫依法应由债务人承担的税款，事后向债务人追偿。这里面涉及的问题是，未经债务人同意代垫税款，金融机构是否有权向债务人追偿？对此，审判实务中的态度不一，追偿成功与否，将关乎金融机构作为债权人代垫的税款，能否作为接受抵债不动产的扣税成本问题。可结合几则案例予以分析。

在甘肃金控平凉融资担保有限公司、静宁县中邦伟业家具有限责任公司追偿权纠纷民事二审民事案（［2022］甘08民终326号）中，一审法院认为："本案为以物抵债实现债权的方式，而在以物抵债的过程中必然会发生涉案商铺所有权的变动，对于不动产变更登记产生的相关税费，金控平凉公司、中邦伟业公司并未进行协商约定，而金控平凉公司仅向中邦伟业公司发出函件及向中邦伟业公司法定代表人发出短信，但中邦伟业公司并未作出明确表示，且执行法院也未对该费用的负担作出裁决。在此情况下，金控平凉公司垫付税费的行为应认定为其自由处分权利义务的行为，不属于法定追偿权的范畴，故对金控平凉公司的诉讼请求依法不予支持。"

二审法院则与一审相反，判决认为："在办理产权登记中，金控平凉公司已经缴纳其应该承担的税费部分，对于中邦伟业公司应该承担的部分，金控平凉公司已经代为缴纳，税票开具在中邦伟业公司名下，因此，金控平凉公司有权向中邦伟业公司追偿。"

本案中，一审法院认为双方不存在约定，也没有法定依据的情况下，债权人代垫税款不属于法定追偿权，就是说《民法典》并未规定代垫税款属于法定追偿的范畴。二审法院依据税票开具在债务人名下这一事实，认定债权人有权追偿，不具有说服力。债权人代垫税款，增值税专用发票或普通发票，只能开具给债务人，开具发票仅仅证明债权人代垫了税款，并无设定权利之效力，债务人并不因此要承担义务。

而在开阳县农村信用合作联社、李某学追偿权纠纷民事一审民事案（［2022］黔0121民初521号）中，法院认为缴纳税款的义务在债权人。法院认为："以物抵债是一种特殊的债务清偿方式，原告开阳县农村信用合作联社自愿申请以物抵债，本院在［2019］黔0121执恢151号执行裁定中明确了'申请人开阳县农村信用合作联社可持本裁定书、协助执行通知书缴纳税费、办理过房登记'，说明办理过户产生的费用由原告开阳县农村信用合作联社负担，原告开阳县农村信用合作社联社请求被告李某学承担过房费用，不符合公平原则。"本案中，债权人自愿申请以物抵债，法院裁定持协助执行通知书缴纳税费，并不意味着债权人作出了缴纳税款的意思表示，也不意味着裁定由债权人承担了纳税义务。"缴纳税费"也含有代垫税款的意思。退一步讲，在债权人未表示要代为承担税款的情况下，法院是否有权裁定债权人承担税款呢？笔者认为法院没有这个权力。如果法院裁定税款由债权人承担，实际上是在干预不动产的买卖价格是多少，法院从来就没有权力决定合同的要素。额外承担税款，实际上是对不动产转让价款的修正，法院无权干涉。

可见，债权人擅自代垫税款存在风险。换个角度是否能够寻求一个请求权基础呢？代垫税款可否归类为无因管理之债或者不当得利之债呢？首先，是否构成无因管理，必须要求是为了避免债务人的利益受损而代垫税款，代为偿债很难说是为了防止债务人的利益受损。根据《民法典》第979条："管理人没有法定的或者约定的义务，为避免他人利益受损失而管理他人事务的，可以请求受益人偿还因管理事务而支出的必要费用；管理人因管理事务受到损失的，可以请求受益人给予适当补偿。管理事务不符合受益人真实意思的，管理人不享有前款规定的权利；但是，受益人的真实意思违反法律或者违背公序良俗的除外。"管理人可以请求的"必要费用""适当补偿"，不应高于债务人的受益金额。更何况，在未经债务人同意的情况下，代垫税款，也不符合债务人的真实意思。债权人代垫税款，本质上不属于"管理事务"。也就是说，金融机构作为债权人代垫税款，不符合无因管理的构成要件。

那么，是否构成不当得利之债呢？不当得利要求受益方存在利益增加或原本发生财产减少却没有减少。债权人代垫税款，是防止债务人利益的减少？在中国农业银行股份有限公司太原市城西支行、山西证券股份有限公司不当得利纠纷二审民事案（〔2019〕最高法民终450号）中，最高人民法院认为："对于利益的类型，可以是取得权利，获得劳务，或者债务消灭、物的使用收益本身或者占用等。"如果按照这个界定，金融机构代垫税款，替债务人消灭了税收之债，债务人存在不当得利。

可是在实务中，债权人代垫税款，依然面临较大的败诉风险。在华融湘江银行股份有限公司张家界分行、桑植县徐氏发展有限公司不当得利纠纷民事二审民事案（〔2021〕湘08民终649号）中，一审法院认为："首先华融湘江银行张家界分行自愿申请以抵押物抵偿债务，但就办理抵押物过户手续所需费用未与徐氏发展公司进行约定，徐氏发展公司对该费用的支付不具有合同义务；其次，徐氏发展公司在所涉案件中系第三人为债务人设定抵押，亦称物上保证人，徐氏发展公司于债权人的保证责任限于抵押物，对该费用的承担，徐氏发展公司不具有法定义务；最后，华融湘江银行张家界分行因办证所缴纳的案涉费用即便构成其损失，但徐氏发展公司未因此而受益，包括积极利益和消极利益。故华融湘江银行张家界分行诉请判令徐氏发展公司返还不当得利219.081 43万元，没有事实和法律依据，本院不予支持。"

二审法院认为："……本案处置的抵押物系第三人提供，而非债务人提供，对于第三人作为抵押人的，其承担责任的范围应限于其提供的抵押财产，如要求抵押人另行承担拍卖抵押物行为产生的相关税收，实为要求其超过抵押财产价值范围，额外承担相关义务，变相增加了抵押人的法律责任，于法无据。"

本案中关键的问题是，抵押物并非债务人提供，而是第三人提供，法院认为如果要求第三人超出抵押物的价值承担额外义务，在法律上没有依据。问题出在金融机构这里，在确定抵押物价值的时候，很多都是按照抵押物的税前价值确定抵押物的范围，忽略了抵押物拍卖等需要付出的税款，如果减去税款，剩余款项就难以对债务进行全额清偿。作为债权人的金融机构估计错误，在消灭债务的同时，导致税款实际上是由己方承担。换言之，当税款从抵押物拍卖价款中支付时，抵押物同时负担了税款和清偿债务两部分，只不过债权人事前没认识到。第三人提供的抵押物如此，债务人自身提供的抵押物亦应如此，税款由抵押物承担。

同样，在大连银行股份有限公司成都分行、郑某东不当得利纠纷民事二审民事案（［2021］川10民终792号）中，法院也未支持不当得利请求权。二审法院认为："在四川省自贡市中级人民法院作出［2014］自执字第69-4号执行裁定书后，大连银行为实现其债权将案涉房屋办理转移登记至其名下，其由此向税务机关缴纳的税款并未导致郑某东取得不当利益。且［2014］自执字第69-4号执行裁定第2项明确由申请执行人大连银行可持该裁定书到有关机构办理相关产权过户登记手续，并没有要求郑某东承担办理产权过户的任何责任，现大连银行以郑某东取得不当得利为由要求郑某东返还939 218.95元并赔偿利息损失缺乏事实依据。本案纠纷系因执行中裁定以物抵债引起，大连银行如认为其因缴纳案涉税款导致其实际抵偿债权不足可在执行程序中主张解决。"

可以看出，实务中金融机构接受抵债不动产，并未明确约定税款是由抵押物承担还是由债务人另行承担，如果没有明确约定税款由债务人另行承担，债务人就不存在履行税收之债的义务。所以对金融机构来讲，如果税款从抵押物中承担，就应按照抵押物的税后金额，确定其债权是否得到清偿。

2. 接受抵债不动产的扣税成本及如何节税

金融机构接受抵债不动产，如果垫付税款，该税款可否计入不动产的计税成本？对此，需要分情况看待，如果金融机构就代垫的税款向债务人追偿成功，就不应计入抵债不动产的计税成本；如果代垫的税款未能追偿成功，且能认定属于不动产转让对价的一部分，则作为不动产的取得成本，理应计入接受不动产的计税基础或扣税成本。

抵债不动产，视同销售，销售价格如何确定，也将影响不动产的计税基础。有时候，双方可能会约定用不动产抵顶全部债务，甚至有法院判决以不动产抵顶全部债务。当债务金额与不动产的公允价值不一致时，就涉及接受的抵债不动产的计税基础以哪个为准的问题。一般而言，不动产抵债视同销售，报税金额就是金融机构的计税基础或扣税成本，而报税金额如何确定呢？如果不动产的价格偏低，税务机关有权进行纳税调整，双方的约定价格甚至法院确定的价格，并不必然能够约束税务机关，这就涉及不动产的抵债价格是否与真实市场价格相一致的问题。对于金融机构来说，计税基础越高越好，但在抵债过户环节，则未必是越高越好。这其中也涉及税务筹划的问题。假如债务是 7000 万元，不动产公允价值是 5000 万元，如果双方约定以不动产抵债后债务全部归于消灭，那这样的约定就是盲目的。如果是按照 7000 万元报税，则明显不利，双方应当将债务切割成两部分可能比较有利。按照 7000 万元报税，所得税、增值税、土地增值税甚至契税都过大。如果分成两部分，一部分 5000 万元由不动产抵顶，一部分 2000 万元进行债务重组，对这 2000 万元进行免除，负担增值税、土地增值税以及契税的仅限于 5000 万元部分，另外 2000 万元就不用负担不动产过户环节的税负，仅由债务人负担企业所得税，且这部分税还不用从不动产转让价款中优先缴纳，这是一个更好的税务筹划方案。这里又延伸出一个问题，从计税基础的角度，金融机构接受抵债不动产的计税基础是 5000 万元还是 7000 万元。这就涉及 2000 万元的债务重组部分，是否属于不动产的对价？既然不动产的对价是 5000 万元，这 2000 万元的债务免除就不能算作是接受抵债不动产的对价，也就不能计入计税成本，计税成本按 5000 万元计算。

另外，金融机构接受抵债不动产的计税成本，应当是税前金额，而不是税后金额。比如抵债资产的价格为 1 亿元，过户税负为 4000 万元，金融机构对抵债不动产的计税成本并不是 6000 万元。如果双方约定或法院确定，是以税后金额抵顶债务，比如税后金额是 6000 万元，只能抵顶 6000 万元的债务而不是 1 亿元的债务，此时计税成本就是 6000 万元，如果过户的税款由金融机构承担，则计税成本就是 1 亿元。

抵债双方要清楚如何做对双方更有利。对金融机构来说，要清楚承担税款的风险。参照《关于支持金融机构加快不良资产处置若干措施》第 7 条规定："对银行涉诉抵押资产增值税及附加、企业所得税、土地增值税、契税、印花税等税款，由纳税义务人依法缴纳。贷款银行可依法接受纳税人的委托办理纳税申报、税款缴纳等事宜。相关单位不得要求银行机构承担无法律依据的缴税义务。……"国家税务总局长沙市税务局、湖南省长沙市中级人民法院《关于建立不动产司法拍卖涉税事项办理协作机制的通知》（长税发〔2021〕41号）第2条第3项规定："拍卖税费缴纳。人民法院在拍卖、变卖不动产成交或者依法裁定以物抵债后，应当及时告知税务机关，税务机关根据不动产成交价格或以物抵债价格计算确定本次处置应缴税（费）金额，并向人民法院出具《××税务局协助征收税费函》。被执行人应承担的税费，由人民法院从拍卖款中扣除并缴入税务机关指定账户；买受人应承担的税费，由其自行向税务机关申报缴纳。"根据这些规定，无论是作为债权人的金融机构，还是法院，都应该清楚提前了解抵债的是税前金额还是税后金额。如果是抵押物，则在抵押权设立前，合同各方（含第三人）就应清楚抵押物受偿的范围。

最后，金融机构接受抵债不动产，要开具增值税专用发票，否则可能面临大额的增值税压力。

二、接受和处置抵债不动产的税收优惠

金融机构接受和处置抵债不动产所享受的税收优惠非常有限，除了四大资产管理公司外，其他金融机构几乎没有税收优惠，做好税务筹划就显得尤为重要。

（一）银行业金融机构、金融资产管理公司不良债权以物抵债有关税收政策

自2022年8月1日至2023年7月31日期间，国家为了降低信贷风险，给予银行业金融机构和资产管理公司以物抵债业务以税收优惠。笔者对财政部、国家税务总局《关于银行业金融机构、金融资产管理公司不良债权以物抵债有关税收政策的公告》（财政部、国家税务总局公告2022年第31号）主要条款解读如下：

一、银行业金融机构、金融资产管理公司中的增值税一般纳税人处置抵债不动产，可选择以取得的全部价款和价外费用扣除取得该抵债不动产时的作价为销售额，适用9%税率计算缴纳增值税。

按照上述规定从全部价款和价外费用中扣除抵债不动产的作价，应当取得人民法院、仲裁机构生效的法律文书。

　　选择上述办法计算销售额的银行业金融机构、金融资产管理公司处置抵债不动产时，抵债不动产作价的部分不得向购买方开具增值税专用发票。

　　这是给予特定金融机构差额征收增值税的规定，考虑到实务中金融机构可能不能从债务人处取得增值税专用发票的现状，可由金融机构选择是否适用差额征税的方法，差额征税中扣除的成本，无需进项发票，这也便于金融机构处置抵债资产。问题在于，这些特定金融机构如果选择差额征税，抵债不动产作价的部分不得向购买方开具增值税专用发票，对于买受人不利，不利于金融机构处置抵债不动产。财政部和国家税务总局这样做，笔者猜测其目的在于防止国家税款的流失，因为金融机构取得抵债不动产如果没有进项发票，处置的话再开具增值税专用发票，可能对国家税收不公，没有进项发票意味着上游债务人没有缴纳上一环节的增值税。如果要求金融机构不能给购买方开具发票，购买方没有进项将来就要缴纳相应部分的增值税，这对购买方不公平，尤其营改增后，进项发票的缺失，将决定一项不动产是否值得购买。

　　二、对银行业金融机构、金融资产管理公司接收、处置抵债资产过程中涉及的合同、产权转移书据和营业账簿免征印花税，对合同或产权转移书据其他各方当事人应缴纳的印花税照章征收。

　　这是给予单方免除印花税的规定，金融机构处理大量的不动产，总体下来也能减轻一定的税负压力。

　　三、对银行业金融机构、金融资产管理公司接收抵债资产免征契税。

　　接受抵债资产免征契税，处置抵债不动产给购买方，购买方不能免税。接受环节免税，处置环节的土地增值税不免除。

　　四、各地可根据《中华人民共和国房产税暂行条例》、《中华人民共和国城镇土地使用税暂行条例》授权和本地实际，对银行业金融机构、金融资产管理公司持有的抵债不动产减免房产税、城镇土地使用税。

　　金融机构持有不动产是否减免房产税和土地使用权，决定权在各个地方。

目前尚未看见各个地方的明文规定。金融机构可根据具体情况跟当地税务机关协商沟通。

（二）四大资产管理公司接受和处置抵债不动产的特别优惠

四大资产管理公司，即中国信达资产管理股份有限公司、中国华融资产管理股份有限公司、中国长城资产管理公司和中国东方资产管理公司，享有一些特殊的税收优惠。

第一，营改增后免征增值税优惠待遇。财政部、国家税务总局《关于营业税改征增值税试点若干政策的通知》（财税〔2016〕39号）第9条规定："中国信达资产管理股份有限公司、中国华融资产管理股份有限公司、中国长城资产管理公司和中国东方资产管理公司及各自经批准分设于各地的分支机构（以下称资产公司），在收购、承接和处置剩余政策性剥离不良资产和改制银行剥离不良资产过程中开展的以下业务，免征增值税：（一）接受相关国有银行的不良债权，借款方以货物、不动产、无形资产、有价证券和票据等抵充贷款本息的，资产公司销售、转让该货物、不动产、无形资产、有价证券、票据以及利用该货物、不动产从事的融资租赁业务。……"

第二，接受和处置抵债不动产享受免征契税、房产税、城镇土地使用权以及土地增值税。财政部、国家税务总局《关于中国信达等4家金融资产管理公司税收政策问题的通知》（财税〔2001〕10号）第3条规定："资产公司收购、承接、处置不良资产可享受以下税收优惠政策：……3.对资产公司接受相关国有银行的不良债权，借款方以土地使用权、房屋所有权抵充贷款本息的，免征承受土地使用权、房屋所有权应缴纳的契税。……5.对各公司回收的房地产在未处置前的闲置期间，免征房产税和城镇土地使用税。对资产公司转让房地产取得的收入，免征土地增值税。"

第八章

重资产企业不动产交易主要涉税风险

实务中，不同企业可能会面临同样的法律问题，而有些企业由于自身的特点，可能会特别关注某些法律问题。但也有些某类企业的前车之鉴，对其他企业亦有借鉴意义，尤其涉及不动产交易，虽然企业不同，但法律原理和计税规则并无区别。

第一节　酒店经营模式的选择及预料之外的税法责任

酒店以及餐饮业是普遍存在的经营行业，该行业严重依赖房产，实践中很多酒店餐饮都是选择租赁房屋，而大型企业经营的酒店则可能会选择自身拥有产权的不动产，无论是租赁还是自购，企业都需要关注其中的税务问题。

一、酒店经营方式对应的税法风险

实践中酒店经营存在酒店外包，连锁经营等方式，合作各方如何划分各方的责任，有时候往往仅靠相互之间的协议，对税务机关没有约束力。就连锁经营来说，不同地方的加盟酒店，需要在当地税务机关登记，税务机关往往只认可名义上的经营主体，如果双方对税法责任进行排除，仅在各方内部具有法律约束力。

（一）酒店外包税法责任未转移

全国各地承包经营酒店和饭店的做法比较常见，承包人承包酒店后，不但场地的问题解决了，连炊具等用具，甚至经营资质都一起解决了，只需要向出包人缴纳一定的管理费。《增值税暂行条例实施细则》第10条规定："单位租赁或者承包给其他单位或者个人经营的，以承租人或者承包人为纳税人。"《营业税改征增值税试点实施办法》第 2 条进一步具体化纳税义务人："单位以承包、承租、挂靠方式经营的，承包人、承租人、挂靠人（以下统称承包人）以发包人、出租人、被挂靠人（以下统称发包人）名义对外经营并由发包人承担相关法律责任的，以该发包人为纳税人。否则，以承包人为纳税人。"具体到酒店承包合同，合作各方往往容易忽略对外经营的名义，而酒店外包，一般不会选择以承包人的名义经营，往往都是保留原有发包人的装潢、字号等，此种情况下，发包方更应注重对税法责任的明确。如果以发包人名义经营，有些责任可能不可控，最终会给发包人带来名誉上的损失，比如偷税受到税务行政处罚，虚开增值税专用发票存在刑事风险等，所以税务事项是否一起外包，承包人应自己斟酌。

现实中遇到的各类承包合同很多都比较简单粗糙，其中收取的费用大多称之为承包费或管理费。交易对价如此笼统的约定，反映到税务上存在的问题，比如承包费里面其实含有房屋的租赁费以及其他各项费用，在征收房屋租赁有关的增值税、出租房屋的房产税，税务机关可能就会按照承包费笼统地计算征税，存在多征税款的问题，所以作为合作各方，对各项费用进行细化为上。

在湖南省长沙市地方税务局稽查局、余某诚税务行政管理（税务）再审行政案（〔2017〕湘行再 104 号）中，长沙市雨花区星盛盛记海鲜酒楼（以下简称"星盛盛记酒楼"）办理的税务登记证记载：纳税人为星盛盛记酒楼，负责人为余某诚，登记注册类型为个体户。2013 年 3 月 20 日，长沙地税稽查局告知星盛盛记酒楼在向主管税务机关进行纳税申报时采取虚假纳税申报的手段少申报应纳税款，拟给予 509 082.82 元罚款的行政处罚。余某诚认为，星盛盛记酒楼股东有四个人；酒楼由"阳某平"承包经营，日常经营管理由"阳某平"负责，合同约定所有法律责任都由"阳某平"承担。余某诚起诉，一审败诉，二审胜诉。

税务机关申请再审认为，星盛盛记酒楼是否属于承包经营以及实际经营者是何人，均不影响长沙地税稽查局依法对其偷税行为进行行政处罚。在本案中，无论余某诚将星盛盛记酒楼承包给何人，只要余某诚不主动进行纳税申报或变更，长沙地税稽查局便无法将未变更的主体列为税收行政处罚的对象。若将没有进行纳税申报的实际经营者作为税务稽查对象，不仅增加了税收执法成本，而且不具备可操作性，更违背了我国以税务登记和纳税申报为基础的税收征管制度。

湖南省高级人民法院经再审后认为："……本案中，星盛盛记酒楼系由工商行政管理部门注册登记的个体工商户，其属于法定的纳税主体。由于星盛盛记酒楼在 2010 年 1 月至 2011 年 12 月期间持续向湖南省长沙市地方税务局领购发票、缴销发票、申报并缴纳税款，同时，亦在 13 号处罚决定作出前向税务查处机关提交了其在该期间的财务报表等会计税务资料，因此长沙地税稽查局在查清相关案件事实后，认定法定纳税人星盛盛记酒楼在该期间存在偷税行为，并将其作为税务处罚对象，有事实和法律依据。"

"……本案中，星盛盛记酒楼系税务机关依法登记的纳税人，故其负有依法使用税务登记证件，不得转借他人使用的法定义务；同时，当其税务登记内容发生变化时，负有依法申请办理税务登记变更或注销手续的义务；此外，其应当依法履行纳税义务，不得违反税收法律、行政法规规定与他人签订合同、协议。即使余某诚抗辩的星盛盛记酒楼为盛记餐饮公司经营管理并由"阳某平"承包经营的事实成立，但因星盛盛记酒楼从未依法办理税务登记的变更或注销手续，当事人约定由税务登记的纳税人之外的主体承担纳税义务的协议因违反税收法律、行政法规的规定而对税务机关不产生约束力，故长沙地税稽查局在此情形下继续将星盛盛记酒楼认定为偷税主体并将其作为税务行政处罚对象，亦无不当。"

湖南省高级人民法院的裁判理由大致对路，只是本案中的外包行为并非出借或转借，在税法上，当纳税人以承包方式经营的，可以代替原纳税人履行纳税义务，该行为并非法律所禁止。只有那种单纯的将税务登记证等证件借给其他主体的行为，方可构成本案中提到的出借行为。本案中承包人是在承包原纳税人业务的基础上，使用原纳税人星盛盛记酒楼的名义从事经营活动，在此前提下使用星盛盛记酒楼的税务登记证报税，产生的后果当然由星盛盛记酒楼和余某诚负责。包括增值税、房产税在内的税种，出了问题最终均由星盛盛记酒楼承担。可见，出包人将经营业务外包后，并不能完全撒手不管。

（二）酒店外包经营所得税之缴征

发包人将酒店业务承包给承包人，从民商法的角度，双方之间的法律关系有效，受法律保护。那么发包人和承包人双方的所得，如何缴纳企业所得税呢？或者是个人所得税。实践中常见的做法是，承包人实现的收入，以承包方的名义缴纳所得税后，双方分成。或者是承包人实现的收入，在保证承包人固定费用的前提下，不管是税前还是税后，以发包人名义纳税后，剩余的利润归承包人。就是说，现行承包的做法中，双方只缴纳一次所得税。这是当下的实然状态，也是公正的做法。但是应然状态下，双方的这种做法存在税法风险。发包人收取的承包费需要负担所得税，当然在以发包人名义纳税的前提下，经营所得已经缴纳过所得税，发包人收取的承包费不用再另行缴纳所得税。相比之下，承包人分配的剩余利润，也应该缴纳所得税，一方面，承包人的经营所得，是以发包人名义纳税的，承包人没有纳税；另一方面，承包人是独立于发包人的民事主体，也不隶属于或受雇发包人，承包人分配的利润如果不纳税，税法依据是什么呢？现行税法没有规定承包人的收入可以免税，如果是个人承包，应该缴纳个人所得税，如果是企业承包，则缴纳企业所得税。

所以从税收成本的角度看，这种承包他人酒店业务的做法是不划算的，尤其是承包人是企业的情况下。以发包人的名义纳税，承包人再纳税无疑构成双重征税。所以可以得出：一是，承包人的经营所得以承包人的名义纳税更划算，这样发包人收取的承包费可单独纳税，此部分税负由发包人承担，对承包人而言，与自己经营税负没有差别，尤其是企业作为承包人的情况下，宜采取以承包人名义纳税的方式。以发包人的名义纳税最终对发包人有利。无论承包人以何种身份拿走利润，均要负担税款。所以在目前没有税法明确可以消除双重征税的情况下，承包双方都应关注其中的税法风险，尤其是大规模的承包经营更是如此，目前实践中多是小规模经营采取承包方式。二是，以承包人名义对外经营并纳税，可以最大限度地减少双重征税，剩余双重征税的部分就是承包费部分。当然，如果承包费占比超过承包人的分配利润，以发包人的名义纳税整体上较为划算。

在上海鸪志酒店管理有限公司与魏某全等损害股东利益责任纠纷案（［2021］沪0115民初62465号）中，法院确认事实如下：2019年3月4日，原告上海鸪志酒店管理有限公司与被告邢某仁签订"酒店经营承包合同"，第1条：1、原告承包给被告邢某仁的酒店位于上海市浦东新区宣黄公路；门牌号为374-378（双）号底层……第3条承包金支付方式：（1）该酒店第一年承包金为150万元，（2）该酒店第二年承包金为165万元，（3）该酒店第三年承包金为181.50万元，每两年一交租金，以此类推，（4）被告邢某仁需支付原告押金为 50 万元，……第 4 条（一）甲方的权利和义务……5、允许被告邢某仁使用酒店的银行账号及税号，承包期间该银行账号的一切财物往来与资产归被告邢某仁所有，如被告邢某仁需用公章，在不损害原告利益的情况下，原告应全力配合……

本案中，发包人上海鸪志酒店管理有限公司只收取承包费，该承包费属于税后利润。在承包人以发包人税号纳税的情况下，该承包费就是税后利润，对发包人有利。承包人邢某仁取得的经营所得，也是经营所得，依法应缴纳个人所得税，目前没有规定可免税，那就会存在超出承包金的部分，存在双重征税的问题。具体依据《个人所得税法实施条例》（2011 年）第 18 条："税法第六条第一款第三项所说的每一纳税年度的收入总额，是指纳税义务人按照承包经营、承租经营合同规定分得的经营利润和工资、薪金性质的所得；所说的减除必要费用，是指按月减除 3500 元。"所以承包人按照发包人名义纳税，不能等同承包人自己已经按照承包收入纳了税。本案中承包人邢某仁分配的收入存在双重征税的风险。

而当承包人是企业的情况下，这种以发包人名义纳税导致的双重征税就更加明显。在钱某珍、威海易安假日酒店有限公司委托合同纠纷案（［2021］鲁 1082 民初 5729 号）中，原、被告签订《房产委托经营管理合同》，原告钱某珍个人将位于威海洲际假日广场一号楼（酒店房号 60832）的房屋全权委托给被告威海易安假日酒店有限公司进行统一经营管理，委托期限为 5 年，时间自 2017 年 1 月 1 日至 2021 年 12 月 31 日。双方约定，被告支付原告合同委托期内的保底收益和剩余利润，保底收益按第一年以 3000 元为基数计算，每年上浮 10%，保底收益之外仍有可分配利润的部分原告 30%、被告 70% 的比例分配。收益按公历年份计算，每年结束税务机关所得税清算后 1 个月内，被告支付收益。原告收益所涉及的缴纳税款事宜由原告按国家相关法律法规承担。收益按公历年份计算，每年结束税务机关所得税清算后 1 个月内，被告通过银行或其他方式支付所得收益。合同签订后，被告于 2018 年 7 月 19 日向原告支付 2017 年度收益款 2880 元，其中与合同中承诺的第一年保底收益 3000 元相差 120 元，双方认可该差额为原告应承担的税费。之后年度收益款未支付。

本案中，承包人是一家公司，从本案中无法看出纳税是以谁的名义申报，只知道双方合同中约定原告钱某珍收益所涉及的缴纳税款事宜由原告按国家相关法律法规承担，可能承包方是以自己的名义纳税，对承包方有利，双重征税部分是钱某珍保底收益部分。假如承包人威海易安假日酒店有限公司是以发包人名义纳税，则明显可以看出承包人剩余分配所得，不可能免税，这部分所得存在双重征税。所以说酒店经营中的双重征税是有税法依据的，实务中只缴纳一道税的做法，存在税法风险，承包各方应予以注意。

二、酒店转让协议中的税法风险

酒店内可能存在他人产权，或者单独房间存在抵押权，法律尽职调查注意酒店产权分证的情况。另外一个是房屋租赁特别多，根据"买卖不破租赁"的合同法规则，购买酒店后不能要求承租人搬离。有时候，卖方不打算履行交付房产的义务，就可能会伪造租赁关系，以此来造成障碍。所以酒店转让存在其特有的风险。

（一）股转债中以酒店部分楼层抵债税款承担问题

根据税法，以物抵债分解为两个交易环节：一是将物出售，二是用出售物所收取的现金偿还债务。将物出售要发生各项纳税义务，而用现金偿还债务则不属于应税行为。我们会发现，以不动产抵债，对双方来说税负都很大，债权人有时可能要做出一些让步，为了完成不动产的过户，债权人可能要承担一部分的税款，债权人承担税款，本身就是一项债务重组行为，严格而言，也要进一步考虑债务重组相关税收规则的问题，债务人如果是企业要计算重组所得，而债权人要注意债务重组损失的税前扣除。

有时，以物抵债背后可能存在复杂的法律关系，赵某湘，重庆市巨业房地产开发有限公司等与陈某美合同纠纷案（［2021］渝 0238 民初 5272 号），就反映出了非常复杂的法律关系，所以该案中的以酒店楼房抵偿债务，暗含着多种税务解决方案，但双方争议的主要问题却是应多交税还是少缴税的问题。

原告杜某斌、赵某湘、重庆市巨业房地产开发有限公司（以下简称"巨业公司"）与被告陈某美因巫溪县泰和大酒店股转债而形成的债务纠纷，达成执行和解，并签订了《以物抵债协议》，协议约定了以下内容：（1）债务方赵某湘、李相富、杜某斌用三个自然人股东所有的泰和大酒店主体负一层至5层的房产和房产楼层所对应的酒店装饰、设备设施等资产抵偿陈某美股转债所形成的全部本金和利息。（2）以执行局出具的司法评估价格为抵债计偿依据。司法评估价格为楼层 3900 元/平方米、负层 1950 元/平方米、装饰装潢、设备整栋楼价值 1021 万元，按对应楼层均摊约 1000 元/平方米，所以司法评估的抵偿房屋单价约为 4900 元/平方米。按上述价格和陈某美所主张的 1000 万元本金和 950.5 万元利息共计 1950.5 万元的债权，另外加上债务方多拿出来的 290.5 万元房产让陈某美变现缴纳应由债务方缴纳的所有税费，据此折算出抵偿陈某美房产面积共约 5487.30 平方米。（3）以物抵债的房产过户办理由甲方负责，乙方予以配合。产权过户应由甲、乙方缴纳的全部税、费均由甲方缴纳。

房产过户完成后，原告发现原本应缴纳 600 万元的税，被告陈某美可能考虑到多给的房产只有 290 万元，所以就只缴纳了一半，如果陈某美没有足额纳税，这个税法责任是由原告承担。原告述称，在《以物抵债协议》签订后，原告方即向税务机关进行了报备。税务机关明确以物抵债的计税依据只能是司法评估报告和《以物抵债协议》，据税务部门测算，陈某美应交纳各种税费约 600 多万元。陈某美对税务测算结果一直采取抵制态度，为了达到偷逃少交的目的，于 2020 年 6 月 16 日，通过私刻盗盖巨业公司印章，伪造了一份《以物抵债协议》，并经此作为计税依据向税务机关进行了虚假申报。原告方未与被告陈某美进行洽谈、签署 2020 年 6 月 16 日《以物抵债协议》，该份协议也缺少三个主债务人签署，故该份协议是不成立的。原告于 2020 年 7 月 12 日通过会议、书面委托和对方承诺的方式将公章交给陈某美，委托办理税务事宜，陈某美对超限使用公章承诺了担责办法。同时，2020 年 6 月 16 日《以物抵债协议》的数据来自于陈某美在抵债程序完成后，在完全取得产权后，自行委托的评估结果。从原价 4900 元/平方米狂降成了 2900 元/平方米。故 2020 年 6 月 16 日《以物抵债协议》系伪造的，对原《以物抵债协议》而言，陈某美已构成严重违约；对税收征管而言，已涉嫌严重违法。

本案中的债务之所以是股转债，实际上就是为了支付股权转让款，陈某才、陈某平与周某涵、杜某斌、李某富共同投资成立泰和酒店公司。2014 年 12 月 7 日，陈某才、陈某平与周某涵、杜某斌、李某富协商签订股权转让协议书，陈某才与陈某平将各持有的 20% 股权转让给周某涵、杜某斌、李某富。因股权转让款的支付发生争议，陈某才、陈某平向法院提起诉讼。2016 年 10 月 21 日，陈某才、陈某平分别与周某涵、杜某斌、李某富、巨业公司达成民事调解协议。因周某涵、杜某斌等人未按民事调解书约定内容履行，陈某才、陈某平遂向法院申请强制执行。在执行过程中，申请执行人由陈某才变更为陈某美。周某涵于 2018 年 12 月 15 日因病去世，周某涵在巨业公司等处的股权由赵某湘继承，但至今未办理公司股东信息变更登记。

本案中，双方存在税款承担的约定，原告只出 290 万元价值的房产，剩余的被告陈某美自行负担，可陈某美将交易价格降低了近一半，这种做法可能会导致原告承担税法责任，从法律上看，陈某美应当如实申报纳税，如果原告负担了剩余的税款，陈某美应对原告进行补偿。陈某美将房产购入价格降低一半，未来如果处置，这部分未缴纳的税，也要缴纳。

但本案是股转债产生的纠纷，当然这里的股转债仅限于本案所赋予的含义。股东为了支付股权转让款，却将公司的财产拿来抵偿债务，这里面存在税法风险。从公司法角度和税法角度，可以有两种解释，一是属于第三人代为履行债务行为，公司替股东偿还债务，如果是这样，公司偿还后对股东享有债权，如果没有偿还，税法上会视同股东存在股息分配，要缴纳个人所得税；二是，视为公司将房产向股东分配，包含三项法律行为：一是房产的视同销售行为，本案中陈某美缴纳的税款就是依据该行为产生；二是股息分配法律行为，作为股东的原告，要承担个人所得税，税率为 20%，公司负有代扣代缴之义务；三是，股东以现金支付股权转让款，该行为属于非应税行为。可见，股东以公司财产偿债，并不是一个合理的选择。

那么，既然是股转债，能不能换个转法呢？原股东陈某才既然要退出，可以选择减资。但是选择减资，税费就由股东陈某才承担了。股东通过减资程序拿回公司的房产，同样要视同公司销售了房产，泰和酒店同样要按照陈某美缴税的税款纳税。除此之外，陈某美也要按照股息分配规则纳税，只不过相比原告股东等人，陈某美根据股息分配规则纳税要少一些，主要是可以扣除一部分股权原出资额。

国家税务总局《关于个人终止投资经营收回款项征收个人所得税问题的公告》（国家税务总局公告 2011 年第 41 号）第 1 条规定："个人因各种原因终止投资、联营、经营合作等行为，从被投资企业或合作项目、被投资企业的其他投资者以及合作项目的经营合作人取得股权转让收入、违约金、补偿金、赔偿金及以其他名目收回的款项等，均属于个人所得税应税收入，应按照'财产转让所得'项目适用的规定计算缴纳个人所得税。应纳税所得额的计算公式如下：应纳税所得额＝个人取得的股权转让收入、违约金、补偿金、赔偿金及以其他名目收回款项合计数－原实际出资额（投入额）及相关税费。"

上述规定含有股息红利所得税，一律按照财产转让所得纳税，因财产转让所得与股息红利所得税率都是20%，并无区别。从上述公式可以看出，如果陈某美纳税，可以扣除原实际出资额（投入额）及相关税费，只就股权增值部分纳税。整体而言，通过减资由陈某美纳税，比原告股东纳税要少缴纳一部分税。不过，原告股东直接购买陈某才的股权，可以增加原告股东的计税基础。

（二）酒店转让卖方未缴纳税款的瑕疵担保责任

实践中，经常会发生，买方付款后卖方拒不缴税，导致股权、不动产等交易无法过户，此种情况下买方的合同目的不能实现，买方可解除合同。亦可提前在交易合同中约定瑕疵担保责任，作为付款的前提条件之一。目前，企业的产权交易，习惯上只关注企业以往的欠税未缴纳，交易完成后，发现隐瞒或未披露的事项，由买受人承担，甚至可以解除合同。可是，买方往往会忽略本次交易产生的依法应由出售方/转让方承担的所得税、增值税、土地增值税等税负，这些税负的不及时缴纳，最终会影响交易的完成，实践中已多次发生这样的违约事件。出售方在转让资产签订合同的期间，可能未意识到己方需要负担的税负如此之重，以至于缴税后转让收入严重缩水，继续交易将导致自己亏损，索性就不缴税，导致买方购买的资产不能过户，合同目的不能实现。针对此类情况，亦可比照瑕疵担保责任，提前予以规范，作为支付价款的条件之一。要不要担保以及如何担保，可由交易双方根据情况而定。

除此之外，还有一种情况，就是营业税改征增值税以后，销售不动产可以开具增值税专用发票，买方可凭该增值税专用发票抵扣当期销项税额减少增值税的缴纳。实务中卖方或转让方开具增值税专用发票后，一旦发生走逃，买方收到的发票就不能抵扣使用，这也是时有发生的一种极端情况。

国家税务总局《关于走逃（失联）企业开具增值税专用发票认定处理有关问题的公告》（国家税务总局公告2016年第76号）第1条规定："走逃（失联）企业，是指不履行税收义务并脱离税务机关监管的企业。根据税务登记管理有关规定，税务机关通过实地调查、电话查询、涉税事项办理核查以及其他征管手段，仍对企业和企业相关人员查无下落的，或虽然可以联系到企业代理记账、报税人员等，但其并不知情也不能联系到企业实际控制人的，可以判定该企业为走逃（失联）企业。"

该公告第 2 条第 1 项规定："（一）走逃（失联）企业存续经营期间发生下列情形之一的，所对应属期开具的增值税专用发票列入异常增值税扣税凭证（以下简称'异常凭证'）范围。1. 商贸企业购进、销售货物名称严重背离的；生产企业无实际生产加工能力且无委托加工，或生产能耗与销售情况严重不符，或购进货物并不能直接生产其销售的货物且无委托加工的。2. 直接走逃失踪不纳税申报，或虽然申报但通过填列增值税纳税申报表相关栏次，规避税务机关审核比对，进行虚假申报的。"

上述情形同时符合国家税务总局《关于异常增值税扣税凭证管理等有关事项的公告》（国家税务总局公告 2019 年第 38 号）第 2 条的规定，根据第 3 条就不能使用，该公告第 3 条第 1 款规定："增值税一般纳税人取得的增值税专用发票列入异常凭证范围的，应按照以下规定处理：（一）尚未申报抵扣增值税进项税额的，暂不允许抵扣。已经申报抵扣增值税进项税额的，除另有规定外，一律作进项税额转出处理。……"

国家税务总局对走逃的规定，就是将买卖双方"连坐"，卖方没有开具增值税专用发票后没有申报增值税纳税，那么买方取得的进项发票就不能抵扣。作为卖方来说，当发现不动产交易税负如此之大，可能会发生走逃的可能。作为买方，应关注该等风险，必要时可通过协议控制。

在嘉兴市湘家荡发展投资集团有限公司、绿地控股集团有限公司等股权转让纠纷案（［2021］浙 04 民初 36 号）中，2019 年 10 月 8 日，原告嘉兴市湘家荡发展投资集团有限公司依照法律规定通过公开挂牌程序与被告绿地控股集团有限公司（以下简称"绿地公司"）签订《国有产权交易合同》，约定原告嘉兴市湘家荡发展投资集团有限公司将持有的湘家荡酒店公司 100% 国有股权以 3 108 000 000 元转让给被告绿地公司，付款延期最长时间为签订合同之日起 9 个月内支付完毕。尚余 400 000 000 元股权转让款未付。

被告绿地公司辩称，绿地公司收购湘家荡酒店公司股权后发现原告未披露湘家荡酒店公司存在巨额利息费用以及大量建安成本等支出没有发票，土地出让金票据抬头名称不符，公司名下土地存在市政污水主管贯穿地块、需要实施迁改工程的重大风险，且原告在划转土地及在建工程资产到湘家荡酒店公司时，未依法申报缴纳土地增值税，以上种种导致绿地公司及湘家荡酒店公司巨额损失，原告的违约行为及税务违法违规行为违反了国有产权交易合同的约定，应当先由原告采取补救措施承担赔偿责任，绿地公司有权暂缓支付股权转让款，且无需承担违约责任。

本案中，绿地公司是事后发现交易中存在的问题，我们无法得知双方的合同条款，实务中很多协议模板对需要披露的事项约定都比较笼统，法律尽职调查也被省略了。类似出售方未缴纳土地增值税这种情况，税务部门存在记录的。如果收购方未尽职调查，事后发现问题再进行抗辩，可能不会受到法院的支持。本案最终法院认为："现被告绿地公司仅以原告未交付相关发票及湘家荡酒店公司存在税务问题等为由抗辩其有权暂缓支付股权转让对价，理由并不充分，其据此抗辩无需承担逾期付款违约责任，本院不予采信。"所以欠税问题应作为一项瑕疵担保责任明确约定。本案连欠税都未能提前预判和防范，实践中能够对交易环节的纳税瑕疵担保和走逃现象的防范更是少见。就如同本案，如果没有具体约定，卖方交易环节拒不纳税，事后买方要求承担合同责任，未必能受到法院的支持。本案中双方约定"关于产权转让中交易手续费的负担：股权过户所涉及的税、费按国家有关规定各自承担"。没有进一步约定和细化。

（三）投资者购买产权式酒店的契税减征问题

现在有的开发商建楼卖的不是居住用，而是出售酒店的房间，实践中有的售卖的是酒店房间所有权，有的售卖的是 50 年或者 30 年的使用权，然后委托酒店统一经营，这就是产权式酒店。无论是否合法，作为投资者来说，首先要考虑其中的成本问题，多长时间能够收回成本且盈利，忽略收益后的税收成本，可能会遭遇决策失败。产权式酒店需要将酒店房间委托酒店统一经营，酒店无疑会赚取管理费、服务费，除了这个成本，赚取的房费收入，要考虑各项税负。

购买产权式酒店与普通住宅之间的契税税率可能还不相同，不能享受普通住宅所享有的税收优惠，全国各地大多数省市的契税税率统一为 3%，最低税率，包括北京上海均为 3%，基本没有 5% 的税率。《契税法》第 6 条第 2 款规定："根据国民经济和社会发展的需要，国务院对居民住房需求保障、企业改制重组、灾后重建等情形可以规定免征或者减征契税，报全国人民代表大会常务委员会备案。"在《契税法》施行以前，各个地方对普通住宅的契税都有减征的规定，《契税法》施行以后，各个地方尚没有明确的规定过，都在等国务院的规定。

可以参照湖南省的做法，湖南省财政厅、国家税务总局湖南省税务局《关于公开征求〈关于湖南省契税具体适用税率等事项的决定（草案征求意见稿）〉意见的通知》提道："需要说明的是，契税法第六条规定：'根据国民经济和社会发展的需要，国务院对居民住房需求保障、企业改制重组、灾后重建等情形可以规定免征或减征契税，报全国人民代表大会常务委员会备案。'如国务院对上述情形作出契税减免规定，我省将依法执行。目前，财政部和国家税务总局正在对现行有效的契税规范性文件进行清理，在契税法实施的同时会通过一定法律流程同步公布实施，其中包括群众普遍关心的房地产交易环节契税优惠政策实施问题。目前我省对个人购买住房主要适用财政部、国家税务总局、住房城乡建设部《关于调整房地产交易环节契税　营业税优惠政策的通知》（财税〔2016〕23号），即对个人购买家庭唯一住房（家庭成员范围包括购房人、配偶以及未成年子女，下同），面积为90平方米及以下的，减按1%的税率征收契税；面积为90平方米以上的，减按1.5%的税率征收契税。对个人购买家庭第二套改善性住房，面积为90平方米及以下的，减按1%的税率征收契税；面积为90平方米以上的，减按2%的税率征收契税。据了解，中央现行对个人购买住房的契税优惠政策会保持相对稳定，广大群众不必担心住房契税税率会调整，增加纳税人负担的问题。"作为产权式酒店，基本不能享受契税减征的待遇。

张某荣、海南浙江椰香村建设开发有限公司房屋买卖合同纠纷案（〔2021〕琼96民终3409号）中，2015年12月22日，张某荣与椰香村公司双方签订了《产权式酒店买卖合同》，合同约定张某荣购买椰香村公司开发建设的项目名为远洋观海养生度假酒店3号楼4层507客房。2017年2月28日，张某荣与椰香村公司就《产权式酒店买卖合同》签订《补充协议》，协议第1条约定，鉴于商品房实际用途为住宅，而非产权式酒店……

2020年9月7日张某荣曾向澄迈县住房保障与房产管理局信访，澄迈县住房保障与房产管理局于2020年11月4日出具答复意见书，意见书主要内容载明：远洋观海养生度假酒店项目2#楼配套用房属于关闭状态，酒店大堂无经营设备设施，被告将该项目产权式酒店客房用途擅自更改为住宅，且不以酒店形式自营或委托同意经营管理。

张某荣上诉认为，其以高于商品房2倍以上的价格购买了案涉房屋，目的是作为商业投资。2017年2月28日交房时，被上诉人出示一份事先拟好的格式条款《补充协议》，被上诉人口头说"是政府行为，把产权式酒店变更为住宅对业主有好处，变更后的房屋契税都按商品房住宅1%标准缴纳，物业管理费也都按普通住宅标准执行，可以减轻业主一半以上的负担，如不签《补充协议》就取消收房资格。"签名时被上诉人拿着《补充协议》的后面页让签的名，也没让看《补充协议》的内容就拿走了，说是备案后再给业主，直到2018年夏季才给。2019年11月29日上诉人拿到不动产权证书时发现房屋用途仍然是产权式酒店。被上诉人在《补充协议》第1条说："鉴于商品房的实际用途为住宅，而非产权式酒店。"表面上对七百多户投资者说把产权式酒店变成住宅，房屋契税由3%变成1%，物业管理费由每平米3.5元变1.5元，实际上在说谎、欺骗投资者。

张某荣提供的证据7显示，税务局工作人员答复咨询录音视频，拟证明：税务局人员答复的有关税务政策，《补充协议》没有土地变更手续他们不认可为住宅，仍然按3%的产权式酒店交纳契税，如果将产权式酒店变更为住宅，开发商得向税务局交纳一大部分税款，《补充协议》私下约定是在逃避税收，应该受到打击。

本案中，张某荣应当承担购买产权式酒店的契税，而不是开发商，如果房产性质不是住宅，而是产权式酒店，契税税率一定是3%，当时产权式酒店价格是商品房价格的2倍，契税总额也比一般住宅更高。所以产权式酒店是否值得投资，取决于投资者个人的商业判断。

第二节　高尔夫球场的阿喀琉斯之踵——土地税

高尔夫球作为娱乐业，营业税改征增值税以后，增值税的负担相对较轻，但增值税毕竟是根据收入来计算的，而土地使用税则不是。《城镇土地使用税暂行条例》第4条规定："土地使用税每平方米年税额如下：（一）大城市1.5元至30元；（二）中等城市1.2元至24元；（三）小城市0.9元至18元；（四）县城、建制镇、工矿区0.6元至12元。"各地在规定幅度内制定的高尔夫球场的土地使用税相比较而言并不高，比如重庆市綦江区《关于调整城镇土地使用税税额等级标准的通知》（綦江府发［2014］33号）规定的"古南街道办事处、文龙街道办事处"地段，三等级的城市规划区内（不含高尔夫球场用地）税额是12元，五等级的工业用地，税额是8元，七等级的高尔夫球场用地，税额是 4 元。

即便高尔夫球场的土地使用税相对税额不是最高的，但因高尔夫球场占地面积少则几十亩，动辄上百亩，高尔夫球场即使没有收入，也要承担固定的土地使用税支出，使得投资高尔夫球场首要考虑的就是土地税的问题。

一、高尔夫球场投资协议解除条款——土地税不理想

懂高尔夫球场的经营者，一般都会明白土地使用税对高尔夫球场的重要性，高尔夫球场作为高端运动项目，受众往往是有钱人，虽说如今有钱人不在少数，但当高尔夫球场遍地开花的情况下，要想实现理想的收入，还是有困难的，尤其后进入该市场的投资者。作为一个懂行的投资者，首先要关注当地高尔夫球场的土地使用税的税率问题，目前全国各地就高尔夫球场征收的土地使用税差异很大，这也为投资者想要获得一个理想的税率提供了机会和可能，毕竟地方政府在土地使用税税率方面具有决定权。

根据《城镇土地使用税暂行条例》第 5 条："省、自治区、直辖市人民政府，应当在本条例第四条规定的税额幅度内，根据市政建设状况、经济繁荣程度等条件，确定所辖地区的适用税额幅度。市、县人民政府应当根据实际情况，将本地区土地划分为若干等级，在省、自治区、直辖市人民政府确定的税额幅度内，制定相应的适用税额标准，报省、自治区、直辖市人民政府批准执行。经省、自治区、直辖市人民政府批准，经济落后地区土地使用税的适用税额标准可以适当降低，但降低额不得超过本条例第四条规定最低税额的 30%。经济发达地区土地使用税的适用税额标准可以适当提高，但须报经财政部批准。"市县人民政府享有在法定税率幅度内制定具体税率，但要经过省级人民政府批准，降低税额也要经过省级人民政府批准。即便是这样，也为投资人及合作伙伴游说政府提供了可能。前提是当地政府尚未制定具体的税额，一旦当地政府已经有了适用的具体土地使用税税额，投资者再试图获得一个优惠的税收待遇，可能就行不通。考虑到很多地方没有高尔夫球场，理论上存在该地方尚未就相应税率制定税额的情况，可申请当地政府予以完善。

很多时候投资人都是"不见兔子不撒鹰"，投资人需要项目方搞定土地税的税率问题才投资，而从项目方来说，投资人得签合同，否则项目方办好后投资人钱不进来，项目方就白费周折。此时可能就需要签订一个附条件的投

资协议，或者签订一个带有解除条件的投资合同。实务中各领域的投资，要想拟定一个符合具体情况的、具有可操作性的附条件或解除条件的合同也是具有挑战性的，合作双方之间的尺度恰如其分，当条件达成时，投资人的钱投进来，当条件不能成就时，投资人的钱就不进来，这样对双方都能起到保护作用。

但要注意附条件的合同与含有解除条款的合同之区别。《民法典》第158条规定："民事法律行为可以附条件，但是根据其性质不得附条件的除外。附生效条件的民事法律行为，自条件成就时生效。附解除条件的民事法律行为，自条件成就时失效。"附条件的合同，合同未生效，对双方不具有约束力。而解除合同，是对已经生效的合同在出现法定或约定情形时予以解除，解除前双方均要受合同约束。到底是签订附条件合同还是附解除条款合同，要根据具体情况而定。

有一则高尔夫球场土地使用税过高主张解除股权转让合同的案例——北京世纪通成科贸发展有限公司、云南储泽商贸有限公司股权转让纠纷案（〔2017〕最高法民终887号）。2015年12月23日，北京世纪通成科贸发展有限公司（以下简称"世纪公司"）、云南储泽商贸有限公司（以下简称"储泽公司"）、郭某建为甲方，云南红云投资控股有限公司（以下简称"红云公司"）为乙方，以红河春天健康运动休闲度假村有限公司（以下简称"度假村公司"）和红河春天房地产开发有限公司（以下简称"春天公司"）为投资的目标公司，签订《股权转让协议》，该协议前言部分第5条约定："甲方一致同意按本协议约定将其持有的度假村公司100%的股权和春天公司0.32%的股权转让给乙方，乙方同意受让。"

第1.1.6条约定："自本协议签订之日起满12个月内，度假村公司高尔夫球场用地经税务主管部门及政府核定上述土地应缴纳土地使用税出现如下情况，乙方有权选择单方解除合同且不承担任何法律责任：（1）度假村公司高尔夫球场用地应实际缴纳土地使用税每年金额超过150万元的；（2）税务主管部门及政府核定年限超过5年的，超过5年的应缴纳数额不受上款数额限制；低于5年的，以税务主管部门及政府核定年限为准；（3）实际缴纳土地使用税数额为税务主管部门及政府核定数额扣除政府财政等方式返还款项；如果自本协议签订之日起满12个月内，税务主管部门及政府没有完成税务核定，乙方不再享有解除权，本合同继续履行。"

2009 年 7 月 27 日，度假村公司与弥勒县人民政府签订《项目协议书》，约定：弥勒市人民政府同意度假村公司享受相关优惠政策，地方税种县级留成部分自签订协议起前三年按先征后返的原则由度假村公司缴纳后，再按 50%的比例返还。2010 年 7 月 6 日，弥勒市地方税务局向弥勒县人民政府出具《关于度假村公司有关税收问题情况的报告》，提出按照税收政策规定，度假村公司提出的税收减征、不征、少征等问题，弥勒市地方税务局无权给予解决，只能按税收政策规定执行。企业提出的要求建议政府从财政返还方面考虑。2013 年 11 月 14 日，弥勒市地方税务局第四分局向度假村公司发出《税务事项通知书》（弥地税通［2013］1 号），通知度假村公司在 2013 年 11 月 29 日前到弥勒市地方税务局第一分局办税服务厅申报缴纳城镇土地使用税，按每平方米 6 元计算。2016 年 5 月 3 日，弥勒市地方税务局二分局向度假村公司发出（弥地二通［2016］112 号）税务事项通知书，责令度假村公司限期缴纳税款 77 287.80 元。2016 年 10 月 31 日，弥勒市地方税务局第二分局出具《度假村城镇土地使用税情况说明》（以下简称《情况说明》），说明从 2014 年至 2016 年，度假村公司每年应缴纳的税款为 704 余万元。

原告红云公司败诉后上诉认为，《股权转让协议》约定的解除条件已成就，红云公司享有单方解除权。协议约定红云公司享有单方解除权的条件为：度假村公司应实际缴纳的土地使用税每年超过 150 万元。"应实际缴纳"是明确将来需要履行的义务，不是已经完成缴纳。弥勒市地税局二分局出具的《度假村公司城镇土地使用情况说明》、弥勒县招商引资投资指南等证据可证明，弥勒市税务局已明确了应缴纳的土地使用税为 700 多万元。根据弥勒市政府公布的招商引资政策，政府返还的比例不可能超过 50%。因此，度假村公司应缴纳的土地使用税超过了 150 万元/年。

最高人民法院认为："红云公司主张约定的解除条件已成就，应由其对此承担举证责任。红云公司举示的云南省弥勒市地方税务局二分局出具的《情况说明》未对高尔夫球场用地应实际缴纳土地使用税金额作出认定。其举示的弥勒县招商引资投资指南等证据系打印件，真实性无法确认，且不能证明案涉高尔夫球场用地是否存在税务减免、财政返还等情形。故红云公司举示的证据不足以证明协议约定的解除条件已经成就。"

本案中，投资人和项目方选择了约定合同解除条件的合同，合同已经生效，当某事实发生，合同即告解除，这是投资人的真实内心意思。但投资红云公司却将解除条件拟成了"度假村公司应实际缴纳的土地使用税每年超过150万元",出现了歧义,从语义角度看,强调的是"实际",某行为已经发生的意思,就是说只有当目标公司已经实际缴纳完了土地税,且超过150万元,投资人才享有单方解除权。从案件背景看,投资人是计划根据情况的发展来决定是否继续,所以选择了解除合同的条件,没有选择附条件的合同。投资人红云公司的真实意思表示是:"如果目标公司需要缴纳超过150万元的土地税,本合同自动解除。"这样只需要证明税务机关的要求即可,证明程度也变低了。但红云公司却没能准确表达自己的意思,属于意思表示错误。红云公司作为投资人,能够明确投资的关键考量,却失败于合同条款的不严谨。当然,红云公司也可以待条件成就时再选择投资进入,签订附条件的投资合同,只有当具体税收条件成就时,合同生效。比如当地政府申请批准的税额达到2元时,合同条件成就。如果红云公司进入时,当地政府已经明确了具体税额,就不能再继续争取减税了,客观上无法实现,红云公司应提前进行尽职调查,了解清楚情况再做决策。解除合同和附条件合同二者的证明义务也不一样,申请解除合同一方,自己负有举证义务,附条件合同,主张合同生效条件成就的一方负有举证义务,附条件合同对投资人有利。

二、高尔夫球场租用农村集体土地的土地使用税

为了规避高昂的城镇土地使用税,有人就将目光投向偏远一些的农村地区,租用农村集体用地经营高尔夫球场。实际上我国城镇土地使用税并未限制仅对国有土地征税,集体土地也可以成为征税对象。《城镇土地使用税暂行条例》第2条第1款规定:"在城市、县城、建制镇、工矿区范围内使用土地的单位和个人,为城镇土地使用税(以下简称土地使用税)的纳税人,应当依照本条例的规定缴纳土地使用税。"只要是城市、县城、建制镇、工矿区范围内使用的土地,就征收土地使用税,不是这个范围内的就不征收土地使用税。

有些地方明确规定农村土地改变用途的要征收土地使用税,重庆市地方税务局《关于房产税、城镇土地使用税几个具体问题的通知》(渝地税发〔2005〕252号)"三、关于农村集体土地出租改变用途的,应如何征收城镇土地使用税的问题"规定:"农村集体土地出租改变用途的,由承租人(或使用人)按照规定缴纳城镇土地使用税。"《南京市地方税务局转发国家税务总

局〈关于土地使用税若干具体问题的补充规定〉的通知》（宁税四［90］43号）第1条规定："在开征土地使用税范围内使用农村集体土地的企业（包括联营企业），应由土地实际使用人（即：企业）缴纳城镇土地使用税。"但这些规定是否严守城市、县城、建制镇、工矿区范围，该范围之外开发经营高尔夫球场是否要征收呢？当然首先要看是否符合当地政府的土地规划，在政府容许的范围内开发，然后看是否属于征税的区域范围。

即便在农村区域经营高尔夫球场，土地使用税也可能让投资人承受不起。三河燕郊京华高尔夫俱乐部有限公司其他民事裁定书（［2020］冀破终10号）可知，农村的使用税亦可使高尔夫球场破产，三河燕郊京华高尔夫俱乐部有限公司（以下简称"京华公司"）球场总占地面积约1174亩，球场草种为早熟禾及本特草，因缺乏基本的维护投入，所有草场已在今年夏天全部枯萎死亡，草场逐渐荒芜，最终变为扬沙来源的沙土地。京华公司除有60亩土地拥有土地使用权证之外，绝大部分土地为租赁周边村民集体用地，多年来支付租金为村民生活补贴，但京华公司停业后也无力支付土地租金和其他补贴。京华公司正常经营过程中每季度需要产生固定的房产税和土地使用税120万元左右，还有其他营业相关税费等，目前已经有两个季度税款未按时缴纳。如果法院不受理京华公司的破产申请，京华公司只能处于停业歇业状态，草场状态逐步恶化造成环保压力，租金、水电断缴造成周边村民不稳定因素，欠付税款逐月增加造成税务机关的压力。

本案中京华公司使用的土地，大概率属于城市、县城、建制镇、工矿区范围内的土地，所以就算是农村土地，亦要负担城镇土地使用税。

三、高尔夫球会员费能否在企业所得税前扣除？

高尔夫球场面临如此高的固定成本支出，必须确保有足够的收入来源。对一般个人来说，参加高尔夫球这项运动太奢侈。有些企业为员工、股东的高尔夫会员费埋单，计入业务招待费。这样的做法不符合税法规定，《企业所得税法实施条例》第43条规定："企业发生的与生产经营活动有关的业务招待费支出，按照发生额的60%扣除，但最高不得超过当年销售（营业）收入的5‰。"只有与企业的生产经营活动有关的业务招待费，方可税前扣除。如果公司给员工、高级管理人员高尔夫球会费支持，会被按照员工福利处理，对员工、高级管理人员征收个人所得税。这样，该部分的福利支出，根据

《企业所得税法实施条例》第 40 条："企业发生的职工福利费支出，不超过工资薪金总额 14% 的部分，准予扣除。"

很多企业都接待一些客户，早年主要是一些国外来洽谈生意的客户，最近一二十年，国内客户也喜欢打高尔夫球，企业的高尔夫开支可能超过招待客户的餐饮住宿会议等开支。这部分开支，是为了企业的经营活动必须支出的，理应按照业务招待费在税前扣除。参照《大连市地方税务局关于印发企业所得税若干问题的规定的通知》（大地税函〔2009〕18 号）第 18 条的规定："关于企业因经营需要购买高尔夫会员证支出的税前扣除问题，企业购买的与生产经营活动有关的高尔夫会员证支出，按预计的受益期限或不少于 10 年的期限分期平均税前扣除，每年扣除时按照'业务招待费'扣除规定执行。"其他地方的高尔夫球场开支能否一次性计入成本呢？大概率不容许一次性扣除，要根据当地做法而定。

四、高尔夫球场法定代表人转移财产被指控逃避追缴欠税罪

实务中各类公司税负太高，不但普通债权无力清偿，税款亦无力结清，严重资不抵债，索性就申请公司破产。此时税务机关可能就觉得很吃亏，进入破产程序税款就不能收上来，或不能全数收回。如果税务机关发现纳税企业存在转移财产的行为，很可能就会按照逃避缴纳税款罪予以追究。很多企业的股东和高管，可能都会因法律意识的淡薄，将公司财产予以转移，这样的行为会减少公司的责任财产，不仅使一般的债权人的债权无法受偿，税务机关的税收债权也无法全部或部分受偿。刑法上有个罪名叫逃避缴纳税款罪，从表面上理解，转移财产就构成逃避缴纳税款。

根据《刑法修正案（七）》第 3 条第 1 款，将《刑法》第 201 条修改为："纳税人采取欺骗、隐瞒手段进行虚假纳税申报或者不申报，逃避缴纳税款数额较大并且占应纳税额百分之十以上的，处三年以下有期徒刑或者拘役，并处罚金；数额巨大并且占应纳税额百分之三十以上的，处三年以上七年以下有期徒刑，并处罚金。……"逃避缴纳税款罪的犯罪行为是采取欺骗、隐瞒手段进行虚假纳税申报或者不申报，这是试图让纳税义务不发生。当纳税义务已经发生构成欠税，而纳税人在欠税发生前或发生后进行转移财产行为，均不构成逃税罪。

纳税人转移财产行为难道不受刑罚约束？并不是如此。《刑法》第 203 条

规定:"纳税人欠缴应纳税款,采取转移或者隐匿财产的手段,致使税务机关无法追缴欠缴的税款,数额在一万元以上不满十万元的,处三年以下有期徒刑或者拘役,并处或者单处欠缴税款一倍以上五倍以下罚金;数额在十万元以上的,处三年以上七年以下有期徒刑,并处欠缴税款一倍以上五倍以下罚金。"需注意的是,转移财产的行为必须是发生在欠税之后。

在四川国际高尔夫俱乐部有限公司、张某露逃避缴纳税款案([2017]川0116刑初557号),成都市双流区人民检察院指控,在2001年至2016年期间,被告人张某露担任高尔夫公司的法人代表期间,变卖高尔夫公司的四套房产给金茂诚信公司合计人民币505万余元。牧笛公司从2007年至2015年10月期间共计支付高尔夫球场租赁费用813万余元,其中支付给高尔夫公司对公账户408万元,支付给李某兰个人账户390万余元,高尔夫公司处理资产给牧笛公司,牧笛公司支付处置高尔夫公司的资产费用合计78万余元,该费用转入了被告人李某兰个人银行账户,且没有计入公司会计账簿。在张某露担任法人期间,将高尔夫公司所收到的以上资金除耗用外,在2010年3月31日将高尔夫公司的资金共计人民币300万元出借给与张某露有关联关系的亿发公司,在2014年5月6日将收到的金茂公司购买高尔夫公司的房产费200万元出借给与张某露有关联关系的嘉佳公司。高尔夫公司对资金的耗用、存入私人账户及挪用资金等行为逃避了国家税务机关对高尔夫公司税款的征收。高尔夫公司在2007年至2015年期间累计欠缴应纳国家税款4056余万元,基本都是土地使用税。

公诉机关认为,被告人四川国际高尔夫俱乐部有限公司及被告人张某露作为四川国际高尔夫俱乐部有限公司董事长和法定代表人,其行为已触犯《刑法》第203条之规定,应当以逃避追缴欠税罪追究四川国际高尔夫俱乐部有限公司及被告人张某露的刑事责任。

张某露辩称,由于公司的土地和房产全部被成都中院裁定纳入四川金融租赁股份有限公司破产清算财产的范围,公司失去纳税的基础,每年收到税务部门缴税通知后,均是回复了税务部门,税务部门亦未再追缴。由于高尔夫公司资产全部纳入破产清算财产,公司无法纳税,税务部门亦是清楚的,高尔夫公司没有逃避纳税的故意,指控罪名不能成立。

法院认为:"根据2004年8月24日省法院[2003]川民初字第45号民事判决及市中院于2007年5月21日[2006]成民破字第4-27号民事裁定,

在高尔夫公司与四川金融租赁股份有限公司（以下简称'川金租'）的系列民事案件中，法院已对高尔夫公司包括土地、房产等在内的财产依法予以查封，并裁定将高尔夫公司的上述财产纳入川金租破产清算财产范围，且要求高尔夫公司向川金租破产清算组交付上述资产，高尔夫公司没有执行法院生效裁定，未按裁定要求向川金租破产清算组交付资产，对已纳入破产清算财产范围的土地和房屋，在破产清算未完成、财产权属待定的情况下，公诉机关指控高尔夫公司逃避了税务机关对其所欠税款的追收构成逃避追缴欠税罪的证据不足。故本院认为，成都市双流区人民检察院对该笔事实的指控证据不足，法院不予支持。"

本案中，高尔夫球场是否存在欺骗、隐瞒手段进行虚假纳税申报或者不申报，公诉机关的证据不足，不能仅仅依据纳税人具有转移财产的行为，就追究纳税人的逃避追缴欠税罪。

五、高尔夫球场土地使用税的税收减免

根据《城镇土地使用税暂行条例》第 7 条："除本条例第六条规定外，纳税人缴纳土地使用税确有困难需要定期减免的，由县以上税务机关批准。"实际上很多地方都制定了优惠政策，海南省财政厅、海南省地方税务局《关于继续执行高尔夫球场城镇土地使用税政策的通知》（琼财税〔2012〕1900 号）第 1 条规定："市、县、自治县人民政府和洋浦经济开发区管理局在制定本地区的税额标准时，可以根据各类地段、区域建设状况和经济发展程度等条件，降低高尔夫球场城镇土地使用税适用税额标准 30%。"呼和浩特市人民政府《新城区古路板林场高尔夫球度假村项目享受若干优惠政策规定》第 6 条 "税收优惠政策" 规定："1. 按照内政发〔1999〕112 号文件的规定，从获利年度起，3 年内免征企业所得税，免税期满后，2 年内减半征收企业所得税，第 6 年起按 15%的所得税率征收（国家另有规定的除外）。2. 免征土地使用税，耕地占用税按照国家西部大开发优先发展产业的有关政策办理。……"

而根据 2015 年《关于体育场馆房产税和城镇土地使用税政策的通知》（财税〔2015〕130 号）"七、高尔夫球、马术、汽车、卡丁车、摩托车的比赛场、训练场、练习场，除另有规定外，不得享受房产税、城镇土地使用税优惠政策"之规定，地方政府不能对高尔夫球场减征土地使用税。

实务中有些公司要求减征土地使用税的方法不对，在肇庆市高要区回龙

镇人民政府与肇庆高尔夫发展有限公司民间借贷纠纷案（［2016］粤 12 民终 113 号）中，2014 年 3 月 18 日，肇庆高尔夫公司向高要区回龙镇政府主送了一份落款日期为××××的《借款申请书》，主要内容为：该公司接肇庆市高要区地税部门通知后需足额清缴 2007 年至 2009 年历年拖欠的土地使用税及滞纳金 8000 多万元，特向高要区回龙镇政府申请借款 8000 万元，借款时间 18 个月，以解决该公司当前资金问题。同年 5 月 25 日，高要区回龙镇政府向肇庆高尔夫公司作出了一份《复函》，主要内容为：该政府同意借款 6000 万元额度，该款仅用于缴交历年拖欠的土地使用税及滞纳金。借款到期后未归还，高尔夫球场被起诉。

高尔夫球场庭审中提供了 2007 年至 2013 年度该公司《申请减免城镇土地使用税的报告》《肇庆市人民政府办公室请求报告承办呈批表》及广东省地方税务局《关于减征肇庆市高尔夫发展有限公司城镇土地使用税的批复》，拟证实该公司因经营困难要求减免城镇土地使用税及广东省地方税务局同意减征该公司 2010 年度、2011 年度城镇土地使用税各 6 609 550.14 元的事实。

本案的事实和证据都是围绕着缴纳土地使用税问题所展开。肇庆高尔夫公司作为经营困难的企业，在其多年前向政府和税务部门提出申请后而获得税务部门减免土地使用税的批准。但该减免是先交税后拨付企业扶持资金的方式实现的，这从《借款申请书》内容可见。本案事实是肇庆高尔夫公司用政府的钱去交税，然后将税务部门拨付的企业扶持资金还给政府。高尔夫球场认为，那个借款就是减免税的意思。但政府借钱不是承担税款，也不是免税，法院最终支持了镇政府的还钱请求。

第三节　医院涉及的不动产税务纠纷

医院作为不动产持有大户，基于公共利益属性，国家给予各项税收优惠政策。比如，财政部、国家税务总局《关于医疗卫生机构有关税收政策的通知》（财税［2000］42 号）第 1 条第 5 项规定："对非营利性医疗机构自用的房产、土地、车船，免征房产税、城镇土地使用税和车船使用税。"有些地方对营利性医院，也可能给予一定的税收优惠，比如，安徽省地方税务局《关于城镇土地使用税若干政策问题的通知》（皖地税函［2007］632 号）第 2 条规定："关于集体和个人办的医院、学校、幼儿园、托儿所自用土地征免税问

题　（一）根据财政部、国家税务总局《关于医疗卫生机构有关税收政策的通知》（财税［2000］42号）第一条第五款及第二条第一款的规定，对非营利性医疗机构自用的土地，免征城镇土地使用税；对营利性医疗机构自用的土地，自其取得执业登记之日起，3年内免征城镇土地使用税。……"

医院持有不动产环节的税费享有税收优惠，但交易环节包括购进和处置，没有统一的优惠政策。个别情况下，购置和处置不动产，应尽量按照具有优惠政策的指向去安排交易。

一、医院职工公租房购地税务问题

公租房具有一定的公益性，对医院这类主体而言，公租房的购置可能是必不可少的，医院在建造公租房时，应争取享受税收优惠。

《关于公共租赁住房税收优惠政策的公告》（财政部、国家税务总局公告2019年第61号）规定的主要优惠政策，比如第1条规定："对公租房建设期间用地及公租房建成后占地，免征城镇土地使用税。在其他住房项目中配套建设公租房，按公租房建筑面积占总建筑面积的比例免征建设、管理公租房涉及的城镇土地使用税。"医院可根据该优惠规定，为职工准备的租用房屋，尽可能申请公租房提供给职工，可减少不必要的固定支出。

第3条规定："对公租房经营管理单位购买住房作为公租房，免征契税、印花税；对公租房租赁双方免征签订租赁协议涉及的印花税。"医院可选择购买现成的住房作为公租房，亦可自己建造房屋作为公租房。如果医院购置土地自己建造公租房，购置土地则不能享受免征契税的优惠。如果综合考虑成本，医院也可能会选择自己购置土地建造公租房。

第7条规定："对公租房免征房产税。对经营公租房所取得的租金收入，免征增值税。公租房经营管理单位应单独核算公租房租金收入，未单独核算的，不得享受免征增值税、房产税优惠政策。"医院应注意对公租房单独核算，医院有其他住房，也可能有公租房，如果财务管理不健全，可能会放在一起进行核算，我国很多税收优惠政策都要求单独核算。

在下述案件中，医院购置土地自己建造公租房，购置过程中，无论是转让方还是受让方的医院，均不能享受任何税收优惠。在耒阳市建烨置业有限公司、耒阳市人民医院建设用地使用权转让合同纠纷案（［2021］湘04民终1939号）中，耒阳市建烨置业有限公司（以下简称"建烨公司"）股东吴某文、张某（乙方）与耒阳市医院（甲方）签订《意向协议》，约定：（1）转让地块位于规划中××和××路交汇处，土地证编号为第……号，土地性质为商住地；（2）土地转让合作方式、原则：①合作方式，乙方将该地块以现金的方式转让给甲方用于公租房和职工住房建设，该地块的土地转让价格每亩伍拾万元；……（3）为了保证顺利履约，甲方向乙方交纳伍佰万元意向保证金。土地过户完成后再行付款。……2015年11月13日办理了土地使用权转让手续，耒阳市医院取得了证号为耒国用〔2015〕第×号土地使用权证。

耒阳市医院于2015年11月26日向建烨公司银行账户转入土地预付款400万元。耒阳市医院没有进行开发建设。2017年4月12日，经建烨公司、耒阳市医院协商一致，耒阳市医院将11 362平方米（17亩）中的11.5亩返还建烨公司，并向耒阳市人民政府提交一份《关于注销我院公租房原土地使用证重新办理转让手续的请示》，其内容为"我院于2015年10月8日向市政府申请建设公租房200套，因当时急需向省发改委上报相关资料，为争取申报时间，我院从建烨公司转让了17亩土地建设公租房，并已办理了土地使用证，证号为耒国用〔2015〕第×号。当时土地转让手续没有完善，转让实际价款亦未明确。现按照市发改局、房产局的批复，我院公租房规划设计变更为100套，用地只需要5.5亩。为不浪费国有资源，经我院与建烨公司协商一致，剩余的11.5亩土地由我院退还给建烨公司，现特此请求市政府批准同意注销我院公租房原土地使用证，并重新办理5.5亩公租房土地使用证"，在该请示文件中，建烨公司、耒阳市医院及耒阳市卫生和计划生育局加盖了公章。之后，耒阳市国土资源局撤销了耒国用〔2015〕第×号土地使用权证，将之前的11 362平方米土地为建烨公司重新办理了不动产登记证书（证号：湘〔2017〕耒阳市不动产权第*号，宗地面积11362平方米）。

2017年6月12日，建烨公司（甲方）与耒阳市医院（乙方）签订了《转让合同》，约定本合同转让的地块总面积为3666.67平方米（5.5亩）；……5、本合同转让的地块其用途为公租房建设用地；……合同签订之日乙方向甲方支付转让金总额400万元，余额即41.47万元部分于2017年7月30日前支付完毕。甲方为乙方办理土地使用权证，除契税由乙方承担，其他费用由甲方承担。合同签订后，建烨公司于2017年6月16日向税务机关缴纳了增值税、城市维护建设税、教育费附加、地方教育费附加、土地增值税、印花税、水利建设基金，共计339 190.6元。

后来双方发生争议，建烨公司除了要求耒阳市医院返回土地外，还要求赔偿建烨公司缴纳税款 339 190.6 元的损失。建烨公司认为，耒阳市医院之前支付的 400 万元是其与吴某文、张某签订的《意向协议》所交纳的具有定金性质的预付款，并非耒阳市医院与建烨公司签订的《转让合同》约定的土地款。

本案产生的问题在于，争议双方对合同的变更理解有异，建烨公司以为前面支付的 400 万元是定金，再签合同是重新转让一次土地，前面的定金不退，可能正是这个缘故，建烨公司承担了增值税、城市维护建设税、教育费附加、地方教育费附加、土地增值税、印花税、水利建设基金，共计 339 190.6 元，建烨公司认为这是损失。而医院认为，合同发生了变更，之前的合同解除了。从建烨公司在医院向政府的请示文件加盖公章来看，建烨公司同意对原约定进行了变更。双方签订的《意向协议》不具有合同的性质，价款未约定。事后加盖公章的行为，是就意向协议中的标的物进行的变更。后来又继续签订的正式合同，说明医院履行了《意向协议》规定的义务。建烨公司理解错误，导致承担了交易环节的税款。本案中，建烨公司出售的是土地，如果出售的房源且增值额符合比例，可享受免征土地增值税的税收优惠。而耒阳市医院购置土地建造公租房，却不能享受免征契税的优惠，这是对公租房税收优惠政策的一大缺失。

本案中，建烨公司要求返还土地，前提是解除合同。合同解除后，建烨公司可以要求税务局返还税款，建烨公司认为转让土地所负担的增值税、土地增值税及所得税均已构成己方的损失，是对税法的误解。

二、医院向职工分配住房土地增值税的纳税义务发生时间

机关部门和企事业单位向满足一定条件的职工分配居住用房，所分配的房屋因性质不同，享受的税收待遇亦不同。比如房改房就可以享受免征增值税的优惠政策，根据《营业税改征增值税试点过渡政策的规定》"一、下列项目免征增值税"第 34 条规定："为了配合国家住房制度改革，企业、行政事业单位按房改成本价、标准价出售住房取得的收入。"如果医院分配给职工的是普通住房，则需要根据公允价值负担各项税负。而作为职工个人，亦要按照"工资薪金所得"缴纳个人所得税。

对于已经过去的房地产市场而言，房屋交易时间越早，税负越轻。这就

涉及纳税义务发生时间问题。很多人以为不动产的各项纳税义务发生时间是过户的时点，税务机关也可能按照过户的时间点的市场价格进行纳税调整，实际上这都是片面的理解。

在上诉人杨某武与被上诉人南京市第一医院房屋买卖合同纠纷案（〔2021〕苏01民终3073号）中，2017年6月26日，杨某武与被上诉人南京市第一医院签订《科技公寓转让产权中关于房款支付的补充协议》，约定：根据双方2003年8月27日签订的"关于进住卫生科技公寓房的协议"，杨某武在市第一医院处服务期满后可按照房改政策购买其所承租的房屋产权；2013年8月8日经市第一医院讨论决定按照协议将603室房屋产权转让给杨某武；由于现行房产交易政策规定，杨某武承租的房屋产权需要通过市场交易进行转让，评估基准价以税收牌价为准；双方同意杨某武免交购房款，但房屋产权转让过程中双方的税费等其他所有费用均由杨某武承担。2020年7月1日，双方签订《南京市存量房买卖合同》并办理603室过户手续。当日，杨某武缴纳房屋过户过程中产生的各项税费共计113余万元。

上诉人杨某武认为，其与被上诉人签订的劳动合同中明确约定被上诉人赠与上诉人住房一套，工作满8年产权归个人。2011年，签订同样内容劳动合同的同事仅花数万元就办理了房屋过户手续。2013年8月被上诉人同意无偿转让涉案房屋给上诉人，2017年6月上诉人被迫与被上诉人签订《科技公寓转让产权中关于房款交付的补充协议》，协议约定上诉人免交购房款，上诉人承担涉案房屋的过户税费。2020年7月1日办理过户时，被上诉人蓄意编造房屋价款，在过户合同上填写100万元购房款，导致税务部门错误，多收了上诉人110余万元税款。对于一审查明的事实，杨某武异议之处为：一审查明的税费分为两个部分，一部分是正常过户的税费，大概3万余元，上诉人对此部分税费无异议，但不应收取110万余元的土地增值税，被上诉人蓄意造假从而产生了该部分费用，所以被上诉人医院应该赔偿。

二审中，市第一医院陈述：因其是国有单位，原则上不允许赠与房产，因此双方2017年签订的是房屋买卖契约。过户中产生的税费与双方签订的《存量房买卖合同》中约定的房款100万元并无关联，是房产部门根据房屋交易时房地产评估价格与第一医院购房涉案房屋时的差价来计算征收的。上诉人2017年即可办理过户，当时的税费大概70多万元，上诉人认为太高不愿意办理，直至2020年才办理过户，因房价上涨税费升至110多万元。

本案中，上诉人杨某武感到不公平，2011年，签订同样内容劳动合同的同事仅花数万元就办理了房屋过户手续，而他却要承担高达100多万元的税。之所以产生这样的问题，主要有两个原因。一是2011年以后房价还在过快上涨，房屋增值额变大；二是大约2014年前后，全国各地开始完善不动产和股权过户环节的税收缴纳，在此之前没有缴税有些地方也可能给过户，税收征管相对不像现在这么严格。

本案中，杨某武承担的主要是交易环节的土地增值税，双方的交易在不同时间点多次签订合同，在税收方面欠考虑，最终税务机关是按照最近的过户时间的市场价格评估计算土地增值税。那么依据最后的时间点计算市场价格作为征税依据，是否合法呢？本案存在四个时间点，应当依据哪个时间点的价格认定交易价格呢？一是，2003年8月27日签订的"关于进住卫生科技公寓房的协议"，杨某武在市第一医院处服务期满后可按照房改政策购买其所承租的房屋产权；二是，2013年8月8日经市第一医院讨论决定按照协议将603室房屋产权转让给杨某武；三是，2017年6月上诉人被迫与被上诉人签订《科技公寓转让产权中关于房款交付的补充协议》，协议约定上诉人免交购房款，上诉人承担涉案房屋的过户税费。四是，2020年7月1日，双方签订《南京市存量房买卖合同》并办理603室过户手续。市第一医院陈述，上诉人2017年即可办理过户，当时的税费大概70多万元，上诉人认为太高不愿意办理，直至2020年才办理过户，因房价上涨税费升至110多万元。

杨某武越早签订合同并申报纳税，对其越有利。如果纳税义务2003年就发生，对其最有利。根据《土地增值税暂行条例》第10条："纳税人应当自转让房地产合同签订之日起七日内向房地产所在地主管税务机关办理纳税申报，并在税务机关核定的期限内缴纳土地增值税。"杨某武承担的市第一医院的纳税义务发生时间为2020年7月1日，双方签订《南京市存量房买卖合同》，2003年签订的房屋赠与只是个意向合同，是预约合同。2013年开会同意，但没签订合同。2017年6月签订《补充协议》对双方具有约束力，但却又在2020年7月签订了新的合同，那么前面的合同在纳税方面就没有意义。只能按照最后合同签订日作为纳税义务发生时间。

其实，杨某武和医院完全可以提早签订合同并及时申报，计税价格按照纳税人的申报时间计算，申报完成后，可以等以后再过户。如果未来情况发生了不利于自己的变化，可以解除合同或变更合同。土地增值税并非要求只要申报就要立刻结清税款。财政部、国家税务总局《关于土地增值税一些具体问题规定的通知》（财税字〔1995〕48号）第16条"关于纳税期限的问题"规定："根据条例第十条、第十二条和细则第十五条的规定，税务机关核定的纳税期限，应在纳税人签订房地产转让合同之后、办理房地产权属转让（即过户及登记）手续之前。"

本案中税务机关对房屋的价格可能完全按照市场价格设定依据的，作为职工一方，万不可轻易承担用人单位一方的税款，加上个人所得税，总体税负会相当高企。《关于单位低价向职工售房有关个人所得税问题的通知》（财税〔2007〕13号）规定："一、根据住房制度改革政策的有关规定，国家机关、企事业单位及其他组织（以下简称单位）在住房制度改革期间，按照所在地县级以上人民政府规定的房改成本价格向职工出售公有住房，职工因支付的房改成本价格低于房屋建造成本价格或市场价格而取得的差价收益，免征个人所得税。二、除本通知第一条规定情形外，根据《中华人民共和国个人所得税法》及其实施条例的有关规定，单位按低于购置或建造成本价格出售住房给职工，职工因此而少支出的差价部分，属于个人所得税应税所得，应按照'工资、薪金所得'项目缴纳个人所得税。……"如果加上企业所得税，增值税，契税，这个房子还值不值得要，就很难说了，医院最好能归类为公有住房再给职工分配。

三、医院三方交易产生的税法"罗生门"

医院不常发生不动产交易，对不动产交易方面的法律风险不太重视。一旦发生交易，可能就会产生复杂的、厘不清的法律关系。杂乱的民事法律关系下，埋藏着复杂的税收法律风险。

在周某武、兴化新华医院、吉某华等房屋买卖合同纠纷案（〔2020〕浙0329民初698号）中，周某武称，2019年9月9日，周某武与新华医院签订《宝都国际房屋买卖合同》，约定周某武将兴化市宝都国际商城1号楼转让给新华医院，购房款为18 000 000元，有关税费由新华医院承担。后双方更改税收承担问题，约定由周某武负责办理有关房屋产权登记内容并承担相应的税费，新华医院另行支付周某武7 000 000元用于支付房屋交易的税费和其他费用，并在2019年12月13日补签《房屋买卖合同补充协议》。该补充协议约定，周某武与新华医院达成的房屋交易价格为25 000 000元，有关税费由周某武承担。

2019 年 12 月 13 日，新华医院应付的 7 000 000 元在签订补充合同前已支付 4 000 000 元，余 3 000 000 元分两期支付，第一期于办理房屋过户当日支付 1 650 000 元，第二期 1 350 000 元应于 2019 年 12 月 31 日陶瓷店期满时支付给周某武。新华医院支付了第一期款项后，拒绝支付第二笔 1 350 000 元，周某武多次要求继续支付，但新华医院拒不支付，故向法院提起诉讼。

新华医院答辩称，第三份合同约定：案涉房屋实际交易价为 25 000 000 元，税费及其他费用由周某武承担。新华医院已付 18 000 000 元，再支付 7 000 000 元给周某武用于支付房屋交易的税费和其他费用。然而在涉案房屋登记和变更登记过程中，周某武拒不依约缴纳税费和其他费用，新华医院为减少损失，代周某武垫付税费 8 210 554.42 元，垫付公共维修基金 167 660 元。新华医院代周某武垫付的税费和其他费用，以及周某武依据第三份合同约定收取新华医院的 1 650 000 元，扣除第二份合同的 7 000 000 元，周某武应当返还给新华医院 3 028 214.42 元。为此，新华医院已提起反诉。

周某武又称，剩余应付 7 000 000 元。其中 4 000 000 元是周某武应承担的全部税费，已实际缴纳，另 3 000 000 元是其他费用，由新华医院分两期支付，于过户当日支付 1 650 000 元，于 2019 年 12 月 31 日支付 1 350 000 元。过户当日，新华医院支付 1 000 000 元，另 650 000 元抵扣借款。购房合同交易价值不一致的原因是新华医院想减免税收。新华医院缴纳了从宝都公司的不动产转移到周某武的税费等共 3 574 041.57 元，房屋评估价为 2280 余万元。而新华医院为获得更多银行贷款，通过第三方中介机构将房价高估，估价为 3040 余万元，致使二次转让时增加了额外的土地增值税、个人所得税，故而其应当承担土地增值税、个人所得税。

法院经审理查明：在江苏省兴化市人民法院审理的宝都公司破产一案中，宝都公司与周某武等 150 多户债权人达成协议，以宝都国际商城 1 号楼抵偿债务 3890 万元。周某武系宝都公司债权人代表。2019 年 9 月 9 日，周某武与王某甲、林某霞签订《宝都国际房屋买卖合同》一份，主要约定：甲方周某武（卖方债权人代表），乙方王某甲（买方新华医院代表），丙方林某霞（宝都公司代表）；1. 甲方出让的商务楼系由宝都公司用"以房抵债"方式而来，现登记在宝都公司名下，依照兴化市人民法院裁定书［2008］泰兴民破字第 3-73 号规定，可以直接过户给周某武；2. 购房价三方一致同意裸价购买为

18 000 000元，丙方开具发票给甲方指定的企业或个人，办理房屋产权证所发生的各种费用均由乙方承担（包括丙方开具发票产生的增值税、附加税、印花税、办理房屋产权证契税等）有关一切费用，该费用和购房款乙方应在丙方开具发票后汇入甲方、丙方指定账户。丙方收到上述款项后，将购房发票同时交给乙方。甲方将不动产过户登记给乙方时产生的全部费用（包括房屋契税、交易税、印花税等）均由乙方承担。

第一次将涉案房屋所有权登记为周某武时，新华医院分别于 2019 年 11 月 27 日、28 日向泰州市兴化地方税务局缴纳了税款合计 4 189 758.61 元。

第二次将房屋所有权变更登记为新华医院时，新华医院通过马某华账户向泰州市兴化地方税务局缴纳了税款 4 020 795.81 元后，又向周某武账户汇入 1 000 000 元。周某武认为协议三中约定其实际承担的税费为 4 000 000 元，3 000 000 元系中介费等费用，并非税费。新华医院则认为协议三约定税费及其他费用均由周某武承担。

本案双方当事人的履行行为与合同约定存在不一致的情况，才导致双方各说各的，出现了"罗生门"，法院根据实际履行的证据推断出双方的真实意思表示并判新华医院支付 118 万余元。该案背后复杂的安排，存在的税法风险有：

第一，新华医院的代为承担税款，范围涵盖了两次交易，如果没有约定清楚，新华医院若拒不认可，前一环节的交易税款就不能主张由新华医院承担。新华医院不但要承担周某武应纳税款，还要承担周某武的前手宝都公司应承担的税款。房屋过户到新化医院，本来没有增值，只需要承担宝都公司负担的各项交易环节税款即可，但新华医院将房屋评估价提高了，甘愿承担多出来的各项税款。新华医院取得的房产，按照新评估的价格确定，毕竟已经负担了税款，不具有税收违法性。问题在于，新华医院承担的两道税款，是否都能计入计税成本？如果新华医院是代宝都公司承担了税款，因宝都公司与新华医院没有直接的法律关系，新华医院承担的该部分税款不能计入计税成本，未来转让房屋会增加各项税负，持有期间会少一部分折旧的税前扣除。如果新华医院承担的税款，是替周某武承担，周某武原本是替宝都公司承担，相当于周某武承担的这部分税款，变成了新华公司支付的交易对价的一部分，那就可以算作计税成本，合同中没有说清楚各自之间的法律关系。本案中存在三方协议，如果仅是周某武和新华医院的双方合同，很难确定税款由新华医院承担。

第二，新华医院在房屋还未到周某武名下时，就介入了交易。从新华医院的角度，更难了解拍卖房产的计税基础等详细信息，毕竟中间隔着两层，新华医院直接向宝都公司索要详细交易信息，存在诸多不便，风险更大。

既然两道交易环节的税费均由新华医院实际承担，周某武选择直接将交付房屋的债权请求权转让给新华医院，更省事不说，还能少交一道契税。否则房屋过户到周某武名下，要缴纳一次契税，房屋过户到新化医院，新华医院又缴纳一次契税。

第三，多方交易法律关系混乱存在虚开增值税专用发票的风险。

三方协议约定：办理房屋产权证所发生的各种费用均由乙方承担（包括丙方开具发票产生的增值税、附加税、印花税、办理房屋产权证契税等）有关一切费用，该费用和购房款乙方应在丙方开具发票后汇入甲方、丙方指定账户。丙方收到上述款项后，将购房发票同时交给乙方。

正常的开票顺序是，宝都公司向周某武开具发票，周某武向新华医院开具发票，这个步骤不能省略，不能一步到位由宝都公司直接向新华医院开具发票。如果宝都医院开具的发票受票方名称为新华医院，就不规范，从本案不能完全看出受票方的名称。如果三方协商一致，如上提到的周某武将交付房屋的请求权直接转让给新华医院，那么宝都公司就可以直接将发票开具给新华医院，可以规避虚开发票风险。

四、医院因不动产置换交易发生的税法纠纷

实务中不动产置换交易也比较常见，按理说不动产置换与一般的不动产买卖有别，纳税人之所以会选择不动产置换，其中一个原因就是缺乏现金，不动产置换可以减少现金支出。可是在税法上，不动产置换与一般的买卖相同对待，税负并没有太大的区别，尤其是所得税和土地增值税方面，置换双方都要视同销售纳税，这让置换双方都觉得不公平。

但在契税方面，相对来说比较人性化。根据《契税法》及相关规定，土地使用权互换、房屋互换，为所互换的土地使用权、房屋价格的差额为计税依据，契税计税依据为不含增值税价格的差额。土地使用权互换、房屋互换，互换价格相等的，互换双方计税依据为零；互换价格不相等的，以其差额为计税依据，由支付差额的一方缴纳契税。相对一般的不动产买卖要全额征税，

这种差额征税的方法具有一定的人性化。

土地增值税方面，除了个别情况，其他都要视同销售全额征税，能够免税的比如财政部、国家税务总局《关于土地增值税一些具体问题规定的通知》（财税字〔1995〕48号）第5条"关于个人互换住房的征免税问题"规定："对个人之间互换自有居住用房地产的，经当地税务机关核实，可以免征土地增值。"其他情形基本都要征税。

增值税方面，除了《国家税务总局公告2011年第13号—关于纳税人资产重组有关增值税问题的公告》（国家税务总局公告2011年第13号）规定："纳税人在资产重组过程中，通过……置换等方式，将全部或者部分实物资产以及与其相关联的债权、负债和劳动力一并转让给其他单位和个人，不属于增值税的征税范围，其中涉及的货物转让，不征收增值税。"其他情形均要征收增值税。

而所得税方面，无论是个人所得税还是企业所得税，均要征税。厦门市地方税务局《关于自然人间置换房产和房产外币计价个人所得税有关问题的公告》（厦门市地方税务局公告2016年第4号）第1条规定："一、自然人之间置换房产，应视为置换人出售房产后再购入房产两项行为。置换过程中，转让收入扣除购置成本及相关费用后有增值但不符合免税条件的，依法严格按照转让所得的20%计征；不能核实原值的，按转让收入的1.5%计征。转让收入按以下顺序和标准确定：（一）置换合同上标明房产售价的，按房产售价确定；（二）置换合同上未标明售价或标明的售价低于房产评估价的，以评估价确定。"一般的置换协议并未明定市场价格，税务机关可按照评估价格进行纳税调整，不过置换双方可按照纳税调整价格作为换入资产的计税基础。

在延边中西医结合医院与延边朝鲜族自治州水利局互易纠纷案（〔2020〕吉24民终840号）中，延边中西医结合医院（以下简称"中西医医院"）上诉请求事项中，要求改判被上诉人向上诉人支付代缴的税款177余万元。

2004年7月5日，延边州水利局党委会议专门研究局办公楼与医院土地使用权置换问题，并将待签协议内容记录在党委会会议记录中，决定"双方互换价格中水利局办公楼600万元，原告的土地价格为530万元，差价70万元，支付2万元办房照。"并且根据以上约定在当年8月止土地、房屋全部手续办完。2004年7月6日，原被告双方签订了《房产与土地相互转让协议书》，协议约定："1. 甲方将现使用办公楼（延吉市长白路1××号）及其他附属建筑共计约2870平方米以600万元人民币的价格转让给乙方；2．乙方将位于小营镇吉兴村，滨河路以北，新元北街以西的医院建设用地9061平方米（土地使用证面积），以530万元人民币的价格转让给甲方。70万元差额部分，双方签订协议之后，乙方于15日之内交给甲方20万元，办完各种手续之后，余额部分与房屋交接事宜一并结清（多退少补）；3．甲方负责办理相关转让手续及其费用，办理手续过程中乙方要给予支持和配合。"

州水利局更名后交付的两份土地使用权证书中，一份为"出让地"，一份为"划拨地"。

2007年7月由于当时该协议标的物涉及延边州水利局原局长的刑事案件。该涉案的土地置换行为被公安机关立案为"非法转让倒卖土地罪"进行调查，至2010年2月3日，公安机关经过调查最终认定该置换行为犯罪不成立，不构成"非法转让倒卖土地罪"。但将双方置换行为中涉及原告的税金部分转交延吉市税务局处理。2010年10月14日原告向税务机关对自己曾经受让的土地，转让给州水利局的土地的相应漏税款补交给国家税务部门（土地增值税、个人所得税等）。其税种明细为：1.530万元土地转让使用税26.5万元；2.个人所得税37.04万元，教育附加税0.51万元，城建税1.19万元；3.340万元土地转让使用税17万元；4.个人所得税46.26万元；5.153.94万元土地增值税46.182万元，教育附加税0.795万元，城建税1.855万元。共计人民币177 323元。原告法定代表人获释后认为原置换给被告的办公楼及附属建筑的土地使用权性质为"出让"。而被告置换给原告的办公楼及附属建筑的土地使用权性质为"划拨"，而非出让。

庭审中，原告提交了签订合同时时任州水利局局长车某日的调查笔录，表明2004年签订合同时任被告州水利局局长认可该费用包括税金，被告提供当时记录在案的讨论该互易合同的党委会记录，没有对税金承担进行讨论决定。对于原局长承认费用中包括全部费用的这条证据可以对《房产与土地相互转让协议书》中"费用"进行补正。所以在2010年进行了补交税款的行为，该部分金额确系双方在合同当时没有具体约定，原告对此部分税金的追偿请求，因为不属于追偿权范围，不予支持。

二审法院认为："中西医医院主张签订合同时时任州水利局局长车某日的调查笔录表明2004年签订合同时州水利局局长认可该费用包括税金，但车某日在2010年在吉林省长春监狱所作的陈述并非是作为州水利局的法定代表人的陈述，不具有约束州水利局的效力，故中西医医院的主张不能成立。"

　　本案中，置换双方均负有交易环节的纳税义务，水利局的税也由中西医医院予以承担。承担的税中，不仅包含交易中双方各自应缴纳的税款，还包括持有环节的税比如土地使用税。中西医医院主张置换交易过程中的税负全部由水利局承担，但只约定了费用，没有明确税款也由水利局承担。事后拿出时任水利局局长的录音，该局长承认水利局承担过户发生的税款，但未被法院认可。税款承担条款普遍存在各项交易中，如果是资产置换交易，由一方承担全部税款，全部税款计算下来会大得惊人。所以在资产置换交易中承诺承担税款，要极为谨慎。

第九章

不动产破产税法实务

最近几年破产案件不断增加，其中涉及不动产的欠税，以及破产过程中处置土地、房屋的情形非常普遍。任何一个破产案件，包括破产重整、破产和解，都不可避免地涉及税收问题。作为破产管理人来说，处理涉税问题，一方面能够规避未来自己的赔偿风险，规避股东未来承担偿税风险；另一方面，应尽可能地降低破产企业的税收成本，尤其是在破产重整案件中，不考虑税收成本的重整方案，会导致重整的税收成本非常高昂。

第一节　税收债权的处理与破产管理人的职责

《税收征收管理法实施细则》第50条规定："纳税人有解散、撤销、破产情形的，在清算前应当向其主管税务机关报告；未结清税款的，由其主管税务机关参加清算。"实务中，破产管理人都极为重视税收债权的申报，即便根据破产企业的财务情况看不出企业有欠税的情形，也要及时通知当地的税务机关申报债权。比如，《北京破产法庭破产案件管理人工作指引（试行）》第30条规定："管理人应当及时书面通知国家税务总局北京市税务局关于债务人税收债权的申报事宜，由国家税务总局北京市税务局接收并向各区（地区）税务局、各相关派出机构转送申报税收债权的通知。税务机关应当自收到管理人的债权申报通知之日起十五个工作日内，向管理人申报税收债权。管理人应当对税务机关提交的债权申报材料登记造册。"

面对税务机关的税收债权申报，破产管理人重点考察是否应纳入破产债权，并确定税收债权在各类债权中的受偿顺序问题。

一、破产管理人对税收债权的审查处理

破产管理人要根据税收债权产生的背景分别予以审查，在此基础上确定是否纳入破产债权。

（一）对不同类型税收债权的审查

根据国家税务总局《关于税收征管若干事项的公告》（国家税务总局公告2019年第48号）第4条第1项规定："税务机关在人民法院公告的债权申报期限内，向管理人申报企业所欠税款（含教育费附加、地方教育附加，下同）、滞纳金及罚款。因特别纳税调整产生的利息，也应一并申报。……"破产管理人对接税务机关的税收债权申报，税务机关申报的债权主要有：欠税，新发现的税，滞纳金以及税收罚款等。

1. 关于破产法上"欠税"的判断

破产管理人对于欠税，需要审查是否符合税收构成要件，税收之债的各要素是否符合税法规定，计算是否准确。对于税务机关申报的税收债权，破产管理人应与破产企业相关人员及时沟通，由破产企业自己指出其中存在什么问题，是否存在纳税争议。破产管理人应当向破产企业索要所有与税收债权相关的财务资料及原始凭证，独立判断税收债权是否合法，如果合法，纳入破产债权，如果不合法，应依据法定程序及时解决。

我国《企业破产法》第113条第1、2款规定："破产财产在优先清偿破产费用和共益债务后，依照下列顺序清偿：（一）破产人所欠职工的工资和医疗、伤残补助、抚恤费用，所欠的应当划入职工个人账户的基本养老保险、基本医疗保险费用，以及法律、行政法规规定应当支付给职工的补偿金；（二）破产人欠缴的除前项规定以外的社会保险费用和破产人所欠税款；（三）普通破产债权。破产财产不足以清偿同一顺序的清偿要求的，按照比例分配。"

这就涉及对欠税如何理解。《欠税公告办法（试行）》第3条规定："本办法所称欠税是指纳税人超过税收法律、行政法规规定的期限或者纳税人超过税务机关依照税收法律、行政法规规定确定的纳税期限（以下简称税款缴纳期限）未缴纳的税款，包括：（一）办理纳税申报后，纳税人未在税款缴纳期限内缴纳的税款；（二）经批准延期缴纳的税款期限已满，纳税人未在税款缴纳期限内缴纳的税款；（三）税务检查已查定纳税人的应补税额，纳税人未在税款缴纳期限内缴纳的税款；（四）税务机关根据《税收征管法》第二十七条、第三十五条核定纳税人的应纳税额，纳税人未在税款缴纳期限内缴纳的税款；（五）纳税人的其他未在税款缴纳期限内缴纳的税款。税务机关对前款规定的欠税数额应当及时核实。本办法公告的欠税不包括滞纳金和罚款。"

实务中，破产管理人容易忽略并难以判断的是，对于不构成欠税，而是破产后方才发现的以前应缴未缴的税，新发生的业务尚未申报，以及尚处在税款缴纳期限内的税款，破产管理人能不能将这些债权认定为欠税。这些如果不构成欠税，就不能优先于普通债权受偿。

上述《欠税公告办法（试行）》对"欠税"的界定，均符合税款期限已满这一要件，那么对于税务机关在收到破产债权申报通知后，临时发现的漏报、瞒报，以及破产企业新发生的业务尚未过纳税期限的，以及期限未满的应缴未缴的税款，就不构成欠税。比如税务机关规定3月15日之前缴纳，而公司却在3月10日申请破产，此时申报税收债权，不构成欠税，能否作为欠税申报，就要看破产法的态度，如果破产法准用税务机关对"欠税"的界定，则不能优先普通债权受偿，只能按照普通债权申报。

常见的税款缴纳期限，实际上就是纳税义务发生后的税款缴库期限，比如海关总署《关于明确进出口货物税款缴纳期限的公告》（海关总署公告2022年第61号）第2条规定："纳税义务人应当自海关税款缴纳通知制发之日起15日内依法缴纳税款；采用汇总征税模式的，纳税义务人应当自海关税款缴纳通知制发之日起15日内或次月第5个工作日结束前依法缴纳税款。未在上述期限内缴纳税款的，海关自缴款期限届满之日起至缴清税款之日止，按日加收滞纳税款万分之五的滞纳金。"《企业所得税法》第54条第1、2、3款规定："企业所得税分月或者分季预缴。企业应当自月份或者季度终了之日起十五日内，向税务机关报送预缴企业所得税纳税申报表，预缴税款。企业应当自年度终了之日起五个月内，向税务机关报送年度企业所得税纳税申报表，并汇算清缴，结清应缴应退税款。"《增值税暂行条例》第23条第1、2款规定："增值税的纳税期限分别为1日、3日、5日、10日、15日、1个月或者1个季度。纳税人的具体纳税期限，由主管税务机关根据纳税人应纳税额的大小分别核定；不能按照固定期限纳税的，可以按次纳税。纳税人以1个月或者1个季度为1个纳税期的，自期满之日起15日内申报纳税；以1日、3日、5日、10日或15日为1个纳税期的，自期满之日起5日内预缴税款，于次月1日起15日内申报纳税并结清上月应纳税款。"

不构成欠税，有的破产管理人可能就认为其不符合破产债权。对于这部分税收债权的处理，实务中有两种观点：一种认为比照未到期的债权视为提前到期处理；我国《企业破产法》第46条第1款规定："未到期的债权，在破产申请受理时视为到期。"但是，税收债权的到期与一般债权的到期并不相同。当纳税义务发生后，类似"期满之日起15日之内缴纳"，税收债权在15日开始计算时已经到期，已经开始履行，欠税以纳税义务已经发生为前提，而一般的民事债权是到期前尚未开始履行。所以"欠税"跟"未到期债权"不是相同的含义。对于个别未构成欠税的情形，严格来讲，不能套用"未到期的债权，在破产申请受理时视为到期"之规定，不构成"欠税"的税款已经到了履行期，只不过尚未构成"欠税"。这个问题容易被忽略，根源在于税务机关对"欠税"的界定较为笼统。笔者认为，未到税款缴纳期限的税款，要分情况而定。如果破产受理日，纳税义务都未发生，就不能认定为欠税；如果纳税义务已经发生，只是尚未届满，也应视为到期，这样做，主要依据是相较一般的民事债权，未到期可以视为到期，而对于已经到期的税款，未过缴纳期限，更应该提前视为"欠税"，这符合破产法的精神。

还有人认为，对于未构成欠税的部分税款，应该视为共益费用处理较为稳妥，理由是该部分税款在破产程序开始前产生，在破产程序开始之后尚未结束，但是这样的理解不符合企业破产法规定。《企业破产法》第42条规定："人民法院受理破产申请后发生的下列债务，为共益债务：（一）因管理人或者债务人请求对方当事人履行双方均未履行完毕的合同所产生的债务；（二）债务人财产受无因管理所产生的债务；（三）因债务人不当得利所产生的债务；（四）为债务人继续营业而应支付的劳动报酬和社会保险费用以及由此产生的其他债务；（五）管理人或者相关人员执行职务致人损害所产生的债务；（六）债务人财产致人损害所产生的债务。"根据该规定，只有当管理人或者债务人请求对方当事人履行双方均未履行完毕的合同，附带产生的税款，可以列为共益费用，已经由破产企业自身履行完的合同，产生的税款，则不能当作共益费用处理。

2. 税款滞纳金的申报审查

《税收征收管理法》第32条规定："纳税人未按照规定期限缴纳税款的，扣缴义务人未按照规定期限解缴税款的，税务机关除责令限期缴纳外，从滞纳税款之日起，按日加收滞纳税款万分之五的滞纳金。"

（1）税款滞纳金属于普通债权。税款滞纳金不属于企业破产法规定的"欠税"，但可以作为普通债权申报。不过，税务局跟司法机构就滞纳金是否属于优先债权存在不同意见，国家税务总局作出的《关于税收优先权包括滞纳金问题的批复》（国税函〔2008〕1084号），该批复认为："按照《中华人民共和国税收征收管理法》的立法精神，税款滞纳金与罚款两者在征收和缴纳时顺序不同，税款滞纳金在征缴时视同税款管理，税收强制执行、出境清税、税款追征、复议前置条件等相关条款都明确规定滞纳金随税款同时缴纳。税收优先权等情形也适用这一法律精神，《税收征管法》第四十五条规定的税收优先权执行时包括税款及其滞纳金。"国家税务总局明确"税收优先权执行时包括税款及其滞纳金"。虽然有该规定，但国家税务总局的批复并不属于立法解释，国家税务总局也不对《税收征收管理法》享有解释权。

与之相反，最高人民法院《关于税务机关就破产企业欠缴税款产生的滞纳金提起的债权确认之诉应否受理问题的批复》（法释〔2012〕9号）规定："税务机关就破产企业欠缴税款产生的滞纳金提起的债权确认之诉，人民法院应依法受理。依照企业破产法、税收征收管理法的有关规定，破产企业在破产案件受理前因欠缴税款产生的滞纳金属于普通破产债权。对于破产案件受理后因欠缴税款产生的滞纳金，人民法院应当依照最高人民法院《关于审理企业破产案件若干问题的规定》第六十一条规定处理。"所以滞纳金作为普通债权申报具有依据。《企业破产法》规定的优先受偿的欠税，从字面含义解读，本身就不包括滞纳金。

实务中，税款滞纳金会按照最高人民法院明确的方法进行处理。比如在国家税务总局宿迁市宿豫区税务局与江苏飞虹钢结构网架有限公司破产债权确认纠纷一案（〔2020〕苏1311民初5819号）中，法院认为："关于宿豫区税务局享有债权的具体数额，五年征收期限内，飞虹公司应缴纳……根据相关法律规定，企业欠缴的税款属于优先债权，滞纳金及由税务机关征收的非税收入则应按普通债权申报。故，宿豫区税务局对飞虹公司享有破产债权共计2 007 874.17元，其中应缴税款本金1 722 303.64元为优先债权，教育费附加16 671.77元、地方教育费附加11 114.51元及上述税费产生的滞纳金257 784.25元为普通债权。"

（2）滞纳金数额是否应当有限制？

有些破产企业的税收滞纳金超出了税款本金，因此数量非常庞大。对这种情况是否应当有限制？实务中也发生过类似的案例。

在国家税务总局济南市槐荫区税务局与山东省建材物资总公司破产债权确认纠纷案（［2019］鲁 01 民终 4926 号）中，税款滞纳金持续时间 20 年之久，税金接近 130 万元，而滞纳金却有 633 万元之多，超出税款本金 5 倍之多。济南市槐荫区税务局于 2018 年 9 月 11 日向山东省建材物资总公司管理人申报债权。2018 年 9 月 17 日，建材公司管理人作出两份《债权审查结果通知书》，认为税金滞纳金不能超过税金本身，最终确认债权总额分别为 232 932.28 元（其中滞纳金为 116 466.14 元，列入普通债权参与分配）和 2 596 449.58 元（其中滞纳金为 1 298 224.79 元，列入普通债权参与分配）。

一审法院认为："加收滞纳金系纳税人未在法律规定期限内完税的一种处罚举措，系行政强制执行的一种方式。依照《行政强制法》第 45 条第 2 款'加处罚款或者滞纳金的数额不得超出金钱给付义务的数额'之规定，建材公司管理人认定的滞纳金数额，符合法律规定，一审法院予以确认。对于槐荫区税务局主张税款滞纳金并非行政强制执行滞纳金的意见，一审法院未予采纳。鉴于建材公司管理人已对槐荫区税务局的债权及滞纳金作出认定，符合法律要求，故对槐荫税务局要求确认滞纳金债权的诉讼请求，一审法院未予支持。"

税务局认为，"税款滞纳金"和"行政强制执行滞纳金"系两个不同的概念，不能混为一谈。二审法院支持了一审法官的判决。

《行政强制法》第 45 条规定："行政机关依法作出金钱给付义务的行政决定，当事人逾期不履行的，行政机关可以依法加处罚款或者滞纳金。加处罚款或者滞纳金的标准应当告知当事人。加处罚款或者滞纳金的数额不得超出金钱给付义务的数额。"税务征收决定，也是一项行政决定，适用《行政强制法》第 45 条的规定。至于税务机关认为的滞纳金不是强制法，税务机关没有实行强制措施，是一种误解。无论是罚款还是滞纳金，均属于行政强制措施。所以，笔者赞同税收滞纳金最多不应超过欠税的本金数额的处理方式。

（3）破产案件受理后因欠缴税款产生的滞纳金。

破产案件受理后因欠缴税款产生的滞纳金，不属于破产债权。实务中税务机关也是争执不下。

在国家税务总局闽清县税务局、福建省闽清富盛达陶瓷建材有限公司破产债权确认纠纷案（［2021］闽 0124 民初 2877 号）中，税务机关认为，告知破产管理人应缴纳富盛达公司于破产案件受理后至 2021 年 9 月 15 日前缴纳厂房租金税收 235 975.37 元所产生的滞纳金 74 947.43 元。2021 年 9 月 14 日，破产管理人回复对 74 947.43 元租金滞纳金不予认定为破产费用、破产债权。法院认为："对于破产案件受理后因欠缴税款产生的滞纳金，人民法院应当依照最高人民法院《关于审理企业破产案件若干问题的规定》第 61 条规定处理。最高人民法院《关于审理企业破产案件若干问题的规定》第 61 条规定'下列债权不属于破产债权：（一）行政、司法机关对破产企业的罚款、罚金以及其他有关费用；（二）人民法院受理破产案件后债务人未支付应付款项的滞纳金，包括债务人未执行生效法律文书应当加倍支付的迟延利息和劳动保险金的滞纳金……'最高人民法院《关于适用〈中华人民共和国企业破产法〉若干问题的规定（三）》第 3 条规定'破产申请受理后，债务人欠缴款项产生的滞纳金，包括债务人未履行生效法律文书应当加倍支付的迟延利息和劳动保险金的滞纳金，债权人作为破产债权申报的，人民法院不予确认'，故案涉租金税款滞纳金 74 947.43 元不能认定为破产债权。"

税收债权申报，一般的处理规则是，企业所欠税款、滞纳金、罚款，以及因特别纳税调整产生的利息，以人民法院裁定受理破产申请之日为截止日计算确定，破产受理后不再计算滞纳金。上述案件中，破产企业继续盈利，收取租金，租金产生的税款属于共益费用，根据"人民法院受理破产案件后债务人未支付应付款项的滞纳金"不属于破产费用的规定，税款的滞纳金不属于破产债权。

3. 税收罚款的申报审查

税收行政罚款，是税务机关对纳税人的税收违法行为作出的一种处罚决定，某种意义上也被视为一种公法上的债权。罚款不构成欠税，根据税收征收管理法，罚款的受偿顺序低于欠税，纳税人欠缴税款，同时又被行政机关决定处以罚款、没收违法所得的，税收优先于罚款、没收违法所得。但是，税收罚款是否属于破产债权，国家税务总局与最高人民法院的规定又产生了冲突。

根据国家税务总局《关于税收征管若干事项的公告》（国家税务总局公告 2019 年第 48 号）的规定，纳税人破产时，税务机关要申报罚款债权。该公告"四、关于企业破产清算程序中的税收征管问题"规定："（一）税务机关在人民法院公告的债权申报期限内，向管理人申报企业所欠税款（含教育费附加、地方教育附加，下同）、滞纳金及罚款。因特别纳税调整产生的利息，也应一并申报。企业所欠税款、滞纳金、罚款，以及因特别纳税调整产生的利息，以人民法院裁定受理破产申请之日为截止日计算确定。"因此，税务机关一定要申报，否则就是失职。

同时，该公告又接着规定："（三）企业所欠税款、滞纳金、因特别纳税调整产生的利息，税务机关按照企业破产法相关规定进行申报，其中，企业所欠的滞纳金、因特别纳税调整产生的利息按照普通破产债权申报。"未提罚款的申报事项。

但是在地方上，有些地方的规定也将罚款作为破产债权申报，比如江苏省高级人民法院、国家税务总局江苏省税务局《关于做好企业破产处置涉税事项办理优化营商环境的实施意见》（苏高法〔2020〕224号）规定："主管税务机关应当在人民法院确定的债权申报期内向管理人申报企业所欠税款（含教育费附加、地方教育附加，下同）、滞纳金及罚款。因特别纳税调整产生的利息、由税务机关征收的社会保险费及非税收入，也应一并申报。企业所欠税款、滞纳金、罚款，以及因特别纳税调整产生的利息、由税务机关征收的非税收入，以人民法院裁定受理破产申请之日为截止日计算确定。未在债权申报期内申报的，可以在破产财产最后分配前补充申报。"

与国家税务总局的规定相反，最高人民法院《关于审理企业破产案件若干问题的规定》第61条规定："下列债权不属于破产债权：（一）行政、司法机关对破产企业的罚款、罚金以及其他有关费用；……"税务机关的行政罚款同样适用该条规定，罚款就不能作为破产债权申报。

可见，实务中存在相互冲突的两种做法。那么如何理解这种现象？笔者认为，破产债权的申报和破产债权的认定是两回事。作为税务机关而言，即便破产管理人不会认可罚款的债权申报，税务机关也要申报，税务机关需要根据破产管理人的决定，作为对罚款的处理结果的一个依据，否则税务机关账上的罚款收不上来，没法解释原因，需要破产管理人出具一个证据。所以罚款申报是一项必经程序。只是当破产企业最终破产，经过审查，税务机关的罚款无权参与受偿，更不能作为优先债权受偿。

实务中，税务机关的罚款也不会受到法院的支持。在黔东南州凯里经济开发区地方税务局与贵州宝恒建材城置业有限公司普通破产债权确认纠纷一审民事案（〔2018〕黔26民初32号）中，法院就认为："关于原告主张的税收罚款是否属于破产债权，若属于破产债权是否属于优先债权问题。最高人民法院《关于审理企业破产案件若干问题的规定》第 61 条规定：'下列债权不属于破产债权：（一）行政、司法机关对破产企业的罚款、罚金以及其他有关费用。……'根据上述司法解释规定，行政机关对破产企业的罚款不属于破产债权。本案中，本院已于 2017 年 10 月 17 日裁定受理宝恒建材公司提出的破产清算申请，原告开发区税务局对宝恒建材公司的税收罚款不属于破产债权，更不可能属于优先债权。"就是说，即便地方法院规定罚款可以申报，但是不能作为破产债权受偿。

4. 教育费附加及特别纳税调整产生的利息

教育费附加是费用类征收，不是税款的性质。教育费附加由国务院规定，专款专用，以各单位和个人实际缴纳的增值税、营业税、消费税的税额为计征依据，教育费附加率为 3%，分别与增值税、消费税同时缴纳，税务机关负责征收。破产管理人应在计算增值税和消费税的基础上，计算教育费附加的准确性。参照四川省成都市中级人民法院、国家税务总局成都市税务局《关于企业破产程序涉税事项合作备忘录》（成中法发〔2021〕133 号）"（三）非税收入的债权申报"规定："税务机关在人民法院确定的债权申报期限内，向管理人申报教育费附加、地方教育费附加等非税收入，按普通破产债权进行申报。"

而对特别纳税调整产生的利息的申报审查，则较为棘手。国家税务总局《关于税收征管若干事项的公告》（国家税务总局公告 2019 年第 48 号）第 4 条第 3 项规定："企业所欠税款、滞纳金、因特别纳税调整产生的利息，税务机关按照企业破产法相关规定进行申报，其中，企业所欠的滞纳金、因特别纳税调整产生的利息按照普通破产债权申报。"

税务机关对企业的转让定价、预约定价安排、成本分摊协议、受控外国企业、资本弱化以及一般反避税等特别纳税调整事项可能会产生利息，这里的利息具有法定性。《企业所得税法》第 48 条规定："税务机关依照本章规定作出纳税调整，需要补征税款的，应当补征税款，并按照国务院规定加收利息。"国务院制定的《企业所得税法实施条例》第 122 条第 1 款规定："企业所得税法第四十八条所称利息，应当按照税款所属纳税年度中国人民银行公布的与补税期间同期的人民币贷款基准利率加 5 个百分点计算。"年利率为 9% 以上，与日万分之五的滞纳金计算的年利率 18.25% 相比，要低一半。本质上也是滞纳金，只不过欠税的滞纳金属于一种税收违法行为，而特别纳税调整产生的利息，性质上与欠税有区别，企业所得税对其进行了淡化处理，没有明确作为一种税收违法行为，这里的利息，实际上也具有惩罚性。作为普通债权申报，并无不可。

（二）税收债权与各类民事债权的优先权之争

破产企业的债务种类各式各样，当企业破产时，各类债权人均主张自己的债权具有优先性。我国《企业破产法》规定的债权很简单，而现实中的债权远远超出了企业破产法规定的范围。《企业破产法》第113条第1款规定："破产财产在优先清偿破产费用和共益债务后，依照下列顺序清偿：（一）破产人所欠职工的工资和医疗、伤残补助、抚恤费用，所欠的应当划入职工个人账户的基本养老保险、基本医疗保险费用，以及法律、行政法规规定应当支付给职工的补偿金；（二）破产人欠缴的除前项规定以外的社会保险费用和破产人所欠税款；（三）普通破产债权。"这样的规定看似很清晰，但实务中一旦涉及税，有些问题就难以分辨。

1. 担保债权、工程款与税收债权的优先权问题

最高人民法院《关于审理企业破产案件若干问题的规定》第71条规定："下列财产不属于破产财产：……（二）抵押物、留置物、出质物，但权利人放弃优先受偿权的或者优先偿付被担保债权剩余的部分除外；……"根据该条规定，企业破产法上未将担保物列为破产财产，担保权人可独自受偿，能受偿的部分，也不用再参与破产债权申报；而欠税却要参与破产债权申报，可见担保债权远远优先于欠税。

又根据法律规定，工程款优先于抵押债权优先受偿。《民法典》第807条规定："发包人未按照约定支付价款的，承包人可以催告发包人在合理期限内支付价款。发包人逾期不支付的，除根据建设工程的性质不宜折价、拍卖外，承包人可以与发包人协议将该工程折价，也可以请求人民法院将该工程依法拍卖。建设工程的价款就该工程折价或者拍卖的价款优先受偿。"如此，工程款更优先于欠税提前受偿。

（1）关于担保债权优先欠税的理解与适用

需要注意的是，工程款、担保债权优先于欠税，这里的"欠税"是已经发生的尚未清缴的税款。如果是新发生的税款，则不属于"欠税"，要按照另外的规则处理工程款、抵押权人的债权与税款之间的关系。比如抵押权人行

使抵押权，变卖抵押物，变卖抵押物需要纳税，假如债权金额为 1000 万元，抵押物拍卖了 1000 万元，如果先缴纳税款，则剩余款项不足于偿债，税款具有优先性。如果抵押权人未能足额受偿，则剩余部分需要参与破产分配，实践中这种情形也是较为常见。如果税务机关的此类税款享有优先性，这种优先性有无依据？也就是说，对于不动产抵押物，税务机关存在两种税收债权，一是抵押物出售或变卖产生的纳税义务，一是债务人在变卖抵押物之前，就已经存在的欠税。抵押债权优先于税款，究竟是优先于哪一项税款呢？抵押债权是否既优先于变卖抵押物产生的税款，也优先于原本就存在的欠税呢？

《税收征收管理法》第 45 条第 1 款规定："税务机关征收税款，税收优先于无担保债权，法律另有规定的除外；纳税人欠缴的税款发生在纳税人以其财产设定抵押、质押或者纳税人的财产被留置之前的，税收应当先于抵押权、质权、留置权执行。"对该规定如何理解？可以有两种理解：一种理解是，税收优先于无担保债权，那就是担保债权优先于税款，担保权人就担保物处置价款优先于担保物所负担的税款受偿，比如抵押的房子卖了 1000 万元，各项税加起来 400 万元，担保债权 1000 万元，先偿付债权人的 1000 万元，无余额就不能清偿税款，税款进入破产申报，担保权具有优先性。

另一种理解是，担保物变价后，先支付相应税款，剩余价款优先支付担保债权，该担保债权优先于债务人其他的欠税，这里的欠税与担保物无关。比如抵押的房子卖了 1000 万元，各项税加起来 400 万元，担保债权 1000 万元，此前债务人欠税 2000 万元，此时税款优先支付 400 万元，剩下 600 万元支付担保债权，这里的担保债权优先于 2000 万元的欠税优先清偿，但不优先于产生的即时税款 400 万元。那么 400 万元税款优先于担保债权清偿的依据是什么？

《税收征收管理法》第 45 条第 1 款规定"税务机关征收税款，税收优先于无担保债权"与"纳税人欠缴的税款发生在纳税人以其财产设定抵押、质押或者纳税人的财产被留置之前的，税收应当先于抵押权、质权、留置权执行"。前后两句所指代的税款是否具有同一含义？第 45 条的规定非常模糊。笔者认为，从字面意思解读，二者规范的是不同的情形。"税款"的范围要大于"欠税"的范围，"欠税"更具体，"税款"不仅包含"欠税"，也包括不构成"欠税"的税款，那么处置抵押物发生的纳税义务，征收税款相对担保债权则不具有优先性。

参照《民法典》第 410 条规定:"债务人不履行到期债务或者发生当事人约定的实现抵押权的情形,抵押权人可以与抵押人协议以抵押财产折价或者以拍卖、变卖该抵押财产所得的价款优先受偿。……"第 413 条规定:"抵押财产折价或者拍卖、变卖后,其价款超过债权数额的部分归抵押人所有,不足部分由债务人清偿。"这里的价款均未指出是税后价款,《民法典》规定的担保债权的优先性,是无条件、绝对的优先受偿。

但是税务征收过程中,又存在一个清税前置问题,否则不动产不能过户。如果担保权人的债权优先受偿,事后又不能过户,买受人如何取得不动产的所有权?买受人不能取得不动产的所有权,又如何肯支付对价?担保权人又如何实现受偿?可见,实务中规定,不清税不给过户的做法,是变相寻得税收债权的优先性,严重违反税收中性原则,也与《民法典》的规定相悖。从这个意义上说,房屋、土地的出售,都不可能存在欠税,进入到破产程序中的欠税,只能是一般意义上的所得税。

(2) 工程款的优先性让路作为破产费用的税款?

最高人民法院《关于审理企业破产案件若干问题的规定》第 71 条规定:"下列财产不属于破产财产:……(四)依照法律规定存在优先权的财产,但权利人放弃优先受偿权或者优先偿付特定债权剩余的部分除外;……"《民法典》第 807 条规定:"发包人未按照约定支付价款的,承包人可以催告发包人在合理期限内支付价款。发包人逾期不支付的,除根据建设工程的性质不宜折价、拍卖外,承包人可以与发包人协议将该工程折价,也可以请求人民法院将该工程依法拍卖。建设工程的价款就该工程折价或者拍卖的价款优先受偿。"承包人对所承建的工程享有优先权,不被列为破产财产。在实践中,破产管理人处置破产企业的不动产,按照一般规则,处置财产所发生税费随时清偿,按照这样的做法,承包人享有优先权的财产,也会被认定劣后于税务机关的税收债权,劣后清偿。换言之,针对承包工程,税收债权优先于承包人的优先权。工程款的这个问题与上述抵押权人处置财产,税收债权是否享有优先权,是同样的问题,唯一的差别是发生的场合不同,此时税收债权披着破产费用或共益费用的外衣。下面笔者结合具体案例对此进行分析。

在浙江鑫业建设有限公司与浙江义乌丰臻工艺品有限公司管理人与破产有关的纠纷一案(〔2020〕浙 0782 民初 14275 号)中,被告浙江义乌丰臻工艺品有限公司管理人(以下简称"丰臻公司")依法在淘宝网司法拍卖网络平台公开拍卖了丰臻公司名下位于义乌市××路××号的房地产。破产管理人将拍卖价款向债权人分配，包括抵押权人浙江省浙商资产管理有限公司（以下简称"浙商公司"）。

原告浙江鑫业建设有限公司（以下简称"鑫业公司"）承建了丰臻公司厂房，丰臻公司尚欠原告鑫业公司工程款 2000 多万元未付。2020 年 8 月 25 日，被告丰臻公司管理人作出〔2017〕丰臻破管字第 56 号丰臻公司优先债权分配方案，认为应分配原告鑫业公司优先债权总计为 20 582 829.34 元，除去已发放的 18 422 829.34 元，暂扣后续破产费用 450 000 元，还能分配 1 710 000 元。被告丰臻公司管理人作出的上述分配方案中认定原告鑫业公司优先债权为 20 582 829.34 元，显然是计算错误，应予撤销。

破产管理人认为是正确的，管理人认定鑫业公司的优先债权是基于建筑物，且债权形成时间上也是优先于浙商公司。浙商公司是抵押权优先受偿，所以鑫业公司的建筑工程款优先于浙商公司的抵押担保，扣除税费后鑫业公司的工程款优先受偿，预留的 3 000 000 元破产费用，如后面不产生其他破产费用，会发放给鑫业公司和浙商公司。在这里，破产管理人将税费作为优先债权处理，优先顺位为：税费、工程款、抵押债权。

第三人浙商公司述称，被告丰臻公司管理人认为丰臻公司已缴纳税款 13 359 346.46 元全部由浙商公司承担没有依据，从税费项目内容看，此税费应由丰臻公司和鑫业公司承担，而不是浙商公司承担，税费在破产分配中应当劣后于优先债权，如归类为共益债务，那么浙商公司和鑫业公司应当按比例承担。第三人浙商公司补充如下：对于鑫业公司拍卖款未能覆盖部分予以认同。对于税费不认同适用《担保法》第 74 条的规定，应当适用《企业破产法》第 41 条第 2 项的规定，抵押物的处置属于债务财产变价行为，属于破产费用。浙商公司竟然将拍卖财产作为破产财产予以认识和对待。

就处置破产财产即义乌市××路××号房地产产生的税费性质如何认定及如何负担？法院认为："破产程序中处置破产财产所产生的增值税、附加税、印花税、契税等税费，属于破产程序中"变价和分配债务人财产的费用"，由债务人的财产随时清偿。本案中处置的财产系担保物，则处置破产财产所产生的税费从担保物处置价款中优先清偿。故被告丰臻公司管理人作出的《优先债权分配方案》中注明税费由第三人浙商公司承担是不正确的，应予纠正。"

本案中，关键的问题包括，一是工程款享有优先性的财产是否属于破产财产？该财产同样属于抵押财产，抵押财产是否属于破产财产？二是，如果不是破产财产，何来共益费用？只有共益费用才能随时清偿。三是，处置享有优先权的财产发生的应交税费，是否比工程款的优先权更加优先？

根据最高人民法院《关于审理企业破产案件若干问题的规定》第71条："下列财产不属于破产财产：……（四）依照法律规定存在优先权的财产，但权利人放弃优先受偿权或者优先偿付特定债权剩余的部分除外；……"既然都不属于破产财产，在破产过程中处置该财产，自然就不产生企业破产法上的共益费用、破产费用。破产费用、共益费用是针对参与破产申报的债权人而言的，担保权人和存在优先权的权利人，无需申报破产债权，不是破产财产就不适用破产费用和共益债务的规定。

《企业破产法》第41条规定："人民法院受理破产申请后发生的下列费用，为破产费用：（一）破产案件的诉讼费用；（二）管理、变价和分配债务人财产的费用；（三）管理人执行职务的费用、报酬和聘用工作人员的费用。"河南省高级人民法院、国家税务总局河南省税务局《关于企业破产程序涉税问题处理的实施意见》规定："管理人经人民法院许可，为债权人利益继续营业，或者在使用、处置债务人财产过程中产生的应当由债务人缴纳的税（费），属于《中华人民共和国企业破产法》第四十一条破产费用中的'管理、变价和分配债务人财产的费用'，由管理人按期进行纳税申报，并依法由债务人的财产随时清偿。"而处置抵押物、存在优先权的财产，并不属于为债权人利益继续营业，或者在使用、处置债务人财产过程中，二者不是一回事。

《企业破产法》第42条规定："人民法院受理破产申请后发生的下列债务，为共益债务：（一）因管理人或者债务人请求对方当事人履行双方均未履行完毕的合同所产生的债务；（二）债务人财产受无因管理所产生的债务；（三）因债务人不当得利所产生的债务；（四）为债务人继续营业而应支付的劳动报酬和社会保险费用以及由此产生的其他债务；（五）管理人或者相关人员执行职务致人损害所产生的债务；（六）债务人财产致人损害所产生的债务。"抵押物和存在优先权的财产，不属于破产财产，也不存在认定共益费用的问题。

处置存在优先权的财产产生的纳税义务，根据目前的法律规定，并无优先受偿的法律规法。承包人就承包的工程处置享有优先权，这里的优先权并不是税后的优先权，这与上述担保权优先于税款的道理是相同的。最高人民法院《关于审理建设工程施工合同纠纷案件适用法律问题的解释（一）》（法释〔2020〕25号）第36条规定："承包人根据民法典第八百零七条规定享有的建设工程价款优先受偿权优于抵押权和其他债权。"当然存在优先权的财产如果不缴税，也面临着同样的问题，就是不缴纳税款不给过户，不给过户承包人就不能优先受偿。所以，税收征管上的这种清税前置的做法，是违背法律的统一性的。

上述案件中，并不存在两家公司共同分担税款的问题，税收债权如不能受偿，应当参与破产债权申报。

2. 个人劳务费与税款的优先受偿问题

与工程款比较接近的是劳务费，劳务费一般是个人独立从事非雇佣的劳务所取得的收入，工程款一般是具有建筑资质的企业承包建筑工程项目所取得的收入，二者有一定的区别。从性质上而言，建筑工程的劳务费与工程款具有高度相似性。建筑工程的劳务费能否优先受偿，可否适用工程款优先性的规定？同时，劳务费又与雇佣关系的劳动合同相似，实务中也有人认为应当按照职工工资优先于税款的规定，优先受偿。

关某华与长春达崴房地产开发有限公司别除权纠纷案（〔2020〕吉01民初1245号），关某华诉称：关某华于2011年4月5日与长春达崴房地产开发有限公司（以下简称"达崴公司"）签订了《塑钢窗安装协议》，签订协议后，关某华组织工人对澳洲城进行塑钢窗安装施工。截至2014年10月，达崴公司拖欠关某华劳务费83450元。

法院认为："关某华主张达崴公司欠其的劳务费为职工工资，应优先于达崴公司所欠税款优先受偿。职工工资是指依据《劳动法》第16条的规定，用人单位与劳动者签订劳动合同后支付的工资报酬，双方系雇佣与被雇佣的关系。而本案中的劳务费，系关某华与达崴公司签订承包合同后，由关某华组织工人施工，在交付工程成果后，收取的劳务报酬，双方系发包与承包的关系，受《合同法》调整。二者受不同的法律关系调整，性质并不相同，劳务费并不属于《企业破产法》第113条规定的'职工工资'，故关某华依据上述规定要求确认其劳务费优先于达崴公司所欠税款优先受偿，无法律依据，本院不予支持。"

本案中，劳务费与职工工资区别很明显，劳务费不是基于雇佣关系而取得，关某华主张劳务费属于职工工资，显然不能成立。那么，有没有新的途径主张优先权呢？我们不妨试着分析一下。

根据最高人民法院《关于审理建设工程施工合同纠纷案件适用法律问题的解释（一）》（法释〔2020〕25号）第37条规定："装饰装修工程具备折价或者拍卖条件，装饰装修工程的承包人请求工程价款就该装饰装修工程折价或者拍卖的价款优先受偿的，人民法院应予支持。"第40条第1款规定："承包人建设工程价款优先受偿的范围依照国务院有关行政主管部门关于建设工程价款范围的规定确定。"可以再参考《民法典》出台前最高人民法院的复函，即最高人民法院《关于装修装饰工程款是否享有合同法第二百八十六条规定的优先受偿权的函复》答复："装修装饰工程属于建设工程，可以适用《中华人民共和国合同法》第二百八十六条关于优先受偿权的规定，但装修装饰工程的发包人不是该建筑的所有权人或者承包人与该建筑物的所有权人之间没有合同关系的除外。享有优先权的承包人只能在建筑物因装修装饰而增加价值的范围内优先受偿。"

本案的关键在于，塑钢窗安装是否属于建筑安装工程？门窗安装应当也属于装饰工程的一部分，只不过相比一般的建筑工程，其工作量非常小。门窗安装对于整体建筑安装来说，也是不可或缺的一部分，对整体建筑的价值具有贡献。笔者认为，关某华的劳务费，实际上就是装饰装修工程的一部分，理应享有优先权。其对应的存在优先权的财产不被列为破产财产，相应比例的份额不参与破产分配，自然就优先于税款受偿。

3. 消费者的购房款与税收债权的优先性之争

房地产开发商负债经营的特点历来都很突出，实务中消费者购买商品房，往往是先付款，而后才进行商品房过户，这对消费者来说，无疑存在巨大风险。房地产开发商的债权人追讨债务的可能性很大，往往会将开发商名下的商品房查封，会将开发商的账户资金冻结。作为税收债权，也可能直接强制执行开发商的账上资金。而一旦开发商进入破产程序，更是僧多肉少，如果将消费者视为普通债权人，则消费者无疑会成为"唐僧肉"。所以，从优先性方面对消费者予以保护，就显得很重要。同时，这种优先性保护又不能损害抵押权等债权的权威性，所以要把握一个度，这就导致实践中对这类问题很难处理。

已经失效的最高人民法院《关于建设工程价款优先受偿权问题的批复》（法释〔2002〕16号）第2条规定："消费者交付购买商品房的全部或者大部

分款项后，承包人就该商品房享有的工程价款优先受偿权不得对抗买受人。"根据《九民纪要》，消费者的优先权依然受到保护。

《九民纪要》126 条规定："［商品房消费者的权利与抵押权的关系］根据《最高人民法院关于建设工程价款优先受偿权问题的批复》第 1 条、第 2 条的规定，交付全部或者大部分款项的商品房消费者的权利优先于抵押权人的抵押权，故抵押权人申请执行登记在房地产开发企业名下但已销售给消费者的商品房，消费者提出执行异议的，人民法院依法予以支持。但应当特别注意的是，此情况是针对实践中存在的商品房预售不规范现象为保护消费者生存权而作出的例外规定，必须严格把握条件，避免扩大范围，以免动摇抵押权具有优先性的基本原则。因此，这里的商品房消费者应当仅限于符合本纪要第 125 条规定的商品房消费者。买受人不是本纪要第 125 条规定的商品房消费者，而是一般的房屋买卖合同的买受人，不适用上述处理规则。"据此，符合一定条件的消费者的权利优先于抵押权人的优先权，也就优先于税收债权。

《九民纪要》第 125 条规定："［案外人系商品房消费者］实践中，商品房消费者向房地产开发企业购买商品房，往往没有及时办理房地产过户手续。房地产开发企业因欠债而被强制执行，人民法院在对尚登记在房地产开发企业名下但已出卖给消费者的商品房采取执行措施时，商品房消费者往往会提出执行异议，以排除强制执行。对此，《最高人民法院关于人民法院办理执行异议和复议案件若干问题的规定》第 29 条规定，符合下列情形的，应当支持商品房消费者的诉讼请求：一是在人民法院查封之前已签订合法有效的书面买卖合同；二是所购商品房系用于居住且买受人名下无其他用于居住的房屋；三是已支付的价款超过合同约定总价款的百分之五十。人民法院在审理执行异议之诉案件时，可参照适用此条款。问题是，对于其中'所购商品房系用于居住且买受人名下无其他用于居住的房屋'如何理解，审判实践中掌握的标准不一。'买受人名下无其他用于居住的房屋'，可以理解为在案涉房屋同一设区的市或者县级市范围内商品房消费者名下没有用于居住的房屋。商品房消费者名下虽然已有 1 套房屋，但购买的房屋在面积上仍然属于满足基本居住需要的，可以理解为符合该规定的精神。对于其中'已支付的价款超过合同约定总价款的百分之五十'如何理解，审判实践中掌握的标准也不一致。如果商品房消费者支付的价款接近于百分之五十，且已按照合同约定将剩余价款支付给申请执行人或者按照人民法院的要求交付执行的，可以理解为符合该规定的精神。"

消费者的上述优先权，可结合案例判断，在温州乾顺置业有限公司、赵某商品房预售合同纠纷、破产债权确认纠纷案（［2020］浙民终782号），赵某向一审法院起诉请求：（1）确认赵某申报的债权中4 605 701元属于优先债权，并予以全部优先受偿。2012年12月3日，赵某与温州乾顺置业有限公司（以下简称"乾顺公司"）签订《商品房买卖合同》，建筑面积共82.01平方米，单价为111 031.59元/平方米，总价为9 105 701元。赵某按照约定支付购房款4 605 701元，超过50%，乾顺公司未按约履行交房义务。2016年10月14日，赵某向浙江省温州市鹿城区人民法院提起诉讼，请求解除与乾顺公司订立的《商品房买卖合同》、乾顺公司退还全部已付购房款并支付利息损失及逾期交房违约金。该院［2016］浙0302民初14018号民事判决确认赵某与乾顺公司订立的《商品房买卖合同》于2016年6月24日解除，判令乾顺公司于判决生效之日起十日内向赵某支付逾期交房违约金46 057.01元，退还赵某购房款4 605 701元并支付利息损失。

2019年9月3日，一审法院裁定受理乾顺公司破产清算一案。管理人对赵某申报的债权核查后确认赵某的债权金额为5 258 839.88元，债权性质为普通债权。赵某认为其中购房款4 605 701元应为优先债权，向管理人提出异议，管理人于2019年12月5日向赵某出具异议答复函，确认其就该购房款4 605 701元不享有优先受偿权。

赵某所主张的4605701元债权是否属于优先债权，一审法院认为："据最高人民法院《关于建设工程价款优先受偿权问题的批复》第2条规定，消费者交付购买商品房的全部或者大部分款项后，承包人就该商品房享有的工程价款优先受偿权不得对抗买受人。该批复系针对《合同法》第286条的理解和适用作出，其中对'消费者'并未作出特别的限定条件，且应理解为既不得对抗买受人在房屋建成情况下的房屋交付请求权，也不得对抗买受人在房屋未建成等情况下的购房款返还请求权。本案中，赵某与乾顺公司订立《商品房买卖合同》并已备案，且已实际交付大部分购房款。该商品房虽属商铺，具有一定的经营属性，但赵某无固定工作，该商品房的价值及所预期的经营收益承载了对赵某及其家人的生存保障功能，该购房行为仍属普通消费购房范畴。赵某及其家人就该商品房及所付购房款具有生存利益，在破产债权清偿中应予优先保障，故赵某所主张的 4 605 701 元债权符合前述批复中消费者享有优先权的条件，应予支持。"

二审法院认为："商品房消费者的权利优先于建设工程价款债权及抵押权人的抵押权，系为保护商品房消费者的生存权而作出的例外规定，在适用时必须严格把握条件，将商品房限定于用于满足基本居住需求的房屋，避免扩大范围，以免动摇抵押权具有优先性的基本原则。案涉房屋为营业用房，且赵某存在其他住宅用房，故难以将案涉房屋作为满足基本居住需求的房屋从而适用前述例外规定。"未支持赵某的债权为优先债权的主张。

对此，可参照最高人民法院执行工作办公室《关于〈最高人民法院关于建设工程价款优先受偿权问题的批复〉中有关消费者权利应优先保护的规定应如何理解的答复》（[2005]执他字第 16 号）的规定："《最高人民法院关于建设工程价款优先受偿权问题的批复》（法释 [2002] 16 号）第二条关于已交付购买商品房的全部或者大部分款项的消费者权利应优先保护的规定，是为了保护个人消费者的居住权而设置的，即购房应是直接用于满足其生活居住需要，而不是用于经营，不应作扩大解释。"

如果消费者的购房款返还请求权，符合《九民纪要》第 125 条的规定和解释，则在破产程序中，相对税收债权享有优先权。

4. 税款滞纳金与普通债权之间的优先顺序问题

税务机关坚持认为税收滞纳金也是一项优先权，主要依据为国家税务总局《关于税收优先权包括滞纳金问题的批复》（国税函 [2008] 1084 号）认为："按照《中华人民共和国税收征收管理法》的立法精神，税款滞纳金与罚款两者在征收和缴纳时顺序不同，税款滞纳金在征缴时视同税款管理，税收强制执行、出境清税、税款追征、复议前置条件等相关条款都明确规定滞纳金随税款同时缴纳。税收优先权等情形也适用这一法律精神，《税收征管法》第四十五条规定的税收优先权执行时包括税款及其滞纳金。"

税收滞纳金的优先性，司法审判中是被否定的。在北京市西城区国家税务局与中国华阳金融租赁有限责任公司破产债权确认纠纷案（[2012] 一中民初字第 1112 号）中，北京法院认为："在破产清算程序中，滞纳金的清偿顺序应当以企业破产法的相关规定为依据。《企业破产法》第 113 条第 1 款第（二）项规定的第二顺序清偿的债权为'破产人欠缴的除前项规定以外的社会保险费用和破产人所欠税款'，未包含滞纳金，最高人民法院《关于审理企业破产案件若干问题的规定》亦未明文规定滞纳金属于优先清偿的债权，对此本院认为，滞纳金系因逾期不缴纳税款所形成，具有督促纳税人缴纳税款的作用。在企业正常存续的情况下，税款应与滞纳金一并征缴；但是对于已经进入破产清算程序的企业而言，民事债权难以全额受偿，法律规定将税款列为第二顺序、优于普通民事债权受偿，体现了税款债权具有一般优先权的属性，故对其优先保护，而将滞纳金列于普通债权清偿顺序之后，则更体现了法律对民事债权和交易安全的保护。综上所述，上述确认数额的滞纳金债权为劣后债权，于普通债权清偿顺序之后受偿。"

最高人民法院《关于税务机关就破产企业欠缴税款产生的滞纳金提起的债权确认之诉应否受理问题的批复》（法释〔2012〕9号）认为："税务机关就破产企业欠缴税款产生的滞纳金提起的债权确认之诉，人民法院应依法受理。依照企业破产法、税收征收管理法的有关规定，破产企业在破产案件受理前因欠缴税款产生的滞纳金属于普通破产债权。对于破产案件受理后因欠缴税款产生的滞纳金，人民法院应当依照最高人民法院《关于审理企业破产案件若干问题的规定》第六十一条规定处理。"

上述案例中，法院认为，在破产企业继续营业中，税收优先权既包括欠税也包括滞纳金，也是不成立的。根据《欠税公告办法（试行）》对欠税的界定，欠税不包括滞纳金，也不包括罚款。所以滞纳金不属于《税收征收管理法》第45条规定的税收优先权的债权。

5. 当税务机关的优先权遇到法院的查封冻结

根据《企业破产法》规定，欠税优先于普通债权优先受偿。作为债务人的企业，在面临破产前，往往已经债务缠身，各个债权人各显神通，几乎没有打盹的债权人，稍晚一点就可能血本无归。所以，当债务人申请破产的时点，能够分配的财产往往所剩无几，各项财产负担的抵押、质押，早已在先，还有的债权人及时提起诉讼，对没有抵押的财产也进行了查封。有时候进入破产程序，往往只剩下"打盹"的债权人，而税务机关无疑容易"打盹"。成为担保物的财产，税务机关不敢多想，那么已经被法院查封冻结的财产，税务机关可否主张优先受偿权呢？

在武义县地方税务局与徐某民间借贷纠纷案（〔2015〕金婺执分初字第3号）中，被执行人浙江武义金灿房地产开发有限公司（以下简称"金灿公司"）系房地产开发、经营企业。该公司截至2015年4月30日欠缴地方各税（费）共计 18 043 158.92 元，应支付滞纳金 1 078 725.84 元，合计 19 121 884.76 元。同时，法院在执行过程中于 2015 年 3 月 18 日冻结了金灿公司以公司账务人员程某芬的名义存在中国工商银行武义支行的银行存款 845 万元。对此，税务机关能否就法院的冻结款主张优先受偿，税务机关的债权和普通债权人的债权哪个优先？

法院认为：解决本案纠纷，首先要明确本院 2015 年 4 月 30 日扣划金灿公司的 845 万元存款后，该款还是否属于债务人金灿公司的财产，如果属于债务人财产，应交由破产管理人管理。如果不属于债务人财产，则应由本院在执行程序中处置。最高人民法院《关于审理企业破产案件若干问题的规定》第 68 条规定："债务人的财产被采取民事诉讼执行措施的，在受理破产案件后尚未执行的或者未执行完毕的剩余部分，在该企业被宣告破产后列入破产财产。因错误执行应当执行回转的财产，在执行回转后列入破产财产。"最高人民法院《关于如何理解〈最高人民法院关于破产法司法解释〉第六十八条的请示的答复》规定："人民法院受理破产案件前，针对债务人的财产，已经启动了执行程序，但该执行程序在人民法院受理破产案件后仅作出了执行裁定，尚未将财产交付给申请人的，不属于司法解释所指的执行完毕的情形，该财产在债务人被宣告破产后应列入破产财产。但应注意以下情况：一、正在进行的执行程序不仅作出了生效的执行裁定，而且就被执行财产的处理履行了必要的评估拍卖程序，相关人已支付了对价，此时虽未办理变更登记手续，且非该相关人的过错，应视为执行财产已向申请人交付，该执行已完毕，该财产不应列入破产财产；二、人民法院针对被执行财产采取了相应执行措施，该财产已脱离债务人实际控制，视为已向权利人交付，该执行已完毕，该财产不应列入破产财产。"本院扣划金灿公司银行存款时，武义县人民法院尚未受理金灿公司的重整申请，存款被扣划后已经脱离债务人金灿公司的控制，不应列入破产财产。

《税收征收管理法》第 45 条第 1 款规定："税务机关征收税款，税收优先于无担保债权，法律另有规定的除外；纳税人欠缴的税款发生在纳税人以其财产设定抵押、质押或者纳税人的财产被留置之前的，税收应当先于抵押权、质权、留置权执行。"《企业破产法》规定破产企业所欠税款优先于普通破产债权清偿。但《税收征收管理法》和《企业破产法》规定的税款征收和破产清算，均以相关财产属于纳税人财产为前提。本案中涉案的 845 万元款项已不属于金灿公司财产，不适用上述法律规定。原告的税款可以在破产程序中主张。综上所述，原告的诉讼请求没有事实及法律依据，法院不予支持。

从本案的裁判理由可以得知，如果普通债权人的行动慢一点，在破产开始前，虽然已经申请查封或冻结了债务人的财产，案件还未审判完毕，或已审判完毕尚未生效，或已生效尚未执行完毕，此时税务机关还是有机会，依然可以主张就法院已经查封冻结的财产主张优先受偿。一旦法院查封冻结的财产被执行完毕，则税务机关可能会扑个空。可见，各方债权人在嗅觉到违约风险时，以生死时速的态度追偿债务，力争跑到最前头，万万不可等闲视之。

相反，如果税务机关提前对纳税人的财产进行了查封或冻结，一旦进入破产程序，税务机关只能解除，而不能主张自己先查封或冻结的，从而主张优先权。河南省高级人民法院、国家税务总局河南省税务局《关于企业破产程序涉税问题处理的实施意见》"三、债务人财产强制措施的处理"部分规定："……（十一）解除保全、中止执行。税务机关在人民法院受理破产申请前已对债务人财产采取税收保全、强制执行措施的，在人民法院裁定受理破产申请后应当依照《中华人民共和国企业破产法》第十九条之规定及时解除该保全措施，中止执行，并将债务人财产移交给管理人。（十二）恢复保全措施。审理破产案件的人民法院在宣告破产前裁定驳回破产申请，或者依据《中华人民共和国企业破产法》第一百零八条的规定裁定终结破产程序的，应当及时通知原已采取保全措施并已依法解除保全措施的税务机关按照原保全顺位恢复相关保全措施。在已依法解除保全的税务机关恢复保全措施或者表示不再恢复之前，审理破产案件的人民法院不得解除对债务人财产的保全措施。"所以作为税务机关来说，当发现纳税人已经符合破产的条件时，应及早向法院提出破产申请，才是明智之举。作为其他债权人也一样，当发现债务人的财产基本都已经抵押或查封冻结，应及时对债务人提起破产申请，阻止已经提起诉讼的债权以经执行完毕为由提前独自受偿。

6. 代为承担税款后优先权的代位问题

根据《企业破产法》，欠税具有优先权的地位。实践中第三人代为承担税款的情形并不鲜见，当第三人代债务人缴纳了税款，一旦债务人进入破产程序，第三人也就是税款承担人能否主张继受税务机关的欠税所享有的优先地位呢？从债务的性质看，不能代位。税务机关的债权，与普通民事债权具有根本的区别，税务机关行使的债权，并非基于意思自治产生，而是基于法律的规定发生。第三人代债务人履行缴纳税款的义务，这在税法上并无不可，只是税务机关无权强制第三人必须履行。当第三人代为缴纳后，第三人不粘带任何税法上的性质，其与债务人之间发生民事法律关系，对第三人享有相应金额的债权，该债权的性质是普通债权，不是优先债权。没有任何法律规定第三人的普通债权可以升格为优先债权。

惠州市靖宸投资有限公司与广东省南粤进出口公司普通破产债权确认纠纷案（［2020］粤 0104 民初 37184 号），原告惠州市靖宸投资有限公司（以下简称"靖宸公司"）提出诉讼请求：确认靖宸公司享有对广东省南粤进出口公司（以下简称"南粤公司"）的破产债权即代垫税款本金 5 492 343.79 元，并在拍卖案涉土地所得价款中以第一顺位优先受偿。

靖宸公司通过拍卖竞得南粤公司，名下位于博罗县××线××号开发区面积为 4459 平方米的建设用地使用权。靖宸公司 2019 年 11 月 21 日办理完成上述土地使用权过户，为完成过户手续，靖宸公司分别于 2019 年 9 月 20 日和 2019 年 11 月 18 日为南粤公司垫付税款 5 492 343.79 元。2019 年 12 月 30 日，南粤公司进入破产清算程序。破产管理人作出的《关于惠州市靖宸投资有限公司申报的债权初步审查意见》认为"靖宸公司申报的债权系竞买案涉土地使用权而本应承担的税款，不属于对南粤公司的债务，本管理人对靖宸公司的申报债权初步意见是不予确认"。但拍卖公告中有税款承担条款，该公司的要求被法院驳回。如果不是本案中税款承担，而是一般的第三人代为履行，也不能代位税款享有优先权。税款承担条款实际上是在履行对价支付义务，不属于第三人代为履行，本身就不对债务人享有债权。

破产案件中，确实存在代为履行后继受优先权的做法，比如《江苏省高级人民法院破产案件审理指南》（苏高法电［2017］794 号）第七部分第 6 条关于"代为清偿职工债权的处理"规定："代为清偿职工债权形成的对债务人债权，按照职工债权清偿顺序予以清偿。"但是目前，并没有关于代为履行税款可以继受优先权的法律规范。

7. 税收优先权和破产法、民事执行程序的冲突问题

《税收征收管理法》第 45 条第 1 款规定："税务机关征收税款，税收优先于无担保债权，法律另有规定的除外；纳税人欠缴的税款发生在纳税人以其财产设定抵押、质押或者纳税人的财产被留置之前的，税收应当先于抵押权、

质权、留置权执行。"本节上述内容对该条规定的含义进行了解释。担保债权和工程款不但优先于欠税，也优先于处置财产发生的税款，这个优先性是绝对的，无条件的。但是，税收优先于无担保债权，欠税发生在担保设定之前的，也优先于担保债权，这样的规定，依然与《民法典》的规定冲突，使得担保债权的效果打折扣，对普通债权也不公平。不仅如此，《税收征收管理法》规定的优先权，一旦进入破产程序，往往不被法院所认可。在破产法上，抵押财产不属于破产财产，不参与破产分配，而税务机关认为抵押权成立晚于欠税的发生，欠税就优先于抵押债权，法院往往不会承认税收征收管理法上的税收优先性。

在国家税务总局苏州市吴江区税务局与云飞氨纶（苏州）有限公司、苏州资产管理有限公司破产债权确认纠纷案（［2020］苏05民终3917号）中，税务机关认为，原贷款人交通银行股份有限公司吴江盛泽支行在明知或应知云飞氨纶（苏州）有限公司结欠税款、陷入严重的经营困境，仍与其签订债权数额极高的《最高额抵押合同》，有违常理。税收债权应优先于抵押债权。法律对税收债权具有优先权有所规定。《税收征收管理法》第45条于2001年修订后增加，经2007年《企业破产法》施行，《税收征收管理法》于2015年修订时仍将第45条予以保留，可见其立法目的。根据全国人大的立法解释可以明确的看出，税收债权优先性及于破产领域。对此，一审法院亦予以回避。税收具有公益性，不存在其优先性系"国家与民争利"。在企业破产情况下，适用《企业破产法》而非《税收征收管理法》，将会面临数额巨大的税款流失。

一审法院认为："适用《税收征收管理法》第45条税款债权优于抵押权的观点在破产案件中应得限制。根据《企业破产法》第113条税款债权的清偿顺序位于抵押权人之后。就本案而言，所涉抵押款项拍卖成交价为100多万元，尚不足以支付抵押权的优先债权，因此无法清偿税款债权。"

二审法院对此进行了更为详细的阐述："从法律适用规则来看，《立法法》第92条规定，同一机关制定的法律，特别规定与一般规定不一致的，适用特别规定。《税收征收管理法》与《企业破产法》均由全国人大常委会制定，两部法律的位阶相同。从调整对象来看，《税收征收管理法》调整的是全体纳税人的税款征缴事项，《税收征收管理法》第45条规定涉及任何状态下企业的税收债权与有担保债权的清偿顺序问题，而《企业破产法》调整的是进入破产程序的非正常状态企业债权债务概括公平清偿程序，该特定程序中破产企业及破产债权人等相关主体的权利均将受到限制，属于特别规定。因此根据特别法优于一般法的规定，应优先适用《企业破产法》规定。事实上，国家税务总局下发的《关于税收征管若干事项的公告》第4条关于"企业破产清算程序中的税收征管问题"第3项规定，企业所欠税款、滞纳金、因特别纳税调整产生的利息，税务机关按照《企业破产法》相关规定进行申报，可见国家税务总局亦明确了破产企业所欠税款税务机关应当按照《企业破产法》规定申报，认可适用《企业破产法》的规定。

从法律体系内在逻辑来看，在破产背景下适用《税收征收管理法》第45条的规定，则会发生如果税收债权金额大于抵押物变现金额，因抵押物变现金额为限的税收债权优先于破产费用，共益债务和职工债权清偿，超出部分则将劣后于破产费用、共益债务和职工债权清偿，税收债权在破产程序中的清偿顺序出现混乱。《税收征收管理法》第45条规定与破产程序中破产债权的清偿体系不相容，二者之间存在根本性的逻辑冲突，《税收征收管理法》第45条规定只能调整常态下税收债权和担保债权的清偿顺序，无法适应破产背景下税收、债权有抵押担保债权的清偿顺序。

在破产程序中税收债权与抵押担保债权优先性应当依照《企业破产法》第109条、第113条规定予以认定，原审法院认定苏州资管公司抵押担保债权合法有效，且就抵押物而言应当优先于吴江税务局主张的税收债权清偿的结论正确。"

而在民事执行程序中，税收征收管理法的优先权规定，也显得不兼容。国家税务总局贵阳市白云区税务局、中国银行股份有限公司贵阳市中华北路支行等借款合同纠纷执行异议案中（［2021］黔0113执异107号）中，异议人白云区税务局称："2021年7月17日，贵院作出《关于贵州美富力能源有限公司系列案件案款的分配决定》（以下简称分配决定）。该分配决定对案款进行了重新分配，其中向异议人支付过户中产生的税款22 764 000元。异议人对此分配决定有异议，认为分配决定未含有贵州美富力能源有限公司欠缴土地使用税3 581 830.83元以及截至2021年7月2日各税费的滞纳金9 973 114.04元，贵院应依法将上述两笔税款和过户中产生的税款22 764 000元共计36 318 944.87元支付给异议人。理由是支付上述两笔税款给异议人具有法律依据，《税收征收管理办法》第25条、第32条、第45条以及《城镇土地使用税暂行条例》

第 2 条均作出了相应的规定。因此，贵州美富力能源有限公司欠缴土地使用税应优先于无担保债权，以及纳税人欠缴的税款发生在纳税人以其财产设定抵押、质押或者纳税人的财产被留置之前，税款应当优先于抵押权、质权、留置权执行。"

法院认为："税收优先权特指税务机关依据税收征收管理法之相关规定，在税收行政执法程序中就税款优先受偿的权利。而人民法院民事执行程序属于民事诉讼程序，不同于行政执法程序，程序决定法律适用，在民事诉讼程序中应优先适用《民事诉讼法》之相关规定，而不应一体适用《税收征收管理办法》。税收优先权的实体法依据是《税收征收管理办法》第 45 条的规定，税收优先权的程序法依据主要散见于《企业破产法》的相关规定，民事诉讼法和司法解释并未对税收优先权明确规定。从《企业破产法》的相关规定来看，只有当被执行人进入破产清算程序，对查封财产进行分配时税收才享有优先受偿权。因此，只有当被执行人除查封财产外无其他可供执行财产或其他财产不足以清偿其全部债务即企业进入破产清算程序的情形下，税务机关才对处分财产的收益享有优先受偿权，本案被执行人美富力公司未进入破产程序，异议人不存在税收优先权的问题。且税务机关作为具有强制执行权力的机关，应充分发挥其自身的强制执行权在行政程序中追缴税款。依据《行政强制法》第 53 条之规定，没有行政强制执行权的行政机关可申请法院强制执行，否则应自行强制执行。而税务机关是具有行政强制权的行政机关，因此应直接行使行政强制执行权力，另依据《税收征收管理办法》第 17 条、第 40 条第 1 款之规定，税务机关可掌握纳税人在银行或者其他金融机构开立的基本存款账户和其他存款账户信息，并应在纳税人欠缴税款且责令其缴纳税款后逾期仍不予缴纳的情况下通知其掌握的纳税人名下银行账户的开立机构予以扣缴，或依法处置纳税人名下其他财产。本院对异议人要求依据《税收征收管理办法》第 25 条、第 32 条、第 45 条之规定，美富力公司欠缴土地使用税应优先于无担保债权，以及纳税人欠缴的税款发生在纳税人以其财产设定抵押、质押或者纳税人的财产被留置之前，税款应当优先于抵押权、质权、留置权执行的主张不予支持。"

从上述两个案件可以看出，《税收征收管理法》关于优先权的规定，实际上是对私权的严重干涉，法官判案面对这样的"政出多门"，往往会选择遵从民事法律规定，而不是税收征收管理法的规定。

二、破产管理人与税务机关之间的争议处理

破产管理人对税务机关的税收债权申报，发现问题就不认可属于破产债权。那么破产管理人能不能只要发现问题，就可以直接否定税务机关的债权申报呢？对此不能一概而论，也不能想当然。作为破产管理人，如果基于对法律的认识错误，直接否定税务机关的税收债权申报，属于未履行勤勉尽职责任，将来可能需要向作为债权人的税务机关赔偿损失。税务机关同样需要区别情形，当申报的税收债权被否决，应该弄明白如何解决问题。

（一）根据欠税的性质确定争议处理方式

笔者发现，实务中很多税务机关和破产管理人对争议的解决是通过民事诉讼的方式进行的，且这样的民事诉讼基本都是由税务机关提起，审判过程中争论的内容却是纳税争议。从双方的架势看，破产管理人大有居于优势地位之感，而税务机关倒像是出于央求的境地，出现税务机关"我上门让你办事，你没给我办，我只能找法院"的现象。对破产管理人来讲，只有发现征税有问题，就直接否决，对破产管理人而言，可能存在风险。

当税务机关发现申报税收债权不被认可，可参考河南省高级人民法院、国家税务总局河南省税务局《关于企业破产程序涉税问题处理的实施意见》。该意见"一、破产程序中的税收债权申报"规定："（五）异议处理。管理人对主管税务机关申报的债权不予认可的，应当及时向主管税务机关说明理由和法律依据。主管税务机关应当及时进行复核。经复核对管理人意见仍有异议的，应当及时向管理人提出异议并提供相应的债权计算方式和征收依据等。管理人对主管税务机关的异议经审查后仍不予调整的，主管税务机关应当自收到管理人书面通知之日起十五日内向审理破产案件的人民法院提起债权确认之诉。"结合该规定，我们会发现，这样的规定并未紧扣这类案件争议的处理特点。

我们可以结合该规定，分析破产管理人与税务机关发生争议，双方各自该如何采取行动。

当破产管理人对主管税务机关的债权申报不认可，要说明理由和法律依据，哪些理由和法律依据可直接否定税务机关的债权呢？如果破产管理人发现纳税事实存在问题，税基错误，计算错误，应当享有税收减免却没有减免，不属于应税行为等，破产管理人能否直接否定税务机关的税收债权呢？破产管理人面对的税收债权主要是"欠税"，欠税的发生如果超过了60日的行政

复议期限，就算破产管理人发现该税收决定存在严重问题，也不能直接否定税务机关的申报，因为税收征收决定已不可逆的生效，破产企业没有及时寻求行政法上的救济，怠于行使或放弃行使行政救济权利，破产管理人无权推翻这个行政决定，破产法上并不具有直接否定这个行政决定的功能或效力，破产管理人只能照单全收。

关于 60 日的期限问题，可具体参照相关法律规定。我国《行政诉讼法》第 46 条第 1 款规定："公民、法人或者其他组织直接向人民法院提起诉讼的，应当自知道或者应当知道作出行政行为之日起六个月内提出。法律另有规定的除外。"《税收征收管理法》作出了例外规定，其第 88 条第 1 款规定："纳税人、扣缴义务人、纳税担保人同税务机关在纳税上发生争议时，必须先依照税务机关的纳税决定缴纳或者解缴税款及滞纳金或者提供相应的担保，然后可以依法申请行政复议；对行政复议决定不服的，可以依法向人民法院起诉。"就是说，税收争议存在双重前置问题，其中一个便是复议前置，否则直接起诉法院不受理。《行政复议法》（2017 年）第 9 条第 1 款规定："公民、法人或者其他组织认为具体行政行为侵犯其合法权益的，可以自知道该具体行政行为之日起六十日内提出行政复议申请；但是法律规定的申请期限超过六十日的除外。"可知，破产管理人如果有异议，只有 60 日的期限提起行政复议。当然，该 60 日实践中可延长，有些地方税务机关不告知行政复议期限，《行政复议法实施条例》第 17 条规定："行政机关作出的具体行政行为对公民、法人或者其他组织的权利、义务可能产生不利影响的，应当告知其申请行政复议的权利、行政复议机关和行政复议申请期限"。最高人民法院《关于适用〈中华人民共和国行政诉讼法〉的解释》（法释［2018］1 号）第 64 条第 1 款规定："行政机关作出行政行为时，未告知公民、法人或者其他组织起诉期限的，起诉期限从公民、法人或者其他组织知道或者应当知道起诉期限之日起计算，但从知道或者应当知道行政行为内容之日起最长不得超过一年。"就是说，实践中要针对具体情况延长 60 日的期限。

一般情况下，60 日的期限比较容易确定。比如，在国家税务总局长春市税务局与吉林银行股份有限公司税务行政复议二审案（［2019］吉01行终30号）中，2018 年 7 月 19 日，长春市国税局稽查局作出长税稽税通［2018］77 号《税务事项通知书》，并于同日向吉林银行送达。该通知书载明："通知内容：你（单位）2009 年 1 月 1 日至 2016 年 12 月 31 日的应缴纳税款（大写）

壹亿捌仟贰佰伍拾捌万贰仟零玖拾叁元陆角壹分（182 582 093.61 元），限 2018 年 8 月 3 日前缴纳，并从税款滞纳之日起至缴纳或解缴之日止，按日加收滞纳税款万分之五的滞纳金，与税款一并缴纳。逾期不缴将按《中华人民共和国税收征收管理法》有关规定处理。你（单位）若同我局（所）在纳税上有争议，必须先依照本通知的期限缴纳税款及滞纳金或者提供相应的担保，然后可自上述款项缴清或者提供相应担保被税务机关确认之日起六十日内依法向国家税务总局长春市税务局申请行政复议。" 对于此类明显能够确定期限的欠税申报，破产管理人不宜直接否定。就算直接否定，也应及时以破产企业管理人的身份提起税务行政诉讼。作为税务机关来讲，如果欠税已经生效，破产管理人对纳税存在争议，税务机关还可在破产终结后，要求破产管理人进行赔偿，这对破产管理人来说，是存在风险的。

如果破产管理人发现纳税争议尚在法定的行政复议或行政诉讼的期限内，应及时提起税务行政诉讼。作为破产管理人来说，尤其应该关注破产企业的欠税情况，第一时间审核纳税数据和纳税资料，毕竟 60 日的期限非常容易错过。当破产管理人武断地不认可税收债权，麻痹大意亦容易错过这 60 日的复议期限。作为破产管理人来讲，如果拿不准是否应当认可税收债权，尽可能做到应诉尽诉，哪怕拿到的是法院的驳回裁定或判决，亦能规避自身的勤勉尽责风险。

破产管理人除了不能否定 60 日的期限或税务征收决定的效力外，亦不能改变争议的解决方式，根据行政诉讼法和税收征收管理法，纳税争议只能通过税务行政诉讼解决，进入破产程序后，依然只能依据行政诉讼的方式，而不能利用民事诉讼的方式解决。破产法没有规定纳税争议可以经过民事程序解决。

"应当及时向管理人提出异议并提供相应的债权计算方式和征收依据等。管理人对主管税务机关的异议经审查后仍不予调整的，主管税务机关应当自收到管理人书面通知之日起 15 日内向审理破产案件的人民法院提起债权确认之诉" 这样的规定，实际上没有根据行政法和税收征收管理法来处理，甚至可以说违反了此等法律规定。债权计算方式和征收依据，只针对尚未过复议期限的欠税，税务机关可以提出债权计算方式，对于已经过期限的欠税，税务机关无必要对其提供。而对于未过复议期限的税收决定，破产管理人即便有异议，也应该及时提起税务行政诉讼，将税务机关作为被告。作为破产管理人，实际上主要的审查内容是税收征收决定是否已经生效，而不是审查内容的合法性，破产管理人没有资格法断税收债权的合法性，法官才有这个资格。

所以，要求税务机关提起债权确认之诉，针对的是哪种情形呢？只能是罚款不被认可为破产债权、非税收入比如教育费附加未被认可为破产债权，以及纳税争议以外的纯属破产法范围内的争议，比如破产管理人认为税务机关申报的债权不构成"欠税"，税务机关针对诸如此类的争议可提起债权确认之诉。凡是涉及纳税争议的，统统属于税务行政诉讼的范畴。可能有些税务机关担心不及时提起债权确认之诉，税收债权有不能受偿之虑，对此大可不必担忧，可在破产程序终结之后，向破产管理人进行民事追偿，破产管理人就纳税争议直接否决是越权行为。

实务中经常发生在破产程序中，在民事程序中审判原本由行政审判的纳税争议问题。比如，在国家税务总局北京市顺义区税务局与北京金兆宏业投资有限公司破产债权确认纠纷案（［2018］京 0113 民初 28367 号）中，被告北京金兆宏业投资有限公司（以下简称"金兆宏业公司"）答辩称：被告不是纳税义务人，被告没有法律意义上的转让或销售行为，不符合税法关于营业税和土地增值税的纳税义务人须有转让或销售行为的认定要求。第三人办理不动产产权转移登记的方式，也可说明被告没有转让或销售不动产给第三人。被告没有获得会计意义上的收入，不符合税法关于营业税和土地增值税的纳税义务人须有收入的认定要求。第三人是顺义区人民法院根据实际情况确定的税费承担人。法拍不但生效且已执行，故不容置疑和改变。法拍中买受人承担税费具有合理性，在实践中通行不悖。买受人承担税费是司法机关行业惯例。买受人承担税费可以实现多方共赢。原告在税款金额确认上程序违法。原告计算营业税的方法错误，且不应计算滞纳金。本案土地出让金 3 254 864 元应当允许从营业额中扣除，原告不同意扣除的观点不能成立。本案不应征收营业税滞纳金。城市维护建设税、地方教育费附加和教育费附加，都是依据营业税税额计算得来的，因营业税计算错误而错误。该三种税费应当在营业税金额予以纠正后进行纠正。本案土地增值税不应当征收滞纳金，并且在被告无法提供房屋评估价格的情况下，原告也应当采用核定征收的方式征收土地增值税，而不是按照土地增值税的一般计算方法计算土地增值税且视房屋评估价格为零。原告在起诉时没有主张土地增值税的滞纳金，而是在开庭审理时才增加此项诉讼请求。原告的该种主张不仅太过随意，并且也没有法律依据，其主张土地增值税滞纳金不能成立。"

从这样的内容，明显可以看出属于纳税争议。法院以民事的方式审判纳税争议，属于程序不合法。《行政诉讼法》第89条规定："人民法院审理上诉案件，按照下列情形，分别处理：……（四）原判决遗漏当事人或者违法缺席判决等严重违反法定程序的，裁定撤销原判决，发回原审人民法院重审。……"第91条规定："当事人的申请符合下列情形之一的，人民法院应当再审：……（四）原判决、裁定适用法律、法规确有错误的；（五）违反法律规定的诉讼程序，可能影响公正审判的；……"用民事诉讼代替行政诉讼，属于严重程序错误。

《税收征收管理法》第88条第1款规定："纳税人、扣缴义务人、纳税担保人同税务机关在纳税上发生争议时，必须先依照税务机关的纳税决定缴纳或者解缴税款及滞纳金或者提供相应的担保，然后可以依法申请行政复议；对行政复议决定不服的，可以依法向人民法院起诉。"税务机关对破产企业是否应当征税，均属于纳税争议，破产管理人涉及纳税内容的审查，切不可越界，《企业破产法》第130条规定："管理人未依照本法规定勤勉尽责，忠实执行职务的，人民法院可以依法处以罚款；给债权人、债务人或者第三人造成损失的，依法承担赔偿责任。"如果发生法律理解错误，理应属于勤勉尽责方面的问题。

（二）《税收征收管理法》规定清税前置与破产法的冲突问题

《税收征收管理法》第88条第1款规定："纳税人、扣缴义务人、纳税担保人同税务机关在纳税上发生争议时，必须先依照税务机关的纳税决定缴纳或者解缴税款及滞纳金或者提供相应的担保，然后可以依法申请行政复议；对行政复议决定不服的，可以依法向人民法院起诉。"这里存在一个双重前置的问题。一是清税前置，二是行政复议前置。清税前置，就是要缴清税款后才能提起行政复议和行政诉讼。在一般税收争议中是清税前置不可避免，可是在破产过程中，如果发生纳税争议，能否遵守清税前置？清税前置就意味着破产管理人要提前清偿税款，然后才能提起税务行政复议和行政诉讼。可是如果破产管理人提前清偿了税款，又会违反《企业破产法》的规定，因为《企业破产法》第16条规定："人民法院受理破产申请后，债务人对个别债权人的债务清偿无效。"税收债权亦无权个别受偿，如果破产企业或破产管理人向税务机关缴纳税款，就违反了破产法的规定。所以这是个非常矛盾的问题。

如果破产管理人选择向税务机关提供抵押等形式的担保，作为提起行政复议和行政诉讼的前置程序，破产法上也是有矛盾的。《企业破产法》第69条规定："管理人实施下列行为，应当及时报告债权人委员会：……（五）设定财产担保；……"也就是说，经过法定程序，可以为税务机关提供担保。也存在同样问题，破产管理人提起的税务行政诉讼一旦败诉，破产企业依然面临着担保财产被强制执行的问题，一旦以担保财产清偿欠税，税务机关就享受到了优先权地位，这样的清偿顺序与破产法的规定不符合，优先于职工工资受偿。反过来看，如果仅提供担保而税务机关因进入破产程序而无权强制执行，那还是把税收征收管理法给架空了。所以这个问题也是很矛盾。

更何况清税前置与《企业破产法》的第二个冲突是，《企业破产法》第19条规定："人民法院受理破产申请后，有关债务人财产的保全措施应当解除，执行程序应当中止。"河南省高级人民法院、国家税务总局河南省税务局《关于企业破产程序涉税问题处理的实施意见》"三、债务人财产强制措施的处理"规定："（十一）解除保全、中止执行。税务机关在人民法院受理破产申请前已对债务人财产采取税收保全、强制执行措施的，在人民法院裁定受理破产申请后应当依照《中华人民共和国企业破产法》第十九条之规定及时解除该保全措施，中止执行，并将债务人财产移交给管理人。"此时，如果提供担保，还是税法上的保全措施，还是在变相为税务机关的债权提供单独个别受偿的机会。能够发现，税收征收管理法的一些规定，与民商事法律差别较大。

之所以产生这样的问题，在于《税收征收管理法》制定的清税前置实在是不合理，本质上是限制和剥夺纳税人的诉权。这种对纳税人的诉权进行限制和剥夺，在破产程序中就非常直观的体现了出来。笔者认为，至少在破产程序中，不该适用清税前置程序，对破产管理人提起的行政诉讼进行豁免，这需要相关法律或司法解释对此进行明文规定。

第二节　破产管理人需要处理的特别问题

破产管理人理清了破产企业的债务情况和财产情况后，可能会作出一些决定，其中一些涉及税法上的决定，往往可能会被忽略。而对一些难点问题的处理，同样能够凸显税法与民商事法律之间的冲突，所以解决起来尤为棘手。本节择几个常见问题予以阐述。

一、破产管理人对税务机关行使撤销权

《企业破产法》第 32 条规定："人民法院受理破产申请前六个月内，债务人有本法第二条第一款规定的情形，仍对个别债权人进行清偿的，管理人有权请求人民法院予以撤销。但是，个别清偿使债务人财产受益的除外。"第 2 条第 1 款："企业法人不能清偿到期债务，并且资产不足以清偿全部债务或者明显缺乏清偿能力的，依照本法规定清理债务。"同时最高人民法院《关于适用〈中华人民共和国企业破产法〉若干问题的规定（二）》第 16 条规定："债务人对债权人进行的以下个别清偿，管理人依据企业破产法第三十二条的规定请求撤销的，人民法院不予支持：（一）债务人为维系基本生产需要而支付水费、电费等的；（二）债务人支付劳动报酬、人身损害赔偿金的；（三）使债务人财产受益的其他个别清偿。"所以，税收债权如果个别清偿发生在上述期限内，破产管理人也应当行使撤销权，税收债权并不在豁免的情形之中。此时，破产管理人并非就纳税争议与税务机关发生诉讼，破产管理人是依据《企业破产法》行使权利，有法可依，按照民事诉讼程序起诉税务机关即可。

在辽宁兴隆百货集团有限公司管理人、国家税务总局盘锦市兴隆台区税务局破产撤销权纠纷案（［2022］辽 11 民终 546 号）中，2020 年 5 月 11 日，盘锦市中级人民法院裁定受理辽宁兴隆百货集团有限公司（以下简称"辽宁兴隆百货"）的破产重整申请，并指定盘锦兴隆集团清算组担任管理人，辽宁仁同律师事务所为管理人负责人。2020 年 5 月 22 日，辽宁兴隆百货向被告补缴所欠税款 927 万元，根据《企业破产法》第 16 条的规定，此行为属于个别清偿行为。根据《企业破产法》第 32 条的规定，对债务人的个别清偿行为管理人有权请求人民法院予以撤销。

对此税务机关主要的抗辩理由有两点：一是，主张其征收的 927 万元系兴隆百货集团职工薪金所得，偶然所得，利息、股息红利所产生的个人所得税。纳税人是兴隆百货集团的职工个人，兴隆百货集团仅仅是扣缴义务人，也就是代扣代缴，并非纳税主体代扣 927 万元个人所得税，并不是个别清偿行为，被答辩人无权请求撤销。二是认为，依据税收相关法律的规定，欠缴税款产生滞纳金以及罚款，兴隆集团代缴个人所得税的行为明显使其免受行

政处罚，防止其缴纳滞纳金及罚款，该行为明显使兴隆集团受益。

该案没有经过实质庭审程序，法院经审理认为，2020年5月22日盘锦市中级人民法院作出〔2020〕辽11破7号之一决定书指定辽宁仁同律师事务所担任辽宁兴隆百货集团有限公司管理人负责人。可见辽宁仁同律师事务所系担任辽宁兴隆百货集团有限公司管理人负责人，不属于管理人，其以辽宁兴隆百货集团有限公司管理人名义的起诉不符合法定条件。就是说该律师事务所没有代理权，其实受管理人委托也可以起诉。

本案中，税务机关认为代扣代缴的税款不应该被撤销，这是不成立的。代扣代缴税款依然构成破产法上的"欠税"，国家税务总局《关于税收征管若干事项的公告》（国家税务总局公告2019年第48号）"一、关于欠税滞纳金加收问题"规定："……（二）本条所称欠税，是指依照《欠税公告办法（试行）》（国家税务总局令第9号公布，第44号修改）第三条、第十三条规定认定的，纳税人、扣缴义务人、纳税担保人超过税收法律、行政法规规定的期限或者超过税务机关依照税收法律、行政法规规定确定的纳税期限未缴纳的税款。"欠税主体是破产企业而不是职工。既然是欠税，就可以申报破产债权。既然能够申报破产债权，就应受到破产法的约束。所以破产管理人有权行使撤销权。

就税务机关提出的免予罚款等算是受益的解读，显然不能成立。个别清偿使得破产企业责任财产减少了，并没有增加，所以"使其免受行政处罚，防止其滞纳金，防止其缴纳滞纳金及罚款，该行为明显使兴隆集团受益"显然不能成立。

二、破产企业的留抵增值税款与欠税相互抵销的问题

破产管理人接手破产企业的财产，有时候会发现企业账面上还有一定数量的留抵税款，这部分主要是发生在增值税账目上。我国增值税实行购进扣税法，购进货物时要负担增值税，当企业没有足够的销售获得销项税额抵扣进项税额，就会有一部分留抵税款存在。发生破产甚至破产之前，企业基本不会再产生销项税额，对这部分留抵税款如何处理，就成了破产管理人必须要解决的问题。

最高人民法院《关于适用〈中华人民共和国企业破产法〉若干问题的规定（二）》第41条规定："债权人依据企业破产法第四十条的规定行使抵销

权，应当向管理人提出抵销主张。管理人不得主动抵销债务人与债权人的互负债务，但抵销使债务人财产受益的除外。"于是，破产管理人就可能根据该规定，将欠税与留抵税款相互抵销，这样做可减少破产企业的债务，全体债权人受益，相当于债务人从税务机关那里取回了财产。但在实践中，这部分的争议相当大，根源在于，从民商法理念上，留抵税款属于企业的财产，没有使用完依然有价值，而税法直接就将企业的留抵税款给抹掉了。财政部、国家税务总局《关于增值税若干政策的通知》（财税〔2005〕165号）中"六、一般纳税人注销时存货及留抵税额处理问题"规定："一般纳税人注销或被取消辅导期一般纳税人资格，转为小规模纳税人时，其存货不作进项税额转出处理，其留抵税额也不予以退税。"所以一般情况下是不予退的。疫情期间，国家开始对特定受疫情影响的行业开始实行留抵退税。就是说，企业缴纳的税款，退不退，决定权在税务机关手里，这就使得企业的财产权受到很大的限制。将留抵税款置于民商法下评判，就是企业的私有财产，而税法对此进行限制，并无一个法律层面的依据，所以税务上的这种限制做法其合法性是值得商榷的。

在国家税务总局日照市岚山区税务局与山东昌华实业发展有限公司破产债权确认纠纷一审民事案（〔2020〕鲁1103民初488号），岚山税务局提出诉讼请求：依法确认原告申报的税款本金12 078 080.4元为税款债权。被告的管理人将原告申报的税款本金30 715 178.22元（包括山东昌华税款本金12 247 376.95元和日照利保植物蛋白有限公司的税款本金18 467 801.27元）列为"暂缓认定"债权金额、"待定"债权性质。被告山东昌华辩称，对原告起诉的欠缴税款及税款金额均无异议，被告（管理人）对原告上述申报债权暂缓认定的原因是被告对原告享有515 280 978.34元留抵税款，被告曾与原告协商抵扣上述债权未果，被告及其管理人保留继续主张抵扣留抵税款的权利。

法院认为："被告及管理人认为对原告享有留抵税款并拟抵扣原告税款债权的，应当另行主张，但不影响对原告已申报债权的确认。判决确认原告国家税务总局日照市岚山区税务局对被告山东昌华实业发展有限公司享有12 078 080.4元税款债权。"

本案中，法院不支持欠税与留抵税款的抵销，法院为什么主张应另行主张，并未给出裁判理由。似乎法院认为这是两个不相干的事项。这就产生一个问题，抵销权的行使，是以互负债务为前提条件的，留抵税款是否属于破产企业对税务机关享有的债权？因税务机关的做法欠缺合法性依据，严格按照民商事法律而论，这也算得上是破产企业享有的债权，破产企业对税务机关享有请求权。从法理上看，用留抵税款抵销欠税并无不可。实务中，也有准许抵销的做法。比如［2020］鄂 0107 破 6 号通过破产财产的分配方案——民事裁定书显示清偿顺序中欠税的处理："……第二顺序：税款本金（武汉市青山区税务局税款已经管理人申请，通过增值税进项留抵税额抵扣归零）；第三顺序：普通债权（含税款滞纳金，通过增值税进项留抵税额抵扣归零）……"这样的处理，只要经过税务机关认可，并经法院裁定同意，完全可以实行。

又比如国家税务总局大英县税务局、四川盛马化工股份有限公司破产债权确认纠纷二审民事案（［2018］川 09 民终 1325 号）中，四川盛马化工股份有限公司（以下简称"盛马公司"）系大英县税务局管理的纳税人，2018 年5 月 29 日经一审法院裁定进入破产程序。大英县税务局主提出，国家税务总局《关于增值税一般纳税人用进项留抵税额抵减增值税欠税问题的通知》第1 款规定："对纳税人因销项税额小于进项税额而产生期末留抵税额的，应以期末留抵税额抵减增值税欠税。"不同意留抵税款抵销欠税。

法院的裁判理由："一、留抵增值税款可以抵减所欠税款。审计报告将增值税款列为企业其他流动资产，双方亦认可本案留抵增值税款属于盛马公司资产。一方面，破产企业存在欠缴税款；另一方面，破产企业在税务机关存有特定资产，此种情形，可以认为是双方互负债务。大英县税务局认为留抵增值税款可以抵减、而且只能抵减增值税，此种观点不能成立。破产重整期间，盛马公司没有进行生产，不用再缴纳增值税，更无法用留抵增值税款抵减增值税，如果不能抵减所欠其他税款，就相当于该笔资产没有纳入重整程序处理，这会损害其他债权人利益。最高人民法院《关于适用〈中华人民共和国企业破产法〉若干问题的规定（二）》第 41 条规定：'债权人依据企业破产法第四十条的规定行使抵销权，应当向管理人提出抵销主张。管理人不得主动抵销债务人与债权人的互负债务，但抵销使债务人财产受益的除外。'管理人将留抵增值税款优先抵扣欠缴税款，实质上是增加了可分配财产价值，使债务人财产受益。按照《企业破产法》第 113 条规定，税款债权系优先债权，将留抵增值税款优先抵扣少缴税款，结果是清偿税款债权，提高普通债权受偿率，维护了普通债权人的利益。"

二审法院认为："税务机关的《通知》中对一般纳税人用增值税留抵税额

抵扣除增值税之外的税款并未有明确的禁止性规定。同时按照法律适用的基本原则，本案应当优先适用企业破产的相关法律法规及司法解释，故盛马公司在税务机关留抵增值税款 86 860 689.92 元可以抵减其欠缴的税款。"

在国家税务总局广安经济技术开发区税务局与广安达江木业发展有限公司普通破产债权确认纠纷一审民事案（［2019］川 1603 民初 1649 号）案中，法院也支持了破产管理人对留抵税款与欠税相互抵销的做法。

关于否定限制留抵退税的文件，都是部门其他文件，该文件的性质，都不能算作司法解释，可税务机关经常起到的是最高人民法院这样的司法解释机构所起的作用。在审判实务中，法官往往依据法律规范的效力层级来采纳判案依据，税务机关的一些文件，即便是解释法律，也很难约束司法审判。比如，《关于增值税一般纳税人用进项留抵税额抵减增值税欠税问题的通知》（国税发［2004］112 号）就是个部门其他文件，其第 1 款规定："对纳税人因销项税额小于进项税额而产生期末留抵税额的，应以期末留抵税额抵减增值税欠税。"国家税务总局《关于增值税一般纳税人将增值税进项留抵税额抵减查补税款欠税问题的批复》（国税函［2005］169 号）第 1 条规定："增值税一般纳税人拖欠纳税检查应补缴的增值税税款，如果纳税人有进项留抵税额，可按照《国家税务总局关于增值税一般纳税人用进项留抵税额抵减增值税欠税问题的通知》（国税发［2004］112 号）的规定，用增值税留抵税额抵减查补税款欠税。"这些文件对留抵税款抵减的范围进行了严格限制，只限于增值税。可是到了依法治税的今天，税务治理依然落后于其他法律制度，税务总局出台的一些文件，又不能作为有效的裁判依据，法官如果依据此等规范性文件进行裁判，心里都不踏实。

三、挂靠开发房地产使用的留抵税款、亏损弥补的处理

实践中，个人或企业挂靠有资质的企业搞开发，比如挂靠有资质的房地产开发企业，此类情形可以说是非常普遍。笔者经历过的案件，均出现复杂的债权债务关系，产权关系凌乱不堪。借用资质的个人和企业有时候并不能依法缴纳税款，甚至使用被挂靠企业的留抵税款，挂靠方售卖房产的资金，是以被挂靠方名义存放。这样的房地产公司破产时，我们会发现要处理其债权债务问题相当复杂。就是说，挂靠方不仅仅是借用房地产开发企业的资质和营业执照，关系亲密的还使用被挂靠房地产开发企业的留抵税额，甚至使

用被挂靠方的未弥补亏损来进行所得税申报。破产管理人面对此种情况，非常不好处理。

挂靠方主张房地产开发公司名下的钱款归属挂靠人，名下楼盘也归挂靠人所有，要求行使取回权。《企业破产法》第38条规定："人民法院受理破产申请后，债务人占有的不属于债务人的财产，该财产的权利人可以通过管理人取回。但是，本法另有规定的除外。"实践中的挂靠协议不能对抗第三人，作为破产管理人，要对全体债权人负责，破产管理人一般不会将事实上属于挂靠方的现金存款和楼盘交付给挂靠方，挂靠方只能起诉要求确认。最高人民法院《关于适用〈中华人民共和国企业破产法〉若干问题的规定（二）》第27条第1款规定："权利人依据企业破产法第三十八条的规定向管理人主张取回相关财产，管理人不予认可，权利人以债务人为被告向人民法院提起诉讼请求行使取回权的，人民法院应予受理。"一般情况下，挂靠如果能够证明，要求取回也许会受到法院的支持。

比如李某松与四川省广安市广安区建筑工程总公司、四川省广安市广安区建筑工程总公司管理人取回权纠纷案（［2019］川1602民初5637号），挂靠人李某松取回财产就被法院支持。法院认为，原告李某松与被告建筑总公司之间没有劳动关系或其他财务管理关系，在神龙山加油站建设工程项目中，李某松自筹资金，自行组织施工，自主经营，自负盈亏，并承诺向建筑总公司支付挂靠管理费，其实质是借用建筑总公司资质与发包人签订合同，李某松系该建设项目的实际施工人，该项目的工程款应当由李某松收取。建筑总公司进入破产清算程序后，李某松向管理人报告了该情况，经管理人同意后与发包人进行了结算，并同意将该工程款支付至管理人账户，同时李某松向管理人支付了该工程应付的税费，现该工程款仍在管理人账户上，且能够与建筑总公司其他财产相区分，已特定化，根据《企业破产法》第38条"人民法院受理破产申请后，债务人占有的不属于债务人的财产，该财产的权利人可以通过管理人取回。但是，本法另有规定的除外"，最高人民法院《关于适用〈中华人民共和国企业破产法〉若干问题的规定（二）》第26条"权利人依据企业破产法第三十八条的规定行使取回权，应当在破产财产变价方案或者和解协议、重整计划草案提交债权人会议表决前向管理人提出。权利人在上述期限后主张取回相关财产的，应当承担延迟行使取回权增加的相关费用"，第27条第1款"权利人依据企业破产法第三十八条的规定向管理人主张取回相关财产，管理人不予认可，权利人以债务人为被告向人民法院提起诉讼请求行使取回权的，人民法院应予受理"之规定，管理人代为收取的该工程款应返还给李某松，管理人于 2019 年 7 月 22 日向李某松发出的《通知书》，认定该工程款系建筑总公司破产财产不符合法律规定，应予撤销。

所以当挂靠人取回账上资金及楼盘时，破产管理人应关注挂靠人在经营期间，有无使用破产企业留抵税额以及利用破产企业未弥补亏损等情况，并考虑能否与挂靠人的请求权相互抵销。留抵税额被挂靠人使用，挂靠人从中减少了增值税的缴纳，从而减少了自身的现金支出。挂靠人利用被挂靠人的未弥补亏损，少缴纳企业所得税。企业的未弥补亏损不具有可转让性，不符合一般财产的特征，但在挂靠关系中，却找到了用途。很多情况下，当破产企业临近破产，未弥补亏损不再利用，可能会白白浪费。《企业所得税法》第 18 条规定："企业纳税年度发生的亏损，准予向以后年度结转，用以后年度的所得弥补，但结转年限最长不得超过五年。"对有的行业有优惠性照顾，延长到了 10 年。如果破产企业存在被挂靠方利用税收事项的情况，破产管理人应尽力追回挂靠人所受利益的金额。

参照丁某与南通大桥燃料油净炼有限公司破产债权确认纠纷案（［2019］苏 06 民终 17 号），丁某向一审法院起诉请求：确认丁某对大桥公司享有 1 631 307 元的税款债权。丁某挂靠经营，使用了大桥公司的留抵税额，一审法院支持了大桥公司主张挂靠人丁某的代为承担税款与使用留抵税额相互抵销的请求，二审法院未支持。

2017 年 3 月 12 日，丁某（协议甲方）因准备参与南通大桥燃料油净炼有限公司（以下简称"大桥公司"）（协议乙方）资产重整，决定在乙方公司试生产三至五个月，双方签订《试生产、试销售协议》一份，协议"试生产"款的第 4 条约定，乙方在 2014 年国税稽查中被稽查出需要补交成品油消费税约 1 500 000 元左右，每月由甲方代缴 200 000 元，以后在甲方支付乙方购买公司总额中扣除。

《试生产、试销售协议》签订后，丁某未在大桥公司进行生产，而是以大桥公司的名义对外销售。在该期间内，丁某为大桥公司代缴了此前发生的消费税款 523 860.46 元、滞纳金 559 172.44 元、罚款 548 274.1 元，合计 1 631 307 元。

大桥公司答辩称，对于丁某在试生产、试销售期间代缴所欠的税款、滞纳金、罚款合计 1 631 307 元的事实没有异议，但是其亦在试生产、试销售期间使用大桥公司的留抵税额 1 696 259.88 元，两者相抵，丁某还应当支付大桥公司差额部分。

丁某认为其不因使用消费税留抵税额而对大桥公司负有债务。（1）丁某所使用的消费税留抵税额具体金额尚无法确认，大桥公司提供的相关证据只能反映消费税留抵税额在相应期间内的变动情况，能够证明留抵税额减少了 1 696 259.88 元，但不能证明是丁某擅自使用了留抵税额。（2）丁某使用消费税留抵税额具有充分的法律依据。其一，丁某使用消费税留抵税额已经过大桥公司同意。其二，丁某在经营期间使用消费税留抵税额，并非出于其主观意愿，而是税务申报的必然要求。其三，丁某使用消费税留抵税额发生在大桥公司庭外重组期间，依法应予保护。（3）丁某使用消费税留抵税额，没有给大桥公司及大桥公司债权人造成任何损失。消费税留抵税额并非大桥公司的资产，不可以用于交易，也不可兑现，不具备资产的基本特征。即使丁某未使用留抵税额，大桥公司的全部留抵税额也不可能用于债权人分配。而因消费税留抵税额减少，唯一可能受损失的是丁某本人。丁某既是大桥公司庭外重组期间的意向投资人，又是庭内重组期间的重整投资人，即使他没有在庭外重组期间使用留抵税额，那么大桥公司的全部留抵税额也应由庭内重整后的丁某享有。

一审法院认为，丁某在试销售期间借用大桥公司名义对外经营并开具发票，所产生的税费应由丁某承担。大桥公司在 2017 年 5 月、6 月共向税务机关申报了消费税 1 696 259.88 元，该税款发生在丁某试销售期间，由于丁某并未实际向税务机关缴纳，而是以大桥公司此前账面上的消费税留抵税额予以抵扣，减少了其经营期间的支出。因此，丁某对大桥公司所享有的债权已通过该种方式全部得到实现，对丁某申报的破产债权不予确认。

二审法院认为，在企业正常经营的情况下，留抵税额具有一定的"资产"特征，可以减少企业的纳税义务；但在企业清算时，留抵税额不能退税。由此可见，留抵税额并不构成企业的资产，而是企业在持续经营的过程中所享有的可以该额度抵扣应缴消费税的利益；离开经营行为，则留抵税额并不能产生相应的效益。因此，尽管案涉留抵税额产生于 2015 年 9 月之前，但该部分留抵税额并不能直接认定为大桥公司资产；大桥公司在丁某负责经营期间使用了留抵税额，也不能认定为丁某使用了大桥公司资产。更何况，丁某此后作为重整人出资重整大桥公司，目前仍在经营之中，如留抵税额未予抵扣，则最终利益仍归大桥公司享有。综上，案涉留抵税额的实际使用者为大桥公司，丁某即使由此获利，由于其并未因抵扣事实而使得大桥公司资产减少，故也不因此对大桥公司负有债务。二审推翻了一审判决。

笔者认为，二审法院裁判理由认为留抵税额并不构成企业的资产不符合事实，留抵税额在资产负债表里面体现的是一项资产。即便该项资产不使用，甚至必然会浪费，也不能成为否定资产属性的理由。二审判决非常矛盾，比如"大桥公司在丁某负责经营期间使用了留抵税额，也不能认定为丁某使用了大桥公司资产。"如果不是资产又如何能使用呢？不是资产那么使用的是什么？挂靠人使用他人财产，也可以构成不当得利，二审的裁判理由不成立。

四、破产管理人应及时收集发票减少税收债权

破产企业与正常经营企业不同，由于受到期限的限制，所有事项均要考虑在破产结束前完成，否则会造成较大的影响。破产企业与债权人债务人相互之间仍有很多未了结的债权债务，破产法中一般都比较关注典型的金钱财产类利益关系，而对于附随于这些主合同法律关系的附带关系缺乏关注。比如破产管理人对外支付价款，要求对方履行开具增值税专用发票的义务就是其中之一。可能进入破产程序前，破产企业早已履行了付款业务，但是对方迟迟不肯开具发票。如果到了破产程序，仍然需要计算各项应纳税额，破产管理人应及时回收应开具的发票。对于破产过程中对外支付的款项，也应确保对方能够及时开具发票，尤其是增值税专用发票。付款对方不开发票是很常见的情形，这其中尤为要防止收款方开具发票后发生走逃的可能。当收款方开具发票后，一旦发生走逃，已经收到的发票暂不能继续使用，对破产企业会造成影响。

如何确保对方能够及时开具发票，通过诉讼的方式可能效果有限，破产管理人如果先付款，对方可能就不会再开具发票。王某1与内蒙古国城实业有限公司、内蒙古中西矿业有限公司破产管理人建设工程施工合同纠纷一审民事案（［2020］内0921民初1383号），原告王某1从2009年挂靠第三人煤建公司资质，承包了位于卓资县境内内蒙古中西矿业有限公司（现名称变更为国城实业有限公司）建盖办公楼、宿舍楼土建工程，先后从2009年至2014年与中西矿业公司签订了四份《建设工程施工合同》。原告请求依法判令被告国城实业有限公司、内蒙古中西矿业有限公司破产管理人向原告王某1支付

工程款 10 383 062.21 元。

内蒙古中西矿业有限公司破产管理人提起反诉，在支付工程款过程中，反诉原告依照反诉被告煤建公司的授权，将 60 847 571 元工程款汇入反诉被告王某 1 个人银行卡账户，其中有 42 280 773.84 元未开具增值税专用发票。请求判令王某及挂靠公司因不履行开具发票义务，赔偿未开具增值税专用发票造成的损失 13 165 959.01 元（应开具发票数额 52 663 836.05 元，企业损失为应开发票额的 25% 的企业所得税，付款时税率 3%）。反诉原告在破产重整期间一直向反诉被告煤建公司、王某 1 主张履行开具发票义务，但二反诉被告一直相互推诿没有开票。国城实业（原中西矿业）已付款没有收到发票的情况下，让反诉被告开具全部发票，然后再支付尾款的抗辩，就是基于反诉被告内蒙煤建总公司不打算给国城实业开具发票的事实。根据不安抗辩权拒不履行剩余款项支付义务。

该案最终法院判决由反诉被告王某 1 于本判决生效之日起二十日内为反诉原告内蒙古国城实业有限公司（原中西矿业有限公司）开具 52 663 836.05 元工程款增值税普通发票。

五、特殊的共益债务——破产受理后的土地使用税、房产税及滞纳金

企业所欠税款、滞纳金、罚款，以及因特别纳税调整产生的利息，以人民法院裁定受理破产申请之日为截止日计算确定。那么破产申请日后发生税款能否申报破产债权呢？破产受理后发生的债权，不再按照破产债权对待。土地使用税和房产税，按照一定期限征税，破产受理后，各项债权、滞纳金往往会被停止计算，有的就按照同样的思维，停止计算土地使用时和房产税。事实上，只要企业持有土地和房屋期间，并不应进入破产程序而不再征收土地使用税。破产前的欠缴土地使用税和房产税，可以按照破产债权予以申报。破产受理后发生的土地使用权和房产税，应当按照共益债务处理，不是破产债权，更不能免除该等税收。

在国家税务总局高平市税务局与高平市唐一新能源科技有限公司破产债权确认纠纷一审民事案（［2018］晋 0581 民初 2004 号），原告高平税务局向法院提出诉讼请求：（1）请求判令高平唐一公司计算确认破产重整日（2017年 7 月 21 日）至纳税人实际缴纳之日止需要缴纳的税款滞纳金和规费滞纳金。（2）请求判令唐一公司计算确认破产重整日（2017 年 7 月 21 日）至纳

税人城镇土地使用税纳税义务终止之日期间的城镇土地使用税及滞纳金。事实和理由：

第一，高平市唐一新能源科技有限公司（以下简称"唐一公司"）管理人审查确定税款和规费滞纳金截止破产重整之日，其依据是最高人民法院《关于审理企业破产案件若干问题的规定》第61条的规定，人民法院受理破产案件后的税收滞纳金和罚款不属于破产债权。但《税收征收管理法》第32条规定："纳税人未按照规定期限缴纳税款的，扣缴义务人未按照规定期限解缴税款的，税务机关除责令限期缴纳外，从滞纳税款之日起，按日加收滞纳税款万分之五的纳税金。"加收滞纳金的起止时间，为法律、行政法规规定或者税务机关依照法律、行政法规规定的税款缴纳期限届满次日起至纳税人、扣缴义务人实际缴纳或者解缴税款之日止。

第二，唐一公司管理人在确认税款债权时，未将破产重整受理日（2017年7月21日）之后企业产生的城镇土地使用税及其相应滞纳金予以明确。《城镇土地使用税暂行条例》第3条第1款规定"土地使用税以纳税人实际占用的土地面积为计税依据，依照规定定额计算征收"，故请求法院确认唐一公司破产重整受理日（2017年7月21日）至纳税人城镇土地使用税纳税义务终止之日期间的城镇土地使用税及滞纳金。

管理人认为，税收债权是指企业在破产案件受理前应当缴纳单位缴纳的税款，破产案件受理后产生的税款不属于破产债权。

法院也认为，人民法院受理破产申请时对债务人享有的债权为破产债权。原告高平税务局所诉的税收债权，应仅指被告唐一公司在裁定破产重整之日前的应缴税款，破产重整案件受理后的税款，不属于破产债权，因此，原告高平税务局请求确认破产重整之日后至城镇土地使用税终止之日的城镇土地使用税属于破产债权的理由不能成立，法院未予支持。

本案中，破产重整日（2017年7月21日）至纳税人实际缴纳之日止需要缴纳的税款滞纳金和规费滞纳金，应属于"欠税"发生的滞纳金，根据最高人民法院《关于审理企业破产案件若干问题的规定》第61条的规定，不应按照破产债权对待。最高人民法院的该规定与税收征收管理法表面上看似相互冲突，实际上针对的是不同的情况，最高人民法院的规定并没有否定税收征收管理法及实施细则的规定，没有否定税收滞纳金的存在，最高人民法院的规定是在承认滞纳金存在的前提下，在破产程序中如何对待。面对僧多粥少的情况下，有的债权是优先级，有的是普通级，有的排除在受偿之外。将破产日后的滞纳金排除在受偿之外，并不是说税务机关没有权力征收滞纳金，此时的滞纳金，如果未受偿，也是一种处理结果。所以不能认为最高人民法院的规定违反了税收征收管理法。

　　而对于破产受理后到结束前发生的土地使用以及房产税等税收，破产管理人及法院不按破产债权处理，亦未按照共益债务处理，属于法律认识错误。该期间内土地和房屋的持有和使用，依然负担税，不属于破产债权，但是属于共益费用。不仅相应的税款属于共益费用，此阶段税款对应的滞纳金亦应按照滞纳金对待，当该阶段产生滞纳金，破产管理人应当负责。参照四川省成都市中级人民法院、国家税务总局成都市税务局《关于企业破产程序涉税事项合作备忘录》（成中法发［2021］133号）的规定："人民法院裁定受理破产申请后，破产企业新产生的房产税、城镇土地使用税作为共益债务由破产财产随时清偿，税务机关无需另行申报债权，由管理人按规定申报缴纳。破产企业纳税确有困难的，管理人可按相关规定向税务机关申请房产税和城镇土地使用税困难减免。"

　　这与破产后支付场地租金属于共益债务，是相同的逻辑。破产企业破产受理后，对原先租赁的办公场地，要继续租赁，在此期间发生的租金不应按照破产债权对待，而应按照共益费用优先受偿。而对于破产开始前的拖欠租金，应当按照破产债权申报。在信阳新东方汽车销售服务有限公司、信阳华神商贸有限公司与破产有关的纠纷民事二审民事案中（［2022］豫15民终920号），法院的裁判理由是："关于原告要求被告优先支付破产后租赁费475 000元的诉讼请求，本院认为，《企业破产法》第42条规定，人民法院受理破产申请后发生的下列债务为共益债务：（一）因管理人或者债务人请求对方当事人履行双方均未履行完毕的合同所产生的债务；……（四）为债务人继续营业而应支付的劳动报酬和社会保险费用以及由此产生的其他债务为共益债务；债务人财产致人损害所产生的债务。基于上述规定，被告于2020年8月7日向信阳市中级人民法院申请破产清算，并于2020年8月21日受理。从2020年8月7日至2021年5月23日，9.5个月共计47.5万元的租赁费构成共益债务，按照《企业破产法》第114条的规定，应当与破产费用一起首先优先清偿。原告主张的拖欠租赁费中的300万元部分在本判决生效后，应当作为一般债权进行申报。"土地税和房产税同样属于共益费用。

六、对破产费用的扩大解释问题

《企业破产法》第41条规定："人民法院受理破产申请后发生的下列费用，为破产费用：（一）破产案件的诉讼费用；（二）管理、变价和分配债务人财产的费用；（三）管理人执行职务的费用、报酬和聘用工作人员的费用。""费用"与"税款"并非同一含义，所以破产费用的立法原意，实际上没有考虑到税款。破产费用随时清偿，如果税款也应随时清偿，法律依据是什么呢？税款是否能扩大解释成一项费用？

在吴忠宁燕塑料工业有限公司破产管理人与吴忠市利通区地方税务局行政强制二审行政案（［2017］宁03行终34号）中，就发生了这样的争议。2010年3月5日，吴忠宁燕塑料工业有限公司破产。2014年8月21日，宁燕管理人委托宁夏盛世开元拍卖行公开拍卖破产财产，宁夏正豪投资置业有限公司以2050万元拍得破产财产26.2亩国有工业用地使用权及地上附着物，并于2015年9月28日办理了拍卖破产财产的移交手续。利通地税局于2016年11月23日前分三次以吴利地税通［2016］001、002、003号税务事项通知书向宁燕管理人发出通知，限期缴纳税款，宁燕管理人在限期内没有缴纳，利通地税局又于2016年11月28日给宁燕管理人发出扣缴税收款通知书，并于当日作出吴利地税强扣［2016］01号税收强制执行决定书，从宁燕管理人在中国银行吴忠分行的存款账户扣划税款4 542 309.83元，缴入国库。

一审法院认为，变卖财产中产生的税款属于《企业破产法》第41条规定的管理、变价的破产费用。破产费用应当随时清偿，优先支付。

二审认为，根据《企业破产法》第41条第2项规定，管理、变价和分配债务人财产的费用属于破产费用。《企业破产法》规定人民法院受理启动破产程序后，债务人便丧失了对企业财产的管理和处分的权利，而是由人民法院指定的管理人接管债务人的财产，对其财产进行管理、变价和分配，必然要支出相应的费用，这些费用为破产费用。本案被上诉人所扣缴的税费属于破产企业管理人在对企业财产依法进行拍卖、变价后因财产增值而产生的增值税，并不是因变价行为本身而产生的费用，依法不属于《企业破产法》所规定的破产费用。原审将上述费用认定为破产费用不当，应予纠正。

从本案可以看出，破产管理人处置破产企业的财产发生的税款，依据《企业破产法》第41条的规定清偿，并没有非常可靠的法律依据。破产管理人直接将其作为破产费用处理，可能会承担风险。从目前的操作看，有些地方对《企业破产法》第 41 条的规定进行扩大解释，将税款作为破产费用对待。如果破产企业所在地存在对应的规定，破产管理人可依据该规定处理，可避免不必要的风险。比如辽宁省大连市中级人民法院、国家税务总局大连市税务局《关于优化企业破产处置过程中涉税事项办理的意见》规定："清算期申报的税（费）依法按照共益债务或者破产费用，由破产财产随时清偿，主管税务机关无需另行申报债权，由管理人代为申报缴纳。管理人在破产清算期处置不动产、办理不动产过户登记前，应当按照规定缴纳增值税、土地增值税等税费。"贵州高级人民法院、国家税务总局贵州省税务局《关于企业破产程序涉税问题处理的实施意见》（黔高法〔2021〕74 号）规定："管理人经人民法院许可或债权人会议决议，为债权人利益继续营业或者因破产财产的持有、使用、拍卖、变现所产生的应当由企业缴纳的税（费），管理人以企业名义按规定申报缴纳。相关税（费）依法按照共益债务或者破产费用，由破产财产随时清偿，主管税务机关无需另行申报债权，由管理人直接申报缴纳。"各个地方的此种做法，实际上就是在行使法律解释权，严格来讲有些不妥，但有此规定对破产管理人较为有利。但如果破产企业当地缺乏相关规定，破产管理人应将纳税事宜提交债权人会议，经过债权人会议审议通过，可避免相关风险。

第三节　企业破产重整涉税事项

企业破产重整涉及的的税务事项，与一般的企业并购重组具有高度的相似性，该部分可分为一般性税务处理与特殊性税务处理。但破产重整也含有一些特有的税务问题。

一、招募的投资人出资方式的选择问题

目前阶段，破产重整过程中招募投资人，困难重重。尤其是重资产企业，盈利前景不被看好，很难吸引到投资人的投资。现实中，投资人的身份五花八门，投资方式也是多种多样，既有债权投资，也有股权投资。重整过程中，对于投资人来说，破产企业的折旧已经没有价值可言，不能给企业带来税收利益。同时，如果破产企业往往存在未弥补亏损，可为破产企业重整带来税

收利益。

（一）资本投入方式对股权转让与增资的取舍

破产重整中，投资人有时候几乎是全盘接收破产企业，或者股权占比很大，这与一般的天使投资、风险投资不同，天使投资和风险投资中，投资人股权占比较小，被投资对象的经营往往需要原股东和经营团队。而破产重整中，原股东无力继续扭转公司的经营，可能会选择将公司整体出售给有能力的投资人，由其负责偿还债务并扭转公司的局面。很多时候，原股东退出可能会选择股权转让的方式。一般来讲，破产企业都已处于资不抵债的情况，公司净资产几乎都是负的，此时转让股权，因不存在股权增值，不存在股权转让所得，不用缴纳所得税。但是现实中，很多股东不愿零对价退出，可能会收取股权转让款，还有的要求投资人将投资款转给原股东，原股东负责清偿公司的债务，这就会导致股权转让所得负税的存在，此类扭曲交易路径的做法，有时候得不偿失。

相较于一般情形，重整过程中一般会选择投资人将钱付给破产公司，选择的方式就是增资，增资就比股权转让的方式稳妥得多。增资行为不是一项应税行为，增资是一项事后追加的资本投入行为，任何国家的税法都不可能规定出资行为需要纳税。

实践中存在的一种做法，尤其是自然人股东。既然股权转让需要纳税，增资不需要纳税，很多股东就先完成增资，然后从公司将增资款直接拿走，甚至连个股东会决议都没有。这样的做法，一是，属于损害公司利益行为，与其他股东发生争执，甚至可能会被指控构成职务侵占罪，抽逃出资等。二是，从税法上看，股东从公司取得财产，税务机关会关注，这是借款行为，还是公司分配利润行为，在税法上总得有个说法。也有的自然人股东，以公司借款的方式拿走，但是根据财政部、国家税务总局《关于规范个人投资者个人所得税征收管理的通知》（财税［2003］158号）"二、关于个人投资者从其投资的企业（个人独资企业、合伙企业除外）借款长期不还的处理问题"部分规定："纳税年度内个人投资者从其投资企业（个人独资企业、合伙企业除外）借款，在该纳税年度终了后既不归还，又未用于企业生产经营的，其未归还的借款可视为企业对个人投资者的红利分配，依照'利息、股息、红利所得'项目计征个人所得税。"

有的重整过程，既有股权转让又有增资，比如根据［2020］宁0122破1

号银川晶峰玻璃有限公司、银川金幕建筑材料有限公司、宁夏银峰轻合金装备有限公司合并重整裁定书："2016 年 3 月 11 日，银峰公司召开股东会，同意股东贾芳莉将所持公司 87.14% 股权，股东周建华将所持公司 12.86% 股权分别转让给于凤松；并同意公司将注册资本由 7000 万元变更为 18 000 万元，注册资本新增部分 11 000 万元由股东唐建新认缴。"当投资人存在两种资本投入方式时，明智的选择是先转让股权，再增资。如果是先增资，后转让股权，公司的净资产一下子就变得很大，转让股权时对应的股权价值就很大，即便合同约定的价格不高，但也面临着被税务机关调整股权转让价格的可能性，会带来不必要的所得税支出。

（二）投资人采用对赌方式投资的税收差异

投资人投资破产企业，一般都是股权投资。如果投资主体是税法上的居民企业，根据《企业所得税法》第 26 条第 2 项，符合条件的居民企业之间的股息、红利等权益性投资收益，属于免税收入。但也有的投资人，选择明股实债的方式进行投资，此类方式如果符合混合性投资业务，就必须按照利息所得缴纳企业所得税，同时被投资企业的利息支出可在税前扣除。采取何种方式能够符合双方的需求，需要交易双方根据具体情况而定。

实践中的很多对赌投资，有的是混合性投资，如果赌协议没有明确约定性质，就要根据约定的条款判断是债权投资还是股权投资。国家税务总局《关于企业混合性投资业务企业所得税处理问题的公告》（国家税务总局公告 2013 年第 41 号）规定的混合性投资的要件包括："一、企业混合性投资业务，是指兼具权益和债权双重特性的投资业务。同时符合下列条件的混合性投资业务，按本公告进行企业所得税处理：（一）被投资企业接受投资后，需要按投资合同或协议约定的利率定期支付利息（或定期支付保底利息、固定利润、固定股息，下同）；（二）有明确的投资期限或特定的投资条件，并在投资期满或者满足特定投资条件后，被投资企业需要赎回投资或偿还本金；（三）投资企业对被投资企业净资产不拥有所有权；（四）投资企业不具有选举权和被选举权；（五）投资企业不参与被投资企业日常生产经营活动。"

一旦符合混合性投资业务，则可根据该公告规定"二、符合本公告第一条规定的混合性投资业务，按下列规定进行企业所得税处理：（一）对于被投资企业支付的利息，投资企业应于被投资企业应付利息的日期，确认收入的实现并计入当期应纳税所得额；被投资企业应于应付利息的日期，确认利息支出，并按税法和国家税务总局《关于企业所得税若干问题的公告》（2011年第34号）第一条的规定，进行税前扣除。（二）对于被投资企业赎回的投资，投资双方应于赎回时将赎价与投资成本之间的差额确认为债务重组损益，分别计入当期应纳税所得额。"对于破产重整企业而言，因利息支出能够在税前扣除，相比之下，固定支付股息则不能税前扣除。对投资人而言，如果选择债权投资，对破产企业有利，如果选择股权投资，则对投资人有利，二者具有税收差异，需要破产企业对混合性投资进行一个取舍。

（三）招募的投资人非常规出资的税务考量

破产重整企业招募的投资人，有时候不是用现金投资。破产企业需要什么资产，要根据需求去寻找投资人。比如投资人有时候可能是垫资的施工单位，有些破产重整案件，根据具体情况，比如房地产企业可根据情况判断，如果暂不支付工程款，在无法招募到战略投资人的情况下，管理人尽力招募愿意垫资的施工单位，由其垫资施工，待可售房屋销售后回款支付垫资款项或以市场公允价格以房抵债。这也算是一种投资人，相对于一般的投资公司来说，这类投资人的风险识别能力可能更差一些。垫资的施工单位，也算是破产重整中的投资人，只要能将破产企业救活，法律上并没有限制。垫资属于待付款，从性质上看，也是一项债权投资，在施工过程中，还存在赊欠的问题。对于此类模式，应提前进行税务筹划，实现以合同控税。应尽可能多的将合同价款约定为垫资，类似于包工不包料的方式，或者清包工的方式，可最小化税收成本。对于施工单位来说，还要关注房子未来的售卖情况，能否回款，其中，重点考虑一个问题，就是以房抵债的税款承担问题。开发商招募投资人，此时债权人已经很多存量，如果建造的房屋被银行等债权人抵押，作为施工单位，应争取就房屋价款优先受偿。如果以房抵债，存在视同销售的问题，增值税、土地增值税以及企业所得税，如果是税后价款，可能不能涵盖所有工程款，需要多少量的房屋抵债，需要根据税后的收入确定。

还有一种投资人，这类投资人持有破产企业所需要的资产，两个企业之间的资产合并使用，能够救活破产企业。此时可选择企业合并的方式，适用特殊性税务处理，可利用免税重组方式完成。

二、免税重整需要关注的几个条件问题

免税重整，适用免税重组的相关规定，毕竟交易方式没有本质区别。免税重整实际上就是特殊性税务处理,此处的免税仅指在重整时暂不征收所得税,各项资产的税收事项尤其计税基础暂保持不变,待以后转让时再一并合计计算缴纳所得税,存在一个税负转嫁问题。作为重整各方能够获得的好处相当于获得无息贷款。

特殊性税务处理要符合税法规定的条件。财政部、国家税务总局《关于企业重组业务企业所得税处理若干问题的通知》(财税〔2009〕59号,简称"59号文")第5条规定:"企业重组同时符合下列条件的,适用特殊性税务处理规定:(一)具有合理的商业目的,且不以减少、免除或者推迟缴纳税款为主要目的。(二)被收购、合并或分立部分的资产或股权比例符合本通知规定的比例。(三)企业重组后的连续12个月内不改变重组资产原来的实质性经营活动。(四)重组交易对价中涉及股权支付金额符合本通知规定比例。(五)企业重组中取得股权支付的原主要股东,在重组后连续12个月内,不得转让所取得的股权。"

实践中各类交易如何满足该规定,存在诸多问题。本节择最基本的几项条件进行简要说明

(一)关于连续12个月不能转让股权的理解和适用

企业重组中取得股权支付的原主要股东,在重组后连续12个月内,不得转让所取得的股权。这样规定的原因在于,特殊性税务处理针对的对象是那些主要目的不是交易,不是出售股权的企业。一旦原主要股东在重组后转让股权,选择退出,税法给予优惠的基础便不存在。

而对"原主要股东"如何理解?该规定的言外之意,是非原主要股东可不受12个月的转让禁止。国家税务总局《企业重组业务企业所得税管理办法》(以下简称《办法》)第20条规定:"《通知》第五条第(五)项规定的原主要股东,是指原持有转让企业或被收购企业20%以上股权的股东。"那就是说,持股比例低于20%的股东,就可以在重组日后任意时间点内转让股权,不受12个月的限制。但是,这样的规定会导致实践中存在漏网之鱼。实务中很多公司的股东股权分配比较均匀,合作性公司比较多,可能不存在特别突出的股东,尤其上市公司,很多上市公司的股权都比较分散,当一个公司多数股权分散在众多股东手中,比如10个股东持股比例合计为60%,每个股东持股比例均低于20%,如果该公司重组,重组日后这些60%的股东转让股权不受12个月的转让限制,这就会存在漏网之鱼。

《办法》第 19 条规定："《通知》第五条第（三）和第（五）项所称'企业重组后的连续 12 个月内'，是指自重组日起计算的连续 12 个月内。"而重组日，根据《办法》第 7 条："《通知》中规定的企业重组，其重组日的确定，按以下规定处理：（一）债务重组，以债务重组合同或协议生效日为重组日。（二）股权收购，以转让协议生效且完成股权变更手续日为重组日。（三）资产收购，以转让协议生效且完成资产实际交割日为重组日。（四）企业合并，以合并企业取得被合并企业资产所有权并完成工商登记变更日期为重组日。（五）企业分立，以分立企业取得被分立企业资产所有权并完成工商登记变更日期为重组日。"这里的 12 个月不是会计年度，重组日后超过 12 个月，股东可出售所取得的股权。对于那些尚未丧失市场机会的股东而言，这 12 个月影响并不大。但对于有些股东而言，12 个月意味着交易机会的丧失。

重组日之后 12 个月的交易被严格禁止，重组日之前 12 个月，原主要股东的股权交易也要受 59 号文的约束。59 号文第 10 条规定："企业在重组发生前后连续 12 个月内分步对其资产、股权进行交易，应根据实质重于形式原则将上述交易作为一项企业重组交易进行处理。"这条规则，被称之为分步交易理论，规制的主要是那些原本不符合特殊性税务处理条件，在正式重组前，先进行一些交易，使得能够满足特殊性处理条件，然后再进行重组交易，这种情况先后发生在 12 个月内的，会受到规制，59 号文第 10 条的规定，实际上就是反避税条款。比如甲公司持有某房地产公司 60% 的股权，又于 2022 年 8 月 10 日用现金收购了乙公司持有的 40% 该房地产公司股权，2022 年 12 月 31 日，甲公司吸收合并了该房地产公司。两次交易发生在 12 个月内，单看吸收合并交易，符合特殊性税务处理。如果考虑吸收合并前的股权收购，因使用现金支付 40% 的股权，不符合股权支付比例 85% 的规定，不符合特殊性税务处理规定。

原主要股东不能转让所取得的股权，原主要股东可否转让原有的股权呢？59 号文对此并没有限定。即便原主要股东存在原股权，股权比例也不大。此时的转让，需要按照一般计税规则处理，不能享受递延纳税优惠政策。

（二）关于连续 12 个月不改变实质性经营活动的理解和适用

59 号文第 5 条第 3 项规定："企业重组后的连续 12 个月内不改变重组资产原来的实质性经营活动。"国家税务总局《企业重组业务企业所得税管理办法》第 5 条规定："《通知》第一条第（四）项所称实质经营性资产，是指企业用于从事生产经营活动、与产生经营收入直接相关的资产，包括经营所用各类资产、企业拥有的商业信息和技术、经营活动产生的应收款项、投资资产等。"

实务中对实质性经营资产的理解也是比较混乱的，比如湖北环球置业有限公司与国家税务总局孝感市税务局稽查局、国家税务总局湖北省税务局税务行政管理（税务）一审行政案（[2018]鄂0923行初21号），原告湖北环球置业有限公司（以下简称"环球置业公司"）于2010年承接安陆市"东方家园"开发项目，并进行了分割，分为A、B两个区，A区由公司直接开发，B区由王某坤负责开发，该公司并于2010年5月20日和2011年4月22日分别向王某坤出具"授权书"和授权委托书，由王某坤全权负责B区房地产开发项目，自主经营，自行结算，由此产生的一切经济责任和法律后果均由王某坤承担。B项目实际上就是挂靠开发，类似的情况实务中很常见。开发完成后，B项目面临从环球置业公司剥离出来的问题，怎么办呢？各方就想到了重组的方式，将B项目剥离出去。具体做法是，2014年6月13日，原告环球置业公司以公司股东会决议形式通过同意公司资产重组分立，以公司位于安陆市××、××栋的房地产剥离，并作价投资成立安陆市琪诚商贸有限公司，完成公司注册后将房产过户。琪诚公司正式成立日期为2014年7月22日，性质为有限公司（法人独资），股东为原告环球置业公司，法人代表陈某莲，注册资本为人民币3700万元，出资方式为以实物（房产）出资，出资比例100%。同年7月，原告申请减免契税，9月得到契税主管税务机关的批准。2014年9月25日，原告环球置业公司与琪诚公司签订产权转移协议书，由原告环球置业公司将东方家园B区1-3层商铺的产权转移到琪诚公司，B区相关的债权债务及劳动力一并转到琪诚公司。并于9月28日和10月23日将商铺的房屋所有权和土地使用权分别变更到琪诚公司名下。2014年10月10日，原告环球置业公司将持有的琪诚公司100%的股权以1元的价格转让给湖北大麒商贸有限公司，双方并签订了股权转让协议。当日琪诚公司变更章程，将股东由原告环球置业公司变更为湖北大麒商贸有限公司。

原告申报了特殊性税务处理，可税务机关认为，根据2014年6月13日原告公司股东会决议，将公司位于安陆市××号的房产作为投资，以账面价值3700万元设立安陆市琪诚商贸有限公司。原告于2014年9月28日和10月23日将资产的房屋所有权和土地使用权分别变更到安陆市琪诚商贸有限公司名下。2014 年 10 月 10 日将持有的安陆市琪诚商贸有限公司 100% 的股权以 1 元的价格，转让给湖北大麒商贸有限公司。从上述节点来看，股权变更后，土地使用权才变更到湖北大麒商贸有限公司为股东的安陆市琪诚商贸有限公司名下。原告及其相关方采取先申报减免税，后实施交易的方式，向税务机关隐瞒了实际交易并不符合特殊性税务处理要件的实情。该公司将股权进行转让及资产（房产）所有权发生转移，属于 2015 年第 40 号公告规定的"改变了原来的实质性经营活动""资产或股权结构情况变化"。同时，本案行为应视同销售处理。原告 2014 年的上述资产剥离。成立新公司并转让股权等行为，应按照规定视同销售处理。环球置业公司，提出属于集团内部重组为作为抗辩理由，认为属于内部的重组，就可以不受连续 12 个月不能转让股权的限制。

　　针对本案，也就是说，本案先进行公司分立，公司分立申报了特殊性税务处理，符合特殊性税务处理条件。但是，分立完成后，税务机关认为，原股东转让土地使用权和房产以及股权，都属于改变原来的实质性经营活动。这个理解是有问题的，本案中原股东以土地使用权和房产投资入股，本身就是企业分立过程中的一部分，并不是在改变原实证性经营资产或活动。本案存在的问题是，原股东将分立出来公司股权以 1 元的价格转让，且前后两个交易发生在 12 个月内，不再符合"企业重组中取得股权支付的原主要股东，在重组后连续 12 个月内，不得转让所取得的股权"之规定。当然，即便两次交易发生的时间间隔超过 12 个月，以 1 元价格转让也是要负担税款，需要进行纳税调整，按照股权的公允价格计算纳税，但不影响前面的特殊性税务处理。本案中先 1 元转让，再将资产装入分立出去的公司，是为了规避股权转让的税收，逻辑虽然不对，但税务机关无权就所投资的土地使用权和房产认为构成实质性经营资产。而至于原股东认为内部重组行为不受 12 个月限制，没有证据证明属于内部重组，且根据目前的 59 号文，母公司取得股权交付给子公司尚有疑问，更何况是交付给其他公司。

　　上述案例也反映出实质性经营资产的理解混乱，之所以这样，在于 59 号文的规定，更多体现的是一种政策性思维，立法语言更多的是政策性语言，不是法言法语。是不是说，公司重组后，不能改变重组资产的实质性经营性活动，就是不能出售原有资产呢？该条规定，重点落在不改变原有的实质性经营活动上，当出售资产不影响实质性经营活动，就不能认为改变了连续 12

个月不得改变重组资产原来的实质性经营活动。比如生产化妆品的生产线，不能改为生产铸件的生产线。税务机关的理解是，不能出售资产，这个理解不符合原意。当公司原来是生产服装的，改成生产医药产品，那就是属于改变了实质性经营活动。实质性经营资产，应该是对公司的继续经营不可或缺的，当公司处置一些资产，依然能够保持原有的产品生产或服务，不应视为改变了实质性经营活动，比如处置一些非必要的资产，对旧的资产进行更换。问题在于，当公司基于市场状况，缩小规模的需要，将盛昌规模减少，不需要的资产处置，算不算改变了原实质性经营资产呢？还有比方说公司扩大了相关产品的生产，将原有的产品规模压缩，原来的一部分生产饮料的生产线，改成了生产矿泉水的生产线，能不能视为改变了原实质性经营活动？本书认为，对实质性经营资产的理解应尽可能缩小范围，一方面，12个月的资产出售限制意义并不大，出售资产需要根据税法承担税款，对重组各方并无实益。另一方面，只要重组公司能够持续经营，至于经营的是什么，税法上不应干预，否则违反税收中性原则。

（三）不动产企业重整中的债务重组所得税

59号文第1条第2项规定，债务重组，是指在债务人发生财务困难的情况下，债权人按照其与债务人达成的书面协议或者法院裁定书，就其债务人的债务作出让步的事项。具体到破产重整案件，债务重组是不可缺少的一个事项。

1. 债务重组的两种税务处理方法

债务重组存在两种税务处理，包括应税处理和免税处理，但在破产重整企业，基本都符合免税处理政策。

应税重组，根据59号文第4条第2项规定：

（二）企业债务重组，相关交易应按以下规定处理：

1. 以非货币资产清偿债务，应当分解为转让相关非货币性资产、按非货币性资产公允价值清偿债务两项业务，确认相关资产的所得或损失。

2. 发生债权转股权的，应当分解为债务清偿和股权投资两项业务，确认有关债务清偿所得或损失。

3. 债务人应当按照支付的债务清偿额低于债务计税基础的差额，确认债务重组所得；债权人应当按照收到的债务清偿额低于债权计税基础的差额，确认债务重组损失。

4. 债务人的相关所得税纳税事项原则上保持不变。"

免税重组，59 号文第 6 条第 1 项规定：

企业重组符合本通知第五条规定条件的，交易各方对其交易中的股权支付部分，可以按以下规定进行特殊性税务处理：

（一）企业债务重组确认的应纳税所得额占该企业当年应纳税所得额 50% 以上，可以在 5 个纳税年度的期间内，均匀计入各年度的应纳税所得额。

企业发生债权转股权业务，对债务清偿和股权投资两项业务暂不确认有关债务清偿所得或损失，股权投资的计税基础以原债权的计税基础确定。企业的其他相关所得税事项保持不变。

根据 59 号文关于债务重组的特殊性税务处理条件，破产重整很多企业都符合该条件。一方面，破产重整企业一般都存在债务重组确认的应纳税所得额，另一方面，破产重整企业当年度很多时候没有收入，或者有很少的收入，当年度应纳税所得额本身就不大。因此，59 号文关于债务重组的特殊性税务处理条件规定，对破产企业可谓量身定做。当然，发文机关的出发点不会认为是为破产企业准备。也正因为破产企业能够轻易符合债务重组特殊性税务处理条件，所以实务中才对破产重整企业是否应当适用 59 号文存在争议。本文认为，只要交易事实本身符合 59 号文的规定就可适用，而不应根据具体领域和情况考虑是否适用。

2. 债务重组确认的应纳税所得额的确定

债务重组过程中，涉及诸多利益方和多项资产、多项交易。涉及债权人和债务人，存在应纳税所得额的只能是债务人本人，而非债权人，所以享受特殊性纳税待遇的只能是债务人。此外，根据具体情况，在确定债务重组应纳税所得额时，亦存在需要辨认的情况。

（1）非货币资产清偿债务，计算应纳税所得额时，是否应当包括非货币性资产视同销售产生的应纳税所得额？

对此实务中有两种做法，一种观点认为计算应纳税所得额仅包括债务重组所得部分，而不包括非货币性资产视同销售产生的应纳税所得额，非货币性资产视同销售部分不能享受 5 个纳税年度内均匀计入各纳税年度的递延纳税优惠；还有一种观点认为，确认债务重组应纳税所得额，理应包含非货币性资产视同销售产生的应纳税所得额，以便非货币性资产视同销售产生的应纳税所得额，能够一同享受递延纳税待遇，否则就得立马缴纳税款，对破产企业不利。主张应一并计算在内的人认为，如果不合并计算，会破坏非货币性资产的计税基础，因为债权人已经按照公允价值确认了取得的非货币性资产的计税基础。笔者认为，这个理由不能成立，非货币性资产视同销售，无论是否计入债务重组的应纳税所得额，其计税基础都相同。在税法上，非货币性资产清偿债务，被拆解为两个应税行为，一个是资产处置行为，一个是以货币进行债务重组行为。这两个应税行为互不干涉，相互独立，对应到企业的资产负债表，破产企业处理了两个互不相干的会计科目，在税法没有明确规定债务重组应纳税所得额的计算包括非货币性资产视同销售产生的应纳税所得额的情况下，无法将两个应纳税所得额合并计算。

从体系上看，合并计算应纳税所得额，还会破坏资产出售的特殊性税务处理体系。资产出售要满足一定的条件方可适用特殊性税务处理，其具体条件，根据 59 号文并结合财政部、国家税务总局《关于促进企业重组有关企业所得税处理问题的通知》（财税〔2014〕109 号）："资产收购，受让企业收购的资产不低于转让企业全部资产的 50%"，且受让企业在该资产收购发生时的股权支付金额不低于其交易支付总额的 85%，可以选择按以下规定处理：（1）转让企业取得受让企业股权的计税基础，以被转让资产的原有计税基础确定。（2）受让企业取得转让企业资产的计税基础，以被转让资产的原有计税基础确定。如果将非货币性资产视同销售产生的应纳税所得额算作债务重组所得的一部分，则相当于资产出售可以在上述条件之外，享受到了另外一套递延纳税待遇。也就成了 59 号文规定了两套资产出售的递延纳税待遇，一种是符合 50% 和 85% 条件的，享受计税基础不变的纳税待遇。一种是不符合条件的，用来偿债的资产，可享受 5 年分期纳税的待遇。同一个对象，不应存在两个不同的标准。

以非货币性资产清偿债务，如果不能享受递延纳税待遇，相比以现金清偿债务，就显得不那么划算，对债务人明显不公。而对债权人来说，因债务人产生立即纳税的义务，纳税完后剩余现金可能不够清偿债权人的债权，所以这里又产生一个问题，就是债权人的债权和税收债权哪个更为优先的问题。非货币性资产清偿债务，此处的非货币性资产不负担担保权，债权人不享有优先受偿权。税务机关的税款又因何比债权人的债权优先呢？税务机关一般会根据《税收征收管理法》第 45 条的规定主张优先权。但在破产法中，税收征收管理法的优先权往往不被法院承认，法院可能会根据破产费用认定税款的优先性。所以将非货币性资产视同销售产生的应纳税额计入债务重组所得，变相使得债权人的债务享有了优先性，优先于税款受偿。在财政部、国家税务总局未明确界定合并计算的前提下，将两个应税行为合并为债务重组所得是有疑问的。笔者认为，财政部、国家税务总局应给予债务人这样的优惠，这也与新的《企业会计准则第 12 号——债务重组》（2019 年）关于债务重组的会计处理相一致。原《企业会计准则第 12 号——债务重组》（2006 年）第 5 条规定："以非现金资产清偿债务的，债务人应当将重组债务的账面价值与转让的非现金资产公允价值之间的差额，计入当期损益。转让的非现金资产公允价值与其账面价值之间的差额，计入当期损益。"原债务准则分两步分别确认非货币性资产处置的损益和债务重组的损益。但是新修订的 2019 债务重组准则，则一步到位一次性确认当期损益，不再区分。《企业会计准则第 12 号——债务重组》（2019 年）第 10 条规定："以资产清偿债务方式进行债务重组的，债务人应当在相关资产和所清偿债务符合终止确认条件时予以终止确认，所清偿债务账面价值与转让资产账面价值之间的差额计入当期损益。"所以建议将债务重组应纳税所得额确定为：所清偿债务账面价值与转让资产账面价值之间的差额。如此，税法与会计保持一致，且能利于以非货币性资产清偿债务的债务重组。建议债务重组当事人在确定重组方案前，及时与当地税务机关沟通能否并入计算应纳税所得额。

（2）与当年应纳税所得额相比较的是单次的债务重组应纳税所得额还是当年多次债务重组确认的应纳税所得额加总数？

实务中，债务重组的债务很少是单一的债务，债务人对各项债务的重组也不是统一在固定一个时间段内集中处理。经常看到实务中的债务重组，有前有后，甚至各个债权人的债务重组条件都不统一。将债务重组应纳税所得额与当年度应纳税所得额进行比较判断是否超过了 50%，是按每次的债务重组，还是当年度所有的债务重组计算应纳税所得额？

笔者认为不可能单次计算应纳税所得额，这不符合企业所得税的征收惯例额。《企业所得税法》第 54 条规定："企业所得税分月或者分季预缴。企业应当自月份或者季度终了之日起十五日内，向税务机关报送预缴企业所得税纳税申报表，预缴税款。企业应当自年度终了之日起五个月内，向税务机关报送年度企业所得税纳税申报表，并汇算清缴，结清应缴应退税款。……"企业的任何一项收入，都是合并计算企业所得税，不存在就单独一项交易单独申报纳税的情况。59 号文规定的债务重组所得递延纳税待遇，也只能等到年度终了确定了应纳税所得额方能确定。税收征管中，也是按年申报债务重组所得，国家税务总局《关于企业重组业务企业所得税征收管理若干问题的公告》（国家税务总局公告 2015 年第 48 号）第 8 条规定："企业发生财税［2009］59 号文件第六条第（一）项规定的债务重组，应准确记录应予确认的债务重组所得，并在相应年度的企业所得税汇算清缴时对当年确认额及分年结转额的情况做出说明。主管税务机关应建立台账，对企业每年申报的债务重组所得与台账进行比对分析，加强后续管理。"具体到破产重整案件，在破产重整日之前企业当年度发生在债务重组，以及重整完成后当年度完成的债务重组，都可以与重整期间发生的债务重组合并申报所得税，当然重整期间发生多项债务重组，或多个债务重组也是一起合并计算应纳税所得额，只要发生当期应纳税年度即可。

（3）债权转股权暂不确认应纳税所得额。

根据 59 号文的规定，企业发生债权转股权业务，对债务清偿和股权投资两项业务暂不确认有关债务清偿所得或损失，股权投资的计税基础以原债权的计税基础确定。企业的其他相关所得税事项保持不变。

值得一提的是，这里的暂不确认所得对债务人而言，也是递延纳税。59 号文股权收购、资产收购部分提到的保持计税基础不变，暂不确认应纳税所得额，待未来处置财产时一并计算应纳税所得额，譬如股权原计税基础 1000 万，重组时市场价格 5000 万元，重组时暂不计算应纳税所得额，待将来转让时假如价格为 1 亿元，计算纳税时按 9000 万元（10 000 万元–1000 万元）计算应纳税所得额，等于前面 4000 万元（5000 万元–1000 万元）部分此时一并缴纳。相比之下，债务重组暂不确认应纳税所得额，何时会确认呢？未来的税收利益会隐藏在股权的计税成本中。如果债权转股权后，股权的计税基础足够大，可规避此种不利益，从这一点而言，选择债转股对债务人而言是最优的债务重组方式。

对债权人而言，股权投资的计税基础以原债权的计税基础确定。计税基础越大，对债权人越有利。债权人的债权转股权如果不是全额转，而是放弃一部分债权，就是免除部分债务。免除的部分债务能否计入计税基础呢？比如债务金额 5000 万元，免除债务 1000 万元，剩余部分 4000 万元转为股权。根据 59 号文的规定，股权投资的计税基础以原债权的计税基础确定，是按照 5000 万元确定？还是按照 4000 万元确定？恐怕还得按照 4000 万元确认计税基础，毕竟用来转股权的债权只有 4000 万的部分。所以对于债权转股权而言，没必要免除债务后再转让，多出股权账面价值的部分，可以计入资本公积，这样债权人的计税基础就可提高，债务人也不用再单独就 1000 万元部分计算债务重组所得应纳税额。关于可计入资本公积这一点，也可参照国家税务总局《关于债务重组所得企业所得税处理问题的批复》（国税函〔2009〕1号）："'以低于债务账面价值的现金清偿某项债务的，债务人应将重组债务的账面价值与支付的现金之间的差额；或以债务转为资本清偿某项债务的，债务人应将重组债务的账面价值与债权人因放弃债权而享有股权的份额之间的差额'，确认为资本公积。"

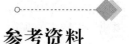

参考资料

1. 江苏省高级人民法院民一庭：《国有土地使用权合同案件审判疑难问题研究——〈最高人民法院关于审理涉及国有土地使用权合同纠纷案件适用法律问题的解释〉施行十二周年回顾与展望》，载《法律适用》2017 年第 21 期。

2. 夏克勤、郭嘉：《供给侧改革背景下以股权转让方式实现土地使用权流转行为之法律规制》，载《法律适用》2017 年第 9 期。

3. 赵磊：《股权式资产转让税收规避行为的法律评价与立法选择》，载《法学杂志》2016 年第 2 期。

4. 杨代雄：《恶意串通行为的立法取舍——以恶意串通、脱法行为与通谋虚伪表示的关系为视角》，载《比较法研究》2014 年第 4 期。

5. 潘军锋：《商品房买卖合同案件审判疑难问题研究》，载《法律适用》2014 年第 2 期。

6. 徐娟、胡昌明：《网上签约房屋买卖合同的性质及效力的认定——沈海星与安香云房屋买卖合同纠纷案》，载《法律适用》2012 年第 9 期。

7. 崔建远：《先签合同与后续合同的关系及其解释》，载《法学研究》2018 年第 4 期。

8. 杨世果、盛蔚：《存量房买卖案件的法律适用研究》，载《法律适用》2010 年第 11 期。

9. 孙占辉：《特殊重组下收购公司税收待遇及相关问题解析》，载《财会月刊》2015 年第 34 期。

10. 雷霆：《企业并购重组税法实务——原理、案例及疑难问题剖析》，法律出版社 2015 年版。

11. 甘培忠：《论公司资本制度颠覆性改革的环境与逻辑缺陷及制度补救》，载《科技与法律》2014 年第 3 期。

12. 卢宁：《我国公司资本"认缴制"的法定资本制性质辨析》，载《财经法学》2017 年第 5 期。

13. 冯果：《论公司资本三原则理论的时代局限》，载《中国法学》2001 年第 3 期。

14. 施天涛:《公司资本制度改革:解读与辨析》,载《清华法学》2014 年第 5 期。

15. 朱慈蕴:《公司资本理念与债权人利益保护》,载《政法论坛》2005 年第 3 期。

16. 纪宏奎:《入股的土地成本如何在土增税税前扣除》,载《注册税务师》2014 年第 9 期。

17. 梁上上:《未出资股东对公司债权人的补充赔偿责任》,载《中外法学》2015 年第 3 期。

18. 李建伟:《瑕疵出资股东的资本充实责任》,载《人民司法(应用)》2008 年第 17 期。

19. 陈桂勇:《现物出资瑕疵法律问题探析》,载《河北法学》2005 年第 2 期。

20. 石少侠、卢政宜:《认缴制下公司资本制度的补救与完善》,载《国家检察官学院学报》2019 年第 5 期。

21. 赵洲:《"一带一路"跨境融资合同中的利息所得包税问题研究》,载《北方法学》2018 年第 1 期。

22. 钱玉林:《论要约内容的确定性》,载《南京大学法律评论》2000 年第 1 期。

23. 杨代雄:《意思表示解释的原则》,载《法学》2020 年第 7 期。

24. 崔建远:《意思表示的解释规则论》,载《法学家》2016 年第 5 期。

25. 叶金育:《合同责任的税法规制——以规制主体和方式为中心》,载《海峡法学》2013 年第 1 期。

26. 中华人民共和国最高人民法院行政审判庭编:《中国行政审判指导案例》(第 1 卷),中国法制出版社 2010 年版。

27. 张晓婷:《论征税行为的无因性》,载《法学家》2007 年第 1 期。